图书馆老馆长话阅读

沈迪飞 著

东南大学出版社
SOUTHEAST UNIVERSITY PRESS
·南京·

图书在版编目（CIP）数据

图书馆老馆长话阅读 / 沈迪飞著. -- 南京：东南大学出版社, 2025.2. -- ISBN 978-7-5766-1296-7

Ⅰ.G792

中国国家版本馆 CIP 数据核字第 2025M74911 号

责任编辑：弓　佩　　责任校对：张万莹　　封面设计：王　玥　　责任印制：周荣虎

图书馆老馆长话阅读
Tushuguan Lao Guanzhang Hua Yuedu

著　　者：	沈迪飞
出版发行：	东南大学出版社
出 版 人：	白云飞
社　　址：	南京市四牌楼2号　邮编：210096
网　　址：	http://www.seupress.com
经　　销：	全国各地新华书店
印　　刷：	广东虎彩云印刷有限公司
开　　本：	787 mm × 1092 mm　1/16
印　　张：	22
字　　数：	367 千字
版　　次：	2025 年 2 月第 1 版
印　　次：	2025 年 2 月第 1 次印刷
书　　号：	ISBN 978-7-5766-1296-7
定　　价：	68.00 元

本社图书若有印装质量问题，请直接与营销部调换。电话（传真）：025-83791830。

自 序

我今已逾86岁的年龄了,人生的感悟当然会很多很多,但回味一生,令我最为感动的却不是某个人、某个岗位或某个工作单位,而是一件众所周知的事情——阅读。忆往昔,日本投降前,在我刚刚五六岁的时候,父亲为全家近20口人(包括二爷家)讲清代钱彩著的《说岳全传》,简直把我迷住了。当我读小学三四年级的时候,看到我三姑有这本书,就要来读,那岂止是"读",因为书中的好多字不认识,准确地讲,那简直就是"啃"。因为听过故事,我就连读带猜地还是"啃"下来了。我又缠着祖母和三位姑姑讲活佛济公、南侠展昭和杨家将等故事。尝到了听故事和读小说的甜头,一发不可收拾,家中父亲和三位姑姑的书,什么《济公传》《封神演义》《七侠五义》《杨家将》《小八义》等小说,拿到了都想读。到了初中,就从学校图书馆借书,读过《卓娅和舒拉的故事》《钢铁是怎样炼成的》《铁流》等苏联小说。初三的时候,班主任还让我给全班同学讲《牛虻》的读书心得。这些内容在本书的附录"我的阅读小史"中有较为详细的叙述。

回首86年的人生,阅读,那是我懂事后七十多年须臾没有离开过的朋友,它是我人生永恒的恋人和伴侣,更是教育我、启迪我的老师和指导我一生的引路人,也是我之所以报考北京大学图书馆学系并为祖国的图书馆事业奋斗了终生的深层原因。我的人生能够同阅读结缘,那真正是老天爷恩赐的荣幸和福祉,未来的某一天,我将带着难舍难分的阅读,笑着告别人世。

本书文章的主要来源,是我退休后开始的"阅读的长征",特别是2012年以来十多年阅读过程中的思考、体会、心得和感悟。那是我一生七十多年的阅读实践和体会的结晶啊!

本书有文章49篇,分为五个部分:阅读意义和历史6篇、阅读的特点9篇、阅读人物 12 篇、阅读方法 10 篇、同阅读密不可分的书籍和图书馆 12 篇。

本书文章的来源大致可以归纳为四种情况。一者如"阅读原本是有声音的""阅读和读书是有区别的""图书馆里有宇宙和生命的寓意"等篇，直接来自新西兰学者费希尔著的《阅读的历史》等书的内容，这些是我原本不知道、感觉奇怪并认定正确的观点。二者如"一本饱含阅读哲理的小书""经典阅读——人文教育之路""从'哈佛经典'所受到的启迪"等篇，是受到所读之书的内容启发，经过思考而得出的看法。其中"一本饱含阅读哲理的小书"是写英国女王因好奇接受一个极普通的图书管理员推荐的书，从过去不阅读到有了兴趣，再到被阅读改变了生活规律，再到被阅读直接影响到她的治国理政的观念和实践的故事。这引起我的极大兴趣。啊！阅读改变了人，阅读改变了至高无上的英国女王。三者又如"为绵延五千年的中华文明而骄傲""文化亚历山大大帝""千年不衰的钱氏家族""呕心沥血半世情怀""怀德纳图书馆的故事"等篇章，是因所读之书的内容非常精彩，感动之余，联系到读书同文化和文明的深层次的关系，更加体会到阅读之伟大作用而发。如读了对外经济贸易大学外语学院德语系冯八飞教授的《在"文化中国"栏目中讲述〈精忠岳飞〉》一书，我深切体会到了"文化软实力"的厉害，它是"无剑之剑""你们虽统治我们的国土，但我们将统治你们的灵魂！"伟大的中华文化使中华文明绵延了五千年而没有中断，这是世界四大文明古国中唯一没有中断的国家，我衷心为中华文明而骄傲。四者又如"阅读使人类文明得以传承和发展""阅读滋养和润育人的第二生命——精神生命""真正的阅读必然是创造性的"等篇章，是对几十年所读之书的内容，通过比较、联想和不断思考而得出来的看法，也可以称之为结论。

篇幅所限，恕我不能举太多的例子。我的阅读实践就是在不断地接受"感动""激动"和"享受"中走过来的。所有这一切，在"润物细无声"中，熏陶着我、洗涤着我、改变着我，使我不知不觉中成为今时今地的我。七十多年的阅读实践，使我同阅读结为一体，阅读已成为我生命中不可分割的一部分，我衷心感谢阅读！

作　者

2024 年 10 月 8 日

目　录

自序　　001

第一部分　阅读意义和历史

一、阅读使人类文明得以传承和发展　　003
二、阅读滋养和润育人的第二生命——精神生命　　010
三、对阅读源起的探讨　　015
四、阅读原本是有声音的　　026
五、大脑天生不会阅读　　031
六、开拓前进中的阅读疗法　　036

第二部分　阅读的特点

一、真正的阅读必然是创造性的　　045
二、在浩瀚的思维空间中让思考驰骋　　051
三、阅读和读书是有区别的　　057
四、阅读的进程　　060
五、阅读悖论　　071

六、从文字记录的多义性特点看误读的必然性 　　075
七、你永远不能两次浏览同一本书 　　084
八、漫议阅读的伦理 　　088
九、β型阅读和阅读的创造性 　　096

第三部分　阅读人物

一、为绵延五千年的中华文明而骄傲 　　107
二、文化亚历山大大帝 　　111
三、一本饱含阅读哲理的小书 　　117
四、读书首相——格莱斯顿 　　123
五、千年不衰的钱氏家族 　　126
六、国外竟然有如此崇尚中国古代经典的大作家 　　134
七、不懂外语的"译坛泰斗"——林纾 　　143
八、呕心沥血半世情怀 　　149
九、怀德纳图书馆的故事 　　154
十、梭罗的阅读实践和阅读思想 　　157
十一、洒向人间都是爱 　　169
十二、悠悠人书情未了 　　172

第四部分　阅读方法

一、个人阅读和阅读活动 　　187
二、书籍的金字塔结构和阅读方法 　　194
三、阅读的四个层次和"深浅"两种阅读模式 　　197
四、阅读的五种理解层次和境界 　　200
五、没有最好的导读和解读 　　211
六、经典阅读——人文教育之路 　　220

七、做一个清醒的译著读者　　226

八、做一位网络时代的"越读者"　　231

九、介绍一本书——《快速阅读》　　236

十、胡适先生谈怎样读书　　239

第五部分　书籍和图书馆

一、从"哈佛经典"所受到的启迪　　247

二、从口头传诵到作品到文本再到超文本　　250

三、图书馆里有宇宙和生命的寓意　　266

四、纸质书不会消失——读《别想摆脱书》　　268

五、《读者文摘》在图书馆中诞生　　272

六、亚历山大学派在图书馆中产生　　275

七、读《经典中的信仰独白》——推荐一位年轻的书评家　　280

八、读"世界三大短篇小说之王"　　284

九、读《世界三大随笔集》　　289

十、阅读趣谈——世界文学宝库中的"三"字　　295

十一、一部新的科学经典——《寂静的春天》　　300

十二、一本令我惊喜的哲学书——《不疯魔，不哲学》　　303

附　录

我的阅读小史　　311

后　记

阅读指导我的人生　　342

第一部分

阅读意义和历史

一、阅读使人类文明得以传承和发展

阅读的重要性、意义、价值、功能或作用等到底是什么呢？网上一查，不一而足，网页会举出一、二、三、四、五等好多条，都正确，但又都缺少点什么，很难得其要领。我问自己，能不能在有关阅读的讲座中，提纲挈领地用一两句话概括那一、二、三、四、五等多条？我思虑了好多天，最后决定从两个方面说明阅读的意义：一是从人类社会的总体角度，得出的结论是"阅读使人类文明得以传承和发展"；二是从社会中每个人的个体角度，得出的结论是"阅读滋养和润育人的第二生命——精神生命"。得出这两条结论后，又反复思考，觉得这两条结论基本概括了阅读的意义。

网上也不是完全没有从总体角度对阅读的重要性进行评价的，美国21世纪策略联盟曾进行过以"21世纪最重要的技能是什么"为题的全国性大调查，结果名列前茅的是阅读。有79%的美国人认为阅读是21世纪最重要的能力，也是全世界在经济不景气时，政府最应该大力投资的一项。我们知道，19世纪的财富在土地，20世纪的财富在人力，21世纪的财富在脑力。李光耀在21世纪初说新加坡是小国小民，没有自然资源，他们最大的财富是在他们人民的脑力上。因此，新加坡大力推广阅读，使他们快速跃上亚洲的财富排行榜。

周有光先生有句名言："语言使人类别于禽兽，文字使文明别于野蛮，教育使先进别于落后。"我以此为准绳，探讨语言、文字和阅读对人类文明发展的巨大而关键性的作用。

（一）语言使人类别于禽兽

人是不是天生就会说话和阅读？说话同走路一样，是通过后天学习模仿而会的。试想想，一个孩子生活在人群中，即使没有人特意教他说话，小孩子也是可以逐步模仿、自然而然地学会说话的。而且，置于说哪种语言的人群中，小孩子就能够学会哪种语言。但阅读呢？把一个孩子放在摆满书的环境中，如果没有人专门教他识读文字，他就学不会阅读，并且未来会成为文盲。

世界科学界认为，口头语言约起源于 20 万年前，而文字约起源于 6000 年前。口头语言已经形成了遗传基因，但文字语言还没有足够的进化时间形成遗传基因。世界现有的研究机构，在脑成像技术的协助下，已经发现了口头语言的遗传基因——FOXP2，但至今仍然没有发现人类识别文字的遗传基因。

禽兽之间的交流依靠极为简单的叫声，鹦鹉学舌那是动物中出现的奇迹。人类在生产和生活中产生了语言，语言成为人类交流沟通的第一个信息工具。如果一个人生下来，不教他说话（包括手语），不教他劳动，可以想象他和动物没有区别，狼孩就是典型的例子！如果一个人生下来，不教他劳动，只教他说话，可以想象他将学会劳动，不失为人！

语言是人类传播活动的第一个发展阶段，这一阶段大致从人类摆脱"与狼共舞"的野蛮状态、组成原始社会开始，一直到文字的出现。语言的产生无疑大大加速了人类社会进化和发展的进程，口语依然是人类最基本、最常用和最灵活的传播手段。

苏联著名心理学家巴甫洛夫说："没有东西可以比语言更能使我们成为人类。"德国哲学家莱布尼茨说："语言是人类最古老的纪念碑。"语言的产生，是人类第一次传播革命的直接推动力。因为有了语言，人类个体的经验才能得以交流，为社会成员所共享；上一代的知识才能传授给下一代，成为子孙万代的精神财富。更重要的是，语言还从行为到心理对人类进行了全面"武装"，使人类在与其他物种的竞争中立于不败之地，成为人类加速进化的"核能"。

（二）文字使文明别于野蛮

文字是对语言的记载，是语言的书写符号和视觉形式。文字对于人类文化的保留和传播起了革命性的作用，文字是人类传播发展史上的第二座里程碑。中国古代的第一部字典《说文解字》，承载着古老的文化信息，像一群舞动着的文化精灵，让人心灵为之震撼。

被誉为"英国文学最独特、优雅的声音"的佩内洛普·菲茨杰拉德曾经讲过："在人的一生中，会有两次知道自己受到每个人认可的时刻，第一次是学会走路时，另一次是学会识字时。"是的，第一次他真正成了一个人，第二次他真正迈入了文明世界。如果说语言的产生使人类彻底摆脱了动物状态，那么文字的出现就使人类进入了一个更高的文明发展阶段。第一，文字克服了音声语言的转瞬即逝性，它能够把信息长久保存下来，使人类的知识、经验的积累、储存不再单纯地依赖人类的有限记忆力。第二，文字能够把信息传递到遥远的地方，打破了音声语言的距离限制，扩展了人类的交流空间。第三，文字的出现使人类文化的传承不再依赖于容易变化的神话或传说，而有了确切可靠的资料和文献依据。第四，尤其重要的是，当口语转换成文字，字还可以组成词，词可以组成句，句再组成文章和书的时候，字，会出现一字多义和一义多字现象。那么字所组成的词、句、文章和书，即文字形式和其所表达的意义之间，会产生多么错综复杂的一对多的关系啊。如若再经过阅读，就会形成一本书多种解释，一千个人读《哈姆雷特》就会产生一千个哈姆雷特。这种现象在学术上就催生了诠释学。

前已介绍，文字约起源于6000年前。古老的文字也有许多种，论及文字的产生，有一点是共同的：它们都是从古老的图画或洞穴图画经过长期演变而来，简言之，文字源于图画。大约在公元前4000至前3500年，埃及的象形文字、苏美尔文、古印度文以及中国的甲骨文、石刻文，都是独立地从原始社会最简单的图画和花纹产生出来的。"图画文字"和"象形文字"，它们一画一"字"，一"字"一意，几个画合在一起则构成一个故事或事件。

约公元前4000年，在两河流域的古巴比伦，发展了一种永远改变了人类沟通本质的艺术：写作的艺术。将符号刻写在泥板上，作为计数等记忆装置，这一创造发明胜过了大脑的记忆，成了可以跨越时空的人类永久性记忆。公元前3300至前3200年间由苏美尔人创造，因其笔画形状像钉子而得名的楔形文字，又称"钉头文字"或"箭头字"，这是源于底格里斯河和幼发拉底河流域的古老文字，是现今发现人类历史上最早出现的文字系统之一。在其历史发展中，楔形文字由最初的象形文字系统，字形结构逐渐简化和抽象化，文字数目由青铜时代早期的约1000个，减至青铜时代后期的约400个。

中国最初的文字就属于象形文字，"月"字像一弯月亮的形状，"艹"（草的本字）是两束草，"门"（繁体的"門"更像）字就是左右两扇门的形状，而"日"字就像一个圆形，中间有一点，很像人们在直视太阳时，所看到的形态。商朝统治者迷信鬼神，其行事之前往往用龟甲兽骨占卜吉凶，以后又在甲骨上刻记所占事项及事后应验的卜辞或有关记事，其文字称甲骨文。自清末在河南安阳殷墟发现有文字之甲骨，至目前出土甲骨文约15万片。汉字虽然还保留象形文字的特征，但经过数千年的演变，已跟原来的形象相去甚远，所以不属于象形文字，而属于表意体系的语素文字。我国云南丽江古城的纳西族，现在的文字就还属于象形文字。以甲骨文起始，汉字的演变历经七个阶段：甲骨文、金文、篆书、隶书、草书、楷书、行书。

文字记录产生历史。许慎《说文解字·叙》曰："文字者，经艺之本，王政之始，前人所以垂后，后人所以识古。"文字的发明可谓人类传播史上的一大创举，是人类文明的重要标志。它一方面引导人类由"野蛮时代"迈步进入"文明时代"，另一方面从时间的久远和空间的广阔上实现了对语言传播的真正超越，从而形成了人类永久性的记忆，形成了人类历史。什么是历史？广义讲，"历史"可以指过去发生的一切事件，不一定同人类社会发生联系，例如宇宙历史、地球历史、鸟类历史等等；而狭义的历史则必须以文字记录为基础，即文字出现之后的历史才算历史，在此之前的历史被称为史前史。与人类社会相关的历史，又可以称为人类史或社会史。一般来说，历史学仅仅研究人类史或社会史。

（三）阅读使人类文明得以传承和发展

文字刻写在载体上就成了书或书籍。我国四大发明中有两项同书籍的载体有关，一是造纸，一是印刷。什么是阅读？阅读是人和书的结合，即看（书、报、文件等），并领会其内容。360百科进一步的解释是：1.阅读是运用语言文字来获取信息、认识世界、发展思维，并获得审美体验与知识的活动。它是从视觉材料中获取信息的过程。视觉材料主要有文字和图片，也包括符号、公式、图表等。2.阅读是一种主动的过程，是由阅读者根据不同的目的加以调节控制的，可陶冶人们的情操，提升自我修养。阅读是一种理解、领悟、吸收、鉴赏、评价和探究文章的思维过程。阅读可以改变思想、获取知识，从而可能改变命运。

有关书籍的名言有许多，极具代表性的是俄罗斯大文豪高尔基的一句名言："书籍是人类进步的阶梯。"这是一个比喻句，把书籍比喻成人类进步的阶梯，也就是说人类的进步离不开书籍，书籍为人类提供了知识和经验。高尔基讲的书籍自然是包含阅读的，因为书籍本身是物质，是不会动的，它必须通过一种神奇的力量，将载体上的物质性的文字魔幻般地变化成人类精神上的内容和意义。这种神奇的力量就是阅读，阅读能够识别文字，再通过人的思维开发出文字的内容，再进一步转换成为意义。这就是阅读，只有阅读才能有这样神奇而具有创造性的力量。没有阅读，书放置一万年，如果没有烂掉的话，还是那本书。对这种"神奇而具有创造性的力量"的解释，涉及语言文字学、生理学、诠释学等诸多方面，且听后文讲解。

谈到阅读的意义，我们将太史公司马迁写《史记》的故事，作为一个例子来说明：司马迁因李陵事件受宫刑，但受此大辱的司马迁并没有一蹶不振，而是奋发图强，将自己的全部精力投入《史记》的创作中。以当时流传的《世本》《国语》《秦记》，诸子百家著作和国家的文书档案，以及自己去各地调查的一些资料为素材，认真摘选，去掉传言，对无法证实的事情附上多种说法。前后总共经历了14年，司马迁终于呕心沥血完成了这部史学巨著《史记》，也给后世留下了一份无价的文化瑰宝。《史记》是中国历史上第一部纪传体通史，被鲁迅誉为"史家之绝唱，无韵之《离骚》"。

从这个故事可以看出阅读的巨大作用：第一，司马迁是在阅读了众多典籍之后，才能够写出《史记》，这就是对中华文明的传承，没有阅读就不可能有这样的传承；第二，在对这些典籍的阅读和写《史记》的过程中，司马迁必然对其内容进行整理、思考、去伪存真，再按自己的思路重新写并录入《史记》中每个人的事迹和对其的评价，这一切，既是对历史和文明的传承，更是一种创新和发展；第三，司马迁在阅读的基础上，考虑如何对素材进行汇总、编排和加工，考虑采取什么样的写作体例，最后他在《春秋》等编年体史书基础上创造出了"纪传体"，这是对中华历史典籍的创新和发展。这个例子很具有普遍性和代表性，可以说：没有阅读便没有人类历史的传承，没有阅读便没有人类文明的发展。当然，对文明传承和发展起影响作用的，并非只有阅读这一个因素，尤其在当今的互联网时代。携带着文明元素的文字、语音、图像和社会环境这些信息载体，在报纸、广播、电视、互联网等传播媒体的共同作用和影响下，错综复杂地交织在一起，人们很难区分。但有一点是比较公认的，人所感知的外界信息有95%来自视觉，即来自文字和图像；二者相比，更多是来自文字，来自对文字的阅读。阅读，经过了数千年漫长的演化过程，已经具有了极其深奥的创造性特质，这种创造性特质决定了其对文明的创新。可以说，阅读在人类文明的传承和发展中起了主要作用。我们在以后的学习中，会逐步领悟这个道理。

玛丽安娜·沃尔夫在《普鲁斯特与乌贼：阅读如何改变我们的思维》前言中就开宗明义地告诉读者："在本书中，我希望引导读者重新思考长久以来被视为理所当然的事情，比如儿童自然而然地学会阅读。在我们大脑学习能力的演化中，阅读的行为并不是自然发生的……"她进一步指出，对人类来说，"并没有任何一组基因直接负责阅读功能"，也就是说，阅读跟视觉、口语不同，它不是人类本能的一部分，它是一种文化技能。

学会阅读确实是人生中一件了不起的大事，是一项个人成就。这阶段大致是在幼儿园和读一年级的时期，学生的任务就是识字，了解字的含义。他们逐步了解文字和语言中的发音及意义，这是以后阅读发展的基础。在此期间，阅读的发展依赖于对语音和语义的解码能力。《阅读史》作者曼古埃尔讲得非常好："在文字社会中，学习阅读算是一道入会仪式，一个告别依赖与不成熟沟通的通关仪式。……例如，在中世纪的犹太社会中，学习阅读是以公开的仪式来加以庆祝。"学习阅读的小孩借由书本途径得以参与集体的、社会的记忆，熟稔社会的历史——每一次阅读，都会或多或少地获得新知。学习阅读也确实是件不容易的事情，父母若是了解了学习阅读中大脑内部运作的繁复，或许以后对他们的孩子读得慢或读得困难，可以有多一点的宽容之心。

美国一套教学方案规定：一到三年级的儿童是"学习阅读"（learn to read），而四至六年级则是"通过阅读来学习"（read to learn）。按此，则三年级结束之前的小学生属于解码级阅读者；在三年级结束以后，他们应该有足够的阅读技能，"靠自己"来学习越来越多的知识，从而进入下一个阶段的学习。在美国的教育中存在着一项近乎隐形的议题："能够正确阅读却无法流畅阅读将影响三四年级小学生的命运。除非及时处理这些问题，否则这些儿童的未来注定蒙上灰尘。"费希尔在《阅读的历史》中写道："人类总是一个由相互矛盾、不断变化的无数印象组成的混沌体。

要理解这些现象，要生存并发展下去，就要寻求意义，探询秩序。在过去的几个世纪里，这一使命一直是通过阅读来完成的。"通过阅读寻求意义，这就是19世纪逐步发展起来的哲学诠释学的任务，也是本书的内容之一。

法国科学院院士迪昂对阅读进行了20年的试验和研究，在2011年6月出版了《脑的阅读》，该书提出："真正关于阅读的科学正在形成。"这里的阅读的科学，实际上指的是阅读生理学。

2022年3月4日

二、阅读滋养和润育人的第二生命——精神生命

（一）物质生命和精神生命

唯物主义认为，物质是第一性的，精神是第二性的。如果将这个定义延伸到人的生命上，则可以说：物质即肉体是人的第一生命，精神是人的第二生命。这种说法在网上没有查到，是为了说明问题，我自己大着胆子创造的。女儿介绍了一种说法：生命有三重属性——自然生命、社会生命和精神生命。其中"社会生命"是指"强调个体对社会的影响力以及影响范围的大小，而制约社会影响的因素，则有个体的社会角色、社会关系、社会贡献等"；人的生命是"集自然生命之长、社会生命之宽、精神生命之高于一体的立体构筑"。这种说法考虑到了动物天生的群体生活的社会性，延续到人类社会，在语言和文字没有出现之前已经有了群居的原始社会，因此提出社会生命是有道理的。

上述内容中的一个关键概念是"精神"，什么是精神？《黄帝内经》指出：生之来谓之精，两精相搏谓之神，随神往来者谓之魂，并精而出入者谓之魄。《辞海》的解释是：唯物主义常将其当作"意识"的同义概念。指人的内心世界现象。包括思维、意志、情感等有意识的方面，也包括其他心理活动和无意识的方面。

提及精神生命，人有精神生命，但动物有精神生命吗？这方面的解释必然涉及语言和文字。动物没有文字，这是可以肯定的；但动物有语言吗？查找网上相关搜索，回答是："有。动物有自己的语言。动物语言是指动物间交换思想感情、传递信息。动物并不像人那样，借助于语言进行交谈，它只是利用自己各种不同的情感，向同伴或共生的朋友发出危险警报，或者通知它们哪儿有食物等等。"

讨论精神生命，有值得特别注意的三点：（1）动物同人类一样也是有语言的，

也都是遗传的，所以说，社会生命的标志是语言，没有超出自然性和动物性；（2）精神生命的标志是文字，是不能遗传的，超出了自然性和动物性；（3）精神生命是人类特有的，是人类区别于其他动物之根本特征之一。这里讲"人类语言是遗传的，文字是不能遗传的"，请参看《阅读的源起》一文。

如果说，一个人寿命的长短取决于物质生命，那么，一个人生命质量的高低优劣则主要取决于精神生命。精神生命是人类区别于其他动物之根本之一。

人们吃的食物，是滋养人的第一生命的，当然也为第二生命提供了物质基础，它们是人类的物质食粮；而社会环境、家庭环境、教育、读书等，则是滋养和润育人的第二生命即精神生命的，它们是人类的精神食粮。食物即物质食粮的好坏多少，能决定一个人的身体能否健康成长；那么，精神食粮的好坏多少，则将决定一个人是否能够成才，是否有光明前程，是否能够对社会做出贡献。美国散文作家、思想家、诗人爱默生曾说"读书之于精神，恰如运动之于身体"，更恰如食物之于肉体，也讲的是这个意思。

（二）阅读滋养和润育人的精神生命

有篇文章《自然生命、社会生命和精神生命》，对精神生命的解释是："精神生命是人的思想和精神的存在，是人类区别于其他物种的独有特征；作为生命的三个维度中最难把握、似有似无的存在，却坚定地撑起了生命，使人成为超越一切其他物种，甚至超越天地、横亘古今的生灵。"

精神生命是由精神食粮滋养和润育着的。在诸多精神食粮中，书籍是唯一能够超越时间和空间、使人遍知古今中外的最为重要和关键的精神食粮。因为如果使大众能够认同"阅读使人类文明得以传承和发展"这一论断，这已经是阅读的顶天立地的大作用了；那么，我们就必然会同意，对于人类的精神食粮，"阅读占据着决定性的地位，起着关键性的作用"这一论点。精神食粮的获得是要靠环境和个人努力的，如果一个人的精神食粮得到满足，精神上就能够健康成长，他将会成为传承和发展人类文明伟大事业中的一员；如果一个人的精神食粮丰富，个人极为努力，成为世人中的"人才""大才"，他就可以成为传承和发展人类文明的"天使"，光荣而伟大。法国思想家，文学家罗曼·罗兰说："智慧是黑暗中唯一的光亮，倘若没有钥匙,如何打开智慧之门,又何谈放射光芒?"读书,就是贯通古今的使人类告别愚昧混沌的金钥匙。

深圳东部华侨城茶溪谷戏台的楹联写道:"奉茗一杯且看世上成败兴亡事,留君片刻历经人间悲欢离合情。"看戏,能够"历经"千年前的成败兴亡事,能够"看到"千万里外的悲欢离合情。人生就是一种"经历",单单靠几十年的亲力亲为,那经历再多同人类活动地域之广和历史之久相比,也确确实实如坐井观天,可怜而又可叹!如果通过阅读,"秀才不出门,能知天下事",世界五大洲的事,千百年前的事,尽收眼底,而且能够知道当前世界上正在发生的事。从这个意义上讲,多读书就意味着多"经历",就意味着多"活着"。阅读,就是极大地丰富人生经历,意味着生命的延长和拓展。马克思说:"求知能改变一个人乃至整个人类的命运,没有人是贫穷的,除非他没有接受过教育。"不读书就是文盲,文盲对许许多多事都不知道,没有发挥出人的潜质,没有体会到人类社会的美好。我国现代著名作家、学者、翻译家、语言学家,曾两度获得诺贝尔文学奖提名的林语堂教授在《阅读的艺术》中说:"一个没有读书习惯的人是被拘束在他的身边世界中的,在时间与空间上说来,他的生活只能陷在一些日常琐事中,他的见识只限于身边的环境,好似一个小监狱,他是无法脱身的。但是他一旦能读了书,便立刻走进了一个不同的天地,也便立刻可以和一个世界上优秀的谈话者接触了。这个谈话者引着他到一个不同的地区或不同的历史时期中去,或为他解脱一些个人的忧烦,或对他讨论一些这个读者所不知道的生活的特殊方面。"

这里还需要多说一点,阅读也确确实实能够在生理上促进人的长寿。一个非常明显的例子是,北京大学哲学系是一个读书人非常集中的地方,那可是名声在外的"长寿系"。要知道,那些研究哲学的老先生们整天所做的事情就是读书、思考和写作,长而久之,"精神反作用于物质",促进了长寿,这是一个千真万确的事实。

我读过的《书香,也醉人》一书中写道:"通过阅读,一定可以拓宽我们生命的宽度,增加我们生命的厚度,阅读可以让我们的精神世界更加宽阔而充实。我们可以在有限的生命当中欣赏无限的美景,体验精彩的人生。一个人的精神发育史就是他的阅读史,一个民族的精神境界取决于这个民族的阅读水平,一个没有阅读的学校永远不可能有真正的教育,一个书香充盈的城市才能成为美丽的家园。"

（三）犹太人因阅读而出类拔萃

犹太人的远祖是亚伯拉罕，其嫡幼子以撒，孙子雅各，这祖孙三代就成了犹太人的先祖。后来的大卫王和其儿子所罗门王是国际公认的犹太人的祖先。犹太教是犹太人的特有宗教，崇拜单一的主神雅赫维（基督教中称耶和华）。犹太教派生出了世界最大的两个宗教——基督教和伊斯兰教。公元前3世纪，希腊化的埃及托勒密王朝君主托勒密二世，召集70多位懂希腊语的犹太人，集中整理犹太教文献并将其译成希腊语，即后来基督教使用的希腊语圣经中的《旧约全书》；相应地，基督教的圣经就称为《新约全书》。《塔木德》是仅次于《圣经》的犹太经典。

犹太文化传统历来重视教育，爱护书籍，看重学识，推崇智慧。在推行《犹太法典》的时代，学问被视为非常重要的东西。学者们纷纷出人头地，成为犹太社会的精英。在社会组织系统和公共活动中，学者和教师往往比王子和武士更有权威。上层家庭的年轻女子，大多愿意嫁给学者，而不是商人或金融家。假若父亲和教师双双入狱，孩子就会决定首先救出教师。因为在犹太社会中，传播知识的教师地位非常之高。

犹太人从不焚书，哪怕是攻击犹太人的书亦不例外。按照犹太教规，在每周的"安息日"（从周五日落到周六日落），都得停止工作和活动，但各种书店却可继续营业，且不管是在"安息日"的白天还是夜晚，这一天，书店里时常挤满了人。据联合国教科文组织调查，犹太人平均每人的读书量高居世界各国之首。以色列各村镇大多建有环境高雅、布置到位、藏书丰富的图书馆或阅览室。在这个仅有五百多万人口的国家，有各类杂志九百多种。热爱学习、崇尚读书的气氛，在犹太民族中蔚然成风。犹太家庭的孩子几乎都被问过这样一个问题："假如有一天家里着火了，你将带什么东西逃跑呢？"要是孩子回答不出来，家长就会告诉他："你要带走的不是金钱，也不是财物，而是智慧！因为智慧是任何人也抢不走的，你只要活着，智慧就永远跟着你。"而智慧的培养又岂能离开教育和读书？

在世界历史上犹太人创造了太多前所未有的奇迹，不断涌现出优秀的思想家、科学家、艺术家和一流的经营者。比如，犹太三伟人（伟大的社会学家马克思、伟大的物理学家爱因斯坦、伟大的心理学家弗洛伊德）；进化论的奠基人达尔文；"原子弹之父"奥本海默；艺术方面，如大音乐家贝多芬、门德尔松；大画家毕加索；世界表演艺术家卓别林；大诗人海涅；世界语创造者柴门霍夫等。全球只有1600

万的犹太人，在世界总人口中仅占 0.3%，但美国 100 多名诺贝尔奖得主，犹太人占一半；美国名牌大学教授，犹太人占三分之一；美国的百万富翁中，犹太人占三分之一；《福布斯》美国富豪榜前 40 名中，犹太人占 18 名；可以说他们支撑了美国的财富和科学。犹太人成功的因素很多，与他们自小培养读书学习的习惯是一定密不可分的。

犹太人的教育理念认为，学习不但是有用的，而且是给人生带来甜蜜和快乐的。他们把学习当作目的，而不只是手段。因此，犹太人具有为学习而学习，为求知而求知的精神。这种教育理念培养了犹太人保持终身的阅读习惯。联合国教科文组织调查，全世界每年阅读书籍排名第一的是犹太人，年平均 64 本。

2022 年 4 月 1 日

三、对阅读源起的探讨

——读《脑的阅读：破解人类阅读之谜》等四部专著

对阅读重要性越是了解，就越想对阅读知道得更多。在多年接触阅读的过程中，我脑中常常会浮现一个问题：人是不是天生就会说话和阅读？我隐隐感到，说话同走路一样，是可以自然习得的。将一个孩子放在自然的环境中，小孩子是可以逐步模仿、自然而然学会说话的；但阅读呢？把一个孩子放在自然的环境中，如果没有人教他阅读，他永远都不会阅读，他将成为文盲。但这些仅是一种感觉，没有什么确切的根据，特别是没有生理学和遗传学方面的理论根据。

我带着这个问题先后读了国外的四部专著。为什么没有一本国内的？我扪心自问并没有崇洋媚外，而是当时实在找不到。尽管对认知神经科学和心理学，我是一个真正的门外汉，但读这四部专著，我却兴趣盎然，仔细阅读，精心做笔记。读后让我收获颇丰，大开眼界，有些地方甚至令我震惊。如读2011年6月出版的《脑的阅读：破解人类阅读之谜》，作者是对阅读进行了20年试验和研究的法国科学院院士迪昂，他认为"真正关于阅读的科学正在形成"。但是，我明明知道，我国20多年前就已经出版过"阅读学"专著。国内外对阅读学的看法，差距如此之大，到底哪一个说法是真正科学的？这更鼓起了我追根问底的劲头。这就是我——一个对阅读有极大兴趣的退休者写本文的起因和动力。不过，本文并非一篇科学论文，只能看作一篇学习心得或阅读笔记而已。

（一）人类大脑天生会说话但不会阅读

1. 人具有与生俱来的言语能力

玛丽安娜·沃尔夫在《普鲁斯特与乌贼：阅读如何改变我们的思维》前言中就

开宗明义地告诉读者："在本书中，我希望引导读者重新思考长久以来被视为理所当然的事情，比如儿童自然而然地学会阅读。在我们大脑学习能力的演化中，阅读的行为并不是自然发生的……"她进一步指出，对人类来说，"并没有任何一组基因直接负责阅读功能"，也就是说，阅读跟视觉、口语不同，它不是人类本能的一部分，它是一种文化技能。

看来口头语言有遗传，阅读没有遗传，大脑天生不会阅读，这是许多人的共同感觉。那么，没有遗传的阅读，最初是怎么形成的呢？这里提出一个重要的问题：阅读的源起。

阅读的对象是书本，书本是由文字构成的，文字是语言的视觉形式。语言分为口头语言（又称为口语）和书面语言（即文字语）。很明显，人类先有口头语言，而后才发明文字，因此，探讨阅读的源起必须从口头语言这一源头说起。

就在20世纪80年代之前，"口头语言是由先天遗传的还是后天获得的？"这个问题在语言学领域还存在着很大争议：遗传论认为，母语的自然习得过程说明人脑中有一种特殊的语言机制，是由人的遗传基因决定的；而行为主义的刺激－反应论却强调语言能力的后天获得性和强化性。解决争议的关键是找到科学实证。对此，我们看看近二三十年有关的研究成果：

（1）20世纪90年代，科学家通过对英国"KE家族"一家三代的基因图谱和突变的分析，发现了第一个与人类语言有关的基因——FOXP2。这一发现填补了语言基因方面的空白，也为进一步研究人类语言的起源提供了线索。

（2）2001年11月5日的《自然神经科学》（Nature Neuroscience）杂志发表了加州大学洛杉矶分校的大脑图谱研究成果，首次得出显示个体基因如何影响人的大脑结构和智力水平的图像。

（3）人类与黑猩猩源于共同的祖先，两者有95.0%至98.5%的脱氧核糖核酸（DNA）相同。然而，黑猩猩却不能像人类这样使用复杂的语言。人类为何独有语言行为？最新研究结果显示，人类独有的语言行为得益于特殊的语言基因。2009年11月11日英国《自然》（Nature）杂志再一次发表了洛杉矶分校研究小组的研究成果。研究小组负责人丹·格施温德写道："我们的研究证明，人类与黑猩猩FOXP2基因的结构和功能均有差异。这可以解释为什么人类大脑具有与生俱来的言语能力，而黑猩猩不具有这种能力。同时也使我们明白人类是如何通过进化过程获得语言能力的。"

人类学家的研究表明,语言能力的获得是人类进化史上具有重大意义的事件,自从有了语言,人脑的高级功能如注意力、记忆、思维等才获得了飞跃式的发展,才有了人类璀璨的文明,从而使人类最终成为地球上的高级文明。

2. 人并非生来就会阅读

阅读没有遗传,人并非生来就会阅读。这一结论有以下几点可以证明:

(1)世界现有的研究机构,在脑成像技术的协助下,虽然已经发现了口头语言的遗传基因——FOXP2,但至今仍然没有发现人类阅读的遗传基因。

(2)文字的起源才几千年,比口头语言的起源要晚很多万年。口头语言已经形成了遗传基因,但文字语言还没有足够的进化时间形成遗传基因。

(3)人类多种文字系统中的符号、字母都非常类似,也包括象形文字,基本取自自然界中各种物体形象,如Y似河、S如蛇、C像新月等。这明显说明,文字是近千年来一代代人类利用自然界的已知形状逐步创造出来的。文字的演化也为阅读的起源提供了一个有力的佐证:既然文字并非遗传,后之于文字出现的阅读当然也不是遗传而来的。

(4)诊疗发现,阅读障碍绝不是一项阅读疾病,出现障碍的原因不在新形成的阅读部分,而是大脑旧区域上我们祖先古老的视觉和口语神经回路等出现了故障,这也从侧面证明了阅读实际上是大脑原有神经网络的"再利用"。

以上说明人并非生来就会阅读,不过这些表象还需要生理学的确认。

3. 人类阅读的出现

一般认为,口头语言约起源于5万年前,而文字约起源于6000年前。

约公元前4000年,在两河流域的古巴比伦,"发展了一种永远改变了人类沟通本质的艺术:写作的艺术"。将符号刻写在泥板上,作为计数等记忆装置,这一发明胜过了大脑的记忆,成为可以跨越时空的人类永久性记忆。

公元前3300至前3200年间由苏美尔人创造,因其笔画形状像钉子而得名的楔形文字,是现今发现人类历史上最早出现的文字系统之一。

阅读随着文字而出现,人所感知的外界信息有95%来自视觉。人类依赖于视觉的文字阅读,经过了漫长的演化过程,具有极其深奥的创造性特质。

（二）人类是如何学会阅读的——阅读脑的进化

人类并非生来就会阅读，阅读不过是数千年之前才出现的。这个出现使大脑精密的结构重新排列组合，形成阅读脑，进而改变人类思维，促进智力演化，从而成就了人类物种的伟大文明。探讨阅读问题是无法脱离生理学的。

1. 大脑的可塑性和全脑神经元工作区

本段涉及生理学有关的专业名词：神经元和神经回路。神经元（neuron）就是神经细胞，是构成神经系统结构和功能的基本单位，它具有长突触（轴突），可以接受刺激并将兴奋传入细胞体并从胞体传送到另一个神经元或其他组织。神经元与神经元之间通过突触建立的联系就构成了信息传递和加工的神经回路。单个神经元极少单独地执行某种功能，神经回路才是脑内信息处理的基本单位。每个神经元有大量的突触，据估计，一个脊髓前角的运动神经元的胞体可有2000个突触，大脑皮层每个神经细胞可有30000个突触。这样，大脑100万皮层细胞两两组合，便构成了极端复杂的神经回路。

可塑性是指在外力作用下发生形变并保持形变的性质，大脑的可塑性指其可被塑造并保持改变的可能性，也可以称之为可改变性。借助脑成像技术，科学家发现阅读时激活了大脑后皮层的神经元，从而引动了复杂的神经回路。可塑性是大脑机能的核心，我们的祖先之所以能够发展出阅读这项技能，就是因为人类的大脑能够受到经验的塑造而改变，拥有在原有结构上建立起新联结的能力。

人类同类人猿比较，具有一个显著特征：位于大脑前部的大脑发育中最高级部分——额叶，不成比例地扩大。全脑各脑区的信息集中于此，形成全脑神经元工作区，对信息进行汇集、筛选、重组、综合以及深思熟虑的加工。亚里士多德最早提出"共同感觉"，即五种感觉（触觉、嗅觉、味觉、听觉和视觉）汇集在一个脑区，犹如司令部。20世纪20年代初，意大利神经学家提出额叶是"神经汇集的器官"。额叶有三项功能：（1）信息整合，（2）记忆，（3）想象、思考、整合思想。这是形成观点、重组和创造发明的"神经机制"的物质支持和秘密之所在。

2. 神经元再利用

首批阅读是如何发生的呢？法国神经学家斯坦尼斯拉斯·戴哈尼认为：首批发明书写和算术的人类，通过"神经元再利用"实现了这一过程。人类阅读时的认字能力，实际上是运用了我们祖先古老的专门用于物体识别的神经回路，源自先天特殊的视觉功能。

人类的大脑没有特定的基因组直接负责阅读功能，但人类的大脑具有可塑性，可以将我们从灵长类动物进化而来的视觉系统变为文字识别的工具。只有先天具备的大脑皮层能够将视觉字形、语音及语义联系起来时，阅读才能够实现。阅读的发明使我们的神经回路演变为阅读的装置。这才使阅读有这样神奇的能力，即"用眼睛与亡灵对话"。因此，科学界认为，阅读是利用大脑原有的结构基础，在负责视觉、语言、记忆、基本认知等的很多最精妙的"原始部件"间建立联结，形成"阅读通路"；随着时间推移、发展与进化，在"阅读通路"中将增加更为复杂的认知特点，会对推理、类比推理、批判性分析思维、情绪反应及发明创造产生影响，达到"深入阅读"的能力。这样，逐步形成了一个可以阅读的大脑——阅读脑，这些即是现今阅读科学的基础。

上述说法，同《脑的阅读》的作者——法国科学院院士、著名认知神经科学家迪昂的观点完全一致。迪昂认为，阅读是人类卓越的发明之一，是人类惊人的壮举，20多年来的研究证明："由灵长类动物进化而来的人类大脑的神经通路可以用于书面单词的识别任务。……根据这种理论，阅读实际上是神经网络的'再利用'。""真正的阅读科学正在形成。"

3. 阅读脑的形成与进化

阅读脑（the reading brain）不是"专门负责阅读的大脑"，大脑中并没有生来就负责阅读的区域。阅读脑指的是"阅读中的大脑"，它会在学习阅读的过程中不断形成与发展。在人类进化史中很长的一段时间里，大脑中更多的结构和神经回路原本是专门负责视觉和口头语言等更基础的能力的，阅读使大脑在这些结构上建立起新的联结。科学家们现在已经知道这样一个事实：每当我们学会一项新的技能，神经元之间便会建立新的联结和传递通道。阅读中逐步形成了不断发展变化的大脑——阅读脑。

阅读脑具有两大特征："开放架构"和"双向动态"。

"开放架构"是计算机科学常用的术语，描述一个系统具有可移植性、互操作性和易于从多方获得软件的体系结构。阅读脑的"开放架构"是指大脑神经元之间根据外部世界的变化的需求，可以重组排列，能够建立功能非常丰富的新的联结和传递通道，以适应外部的变化。人类何其幸运，拥有这样设计巧妙的大脑，似乎一生下来基因就已经为我们铺设好自我突破之路，就有能力适应外部世界的需要，能不断超越自身，超越自然。

"双向动态"中的双向是指"阅读脑"是文化与生物双重进化的产物。因此，有两个维度在影响阅读脑的变化——个体智力的发展和生物学上的进化。两个维度相互发展、制约和适应，并在进化过程中不断修正、完善，这是一项极成功的"双向动态"的典型。

我们之所以能够学会阅读，仰赖的全是大脑可塑性的设计：通过不断的阅读，个体的大脑无论是在智力层面还是在生理层面，都产生了永久性的变化。例如，在神经元水平上，一个人学习汉语阅读时使用的特殊神经联结模式和学习英语阅读的神经联结模式是完全不同的。当以汉语为母语的读者初次阅读英文时，他们的大脑仍会尝试使用基于汉语模式的神经传导途径。也就是说，学习阅读汉字的行为塑造了阅读汉语的大脑，即一个"中文阅读脑"。

4. 阅读金字塔

在生物学层面上，所有的人类行为都建立在层层叠加的各种基本生理活动之上，阅读也不例外。人类的阅读从大脑的生理层面到视觉的阅读行为，从内到外形成了一种阅读的叠加结构：内在的是万年进化而形成的基础结构，外在的是千年演变而来的阅读形式，从基础到上层构成了一个金字塔结构——阅读金字塔。

阅读金字塔自上而下是：（1）阅读行为层：如读一个单词或一句话；（2）认知层：知觉、注意力、动作、概念、语言处理过程，属心理学范围；（3）神经结构层：由阅读中逐步形成的许多神经元工作组组成，其功能是提取和整合信息，并进行自动化处理；（4）神经元与神经回路层：通过阅读形成的数十亿神经元和上千亿神经回路的联结；（5）基因基础层：遗传而来的视觉和口语等基因。需要特别注意的是，金字塔底层中没有特殊的阅读基因，因为阅读同通过基因编码遗传给下一代的视觉和口语不同，它没有直接的基因编码可以遗传，因此学习阅读必须经过后天努力，以形成金字塔上面4层所需的神经回路和认知程序。

阅读演化史与认知神经科学等诸多成果所累积的关于阅读脑的知识，想必会震动许多阅读专家。每一种新形态的书写系统都是发展自人类千年的历史，需要人类大脑的不同适应方式。综合起来，这些领域的知识彰显出大脑近乎神奇的能力，它可重组自身以学习阅读，并且在这个过程中形成新的结构。

（三）阅读从初级到高级的发展

《普鲁斯特与乌贼：阅读如何改变我们的思维》的作者认为，从不识字到成为一个成熟的阅读者是一个渐进、动态的发展过程。因此作者将阅读的这一渐进过程划分为五个进阶：萌芽级阅读者、初级阅读者、解码级阅读者、流畅级阅读者和专家级阅读者。"阅读是一种累积能力，呈几何级数递增。每一阶段都以此前的阅读为基础。"

1. 萌芽级阅读者

被誉为英国文学最独特、优雅的声音的佩内洛普·菲茨杰拉德曾经说："在人的一生中，会有两次知道自己受到每个人认可的时刻，第一次是学会走路时，另一次是学会识字时。"是的，第一次他真正成了一个人，第二次他真正迈入了文明世界。

需要记住重要的一点：阅读的大脑构造要到7岁左右才成形，因此让5岁前的孩子直接去阅读，无异于揠苗助长。萌芽级阅读者指在生命最初的五年里，坐在"宠爱者的大腿上"，听故事，接触文字、书本或是一般对话。阅读者在这个阶段，只是感知，不断和持续地接触阅读，但不是直接阅读。而感知阅读时坐在大腿上受到宠爱是很重要的，这同犹太人将蜂蜜滴洒在《圣经》上面，然后让孩子去吻是一个道理，告诉孩子读书是受宠爱的和甜蜜的。

2. 初级阅读者

这阶段大致是在幼儿园和读一年级的时期，任务就是识字，了解字的含义。他们逐步了解文字和语言中的发音互相联系，这是以后阅读发展的基础。在此期间，阅读的发展依赖于阅读者对语音和语义的解码能力。

《阅读史》的作者曼古埃尔讲得非常好："在文字社会中，学习阅读算是一道入会仪式，一个告别依赖与不成熟沟通的通关仪式。……例如，在中世纪的犹太社会中，学习阅读是以公开的仪式来加以庆祝。"学习阅读的小孩借由书本途径得以参与集体的、社会的记忆，熟稔社会的历史——每一次阅读，都会或多或少获得新知。学习阅读也确实是件不容易的事情，父母若是了解了学习阅读中大脑内部运作的繁复，或许以后对他们的孩子读得慢或读得困难，可以有多一点的宽容之心。

3. 解码级阅读者

英国作家、剧作家、文学评论家格雷厄姆·格林曾经写道："也许只有在童年时……我记得很清楚，突然之间就像钥匙打开了锁，我发现我会读书了，不是那种阅读课本上的像火车车厢般一组组的音节组成的句子，而是一本真正的书。"这段话生动地描绘出成为解码级阅读者的感受。解码，即能够正确理解所读的内容。

2012年美国国家阅读委员会报告提到：有30%—40%的四年级儿童无法完全流畅地阅读，无法恰当地理解所读的内容。这是一个危险和恐怖的数字。后来，美国一套教学方案规定：一到三年级的儿童是"学习阅读"（learn to read），而四至六年级则是"通过阅读来学习"（read to learn）。按此，则三年级结束之前的小学生属于解码级阅读者；在三年级结束以后，他们应该有足够的阅读技能，"靠自己"来学习越来越多的知识，从而进入下一个阶段的学习。在美国的教育中存在着一项近乎隐形的议题："能够正确阅读却无法流畅阅读的三四年级小学生的命运。除非及时处理这些问题，否则这些儿童的未来注定蒙上灰尘。"

4. 流畅级阅读者

流畅级阅读阶段的目标是：超越字面意思，增进理解字词的应用能力，如反讽、语态、隐喻与观点表达。随着阅读的不断增加，这些比喻与反讽等语言知识会帮助阅读者在文本中发现新的意义，促进他们超越文本本身来理解，读出作者的言外之意和欣赏作者传达的弦外之音。这个目标的意义是深远的。在阅读的高级阶段，从正确地阅读迈向流畅地阅读，因人而异有一个或长或短的过程。

脑成像显示，流畅理解型阅读者的大脑中主管情绪的边缘系统和认知区联结部分被激活，具有能够感受愉悦、恶心、恐惧与兴奋的能力，能够帮助人们决定阅读的优先顺序，评价所阅读的内容。大脑阅读的速度第一次可以快到足够进行思考和体验情绪，是人们得以思考"世间万物，美好至极"的生理基础。以作品洞察入微著名的英国女作家伊丽莎白·鲍恩曾经对流畅级阅读者做出了非常形象的说明："任何年纪的阅读者，尤其是儿童，必定会遇到这样一种情况：阅读时不仅会参与整个故事，还会身陷其中，最为强烈的是感官经验被限制在故事里。"

对于刚从掌握内容到发现言外之意的年轻读者来说，最理想不过的读物是奇幻和魔法故事，如读《西游记》、古典名著《封神演义》中有关哪吒的部分和《魔戒》，可以学习隐喻、推理、类比等技巧。在两个因素，即老师指导和对阅读的渴求中，前者对流畅阅读最有帮助，后者对阅读兴趣尤为重要。

5. 专家级阅读者

从流畅级阅读者转变到专家级阅读者的要求是：能够整合、运用先前的信息和知识，自我检测并且修正错误的理解，从阅读中得出创造性的见解。用四个字可以概括专家级阅读者：理性、创见。《阅读的历史》作者认为：阅读"本身就是一种创造活动。读者在阅读过程中让自己的心灵挖掘、塑造白纸或电子屏幕上的超感世界，不但对体验作出反应，而且重新塑造体验"。

专家级阅读者将因为阅读而改变生活和改变人生，改变的程度主要取决于所读的书籍以及阅读的方法。美国散文作家约瑟夫·爱泼斯坦讲得非常好："阅读是一种经验。任何一个文人的传记，都必须有相当的篇幅来描述他们的读物及其阅读年代，因为就某种层面来说，我们所阅读的成就了我们自身。"虽然其他阶段也有这种情况，但专家级阅读者更为明显。

书本与生活经验之间是双向的动态关系：阅读改变生活，生活经验也在改变着阅读。这是专家级阅读者的特点，也是一种阅读水平。面对书本，会联系到生活经验，经验会改变对文字的理解。阅读者的喜爱、遗憾、高兴、痛苦、成功与失败都会左右其阅读生涯。随着时间的推移，阅读者对阅读的诠释往往会超越作者的思想，向新的方向思考。青少年时期读过的经典文学作品，专家级阅读者再读一遍，必定会有不同的感受，而且现在的感受会比当时更深刻、更丰富。

（四）人类的智能进化永不止步

费希尔在《阅读的历史》中写道："人类总是一个由相互矛盾、不断变化的无数印象组成的混沌体。要理解这些现象，要生存并发展下去，就要寻求意义，探询秩序。在过去的几个世纪里，这一使命一直是通过阅读来完成的。"人会阅读可以说是一个奇迹。在人类历来的发明中，阅读堪称最卓越的一项，其结果之一便是人类有了记录历史的能力。约九百年前，活字印刷术问世，改变了整个世界，人类阅读在整体上发展到了一个新的阶段。当代，随着计算机和互联网的诞生和发展，电脑和网络已经成为革命性的阅读手段，掀起了阅读领域的一场全新的革命。如今人类传递信息早已超越了语言本身，超越了时空，而这一切都要归功于人类不同寻常的超感觉——阅读。

在阅读进化中体现出了所有文化与智能的转变，以及在阅读者本身的"自然史"中所有认知、语言与情感的转变，这一切将永不止步。对于阅读的发展，沃尔夫做出了概括而高瞻远瞩的总结："阅读的发展永不结束，阅读这个永无止境的故事将永远继续下去，将眼睛、舌头、文字和作者带往一个新的世界，在那里鲜活的真相无时无刻不在改变大脑与读者。"史蒂文·费希尔在《阅读的历史》一书中更做了深入浅出的论述："阅读是一种累积能力，呈几何级数递增。每一阶段都以此前的阅读为基础，进而为后来的阅读拓宽道路。博览群书、善用所学、掌握书面文字从而驾驭语言、文化，往往受到社会的礼遇，这是亘古不变的道理。事实上，阅读只有一种'归宿'，那就是知识。"不以知识为归宿的信息，就如同海边的沙子一样无用。

早在中世纪，就有学者首次将"看"和"读"区别为两个概念："看"是"纯粹感觉"，是无意识的或不自觉的行为；"读"是一种"知觉"，是自觉的认知行为。这一理念科学地阐释了阅读是一种从感性认识到理性认识的、有意识的行为过程。20世纪，神经心理学家证实了上述发现，认为人类仅靠口头语言还不足以做到全面开发人脑两半球的语言功能，只有通过阅读才能全面掌握语言能力。并且进一步认为，阅读是一种"潜在智能"，阅读能力是人类各种潜能中表现最为明显的一种。

在对阅读新认识的基础上，教育心理学家进一步为"读者"做了相应的注释，认为读者是通过创造意义和进行文字转换来再现文本的意义。"最为重要的是，读者在阅读时，要把个人知识和经历与书面的句、段、篇章联系在一起，并以此生成意义。"可见，阅读时大脑不仅对原文信息进行吸收，而且独立对信息进行加工处理。读者将感情融入阅读，想象、推理、前后参照，同时进行许多其他复杂的大脑活动。一些研究人员相信，阅读可能是同思考一样复杂的活动。"阅读其实已经接近思考本身了。"阅读依靠视觉，但又不单纯依赖视觉，而是超越视觉，从而形成了除视觉、听觉、嗅觉、触觉、味觉之外的另一种感觉，人们称为"第六感觉"，即一种心理感觉，如：快乐、悲伤、恐惧、痛苦等等。

曼古埃尔更深情地写出了自身的阅读感受：阅读是"无秩序的"，没有强迫阅读的所谓"正确的"的东西，阅读中没有所谓"最后的话"。"阅读自由"，"这种新得到的自由会一直跟着我们……我们却读得欣然有味……这种反叛的快感，我至今难忘。"所有的书籍都在"等着我们的批评和意见"，书籍本身的永久存在，加上后来读者不间断的批评，"意味着无限的阅读是可能的，彼此相加下去"。西班牙萨丰的名著《风之影》中，有一段进入"书的生命"的感人至深的话："每本书都有自己的灵魂，作者的灵魂以及和它一同生活、一起做梦的读者的灵魂。每一次被借阅，每一次某个人的眼睛注视着它的书页，书的灵魂就会再一次成长，再一次增强。"过去从未有哪个时代的研究者能像现在这般深谙阅读历程的繁复之美。真正了解阅读时大脑的运作过程，会是"心理学家最大的成就，因为这将得以描述人类心灵中诸多错综复杂的运作，解开彼此纠结的现象，揭露出整个文明在历史中最了不起的成就"。

对于阅读，还有许多解决不了的问题、令人迷惑不解的现象、未知的东西，曼古埃尔称这些为"阅读黑影"。在阅读不断的发展中，这些黑影将一个个地逐步消失，人类智能的进化将永不止步。

---

[1] 玛丽安娜·沃尔夫. 普鲁斯特与乌贼：阅读如何改变我们的思维. 王惟芬，杨仕音，译. 北京：中国人民大学出版社，2012.
[2] 阿尔维托·曼古埃尔. 阅读史. 吴昌杰，译. 北京：商务印书馆，2011.
[3] 斯坦尼斯拉斯·迪昂. 脑的阅读：破解人类阅读之谜. 周加仙，等译. 北京：中信出版社，2011.
[4] 史蒂文·罗杰·费希尔. 阅读的历史. 李瑞林，贺莺，杨晓华译. 北京：商务印书馆，2009.
[5] 卡洛斯·鲁伊斯·萨丰. 风之影. 范湲，译. 北京：人民文学出版社，2006.

四、阅读原本是有声音的

——读《阅读史》第三章"沉默的读者"笔记

阅读,很多时候是没有声音地读;如果一个人无缘无故就大声地读,那不是疯子就是傻子,反正在人们的眼中是精神不正常。但可以理直气壮地讲,这个精神不正常的人是在模仿古人的读书状态。不信就请往下看。

(一)古时候的阅读是有声的

读了加拿大阿尔维托·曼古埃尔的著作《阅读史》的第三章"沉默的读者",我有了一个全新的感知:怎么,阅读原来是有声音的啊!

这一章开头就讲道,公元383年,《忏悔录》的作者奥古斯丁在米兰看到米兰主教安布罗斯在专注地默读,这对当时正在风行的"大声朗读"来讲,简直是不可思议的。后来奥古斯丁在《忏悔录》中还专门描述了安布罗斯默读的情景。

无独有偶,公元前4世纪时,亚历山大大帝闷不吭声地读着母亲捎来的一封信时,他手下的兵将对其"不吭声"感到十分惶惑。公元2世纪时,希腊天文学家托勒密在《论标准》一书中说:"有时候,人们要努力专注时,会以默念的方式阅读,因为发出声音会造成分心。"这也说明,通常的阅读是有声音的。

公元349年大斋节期间,在耶路撒冷城要求"安静地阅读",以免"其他人的耳朵会听到其声音"——"这或许可称为耳语式阅读,嘴唇带着捂住的声音抖动着"。这也从侧面说明,通常的阅读是不安静的。

1927年,匈牙利学者约瑟夫·布洛夫试图证明,"古代对于默读几乎完全无所知"。偶尔出现的默读,那是例外的状况,而非常规。

"古时候的阅读是有声音的"这个论断,也得到了最新科学研究成果的证实。

美国心理学家朱利安·杰恩斯在一份有关意识起源研究报告中讲道:"二室心智——其中一个大脑半球演变成专司默读的功能——在人类的进化中属于晚近才发展出来的现象,而这个功能借之以发展的过程现今仍在演化之中。他表示,阅读最早期的实例或许是一种听觉而非视觉的感知过程。"

一句话,古时候的阅读是一种听觉的感知过程,是有声音的。我们可以称其为有声阅读时代。

(二)有声阅读是从书写文字发轫时就出现的规范

仔细想想,也不奇怪。

人类最早的交流是从简单的喊叫声开始的,后来有了简单的语言,再后来出现了真正的语言,其后才有文字。我们的汉字从结绳记事到象形文字(如甲骨文)再到青铜器上刻铸的"钟鼎文",而后经历了大篆—小篆—隶书等的发展。有了文字才有书,从简牍(竹简和木牍)、帛书发展到纸本书再到现今的电子书。这就是人类的语言、文字和书籍的最简要的发展历史。

再深入想想,就更清楚了。

经过多少年,巫师的话语变为刻在龟甲兽骨上的文字,但文字仅仅是记录话语的符号。要复原这些符号的本意,那当然需要用声音念出。

奥古斯丁遵照亚里士多德的教诲,认为字母是"声音之符号",声音是"我们所思考的事物之符号"。

在公元前3000年,古埃及人的阅读,可能指的是一种聆听象形文字的情景;同一时期,两河流域美索不达米亚的苏美尔人的阅读,可能指的是一种聆听楔形文字的情景。

在公元前1600年,中国殷商时期的阅读,可能指的是一种聆听龟甲兽骨上象形文字的情景。

"从苏美尔人最初的刻写板开始,书写文字的目的就是用来大声念出,因为这些符号隐含有一种特殊的声音,这种声音仿佛就是它们的灵魂。"

古代有句名言,其大意就是"赞颂大声念出的话语,谓其带有翅膀,可以翱翔;相比之下,书页上的沉默文字只是静悄悄不动,一片死寂"。而声音加到这些字母上面，会使它们"变成精神"。

"《圣经》的原始语言——阿拉姆语和希伯来文——并未将阅读活动和言说活动加以区分；两者都用同一个名称来表示。"也就是说，言说活动就是阅读活动。可见，当时"阅读"还没有成为一个具有专门意义的词汇。

对宗教经典的阅读，更能够说明这些圣典从最初的编写到阅读，都是同声音联系在一起的。"在圣典中，每个字母和字母的数目及其排列顺序，都是由神所口述，欲达到完整的理解，不只需要用眼睛，也需要整个身体的配合；随着句子的韵律摆荡，并将圣言喃喃念出，免得有任何神意在阅读中不慎流失。"这里的意思已经很清楚：只有有声音的阅读才能够理解出神言的完整意义，默读是复原不了原始状态和意义的。

同样，"伊斯兰教徒也是以整个身体来参与圣典的阅读"。《古兰经》研究规则第九条要求：读《古兰经》时要"大声到让读者自己可以听得到，因为阅读意指对声音作出区别"，这样可以免除信徒们受外界干扰而引起分心。

在有声阅读时代，那时在图书馆里阅读，会是怎样的情况呢？不管是学者、翻阅卷轴的人或奥古斯丁，也不管是在伟大的亚历山大图书馆或其他图书馆，"这些人肯定都是在隆隆嘈杂声中阅读"。那是一种什么情景啊！对于近现代的图书馆而言，简直是不可想象的。

不过，也不要将这种情况看得那么可怕，现今不是也有人在闹市中读书以锻炼自己吗。古时候的人，从读书开始就经受这种锻炼，习惯成自然，也就习以为常了。我们再看看现在，在数字化阅读时代，"不管是大英图书馆或是巴黎的国家图书馆都不再是鸦雀无声；默读不时会被手提文字处理器的接触和轻敲声打断"，这同古代几十位读者在图书馆里"喃喃自念"，其干扰有什么不同呢？但是"不管怎么说，我们找不到有抱怨希腊或罗马图书馆的噪声的记载"。

书页上的文字在眼睛感知它们的时刻并非单单"变成"声音："它们本身就是声音"。这在当时应该是一种观念："不管是理念、描写、真实与虚构的故事、心灵所能处理的任何事物，都以声音的形式拥有一种具体的真实性，而这些呈现在刻写板或卷轴或手抄本上的声音，唯有靠眼睛辨识并用舌头说出，才合乎逻辑。"

直到进入中世纪一段时间，写作者一直都假定其读者会"听到"而非单单"看到"其作品，就像他们在写作时也是将文字大声念出一样。

在有声阅读的时代,"阅读是一种口头的技巧","阅读是思考与言说的一种形式"。

(三)默读阅读方式的发展与普及

"一直要到 10 世纪时,这种(默读的)阅读方式才在西方普及。"我们国家的情况如何,我还没有查到。

在奥古斯丁生活的年代,朗读与默读"同时发生",《忏悔录》中描写了 386 年 8 月的一件事情,证明奥古斯丁自己也有默读的时候。

随着时代的发展,阅读方式也在与时俱进。

"字母具有将不在场的人的话语默默传达给我们的力量",书写的文本是一种纸上的文字,可以同不在场的人进行对话和交流。古代的名言"书写之字得以留存,口说之语消失无踪"——表达出一种截然的对比。

默读让书本与读者之间建立起一种未有他人在场的沟通,并让读者单独得到"心灵的振作"。

默读使"读者终于能够同书本和文字建立一种不受拘束的关系。文字不再需要占用发出声音的时间。它们可以存在于内心的空间,汹涌而出或欲言又止,完全解读或有所保留,而读者可以用其思想从容地检视它们,从中吸取新观念,也可以从记忆或其他摊在一旁准备同时细读的书来作比较。读者有时间来反复细嚼那些金言玉语,它们的声音——如今他已了解——在内心所获得的回响跟出声朗读时一样丰富。而作品本身,由于靠着封面的保护得以免受外来者随意拿取,变成了读者自己的所有物、读者的私人知识,不管是在热闹的缮写房、市场或家中"。

6 世纪末,叙利亚的圣以撒就体会出默读的益处:"练习默读时,所读的作品与祈祷文的韵行居然让我充满了欢欣。而读懂的乐趣使我哑口无言,然后,如同在梦中,我陷入一种感官与思想集中的状态。然后,随着沉默的延长,记忆的骚荡也在我心中平静下来,一波波的喜悦出乎意料地突然自内心涌现,欢我我心。"

7 世纪中期,西班牙神学家依西多尔称赞默读为一种"极轻松的阅读"方法,可以一边"思考所读的东西,令它们更难从记忆中逃离"。

8 世纪的时候抄写员辛苦到"三根手指抄写,两只眼睛看。一片舌头朗读,浑身都在劳动"。那是从朗读到默读的过渡时期,抄写员们还处在工作的痛苦中。

9世纪，默读在缮写房已经普遍，并有需要默读的规定。

教条主义者反对："默读让人可以做白日梦"，导致怠惰等危害。天主教神父更大言其危险："一本可以私下阅读的书，一本只用眼睛便能阐述文字意义的书，不必再受到聆听者当场阐明或指导、非难或审查。"那对教会来讲，是失去控制力的天大的问题。

学者们是支持默读的先锋。爱默生在《社会与孤独》的书中认为"阅读乃属个人、孤独的行为"。他拟了一份包括《沉思录》等"神圣的"著作的名单，做起了导读工作。他说："所有这些书籍都是普遍良心的庄严表达，而且它们对我们的日常作为而言，比年鉴或日报更为重要。但是，它们是用来私下阅读的，是要放在曲拢的膝盖上阅读的。我们不能用嘴唇和舌尖来与其沟通，而必须发自双颊的热情与悸动的心。""读者应该借着彼此报告所读要点来分享心得"，也就是说，需要的是在沉默中阅读。

从10世纪至今，可以称之为默读阅读时代。

2012年3月22日

五、大脑天生不会阅读

人是不是天生就会说话和阅读？说话同走路一样，是通过后天模仿学习而会的。试想想，一个孩子生活在人群中，即使没有人特意教他说话，小孩子是可以逐步模仿、自然而然地学会说话的。而且，置于说哪种语言的人群中，小孩子就能够学会哪种语言。但阅读呢？把一个孩子放在摆满书的环境中，如果没有人专门教他识读文字，他仍然学不会阅读，并且未来会成为文盲。但这些仅是一种感觉，没有什么确切的根据，特别是生理学和遗传学方面的理论根据。

美国塔夫茨大学儿童发展心理学教授、阅读与语言研究中心主任玛丽安娜·沃尔夫在《普鲁斯特与乌贼：阅读如何改变我们的思维》一书的前言中，开宗明义地告诉读者："在这本书中，我希望逐渐带领你重新思考长久以来你可能视为理所当然的事情，比方说儿童自然而然地学会口语，但在我们大脑学习能力的演化中，儿童并不能够自然而然地学会阅读，阅读的行为并不是自然而然的……"她进一步指出，对人类来说，"并没有任何一组基因直接负责阅读功能"，也就是说，阅读跟视觉、口语不同，它不是人类本能的一部分，大脑天生不会阅读，阅读是人类的一种文化技能。

（一）人类口头语言能力是由先天遗传的

阅读的对象是文本，文本是由文字构成的，文字是语言的视觉形式。语言分为口头语言（又称为口语）和书面语言（即文本）。很明显，人类先有口头语言，而后才逐步有了文字，也才有了阅读。

到20世纪80年代，即30多年前，口头语言是由先天遗传还是后天获得这个问题，在科学界、语言学领域仍然存在着争议：遗传论认为，母语的自然习得过程说明人脑中有一种特殊的语言机制，是由人的遗传基因决定的；而行为主义却强调语言能力是后天获得的。解决争议的关键是找到科学实证。对此，我们看看近 30 年有关的研究成果。

1. 20 世纪 90 年代，科学家通过对英国"KE 家族"一家三代的基因图谱和突变的分析，发现了第一个与人类语言有关的基因——FOXP2。这一发现填补了语言基因方面的空白，也为进一步研究人类语言的起源提供了线索。

2. 2001 年 11 月 5 日的《自然神经科学》（Nature Neuroscience）杂志发表了加州大学洛杉矶分校的大脑图谱研究成果，首次得出显示个体基因如何影响人的大脑结构和智力水平的图像。大脑控制语言的区域在双胞胎中本质上是一样的，因为他们享有完全一样的基因，家庭成员的大脑语言区也同样极其相似。这说明遗传关联的存在。

3. 人类与黑猩猩源于共同的祖先，两者有 95.0%—98.5% 的脱氧核糖核酸（DNA）相同。然而，黑猩猩却不能像人类这样使用复杂的语言。人类为何独具语言行为？最新研究结果显示，人类独有的语言行为得益于特殊语言基因。2009 年 11 月 11 日英国《自然》（Nature）杂志再一次发表了洛杉矶分校研究小组的研究成果。研究小组负责人丹·格施温德写道："我们的研究证明，人类与黑猩猩 FOXP2 基因的结构和功能均有差异。这可以解释为什么人类大脑具有与生俱来的言语能力，而黑猩猩不具有这种能力。同时也使我们明白人类是如何通过进化过程获得语言能力。"

人类经过多少万年的进化，大脑和发音器官已经发生巨大变化，语言功能被以生理结构的形式固定下来，并代代相传，因此婴儿能够咿呀学语，而类人猿由于发音器官的缺陷，根本不可能像人一样说话。人类语言的进化途径是怎样的呢？据维基百科介绍，世界现存语言大约 6909 种，只有 2000 多种语言有书面文字，2500 种语言濒危。这些语言的起源有"一源说"和"多源说"两种观点。2011 年 4 月，新西兰奥克兰大学学者阿特金森在《科学》（Science）杂志上发表了一篇主张"一源说"的文章。他通过对全球 504 种语言发音的最小单位——音素的分析发现，非洲各地的方言含有超过 100 个的较多的音素，而夏威夷当地土语的音素仅有 13 个，英语的音素有 48 个。阿特金森认为，语言的这一分布规律并非偶然，而是现代人类语言起源于非洲的有力证据。他推断，人类语言大约在 15 万年前起源于非洲，8 万年前走出非洲，而后形成多种语言。

人类学家的研究表明，人类之所以能够超脱动物界，是与自己获得了一种完美的有声语言分不开的。语言能力的获得是人类进化史上具有重大意义的事件，自从有了语言，人脑的高级功能如注意力、记忆、思维等才获得了飞跃式的发展，才有了人类璀璨的文明，从而最终成为地球上的高级文明。

（二）人并非生来就会阅读

阅读没有遗传，人并非生来就会阅读，也就是说大脑天生不会阅读。这一结论有以下几点可以证明：

1. 现代科学技术最新成就的脑成像技术，即计算机断层扫描（CT）、功能性磁共振成像（fMRI）和正电子发射断层成像术（PET），能够使研究人员"看见"整个大脑是如何工作的，"看见"全脑在阅读、思考或想象时的状况和所做出的反应。通过脑成像技术，科学家已经发现了口头语言的FOXP2遗传基因，但至今没有发现文字和阅读的遗传基因。这是阅读没有遗传的有力的科学实证。

2. 之所以出现上述情况，时间是决定一切的，文字比口头语言的起源要晚很多。具有数万年发展历史的口头语言已经形成了遗传基因，但仅有几千年发展历史的文字语言还没有足够的进化时间形成遗传基因。

3. 上千种人类文字系统中的符号、字母，更包括象形文字，都非常类似于自然界中的各种物体形象，如Y似河、S如蛇、C像新月等。这从一个侧面明显说明，文字语言并非遗传，文字的字形来自自然界中各种物体的形态，是近几千年来一代代人类利用自然界中的已知形象逐步创造出来的。

4. 诊疗发现，阅读障碍绝不是一项阅读本身的疾病，出现障碍的原因不在新形成的阅读部分，而是大脑旧区域上我们祖先古老的视觉和口语神经回路等出现了故障，这也为阅读源起于大脑原有神经网络的"再利用"提供了旁证。

阅读没有遗传，那阅读是怎么形成的呢？这里提出了阅读的起源问题。

（三）人类阅读的出现

约公元前4000年，在两河流域的古巴比伦，"发展了一种永远改变了人类沟通本质的艺术：写作的艺术"。将符号刻写在泥板上，作为记忆的装置，这一发明胜过了大脑的记忆，成了可以跨越时空的人类永久性记忆。在叙利亚出土的公元前4000年两块泥刻写板——现今所知人类最古老的书写例证之一，从这里开创了人类的阅读之旅。

公元前3300至前3200年间由苏美尔人创造，因其笔画形状像钉子而得名的楔形文字，是现今发现人类历史上最早出现的文字系统之一。

甲骨文是商朝后期（公元前1400至前1100年）的文字，是我国已知最早的成体系的文字形式，它上承原始刻绘符号，下启青铜铭文，是汉字发展的关键形态，被称为"最早的汉字"。

阅读依赖视觉。视觉是物体的影像刺激视网膜所产生的感觉。人类依靠视觉识别文字。经过了漫长的演化过程，阅读具有极其深奥的创造性特质。

（四）人类是如何学会阅读——阅读脑的进化

最早的阅读是如何出现的呢？法国科学院院士、著名认知神经科学家斯坦尼斯拉斯·迪昂认为，阅读是人类最卓越的发明之一，研究证明："由灵长类动物进化而来的人类大脑的神经通路可以用于书面单词的识别任务。……根据这种理论，阅读实际上是神经网络的'再利用'。"

人类的大脑没有特定的基因组直接负责阅读功能，但人类的大脑具有可塑性。阅读的形成，从生理学角度主要依赖于大脑神经网络的可塑性；将视觉系统塑变为能够认识文字，将听觉系统塑变为能够辨识语音。这样，眼摄文字，耳听语音，形成了文字和语音两条阅读路径，进入大脑；进一步同大脑中语义、记忆、基本认知等的很多最精妙的"原始部件"建立联结，形成"阅读通路"；随着时间推移与进化，在"阅读通路"中增加了更为复杂的认知特点，对思维、情绪反映及发明创造产生影响，达到"深入阅读"的能力。这样，逐步形成了一个可以阅读的大脑——阅读脑，这些即是现今阅读科学的基础。阅读的发明使我们的神经回路演变为阅读的装置，这才使阅读具有"用眼睛与亡灵对话"这样神奇的能力。

阅读脑（the reading brain）不是"专门负责阅读的大脑"，大脑中并没有生来就负责阅读的区域。阅读脑指的是"阅读中的大脑"，它永远处在形成与发展中。

阅读使大脑在原始的视觉和听觉系统中建立起新的联结，形成新的功能，这被称为"神经元再利用"。"再利用"含义是"再次经过一系列的变化"以"适应新的用途"，"它将一个在进化过程中为特定领域服务的古老功能转变为一个在目前的文化背景下更实用的新功能"。科学家现在已经知道这样一个事实：每当我们学会一项新的技能，神经元之间便会建立新的联结和传递通道。

（五）成为一个成熟的阅读者

在生物学层面上，所有的人类行为都建立在层层叠加的各种基本生理活动之上，阅读也不例外。人类的阅读从大脑的生理层面到视觉的阅读行为，从内到外形成了一种阅读的叠加结构；内在的是万年进化而形成的基础结构，外在的是千年演变而来的阅读形式，从基础到上层构成了一个金字塔结构——阅读金字塔。阅读金字塔的结构自上而下的顺序是：阅读行为层、认知层、神经结构层、神经元与神经回路层和基因基础层。金字塔底层中没有特殊的阅读基因，没有直接的基因编码可以遗传，因此学习阅读必须经过后天努力，以形成金字塔上面 4 层所需的神经回路和认知程序。

我们之所以能够学会阅读，仰赖的全是大脑的可塑性：通过不断的阅读，个体的大脑无论是在生理层面还是在智力层面，都产生了永久性的变化。例如，在神经元水平上，一个人学习汉语阅读时使用的特殊神经联结模式，和学习英语阅读的神经联结模式是完全不同的。当以汉语为母语的读者初次阅读英文时，他们的大脑仍会尝试使用基于汉语模式的神经传导途径。也就是说，学习阅读汉字的行为塑造了阅读汉语的大脑，即一个"中文阅读脑"。

《普鲁斯特与乌贼：阅读如何改变我们的思维》作者玛丽安娜·沃尔夫描述了从不识字到成为一个成熟阅读者的发展，这是一个渐进、动态的过程，包括五个进阶：萌芽级阅读者、初级阅读者、解码级阅读者、流畅级阅读者和专家级阅读者。"阅读是一种累积能力，呈几何级数递增。每一阶段都以此前的阅读为基础。"

2015 年 4 月 18 日

六、开拓前进中的阅读疗法

早就听到过一个令人将信将疑的专业词汇——阅读疗法。看到 5 月 10 日一篇报道提到杭州图书馆首推"阅读疗愈"项目。"疗法"已经进展到"疗愈"了,且由高等学校进入了公共图书馆,我的将信将疑变为惊悟,看来对这件事需要了解了解。

在网络环境下,我很容易就找到了国内外的两本书:一本是王波著的《阅读疗法》,一本是美国派斯克和韦斯特合著的《读书疗法——女性生活各阶段的读书指南》。第一本是一部专著,作者是北京大学图书馆副研究馆员。

记得《三国演义》有一段精彩描写,曹操有头疼的顽疾,读陈琳"挟天子以令诸侯"的檄文而心情大快,头不疼了。著名的英国哲学家培根在《论读书》中指出:"精神上的各种缺陷,都可以通过求知来改善——正如身体上的缺陷,可以通过适当的运动来改善一样。"鲁迅说:"有病不求药,无聊才读书。"以书代药,书宛如心理疏导的医生、高尚情操的导师。是的,名言警句,富有哲理,可以医心疾;小说散文,平和清逸,可以降肝火;诗词曲赋,节奏通畅,可以舒脾胃;杂文评论,药力猛厚,可以增钙质。看来,阅读疗法有理论、有实践、有历史,不是子虚乌有,更不是人云亦云。

(一)什么是阅读疗法

阅读疗法又称为读书疗法、图书疗法、书目疗法、文献疗法等。阅读疗法(bibliotherapy)一词源于希腊语,由"图书"和"治疗"合成,也可称"图书治疗",顾名思义,是指利用阅读图书达到治疗疾病的一种方法。《韦氏新国际英语词典》

第三版对该词释义为:"指导患者阅读精选的书籍,作为内科学和精神病学上的一种辅助疗法,亦指通过有指导的阅读帮助解决个人问题。"《图书情报词典》上的注释是:"为精神有障碍或行为有偏差者选定读物,并指导其阅读的心理辅助疗法。"治疗时,首先根据医生、教师、监护人等观察和患者自述,确定引起精神障碍或行为偏差的原因,然后按照"在适当的时间,给适当的读者,提供适当的图书"的原则,开列所须阅读的图书,嘱患者依一定要求阅读。1995年国际阅读协会出版的《读写词典》对阅读疗法的解释是:"有选择地利用作品来帮助读者提高自我认识和解决个人问题的能力。"阅读疗法又划分为由专门医生指导的临床阅读疗法和由老师、图书馆员等指导的发展阅读疗法。

阅读疗法在西方已有几百年的历史。早期的阅读疗法带有明显的宗教色彩。18—19世纪,阅读疗法得到了迅速的推广,英国、法国、德国等国家的医生在处方中开始开列利于康复的书目清单,许多医院有一定数量的供阅读治疗的藏书。近代美、英、俄三国对阅读疗法的系统研究成就最大。美国著名的内科医师本杰明·拉什是已知的第一位正式开展阅读疗法的医师;1848年,J.M.高尔特在美国精神病学年会上宣读了《论精神病患者的阅读、娱乐和消遣》,被认为是阅读疗法研究的第一篇论文;1916年美国人塞缪尔·麦克乔德·克罗色尔斯(Samuel McChord Crothers)在《大西洋月刊》上创造性地提出了"bibliotherapy"一词,直译为"图书疗法"。1939年美国图书馆协会设立了阅读疗法委员会。20世纪70年代苏联就有4000家医院向病人提供阅读疗法服务;匈牙利、德国等国家的一些医院也相继为病人开展了"诗歌疗法""音乐疗法""喜剧疗法"等。20世纪80年代,在人们的心理问题日趋严重的背景下,国外掀起了阅读疗法研究的又一轮热潮,1984年国际图书馆协会联合会拟定了《图书馆为医院病人和残疾人服务纲要》。目前,阅读疗法在国际上已逐渐形成了比较完整的理论体系,并得出了一些重要的研究结论。

(二)阅读疗法原理

阅读为什么有治疗的作用呢?这是我查找和阅读有关阅读疗法的文章和资料中最感兴趣的问题,我没有想到的是,收获之大出乎意料。因为阅读疗法恰恰能够从一个重要方面反映出阅读的真谛。阅读疗法的原理归结起来有三个方面:发生学原理、心理学原理和心理生理学原理。这里我只能最简要地人云亦云。

发生学的逻辑是，如果一个事物最初是因为某个原因而发生的，那么它就始终具有为这个原因服务的功能；如果能够证明图书的起源在某种程度上与治疗有关系，那么阅读这个行为先天就具有了治疗的功能。文化人类学认为，原始人类生存环境十分恶劣，天灾人祸不断，惊慌、恐惧、迷茫的感觉时时占据心灵，他们为了维护社群生活，就不得不压制个体自身的欲望，以合乎社群的规范。那么这些无助的心灵和压抑的欲望，都要找到表达和发泄的渠道，这个渠道是什么呢？就是文学艺术。文学作品的创作经常是无助者和被压抑者心理需求的升华，人们通过写作来拯救受伤的心灵，阅读则是共享、寄托或抒发感情的行为。因此，从源头看，文学源起于人类在面对大自然时有太多的无助感、茫然感等精神危机，需要创设精神支柱和价值系统来加以疗救。既然文学作品本身是出于治疗的目的而发生的，先天就具有治疗的功能，那么，作为文学作品载体的书籍，当然也就具有了治疗的功效。许多文学家对精神治疗情有独钟。鲁迅先生早年发现国人精神的病态远比身体的病态更甚，于是毅然决然弃医从文，以文学拯救"国人的灵魂"，从而写出了《狂人日记》。与鲁迅同样弃医从文的文学家，我国还有郭沫若、余华、毕淑敏等，国外有福楼拜、契诃夫等。还有更多的作家本人就是患者，如陀思妥耶夫斯基患有癫痫症，索尔仁尼琴患有结核病和癌症。正因为如此，疾病和治疗在文学作品中成为仅次于爱情和死亡的永恒主题。文学人类学家认为，在19世纪以前，宗教是精神治疗的主角，到了20世纪文学又担起了重任。种种现象表明，文学与精神治疗有不解之缘，这种缘分从人类的童年一直延续到今天。尽管随着专门医学的崛起，文学精神治疗的职能在逐渐式微，但它们与生俱来的药性并没有在愈来愈广大深邃的历史空间中消弭，而经常在不经意间，给被病魔缠身的读书人解围，送上一份与健康重逢的惊喜。

心理学尽管流派众多，但是用不同的心理学家的观点去解释阅读疗法的作用机制，都能得到合理的答案。择其要者，有共鸣说、净化说、平衡说、暗示说和领悟说等。一般认为，共鸣、净化和领悟是阅读心理活动中彼此衔接的三个链条，在这里为了简要，平衡说和暗示说只能略去不谈了。共鸣说就是人们在欣赏文学作品时，有意无意地将作品中人物的特征、经验、情感等和自己的相对照，如能找到吻合之处则产生强烈的认同和共振，产生心灵共鸣，获得感情等方面的释放，从焦虑中解脱出来。不难理解为什么各行各业的人都爱读本行业的名人传记。其原因就在于人们都有从同类人身上寻找共鸣的愿望，以获得可以汲取的精神力量。净化说是指读者在欣赏精神作品时，与作品中的人物发生了心灵的契合和沟通，情绪得以调节和慰藉，进入了有所排遣、有所纠正和有所升华的情感状态。内心的焦虑就被导向外部，使人的心灵受到"净化"，心里产生一种轻松舒畅的无害的快感。读完一部悲剧经典，读毕合卷，抚书而叹，继而豁然开朗：人生原本不就是如此清澈、简单吗，干吗要背负那么多不必要的负担！这种感悟落实到生活当中，就是脱离作茧自缚、自我加压的状态，有病时有利于康复，无病时有利于防病。生活就像一台电脑，运行久了便会产生信息垃圾，阅读悲剧能使我们的心情归零或重新启动，释放掉容易成为病源的思想或情感垃圾，以保证我们的身体继续健康、欢快地运行下去。领悟说是读者在经过共鸣、净化之后，对欣赏对象深层意蕴的追问和思索，这种追问和思索就叫作"悟"。一旦有所悟得，人就仿佛突然之间被智慧的灵光击中，顿时感到生命发生了飞跃，人生境界得到了升华，有一种豁然开朗、大彻大悟的喜悦。相应地，阅读疗法的效果也以领悟为最大，净化次之，共鸣再次之。

心理生理学原理是指由于阅读所引起的心理反应总是和生理反应交织在一起，阅读疗法的有些作用机制很难简单地说属于心理学范畴还是生理学范畴，因此把这些机制统称为阅读疗法的心理生理学原理。

总之，学者们一致认为，阅读不仅仅是对文字的理解，而且是心理体验的过程，能够产生感觉、兴趣、思维、情感、意志等心理现象。阅读的过程就是读者的心灵与作品的感情内涵形成程度不同的共振的过程，从而或产生美的享受，或激起某种崇高的理想，或改进处世的态度。这就是书籍的魔力和魅力。

（三）我国阅读疗法的研究和实践

我国对阅读疗法进行系统研究只有十几年时间，现在阅读疗法已逐渐成为医学、心理学和图书馆学研究的重要组成部分。当前，由于社会竞争日益激烈，出现心理问题的人数有逐年增加的趋势。2000年2月20日《中国教育报》报道："在我国，20世纪80年代中期23.25%的大学生有心理障碍，90年代上升到25%，近年来已达到30%，有心理障碍的人数正以10%的速度递增。"另有单位对南京4所高校的10000多名大学生的精神状况进行调查，发现大约1/4的人有心理问题，11.7%的学生患有不同程度的心理疾病。有专家认为人类正从"躯体疾病时代"步入"精神疾病时代"。

我国阅读疗法研究经历了引进、发展和高峰三个阶段。最早引进阅读疗法的是1982年出版的《中国医学百科全书：精神病学》："阅读"属于"工娱疗法"的范畴。到20世纪80年代后期，有学者开始关注国外的阅读疗法应用情况，在CNKI的检索结果中，最先介绍阅读疗法的文献有《书也是一种药——介绍西德的书籍疗法》和《书是良药——西德书籍疗法介绍》等。20世纪90年代，我国阅读疗法研究进入发展期，1994年南京大学沈固朝教授发表了《图书，也能治病》一文，标志着我国阅读疗法系统研究的开始。而后在精神病学界开展了关于阅读疗法的可靠性和疗效的实验实证研究，大部分的受试者认为读书可以不同程度解决心理问题。此后，针对大学生开展的阅读疗法探讨成为我国阅读疗法研究最重要的组成部分。21世纪是我国阅读疗法研究的高峰阶段：理论研究方面取得了突破性的进展，探讨了针对儿童、中小学生、特殊人群的阅读疗法的实验研究；开展心理健康教育和心理素质培养；医院图书馆创建了病友图书馆、病区阅览室等；开设阅读疗法课程；部分学者对阅读疗法的局限性和降低阅读疗法副作用的对策和方法进行了探讨。

关于阅读疗法在我国的研究和实践，南京大学信息管理系教授、中国阅读学研究会会长徐雁形象地总结出当代中国"阅读疗法"的"五大实践家"。

1. "慧心行者"王波：2008年出版的约30万字的《阅读疗法》，是我国第一部关于阅读疗法的基础理论著作，使阅读疗法研究本土化。同时作为解决心理问题的药物，还推荐了42种阅读疗法书目，其中主要是小说和散文。

2. "慈心观音"宫梅玲：就职于泰山医学院图书馆阅读疗法研究室，主持"书疗小屋—大学生健心房"，成立泰山医学院大学生阅读疗法协会。2000年起从事"大学生心理问题'阅读疗法'的研究"，总结出大学生"14种心理问题"和针对治疗的10种书刊类别，编制心理咨询书目。

3. 陈书梅：台湾大学图书资讯系副教授，成功编写《儿童情绪疗愈绘本解题书目》，实现了儿童情绪疗愈绘本本土化。汶川大地震后，遵循弗洛伊德"认同"-"净化"-"领悟"三层次作用机理，精选具有"情绪疗愈作用"的绘本50种，送到地震灾区。

4. 万宇：南京师范大学文学院博士，关注"自闭孩童心灵天地"，对南京钓鱼台小学10位内向孤僻情状学生进行"游戏-阅读-反馈"三环节的阅读治疗实验，取得效果。

5. 王一方：国内知名医学人文学者、北京大学医学人文研究院教授，播撒着"文学中的医学底蕴"。王一方教授在《医学是什么》第四章"文学中的医学领悟"中指出："对于文学治疗的可能性，许多人存有疑虑，其实，它的基本形式就是阅读，包括病人自主和接受指导的阅读，追求看懂、看透（命运）、看破（人生真谛、生命真谛），实现健康、疾病、生死、苦难观念的建构与解构，通过移情、同情、共鸣、感动，获得文学欣快和哲学沉思，实现人生的启悟、洞彻和宗教超越……"实践中他提出对不能读的病人采取专门措施，行使"文学医生"的角色。他说："医师应该向牧师学习，更多地运用人文素养去抚慰病人焦灼的心志，安顿那颗忧伤的灵魂。"

当然，阅读疗法目前还不是一种成熟的科学方法，它的作用机理还处在研究探索阶段，但这并不妨碍人们把它作为一种辅助疗法应用于临床。据世界卫生组织统计，全球有5亿多各类精神病患者，其中1.5亿为情感性疾病患者。因此，现代医学观念已经开始重视除药物、手术以外的治疗。科学家们预言，人类对大脑在防治疾病、增进健康方面重要作用的高度重视和全面应用，将是21世纪医学的突破。人的大脑将成为为人类自己治病的医疗工具，思想、意志、情感、想象、信念等在防治疾病、增进健康方面，的确能发挥出前人从未认识到的作用。

对阅读疗法来讲，图书馆具有独到的优点。美国精神医学专家高尔特说："图书馆是一座心智药房，存储着为各类情绪失常病人治疗的'药物'。"学生喜欢到图书馆去找"心药"，优点有二：图书馆服务简便、及时、免费、随意；图书馆是人人都可以去的公共场所，实行开架借阅，到那里进行阅读治疗，不泄露任何隐私，没有精神压力，不会有伤自尊。二者的有机结合，使图书馆可以更好地服务于人类。

2013年8月1日

第二部分

阅读的特点

一、真正的阅读必然是创造性的

用这样一个标题命名文章是否太武断？陡然一看，是这样；细思之，否也。

（一）释义"真正的阅读"和"创造性"

首先需要清楚一个问题，什么是"真正的阅读"。阅读有许多称谓，如深阅读、浅阅读、精读、略读、通读、选读等等，不一而足。对这个问题，看看权威人士、被誉为"智力魔法师"和"世界大脑先生"、英国脑阅读方面的世界超级专家东尼·博赞是怎么讲的，他在《启动大脑》一书中写道："阅读是个人与符号信息之间发生的全部关联；它通常是指学习的视觉方面，并包含下述7个阶段。"他说的7个阶段是：辨识、吸收、领悟、理解、记忆、回忆和交流。其中有3个阶段的含义与我们平常的理解有一定的差别，具体是：领悟是针对书本知识内部各个部分之间的相互联系；理解是针对领悟的信息与外部世界整合，即把书本知识与外部世界联系起来；交流是阅读、记忆的目的，应用所学的知识——对其进行思考、创新、再学习和终身学习。顺便提一下，《启动大脑》一书曾被赞誉为"过去1000年以来最伟大的著作"和"新千年1000本必读书目"之一。按此，真正的阅读必须逐个通过这7个阶段。

细分析之，这7个阶段无一不同思维密切相关，几乎用思维一个词就可以将它们全部概括起来。因此，真正的阅读，也就是有思维的阅读。在这里，阅读与思维相生相伴，如影随形。新西兰学者费希尔在《阅读的历史》中写道："阅读其实已经接近思考本身了。"

翻开近期报纸，一组关键词——创造、创新、创意、创客、创业——同创造性相关的同义词，频频出现，异常引人注目。与此同时，对这些概念的释义，众说纷纭，莫衷一是。下面我们再看看东尼·博赞对创造性或创新是怎么论述的。在《启动大脑》中他写道："创新，是利用想象和联想在现有思想的基础上发展出新的思想、观念和解决方案。创新背后的驱动力是想象力。"其实，创新并不是非常复杂的事情，东尼·博赞讲："许多人逐渐相信，为了不同而不同正是创造性的本质。"可以这样认为，"同原来不一样"就是创新；关键在于创新的价值，我们需要的是能够生发正能量、有意义的创新。

前述，我们了解了涉及本文主题的真正的阅读和创造性两个概念，下面我们讨论这两个概念之间的关系，"真正的阅读"是否必然引发"创造性"的结果。

有教育心理学家对"读者"的涵义做了这样的诠释：读者是通过文字转换和创造性来再现文本的意义。在这个诠释中，直接将读者的阅读同创造性的结果密切地联系在了一起；而且，读者"再现"文本的意义，不是原样复制，而是"创造性"地再现。这个诠释，几乎是一语道破了本文的玄机。

对于什么是创新，东尼·博赞还有进一步的论述："创新需要经历想象的历程，把大脑带入之前所未经过的新领域。这些新的联想会生发新的意识，即人们所说的'创造性突破'。"这一论述非常精辟，它概括了阅读与创造性之间的内在联系和必然性。因此，这段话构成了本文论述的主线。

（二）阅读引领读者进入一个前所未知的新领域

辩证唯物主义认识论讲得很清楚，一个人的知识，包括直接经验和间接经验两部分，间接经验是指从书本或别人那里得来的知识。德国作家、1946年诺贝尔文学奖得主黑塞说："在诸多人类凭借自己的精神、而非与生俱来的天赋所创造的世界中，书本世界是最了不起的一处……没有人的生命长到足以完全了解、完美运用这世界运行的法则。没有文字，没有书写，没有书本，就没有历史，也就不可能产生人之所以为人的观念。"公元前4世纪，希腊新喜剧诗人米南德曾经对阅读发出这样的感慨："喜欢阅读的人，就像拥有两个人生。""书本"具有如此大的作用，使它成为人类间接经验的主要源泉。为此，在论述阅读的创造性这个主题时，我们对东尼·博赞的这句话"创新需要经历想象的历程，把大脑带入之前所未经过的新领域"完全可以理解为：阅读"把大脑带入之前所未经过的新领域"，这个新领域就是书本所创造的世界——精神世界。

阅读，使读者进入了一个"之前所未经过的新领域"，这是一个读者从未踏入过的新的环境和一种新的生活——一个崭新的世界。虽然属于精神世界，但一切也是那样地新颖和引人入胜。阅读能够引领读者感受大自然的奥秘、古人的生活和异国他乡的韵味，感知奇闻异事，聆听圣人们的教诲，领略启蒙愚昧的真知灼见。正如南北战争时期的美国总统林肯用传神的语言对阅读的赞誉："妙就妙在它帮助我们挣脱了时空的重重枷锁，得以与逝者神交，与远方谈心，与未来对话。"此时此刻，读者阅读的特点是沉迷于文本的内容之中，情陷于故事的情节而不能自拔。

（三）新的想象和联想会生发新的意识

继而我们来理解东尼·博赞的下一句话："这些新的联想会生发新的意识，即人们所说的'创造性突破'。"沉迷文本中的读者受到内容的刺激和启发，有意识或无意识地会生出许多新的联想和想象。

1. 读者在阅读中辨识、吸收、领悟、理解和记忆文本的内容，并生成前所未有的想象。

2. 读者大脑不仅对原文信息进行吸收，而且独立对原文中的信息进行加工处理，读者将个人知识和经历与文本中的句、段、篇章联系在一起，并以此产生多种多样的联想。

3. 读者更深层次地将个人感情融入阅读，在沉醉状态下进入文本的情节之中，抒发爱憎，进行情感交流。

4. 读者通过阅读的理解，将作者的思想与读者自己的思想相结合，经过思维的理性沉淀，以及其他许多复杂的大脑活动，产生了新的思想和意识。

5. "阅读不仅反映了大脑超越原有设计结构的潜能，同时也反映了读者超越文本或作者所赋予内容的潜能。"读者对阅读的诠释往往会超越作者的思想，生出各种发散性联想，向新的方向思考，产生了超越作者思想的新的意识。

这些就是阅读的创造性成果。这正如教育心理学家对"读者"的诠释，读者是通过对书本进行"二次加工"和再现书本意义的创新者。

（四）阅读的"迂回"原理

在这个过程中，阅读的"迂回"原理在发挥着巨大的作用。阅读不是一种像感光纸那样捕获书本内容的直接过程，而是一种令人眼花缭乱、迷宫般的曲折变化，但又具有个人特色的演绎过程。文本中的语言是恒久不变的，在任何时间和地点都是同样的，"再现"依赖的是读者——"诠释者"。这些新的思想和新的意识的产生，是通过诠释者，对原作者来讲是间接的，是拐了弯的，也可以讲是"迂回"的。进入读者大脑的是文本的内容，即作者的思想、情感和意识，就像原材料，经过加工，出来的是创新了的思想、情感和意识。读者的大脑有如精神产品的加工场，"阅读进去，思维加工，迂回出来"。这新的思想、情感和意识，是通过读者大脑曲折迂回而生成的，明显地打上了诠释者的烙印，颇具诠释者的色彩又带有原作者的影子。正如《普鲁斯特与乌贼：阅读如何改变我们的思维》作者——美国塔夫茨大学阅读与语言研究中心主任玛丽安娜·沃尔夫教授所讲："阅读正是一种神经上和智能上的迂回行为，文字所提供的直接信息与读者产生的间接且不可预测的思绪，都大大地丰富了阅读活动。""迂回"这个词来自英国伟大作家狄更斯的颇有名气的诗句："以迂回的方式道出全部真理"，其不仅符合韵味而且又恰巧契合了阅读生理学。

我们可以设想：食物等物质食粮，进入人体，经过胃肠的消化，转化为多种营养而被人体吸收，促成我们身体的发育和成长；那么，作品等精神食粮，通过阅读进入大脑，经过思维，融入我们的思想，促成我们知识的增长、修养的提高和心智的成熟。这两方面，从人生的大道理来讲，都是同等重要的。而且对外界的物质和精神要素，人体同样都不是直接接受，而是通过自己的消化、吸收，也都以"迂回"的方式，使其转化为人类的肉体和精神，促成人类世代的传承和发展。

生产精神产品的伟大的阅读奇迹，随着科学的发展，现在已经可以由认知神经科学进行解释："阅读时生成新思想的能力与大脑神经回路的可塑性相辅相成，两者共同辅助我们超越文本内容的限制。由此能力生成的丰富的联想力、推理力、领悟力启发人类超越所读，形成新的思维。"科学已确认，大脑神经回路的可塑性逐步形成了阅读脑，在这个过程中，想象、联想、推理等多种思维能力与阅读同生共长。这就是"真正的阅读必然是创造性的"这一论断的生理学基础。因此，在这个意义上讲，阅读不仅反映而且重演了大脑认知能力发展历程中的重大突破。阅读创造性水平的高低，依赖于千差万别的每一位读者，依赖于每一位读者的智商、情商和阅读时的环境等诸多因素。

（五）阅读的创造性特质

对前面论述的结论，是否也可以进一步这样地体会：阅读使文本的内容进入读者的大脑，经过读者的思考，产生了新的想法——读者大脑创造的想法；否则，没有新想法的阅读就等于是"白读"，即书的内容没有读进大脑中去。

依据阅读水平的高低，最高一级的读者是专家级阅读者。对专家级阅读者的要求是：能够整合、运用先前的信息和知识，并进行自我检测和修正理解，从阅读中得出创造性的见解。如果仅仅用两个字来概括专家级阅读者的特点，那就是"创见"。新西兰学者费希尔认为：阅读"本身就是一种创造活动。读者在阅读过程中让自己的心灵挖掘、塑造白纸或电子屏幕上的超感世界，不但对体验作出反应，而且重新塑造体验"。

阅读的创造性非常具体地体现在阅读极其鲜明的个性化特点上。阅读因人、因时、因地而异。这是不言而喻的，因为所有的阅读成果都是在特定的时空环境下经由一个个具体的人的头脑而"迂回"创造出来的。因此，英国小说家弗吉尼亚·伍尔芙说："如果将一个人阅读《哈姆雷特》的感受逐年记录下来，将最终汇成一部自传。"费希尔说："书面文本……它一次次被重新发现或重新认识，因为社会在变化，个人在变化，人们对同一文本的解读不会一成不变。"君不见，同样一部文本，在一个社会被誉为经典，而在另一个社会却被列为禁书。不同的地域、不同的民族，人们对同一文本的解读，会差别很大；即使抛开社会性，生活习俗也会影响人们对同一文本的阅读理解。这些情况，俯拾皆是。

阅读是文本从一个大脑传递到不同的大脑，经受了时间的磨砺和空间的摧残，那位可能已经逝去千百年的"作家"的灵魂，透过由文字实现的迂回的神经传递，找到了能够深刻体察"作家"所思所想的后来人——读者，实现了伟大的"再生"。这是人类智慧得以生生不息的伟大的生命信息的传递。美国心理学专家玛丽安娜·沃尔夫在总结阅读发展的自然史时写道："阅读的发展永不结束，阅读这个永无止境的故事将永远继续下去,将眼睛、舌头、文字和作者带往一个新的世界,在那里鲜活的真相无时无刻不在改变大脑与读者。"持续的阅读将在读者面前展现"一个新的世界"——阅读创造的世界;在这个世界里,阅读的创造性成果正时时刻刻地改变着读者的大脑,相应改变着读者本人,同时也在改变着世界。

今年 5 月 22 日,时任总理李克强在哥伦比亚首都波哥大出席中国—拉丁美洲人文交流研讨会时说:"文学有特殊魅力,充满想象力。文学的想象力可以激发社会创造力,最终会使理想变成现实。"充满想象力的文学之所以变成社会创造力的现实,唯有通过真正的阅读才能够实现。

综上,可以得出一个结论:欲建设创新社会,欲成为建设创新社会的人,就应该倡导真正的阅读——有思维的阅读。图书馆应该成为倡导的先驱者。

2015 年 6 月 16 日

二、在浩瀚的思维空间中让思考驰骋

——读《这才是思维》

当前，创新在推动着我国社会的进步和发展，对于我们这些从事图书和阅读有关工作的人来讲，多多了解和讨论阅读与创新的关系，不仅必要，而且迫在眉睫。此前写过一篇短文——《真正的阅读必然是创造性的》，对错与否，有待读者的批评和实践的检验。对于创造性和创新，我是真正的门外汉，是边学习边思考边写作。上述短文是在阅读东尼·博赞《启动大脑》一书的基础上写出的。学习过程中，我深深感到创新同思维有着异常密切的关系，隐隐感觉，是阅读中的思维在生发创新意识，但又拿捏不准。因此，找来在思维方面最有名的专家德博诺博士的专著《这才是思维》，阅读有感而触发了本文的写作。

（一）从驰思遐想到创新思维

在阅读《这才是思维》的过程中，越来越感到大脑思维的奇妙和自己过去对思维的无知。此间，作为"三国迷"，我还忽发驰思遐想：诸葛亮与司马懿斗智而摆设的空城计，那不就是靠思维取胜的一次战斗吗！又进一步推想，斗智就是双方斗思维，是不是有"思维战争"这样一个专门的名词呢？赶紧上网查找，喜出望外，不仅有专门名词，还有江乐兴著2009年9月北京工业大学出版社出版的书《思维战争》。这一个小小的成果，却让我足足高兴了一阵子，因为这是我"有意识地"以猜想为基础，运用思维成功解决的问题啊。

想当年，魏国雄兵杀到城下，城内蜀兵空虚。在己弱敌强的态势下，诸葛亮利用司马懿好多疑的心理，巧布虚而示虚的疑兵之计——空城计，使司马懿疑中生疑，退兵而去。空城计是典型的思维战争，后被列入三十六计。

《思维战争》一书收集了古今中外 500 道冲击大脑的思维名题。这些故事短小而精悍，通俗而深刻，独特而经典，可让你在波诡云谲的头脑风暴中，领略思维的奥妙，感受智慧的冲击。这就是思维的魅力，这就是思维战争！它虽然看不见摸不着，却可以凭借羽扇纶巾，运筹于帷幄之中；它虽然没有烽火硝烟，却可以利用智慧，决胜于千里之外。当代也有思维战争，我们的军事专家在军事研究中，不仅注重对三维（立体）战争和四维（时空信息）战争的研究，同时注重对五维（思维）战争的研究；不仅注重对常规战争的研究，也注重对超限战争的研究。

一个不在意的驰思遐想，却引出了成功的创新思维。对此，当时并没有将其提高到理性认识，回查不久前阅读过的东尼·博赞《启动大脑》一书才恍然大悟：驰思遐想和创新思维之间存在着必然的联系。博赞先生在书中写道："创新，是利用想象和联想在现有思想的基础上发展出新的思想、观念和解决方案。创新背后的驱动力是想象力。"想象和联想是创新的前提，它能够生发创造性意识，是创新背后的驱动力。因此，我们应该有意识地让自己多一些梦想、幻想、妙想、奇想、畅想，甚至于冥想、妄想、狂想，它们可是通向创新的必经之路和桥梁啊！

（二）德博诺博士的沙滩模型

正当我沉浸在小小成功的兴奋中时，爱德华·德博诺博士却说："人类的大脑天生就不是用来创新的。"此话震人，我们对人类的大脑如此自信，难道它天生就不是用来创新的吗？此话怎么解释？说这话的人可是世界思维界的权威啊。

爱德华·德博诺，英国人，心理学、生理学和医学多科博士，曾任教于牛津大学、剑桥大学、伦敦大学和哈佛大学，是国际最知名的思想家，被誉为"世界创新思维之父"。他创立了"六顶思考帽""水平思考法"等多种思维方法，是世界思维教育的创始人。他的著述有 80 多种，最著名的是《思考的机制》，他几乎所有成就都是建立在对大脑机制理解的基础之上的。

为了说明上述论断，德博诺博士把人类的大脑比喻为一个沙滩，这就是著名的"德博诺博士沙滩模型"。他对该模型的解释令人有种顿悟的感觉：一个新生儿的大脑就像是一个平坦的沙滩，上面没有任何痕迹，非常平整。能够激活人类大脑开始工作的东西就是信息——任何信息。当信息通过感官进入新生儿大脑的时候，那个情景就如同散乱的雨滴落在了沙滩上。每一点信息都会在人类大脑上留下一个"印记",这个印记就如同雨滴在沙滩上冲击出来的凹痕。最为有趣的事情是,当后来的某一个雨滴落在前一个雨滴冲击出来的凹痕旁边时,会发生什么状况呢?它会流向第一滴雨水冲出的凹痕,它的这种流向也会强化第一滴雨水的凹迹。这是一种非常自然的现象,它发生在自然界中,也发生在人们的大脑中。在自然界中,雨水将会改变地貌,在地上冲出沟壑;在人类的大脑中,信息将会"自动"汇集起来形成沟渠——观念。而后再加入的信息,会流入这些已有的沟渠中。扩大沟渠,强化观念,从而使观念很难再做出改变。

大脑除具备记忆等功能,更重要的是汇集信息,形成沟回,那些"沟"即我们处理信息的方式,或者说是我们理解这个世界的方式。无论你把水泼向哪里,它最终都要流向低洼处,无论你的头脑摄入了什么信息,最终它们都会向你先前的观念靠拢。那些大脑沟回总要自动收纳你获得的信息,这个过程几乎不受人为的控制,德博诺博士称之为"自组织系统"——信息会按照已经形成的认知方式自动组织起来,同时,它们又影响着认知方式。大脑沟回就这样由信息与信息自己发生耦合制造出来,有些"沟"是通过学习先前验证的知识构造出来的,比如定理、公式、常识等,但更多的"沟"是在生活实践中自发形成的,即"经验"。这些"沟"被德博诺称为"模式系统",人脑就是这样的一个模式系统。

德博诺博士从医学领域归纳出了一些"自组织系统"的原则,并将其应用到大脑的神经网络中,以了解大脑是如何工作的。对此,因发现夸克而获得诺贝尔奖的著名物理学家默里·盖尔曼教授非常赞赏,并委托计算机专家小组模拟大脑的"自组织系统"进行实验,证实了德博诺博士的观点是正确的。

(三)头脑的惯性运动——思维定式

德博诺博士的沙滩模型是理解人类大脑工作方式的基础,了解了这一点,你就会明白为什么有时候知识储存会造成对创新的阻碍。你头脑中的知识越多,模式就越多,那意味着沙滩上的沟回就越多。水只会往沟渠里面汇聚,而不会自己跳出来;信息也会自动往已有模式上靠拢,不会自动跳出新模式来。经验会阻止你去体验新的方法,知识也如此。经验和知识总是提醒你什么是对的,你会故意去做你认为不正确的事情吗？我们的大脑就是这样工作的。

先前形成的知识、经验，会使人们形成认知的固定倾向，形成一种已经熟练掌握的不假思索的反应行为和适应行为，形成头脑的一种惯性运动，这种因循式的思维形式影响后来的分析、判断，从而形成"思维定式"。所谓思维定式，就是按照积累的思维活动的经验教训和已有的思维规律，在反复使用中所形成的比较稳定的、定型化了的思维路线、方式、程序和模式。思维定式有多种，如传统定式、书本定式、经验定式、名言定式、从众定式和麻木定式等。

一个著名的试验成了思维定式的例子：把六只蜜蜂和同样多的苍蝇装进一个玻璃瓶中，然后将瓶子平放，瓶盖打开，瓶底朝着窗户。结果发生了什么情况？蜜蜂不停地想在瓶底上找到出口，一直到它们力竭倒毙或饿死；而苍蝇则会在不到两分钟的时间里，穿过另一端的瓶口逃逸一空。由于蜜蜂基于出口就在光亮处的思维方式，想当然地设定了逃出的方位，并且不停地重复着这种合乎逻辑的行动。可以说，正是由于这种思维定式，它们才没有能逃出囚室。而那些苍蝇则对所谓的逻辑毫不留意，全然没有对亮光的思维定式，而是四下乱飞，终于逃出了囚室。正是，头脑简单者在智者消亡的地方顺利得救，这在偶然当中蕴涵着必然性。

创新最大的敌人，就是思维定式；思维最大的敌人，就是习惯性思维。思维定式具有强大的惯性或顽固性，不仅逐渐成为思维习惯，甚至深入到潜意识，成为不自觉的、类似于本能的反应。要改变一种思维定式是有相当难度的，首先需要有明确的认识，自觉地进行；其次要有勇气和决心。思维定式也有着积极作用：在解决某个新问题时，可以利用处理过类似的旧问题的知识和经验来处理新问题，或把新问题转化成一个已解决的熟悉问题，从而顺利解决之。

（四）冲破思维定式藩篱的创新思考方法

人类社会的进步和发展需要创新，但人类大脑偏又不善于创新，这是人类前进路上一对必须解决的矛盾。下面归纳出了几种解决矛盾的方法，仅供参考。

1. 学习德博诺博士的创新思考方法

就大脑的沙滩模型而言，德博诺博士说：第一，你的头脑生来就不善于创新，它更愿意去发现、总结、归纳信息并形成模式，它不喜欢陌生感；第二，你希望得到创新的结果，那就主动去做不善于做的事情，从沟里爬出来，自己找到"主路"之外的地方。因此，创新方法的核心是自己给自己制造陌生感。

把自己从沟里拉出来是被动的，需要方法，于是德博诺博士创造了"水平思考法"。这个方法其实是一个工具系统，这个系统中的所有环节都致力于把你从"沟"里拉出来。而某些强大的创新工具会让你觉得它不是把你拉出主路，而是把你扔出主路。你只有被强制地丢到一个陌生的地方不得不去寻找回家的道路时，才有可能发现一条新路。所以说，创新通常藏在岔路上。除水平思考法，德博诺博士还创造了六顶思考帽、感知的力量、简单化法则和六块价值牌等思考方法。

2. 逆常规思维创新思考方法

德博诺博士在人类历史上，第一次能够将思维方式与大脑信息系统的实际工作情况联系起来。德博诺博士认为，他们的做法与哲学家们所做的事情截然不同。哲学家们所做的事是解释世界，而德博诺博士所做的事是创新世界；哲学家们所遵循的是常规思维，而德博诺博士所遵循的是逆常规思维；哲学家们只是游走于文字和概念之中，而德博诺博士在创造和设计新的思维工具。

常规思维有四个特点：一是善于总结、归纳信息并形成思维定式，而难于创新；二是注重识别、判断，而忽视价值；三是重视逻辑，而轻视感知；四是注重解释，而忽略了对未来的设计。在理解大脑如何工作的基础上，我们的思考应该逆常规而动：思维的注意力必须集中在创新、价值、感知和对未来的设计方面。

3. 自觉按大脑的沙滩模型原理改进自己的思考方法

一位网友读了德博诺博士的沙滩模型后写道："仔细想来，果真如此，我在看这本书的时候，还在边看边思考，并与已有知识碰撞：若同，则点头接纳，若不同，则蹙眉疑虑。此时，我不正是做着将信息和我头脑中已有沟渠合并整理的工作吗？同样，基于这一工作原理，可见创新是多么不易之事。我想，当新的信息到来时，不是立马否定，而是抱着尝试的态度，这样慢慢地是不是可以帮助自己跳出沟渠呢？"

这是一位多么勤于思考的读者啊，他不仅道出了自己的阅读感悟，还思考了如何"跳出沟渠"的方法。他不是"立马否定"，而是采取"尝试"的方法，简单易行，人人可试，这提供了一个好的冲破思维定式藩篱的做法。

4. 在浩瀚的思维空间中让思考驰骋

人类的思维发展史经历了三个阶段：早期的直观、混沌的整体性思维，近代的抽象、局部、分化性思维，和现代的整体性或立体性思维。按照思维自身的辩证法，它走过了一条否定之否定的路程。人的思维如同宇宙之浩瀚，空间是无限的。因此，在这样无穷种变化的思维可能中，能够把人限制住的，只有人类自己。也许我们正被困在一个看似走投无路的境地，也许我们正囿于一种两难选择之间。这时一定要明白，这种境遇只是因为我们固执的定式思维所致，只要勇于重新思考，一定能够找到不止一条跳出困境的出路。

因此，人的头脑应该在浩瀚的思维空间中驰骋，奋力冲破思维定式的藩篱，创新思考方法。

2015 年 6 月 26 日

三、阅读和读书是有区别的

在人们的日常生活中,阅读和读书两个词是可以互换的;在专业人士——图书馆人的口语和书写中,阅读和读书两个词同样也是可以互相替代的。看来这两个词似乎是同义词或等同词,用学术术语讲,二者是在概念上基本重合的词条。是不是真是这样呢?就进一步探究的情况来看,回答应该是:非也。

百度百科对"阅读"的释义是:从视觉材料中获取信息的过程,视觉材料主要是文字和图片,也包括符号、公式、图表等。对"读书"的释义是:(1)阅读书籍,(2)学习功课。维基百科对阅读和读书的解释比百度百科略为深广,基本相同。以上的解释可见,对阅读和读书两个概念的释义是雷同的。《中国大百科全书》中没有阅读与读书的专门词条。

我们进一步考察。

在凤凰网上,将读图和读书分列,使读图从读书概念中分离了出来。百度网专门设有"读图时代"栏目,认为由于科技的发展和生活节奏的加快,现代人进入了这样一个时代:文字让人厌倦,需要图片不断刺激我们的眼球,激发人们的求知欲和触动麻木的神经。图是形象思维,读起来更直接,更快速,但读者理解图的含义要宽泛得多,所以经常需要用文字释义。

百度 CEO 李彦宏讲中国互联网迎来读图时代。各种各样的图铺天盖地一般呈现在人们眼前,读图是科技发展的必然,读图已经成为风尚。中国社会科学院研究生院文学系教授彭亚非还出版了一本《读图时代》论文集,认为图像社会或视觉文化时代的来临,已经成为当今一种主导性的、全面覆盖性的文化景观,近些年在中国学术界引起了较为普遍的关注。可见,"读图"一词已经为学术界所认可。

追本溯源,看看字典词典的解释:"阅读"是指"看书或读书;观览文件图书"。

这个解释有两层意义：①读文字和符号，释其意义，即一般的看书或读书；②观阅、观览、浏览，如一种电子杂志就称为《读览天下》。

对于①，"读图"已经将绘画、图片等从文字和符号中分离了出来，形成了读书和读图并立的局面，这是人们对于读书文化的细化。对于②，"观""览"二字在语言的实际应用中，将阅读概念延伸出了多种含义，有了极其广泛的发展和运用。

在科技界，"读数"一词，指机器、仪表上的指针或其指示器所指示的刻度数目；"读"操作，指计算机的数据输入，也称为"读入"；"读头"指把磁带、磁鼓或磁盘上存储的数字信息进行转换的一种器件。这样一些已经在广泛应用的词汇，将人的"观"或"看"，用到机械设备上面了。这个"读"有"取得"的意思。世界在前进，反映事物的语言也随之发展，而"借意"是词汇扩展的最方便而快捷的方式。

在心理学和医学界，美国科学家研究出一种能够了解大脑的技术，称为"读心术"。在利用大脑扫描仪进行的实验中，研究人员能够准确猜测出参与者脑中所想的事物，准确率高达80%。现在已经出现读心专家和读心神探等职业。这里的'读'更注重辨识、理解，是内容上的翻译与解释。

非常巧，我正在读的一本书《脑的阅读：破解人类阅读之谜》的第55页中，有这样的一段话："20多年以来，脑成像技术让我们可以直接'解读脑'，在人脑的研究中掀起了革命。"将"读"字用到了解剖学，有破解的含义。

不仅如此，现在阅读这一概念也发展得越来越广义了，阅读书页上的文字只是它的诸多内涵之一。阅读的含义已经扩展到令人难以想象的地步。请看《阅读史》封底上印着的非常醒目的两段话：

"书本的读者——我正不知不觉地加入其家庭，将一个我们普遍具有的功能加以扩充或集中。阅读书页上的字母只是它的诸多面相之一。天文学家阅读一张不复存在的星星图；动物学家阅读森林中动物的臭迹；舞者阅读编舞者的记号法，而观众则阅读舞者在舞台上的动作；双亲阅读婴儿的表情，以察觉喜悦或惊骇或好奇的讯息；中国的算命师阅读古代龟壳上的标记；情人在晚上盲目地阅读爱人的身体，在被窝底下；夏威夷渔夫将手插入海中以阅读海流；农夫阅读天空以测天气：这一切阅读都和书本的读者共享辨读与翻译符号的技巧。"

"我们每个人都阅读自身及周边的世界，俾以稍得了解自身与所处。我们阅读以求了解或是开窍。我们不得不阅读。阅读，几乎就如呼吸一般，是我们的基本功能。"

这两段话已经大大扩展了阅读一词的意义。从阅读的人体器官看，已经由视觉扩展到触觉、嗅觉、听觉等几乎所有的感觉器官；从阅读的对象看，已经从文字符号、图像延伸到人们周边世界的诸多人或物；相应地，阅读一词也扩展为辨识、理解、感知、破解等含义；更为重要的是，阅读，"几乎就如呼吸一般"，从人们的个别功能发展成为人类认识世界的"基本功能"。

这两段话出现在《阅读史》原文第6—7页，可能是作者为了强化其观点，而又印在了封底。《阅读史》作者阿尔维托·曼古埃尔是加拿大极具天赋的作家、小说家、翻译家，在国际享有盛名。作品有《天堂之门》《虚拟处所辞典》《恋爱中的博尔赫斯》《阅读地图》《深夜里的图书馆》《意象地图：阅读图像中的爱与憎》《阅读日志》等。曼古埃尔是孜孜不倦的书写文字的捍卫者，以满腔的深情关心书籍……因为他相信书籍是个人和世界之间不可或缺的一环。同时，这位博学大师曼古埃尔也是图书馆的爱好者，2006年，他出版的《深夜里的图书馆》是研究图书馆在人类文化史上所占的地位及其影响的书。他年轻时候曾经有两年时间在布宜诺斯艾利斯为眼睛已经失明的博尔赫斯朗读书并建立了友谊。大名鼎鼎的博尔赫斯是阿根廷诗人、小说家、散文家兼翻译家，被誉为作家中的考古学家，曾经担任阿根廷国家图书馆馆长。

到此，已经很清楚了，阅读与读书是有区别的。这两个概念的主要区别在于：

1. 阅读是人类认识世界的基本功能，而读书是诸多阅读活动中最主要和应用最广泛的一项；

2. 阅读的概念中包含了读书，阅读是读书的上位概念——上位词；

3. 许多种阅读大都是直接阅读，而读书不是直接阅读，是通过一套符号系统的间接阅读，中间有符号到意义的转换和翻译过程。

看来，字典、词典和百科全书等工具书，永远落后于语言发展的实践，再出新版本的时候，应该对阅读的解释增加新的含义了。

2012年4月12日

四、阅读的进程

我们天天在接触阅读，阅读已经成为许多人生活的一部分。但是，我们对阅读又了解多少呢？知之甚少。我本人是一个阅读爱好者，读书之余，也常常想，怎样才能够算作一本书读完了、读好了？过去，只要是将一本书通读了，就认为是读完了。近些年，书读得多了，对读书的感觉和想法也就随之多了。读完了一本书，常常似有未尽之意，不了之情，又再读之。这一读不要紧，发现第一次读时，有许多重要之处没有在意，还有一些地方毫无印象，更有一些段落读出了新意。这样的感受，令我喜出望外，后来就养成了不止读一遍的习惯，且受益匪浅。

尝到的甜头，启发我进一步思考阅读的有关问题。譬如，阅读有没有内在的、合理的、必须经过的程序或步骤，阅读有没有构成其完整性不可缺少的要素，一本书读完或读好有没有可以参考的标准，怎样才算深刻和符合科学的阅读等。我带着这些问题找书读，发现国外有几本有关阅读原理、阅读感想和阅读历史的书，对之有一些相关的论述。将这些论述收集起来，对阅读爱好者或许会有所启迪，因此将其汇成此文。题目原想用"阅读的旅程"，似有比喻性；改用"阅读的历程"，似不够直观。现用"进程"一词，以说明阅读的步骤，包括其内在的、固有的、必需的程序，以及不可缺少的要素，比较符合我的初衷。

还有一个用词需要说明。受数字化阅读的影响，现在流行"文本"一词，屏幕上一段段文字，不管内容完整与否，一律都称为文本，似有太滥之嫌。因此本文凡遇"文本"统称为"书本"。

（一）书本是读者智慧展现的起点

阅读和读书细致分析起来是有区别的，本文讲的是以书籍为对象的阅读。书籍当然包括纸质书和电子书，它们形式上不同，但同样都是作者的作品。世界意识流文学大师、20世纪最伟大的小说家之一、《追忆似水年华》作者马塞尔·普鲁斯特曾讲，作品是："作者智慧展现的终点，也是读者智慧展现的起点。"

任何作品中都凝聚着作者的智慧、灵感和期许，是作者心血的结晶。正如尼采所说："读书，是在别人的知识与心灵中散步。"作者的作品一经出版，就难于更改，除非修订再版；如果作者去世，那其作品就将永远是一成不变的了。至于篡改以及抄写、排版错误，那不是作者的问题，只能另当别论了。所以说，作品是作者智慧展现的终点。

书本中作者的思想和情感往往是隐含的，具体地讲是被隐藏在构成作品内容的文字之中。读者欲真正了解作品，唯一的方式就是阅读。读者必须将书打开，读下去，进而对之进行深入的探索和开发。正如琳莎·施瓦茨所说：书籍"并不具有独立或者感官的存在，而必须被打开，必须让人往深处探寻，我们对它的存在是必须的，这样一种无坚不摧的力量也正是我们所喜欢的。真正的书是躺在青蛙里面的王子"。西班牙作家卡洛斯·萨丰也讲了同样的话："每一本都是等待我去探索的宇宙。"至于书籍中许多经过历史筛选和经历了时间考验的经典著作，那是伟大作家智慧的结晶，更是整个人类的思想宝库，有如深深埋藏着等待后人开发的宝藏。这项开发不是用体力而是用智慧，需要读者艰苦学习、武装头脑，攀登前人智力的顶峰。所以说，作品是读者智慧展现的起点。

阅读之所以需要读者展现智慧，是因为由人类智能所创造的文字。且不可小看了我们天天接触、习以为常的文字，文字中蕴藏和隐含着无限的智慧和魅力。《淮南子·本经训》中有对汉字威力的深刻而透彻的描写："昔者仓颉作书，而天雨粟，鬼夜哭。"意思是说因为有了文字，人类的思想即可透过文字而流传，老天不能藏其密，灵怪不能遁其形，故"天雨粟，鬼夜哭"了。对于任何读者，破解文字就是读者在作品面前展现智慧的第一关。《阅读史》作者阿尔维托·曼古埃尔讲得非常好："在文字社会中，学习阅读算是一道入会仪式，一个告别依赖与不成熟沟通的通关仪式。……例如，在中世纪的犹太社会中，学习阅读是以公开的仪式来加以庆祝。"

文字自发明创造以来就被不断地发展和壮大。我的一位书友有感而写道:"每个文字就像功能巨大、灵活多变、魔力无边的一块块积木,经过富有想象力的人们进行多种多样的排列组合,就可以变成一条条语气、意义迥异的句子,整体的意思大于各个部分之和,然后再组成一篇篇美文。"美国女作家施瓦茨更进一步说:"文字却可以永远走下去,是直线的,一个字会打开通往另外十几个字的门,每个新字都会悄悄推开另一扇门,如此往复,直到没有止境的默想大厦。"书籍是什么,就是由一块块积木——文字所组成的一座座默想大厦。多么形象的比喻——"默想大厦"。

更令人惊异的是,这些墨迹会生成情绪,富有情感。被誉为日本文学一颗瑰宝的《枕草子》中,有女作家赞赏书信的微妙细腻的描写:"一人远在异乡,一人心神难定。偶得书信一封,犹如人在眼前。信已寄出,即使尚未收悉,心中却同样快慰。"书信一封,倾诉感念,乃令人释怀。一封信尚且有如此巨大的魅力,那么"阅读"一部部内容丰富、包罗万象的书籍,其可以体会的深度和广度如无边的海洋,是无穷尽的。

人类所创造的书籍就是由这样一些既涵意义又富情感的一个个如精灵般的文字所构成,这些文字又组成了文明世界须臾不可缺少的一座座默想大厦。读者就是依靠自己的智慧和整个人生来攀登和占有这一座座默想大厦。如果说文字的发明和书写的出现是人类文明发展史上的里程碑,那么,与之相关的"阅读"也就具有了极其深远的文化史意义。

(二) 第六感觉

阅读依靠视觉,但又不单纯依赖视觉,而是超越视觉,从而形成了除视觉、听觉、嗅觉、触觉、味觉之外的另一种感觉,称之为"第六感觉"。正如《阅读的历史》作者史蒂文·费希尔所言,人们熟练阅读时,"既不是看单词也不是听语言,而是将这些符号所传递的图像、情感和感觉信息加以综合。正因为如此,一部小说才能够使读者超越此时此地,产生一种近乎'入定'的状态。阅读确实是一种'第六感觉',它使人类拥有了一种在书写系统出现之前不曾拥有的感知能力"。

由于有了"第六感觉",读者通过阅读才能够"在每一次深层的悸动中,他们都会学到一些新的并且终生难忘的东西"。"悸动"是什么?它不是任何的其他五种感觉，而是"第六感觉"的一种外在反映。

"第六感觉"的例子是很多的，并不难体会。饥饿并不仅仅是胃的感觉，而是全身的难受和无力。我们读了一本非常受感动的书，眼睛湿润，心情愉悦，整个人都有一种舒泰感；读了一本恐怖小说，毛骨悚然，惶恐不安，魂悸魄动，做噩梦，整个一夜睡不好觉。这都不仅是视觉的单一之感，而是全身心的感受。20世纪初的小说家丽贝卡·韦斯特夫人在读完莎士比亚的《李尔王》后自问："这种感觉究竟是什么？这些伟大的艺术作品到底对我的生活产生了怎样的影响？为什么我会感觉如此快乐？"

"第六感觉"对于任何一位读者都是必需的，阅读中常常会出现"第六感觉"，缺乏"第六感觉"就不会有真正的阅读，就不会体会和欣赏到阅读的撩人心弦的切身感受。

（三）迷醉书中

凡有多年阅读经历的读者，都有这样切身的体验：阅读中让身体尽量舒适，长时间静止不动，并与时间迎面较劲；这动力在人心里，是一种高尚的、精神的锻炼。阅读的时候，书本内容会触动读者的情感和生活体验，读者的喜爱、遗憾、高兴、痛苦、成功与失败都会在阅读生涯中得到体现。当读到感兴趣的内容时，大脑系统会整合所有的视觉、听觉、语义、句型等信息，而读者会不自觉地将阅读的内容与其本人的思想与感情联系起来，从而产生各种意想和情绪。阅读具有一种使人陶醉的力量，使我们忘却了时间和烦恼，更忘记了人生轻微一些的痛苦，而只是享受此刻，迷醉书中。

阅读中，具有敏锐的心觉是使读者能够迷醉书中的前提条件。心觉给人一种体验的情境。书本教我们接纳其内容，在静默的阅读中，带着专注接纳一个临时占有的声音——书本中作者的声音。在静默和专注中接受书的时候，同时也慢慢习惯于接受书中的世界。阅读给予读者的只有心的沉醉，阅读者因受到感动而全身心投入书中，进入了另外一个世界，忘掉了周围的一切，也暂时忘掉了自我。阅读"展现了阅读者如何彻底地进入'书的生命'，其整个人生也因此改变"。

阅读可以消除孤独、赶走生活中的绝望，带来友爱和慰藉。正如英国伟大作家狄更斯在其小说《大卫·科波菲尔》中所说，书籍是"我唯一的也是经常的慰藉"。儿时最珍贵的瞬间，常常存在于书籍之中，它令人终生回味、历久弥新。《风之影》作者卡洛斯·萨丰对阅读的第一本书有着刻骨铭心的记忆："一个人阅读的第一本书，在内心所留下的深刻印记，很少有其他事物可与之相比……我们以为那是陈年往事了，实际上却伴随我们终生……"阅读充满感召力：有时候整个地区或整个一代人都会因阅读而"喜气洋洋"，如因《消失的地平线》一书我国云南省中甸县于2001年改成了"香格里拉"；《哈利·波特》引起全球青少年的阅读狂潮；在监狱里犯人们因反复"重读"一部喜欢的书而保持了健康的心智。

这就是阅读的魅力，能够让读者忘却一切、迷醉书中、不自觉中改变自我。大诗人杜甫的著名诗句"随风潜入夜，润物细无声"，在这里体现得惟妙惟肖。

（四）壮丽的传递

阅读不仅需要一般性的通读，而且对重要的书应该进行反复阅读，体察作品的言外之意、语中之情，思考作品的意义和影响，这实质就是对书本内容的开发。阅读使原本存在于作家心里的感情的力量从作家那里传递至读者，而启动者却是读者自己，通路就是阅读。阅读是作家的思想和情感通过书本向读者传递的过程，人类由于这种传递，才能够使阅读成为世代相传的美好感受。阅读是一种壮丽的传递。

为什么说阅读是"一种壮丽的传递"？试想，多少个世纪之前，一位"作家"的所思所想，通过文字书写而体现出来，其中包含他的智慧和情绪；多少个世纪之后，经受了时间的折磨和空间的摧残，文字构成的书本并没有被毁灭；在"时空隧道"中不时被一些称为"读者"的活人阅读，那位已经逝去千百年的"作家"的智慧和情绪，透过由文字实现的复杂的神经传递，找到了能够深刻体察作家所思所想的读者，实现了伟大的再生。"那是多么壮丽的一种传递啊：书中所带的感情的力量，没有当地的住所，从作家那里安全地传递至读者，印刷和包装以及发送都没有将其弄烂，它得到再生，每当我们打开它的时候都能够看得到它。"

文字编码是人世间的一种奇迹，书本中由文字记载着称之为"作家"的活人灵魂，经过神经密码和超越时空的传递，能够通过文字找到它们各自的目标——读者。"不管时间和地点多么遥远，在书中徘徊不前的是这样一种富于想象力的生物，是这种消失了的链接,是任何读者都还没有看见过的。"宣布废除奴隶制度、位列美国最伟大总统排名第一的亚伯拉罕·林肯,曾经用传神的精美语言赞誉阅读:"妙就妙在它帮助我们挣脱了时空的重重枷锁,得以与逝者神交,与远方谈心,与未来对话。"

这一传递是壮丽的,也是伟大的。它是人类智慧得以生生不息的保障,是人类文明得以千年传承的根基。

(五)"迂回"的路径

书籍中所展现的作者的思想和感情,通过阅读这种"壮丽的传递",使读者的身心迷醉其中。那么,这种传递具体又是怎样实现的呢?

实际上,阅读时大脑不仅对原文信息进行吸收,而且独立对信息进行加工处理。读者将感情融入阅读,进行想象、推理、参照,以及其他许多复杂的大脑活动。一些研究人员相信,阅读可能是同思考一样复杂的活动,"阅读其实已经接近思考本身了"。因此,阅读不是照搬原样,而是一种升华的传递;阅读的过程是读者对作品的内容进行重新建构和"再生"的过程。

重新建构和"再生"的关键,依赖于千差万别的每一位读者。因此,这个过程和结果必然带有浓厚的"个人色彩"。这种"个人色彩"表现在阅读过程中,读者会将书本内容与个人的情感、感知能力、爱好和知识浸染在一起,并从个人的社会经验、先前的阅读经历、社会成规与私人品味来体会和思考书本的意义并导出结论。这当然属于一种重新建构,其结果也必然生成了一种与作者在书本中所表达的原来的思想和情感既相互联系又不相同的具有读者色彩的新的思想和情感。因此说,阅读"是一个生成的过程",是作者的思维通过书本的传递与读者的阅读,同读者的思维相互影响和结合并形成了新思维的过程。也可以说,阅读是书之内容与读者喜好之间的碰撞,是书的特定内涵与读者个人的独特感情之天衣无缝的结合。对此新西兰的费希尔解释得非常好:"阅读与其他知觉不同,必须通过学习及个人重构才能够掌握,其本质属性不依赖于直接的感官输入,而通常取决于每一位读者的智力水平及早期所接受的训练。"

由上可见,书本中的语言是恒久不变的,在任何时间和地点都是同样的,"壮丽的传递"依赖的是读者——"诠释者",读者的角色是让"书写用暗示与阴影来表示的东西"变成具体可见。这种传递不是直接的，而是间接的，是以一种"迂回"的路径和方式。

"迂回"这个词来自狄更斯的颇有名气的诗句，"以迂回的方式道出全部真理"，不仅符合韵味而且又恰巧符合了生理学知识。阅读不是一种捕获书本的自动过程，像是感光纸捕获光线那般，而是一种令人眼花缭乱、迷宫般的曲折变化，但又是具有个人色彩的演绎过程。作品内容是作者发出来的直接信息，书本中作者所写出的内容是通过穿越时空的传递，经过另一个活人——读者的阅读而再现；阅读中读者投入自己的智慧、感情和切身体验，通过对书本内容的探索和思考，从而能够更深刻地开发作品，而获得阅读成果；这些成果是读者的思考和体会，是经过读者大脑的"迂回"活动而获得的结果，是间接的。正如沃尔夫所讲："阅读正是一种神经上和智能上的迂回行为，文字所提供的直接信息与读者产生的间接且不可预测的思绪，都大大地丰富了阅读活动。"这更进一步体现了马塞尔·普鲁斯特所说，阅读是"读者智慧展现的起点"。

作者的智慧和情感，以书本为媒介，历经时空隧道，传到读者；经过读者大脑的"迂回"，得以在精神层面间接地"再生"了兼具读者色彩的书本内容——这就是阅读的路径。

（六）心灵的交流、碰撞与结合

什么是心灵？维基百科的解释是：心灵或称心智（mind）是指一系列认知能力组成的总体。《普鲁斯特与乌贼：阅读如何改变我们的思维》作者沃尔夫在"致我的中文读者"中最后写道，阅读给了我们一份"难以形容的世界性礼物——借由文字的书写建构人类的心智"。书写中建构了人类的心智——心灵，那么如何破解书写所建构的心灵呢？唯一的办法就是通过阅读，解铃还须系铃人，心灵的问题必须用心灵来解决，因此，需要用心——心灵阅读。

作者的智商和情商所表现出来的智力和情感，倾注入文字之中，这些文字构成了"默想大厦"——书本。这些书本集聚了作者的思想，凝结了作者的感情，外在形体是一本本没有生气的书，内容实质是躁动于书中的作者的灵魂。所以说，书本拥有自己的生命。《风之影》是西班牙作家卡洛斯·萨丰的名著，21世纪之初席卷全球 50 余国，狂销 400 万册，刮起了一股国际文坛飓风。书中描写年幼的男主角丹尼尔被父亲带入一座神秘的图书馆，他第一次对书本有了深刻的体会。父亲要求他找出"自己的书"："欢迎光临遗忘之书墓园，丹尼尔！这是个神秘之地，就像一座神殿。你看到的每一本书，都是有灵魂的。"

阅读之于心灵，正如音乐之于灵魂。阅读给人以激励，给人以力量，使人陶醉，使人充实。白纸上、电脑屏幕上的那些小小的黑色符号，让我们感动而泣，让我们开启新生活，感受新观念、新见解，让我们的心灵得到启迪，把我们与世间的万物相连。毫无疑问，人世间最神奇的事莫过于阅读，正如法国著名神经科学家迪昂所说："阅读是首要的'心灵载体'——在此基础之上，一代代的原始文字才能适应我们灵长类的脑。"阅读的最高境界是激动人的心灵。阅读激发人的情感，培育人的情商，激励人的斗志，使人们生活和工作得快乐而富有意义。"跟舞者和运动员的身体一样，读者的心灵只有在和着词语的音调活跃激荡、伸展收缩、纵横腾挪之时才会得到真正的快乐和入神。""心灵之舞令人心旷神怡。"

阅读时读者与书的关系并不是单向的，阅读影响和改变读者心灵的同时，读者的心灵也在影响和改变着阅读，书本与读者之间是双向互动："如果说我们让书展现生命，书也使我们展现自我。""书王子"从青蛙里现出真身，阅读者由衣帽的包装中现出自我。阅读的时候，读者沉迷于书中，进入了另外一个世界，一个作者营造的世界；这个世界在影响着读者的心灵，读者的心灵也在塑造着作者的书本世界。因此，阅读也是读者心灵和作者心灵的交流、碰撞与结合。在这方面曼古埃尔在《阅读史》中有淋漓尽致的描写："整本书就是他与文本如何相互改变的历史。"《普鲁斯特与乌贼：阅读如何改变我们的思维》引用了著名作家——《伤痕累累》作者安娜·昆德伦的话："我在书中旅游，不只探索其他世界，也进入我自己的世界"。她已经"进入"了书籍，并与之双向互动——真诚互现、心迹互交、智慧互通、感情互联。"让我们与书本共舞，在阅读生涯的每个时期，都潜在地改变我们自己。"同样，读者如何思考及思考什么，在很大程度上取决于其阅读所产生的见解与联想，会在书中发现自己，"没有一种阅读是终极的，读者在每一次阅读中都会重塑自我。我即书，书即我"。正如写《野心》和《势利》两部著作的美国作家约瑟夫·艾本斯坦所言："每一个文学家的传记都要详细记录他在何时阅读了什么书籍，因为在某种意义上，'我即我所读'。"

如果说人世间男女结合孕育了新的生命，那么在精神世界也可以讲，作者的作品和读者思维的结合萌动了新的思想，作者心灵和读者心灵的结合"再生"了新的灵魂。又如琳莎·施瓦茨深刻的体会："我们打开它，我们眼睛投下再生的一吻。这就是使人陶醉的力量。别人的思想并不干扰我们自己自由的思想，但会在灿烂夺目的复生中与我们的思想水乳交融。"好一个水乳交融，多么形象，多么深刻！这个新的灵魂所具有的思想，既不是作者的，也不是读者的，而是二者结合、水乳交融的产物。人类世界生儿育女，世世代代传承不息。精神世界也一样，书籍同读者结合，不断"再生"新的思想、新的灵魂，人类精神之火世世代代永不熄灭。

经过历史的累积，书本这个"灵魂"还在静悄悄地发生着变化，还在不断地茁壮成长。"这个灵魂，不但是作者的灵魂，也是曾经读过这本书，与它一起生活、一起做梦的人留下来的灵魂。一本书，每经过一次换手接受新的目光凝视它的每一页，它的灵魂就成长一次，茁壮一次。"这个道理看起来难于理解，但只要思考一下，一部经典著作，经过历代读者的阅读和认可，从不著名到著名到成为经典的历史过程，就容易清楚了。"真正决定经典生命力的，是一代代读者的认可，是时间的淘洗。"

沉浸在书本中的那份神奇体验告诉我们，书本中是寓居有生命的，这个生命就是作者的灵魂。这个生命和灵魂通过阅读还在时时处处对后人起着不可缺少和不可替代的巨大的影响和作用；同时，这些巨大的影响和作用又反作用于寓居有作者生命的书籍，使它仍然在不断地成长和变化。

（七）创造真相

在上述对阅读新认识的基础上，教育心理学家进一步为"读者"做了相应的诠释：读者通过创造意义和进行文字转换来再现文本的意义。《阅读的历史》作者认为：阅读"本身就是一种创造活动。读者在阅读过程中让自己的心灵挖掘、塑造白纸或电子屏幕上的超感世界，不但对体验作出反应，而且重新塑造体验"。

阅读最伟大之处，在于其世世代代传承人类文明，之所以能够如此，是因为阅读具有创造性的特质。20世纪初期法国伟大作家、《追忆似水年华》作者普鲁斯特，对阅读曾有精辟的论述："我们应能由衷体会，读者的智慧始于作者写作之终了。当我们渴望作者能够给予我们答案时，他能给的却只是更多的渴望。而他只有竭尽所能发挥他的艺术，让我们的思绪陷入作品里崇高的美好，他才能在我们身上挑起这些渴望。不过……规则可能意味着我们无法由任何人那里获得真相，我们只能创造真相……"无独有偶，几十年后，心理学专家《普鲁斯特与乌贼：阅读如何改变我们的思维》作者玛丽安娜·沃尔夫在总结阅读发展的自然史时，说出了同样的阅读"创造真相"的话："阅读的发展永不结束，阅读这个永无止境的故事将永远继续下去，将眼睛、舌头、文字和作者带往一个新的世界，在那里鲜活的真相无时无刻不在改变大脑与读者。"讲得多么令人不可思议！阅读是读者将自己的感官（眼睛、舌头）连同作品（文字）和作者，一并带往一个未知的新的世界，这个"新的世界"无疑是在读者自己的大脑里，在那里才能够找到"鲜活的真相"，这就是普鲁斯特所说的读者"无法由任何人那里获得"的"真相"，是读者自己在大脑中创造的"真相"，而且这个"真相"还时时刻刻在改变着读者的大脑以及相应改变着读者本人。

上面，一位是文学家，一位是心理学家，生活在不同时代的两位在学科上风马牛不相及的专家，为什么对于阅读却都讲出了同样的话呢？他们都提到了"真相"这个词，那么，到底什么是"真相"呢？很明显，这个"真相"就是，他们的聪明才智使他们从不同的学科角度清楚地认识到了阅读的创造性。通过阅读，读者的思绪陷入"作者智慧"所导引的"作品里崇高的美好"；但读者并没有被作品的美好所限制，而是"阅读进去、思维出来"，超出作者的智慧和作品的藩篱，产生自主的升华的思想，从而"创造真相"。因此，所谓"真相"，就是读者受到作品的启发而获得的新的创造性的思维成果，只有这种"新"、这种"创造性"，才能够是"鲜活的"，也才能够"无时无刻不在改变大脑与读者"。本文第六节的论述，即"作者的作品和读者思维的结合萌动了新的思想，作者心灵和读者心灵的结合而'再生'了新的灵魂"在某种意义上解释和说明了什么是"创造真相"。"新的思想"或"新的灵魂"同"创造真相"，都是读者和作者心灵结合的"水乳交融的产物"。

综上，"创造真相"就是阅读的创造性：阅读具有极其重要的创造意义，具体表现就是阅读创造了"真相"——新的真理。这些真理是作品的"再生"，这种"再生"既体现了作者的思想，又同时代性和读者的个性水乳交融。这些真理都是相对的，但都在为绝对真理添砖加瓦，这也就是阅读能够世世代代传承人类文明的"真相"，也是"阅读改变读者"和进而"阅读改变人生"的内在机理。

阅读的创造性还进一步体现在超越作者和超越书本，体现了阅读的衍生性特点。

阅读过程的核心是超越文本。在不同的文化和历史时期，阅读者对书本的理解也不相同，随着阅读逐步深入和水平的提高，阅读者对阅读的理解和诠释往往会更进一步超越作者的思想和书本的束缚，向新的方向思考。著名的例子是马丁·路德将拉丁文版的《圣经》翻译成德文，让普通大众都可以读到，并从自己的角度来理解，这对宗教的历史产生了深远的影响。这充分反映了读者超越书本或作者所赋予内容的潜能。青少年时期读过的经典文学作品，成年后再读一遍，必定会有不同的超越书本的感受，现在的感受会比当年更深刻、更丰富。"阅读时生成新思想的能力与大脑神经回路的可塑性相辅相成，两者共同辅助我们超越文本内容的限制。由此能力生成的丰富的联想力、推理力、领悟力启发人类超越所读，形成新的思维。"达尔文150多年前发现了造物的奥秘，即"无限"形式从"有限"原则演变而来："肇始于微，进化于斯，无限形体，美好至极。"阅读也是如此。"无论是生物学上还是心智上，阅读都会促使我们'超越信息的束缚'，创造出无限美好的思想。"

　　阅读启发和增强人类的联想力、推理力和领悟力，使阅读能够超越作者的想法和书本的内容，产生自主的升华的思想。阅读的最高水平是开启人的心智实现阅读的创造性。阅读使人认识了宇宙万物，也认识了人类自己；阅读赋予读者聪明才智，并使人类的聪明才智得以世代传承，不断创造新的文明。

　　本文到此应该可以收尾了。全文七小节代表阅读的七个进程或要素，最后阅读者发自心灵的创造性的阅读，达到了阅读的最高境界和最高水平，这一次的阅读就完成了。以后再次阅读同一本书，还会发现有新的"真相"。这一切充分显示了阅读进程的繁复之美，这也是阅读魅力之所在。

　　自从有了现代科技成果——脑成像技术，科学家才可以一定程度地观察到阅读过程中的大脑，过去从未有哪个时代的研究者能像现在这般深谙阅读进程的繁复之美。但是，阅读还存在许多未解之谜，阅读是否能够成为一门科学，还需要进行更深入的研究，需要真正了解阅读时大脑运作的全过程，拨开迷雾，那将是"心理学家最大的成就，因为这将得以描述人类心灵中诸多错综复杂的运作，解开彼此纠结的现象，揭露出整个文明在历史中最了不起的成就"。对之，全世界都在进行艰苦努力，曙光就在眼前。

2014年5月18日

五、阅读悖论

大家可曾知道，我们图书馆人最为熟悉的阅读，竟然一直是科学上的一个难解之谜！

阅读让人类挣脱了时空的重重枷锁，得以与逝者神交，与远在天边的人谈心，与未来对话。千百年来，眼睛扫视书页，将字符投射到视网膜，并唤起大脑中的整个阅读过程，这看似简单实则非常复杂的脑机制，是现代科学研究的难点。

对于阅读来讲，没有容其进化的时间，没有遗传，没有基因变化，但猿却进化成了今天热爱阅读的人类。这种按进化论推理是不可能但却实实在在存在的神奇现象，被一些人称为阅读悖论。而神学家则认为，生物体中的种种"精巧设置"和神奇机制，都是出自万能之手的上帝的杰作。

悖论又称作吊诡或诡局，是指一种导致矛盾的命题：如果承认它是真的，经过一系列正确的推理，却又得出它是假的；如果承认它是假的，经过一系列正确的推理，却又得出它是真的。历史上的悖论有很多，最经典的有罗素悖论、说谎者悖论和康托悖论等。

理发师悖论是指一位理发师挂出一块招牌："我只给村里那些不给自己理发的人理发。"有人问他："你给不给自己理发？"理发师顿时无言以对。这是一个矛盾推理：如果理发师不给自己理发，他就属于招牌上的那一类人，他应该给自己理发。反之，如果这个理发师给自己理发，根据招牌所言，他只给村中不给自己理发的人理发，他就不能给自己理发。因此，无论这个理发师怎么回答，都不能排除内在的矛盾。这个悖论是由数学家伯特兰·罗素在1902年提出来的，所以又叫"罗素悖论"。这是集合论悖论的通俗的、有故事情节的表述。罗素悖论引发了世界第三次数学危机并促进了数学革命性的大发展。

世界文学名著《堂·吉诃德》中有这样一个关于悖论的小故事：堂·吉诃德的仆人桑乔·潘萨跑到一个小岛上，成了这个岛的国王。他颁布了一条奇怪的法令：每一个到达这个岛的人都必须回答一个问题："你到这里来做什么？"如果回答对了，就允许他在岛上游玩，而如果答错了，就要把他绞死。对于每一个到岛上来的人，或者是尽兴地玩，或者是被吊上绞架。有多少人敢冒死到这岛上去玩呢？一天，有一个胆大包天的人来了，他照例被问了这个问题，而这个人的回答是："我到这里来是要被绞死的。"请问国王是让他在岛上玩，还是把他绞死呢？如果让他在岛上游玩，那就与他说的"要被绞死"的话不相符，这就是说，他说"要被绞死"是错话。既然他说错了，就应该被处绞刑。但如果国王把他绞死呢？这时他说的"要被绞死"就与事实相符，从而就是对的，既然他答对了，就不该被绞死，而应该让他在岛上玩。小岛的国王发现，他的法律无法执行，因为不管怎么执行，都使法律受到破坏。他思索再三，最后让卫兵把他放了，并且宣布这条法令作废。这是一个多么有趣的悖论啊。

"世界上没有绝对的真理"也是一条悖论，因为人们不知道这句话本身是不是"绝对的真理"。

"阅读悖论"呈现了一个不争的事实：从猿到人的过渡，经过了几百万年。最早的人类"能人"生活在180万年前，最近的人类祖先是以狩猎采集为生的"晚期智人"，生活在距今4万年前。依据达尔文理论，人类的进化是以万年为单位的，但人类有史可查的最早的文字史才4400年，文字也只有3800年的历史。可见，没有足够的时间使"晚期智人"的脑进化成为"专门的阅读神经网络"；人类大脑的基因蓝图来自长期的狩猎采集活动，这些基因没有也不可能遗传出阅读的能力。因此，按科学的进化论推论，人类不可能会阅读文字，但令人奇怪的是，"脑成像研究表明，成人的脑中确实存在着专门应用于阅读的精致回路"。这就是一个悖论，阅读的悖论。

应该如何解释"阅读悖论"呢？

法国科学院院士、著名认知神经科学家斯坦尼斯拉斯·迪昂根据他在人脑阅读方面卓有成效的研究，破解了这个谜团，他的著名获奖专著《脑的阅读：破解人类阅读之谜》展示了人脑神奇的阅读能力是如何形成的。

原来我们祖先进化而来的视觉系统，在狩猎和采集活动中能够识别动物和植物。

由于劳动中需要记忆，在山洞的石壁上画出了动物等自然图像，这是人类视觉系统古老的功能。而后逐步简化，用线条来表示动物的形态和数字。从自然图像到用线条表示的图形，从图形演化到象形文字和楔形文字，再从象形表征发展到拼音文字（公元前1700年希腊人创造了现代拼音文字），人类文字的演进和发展就是一部从形象到抽象、从烦琐到精简的演化史，也是一部适应大脑神经网络加工要求的历史。在数千年的演化中，文字、声音、意义，即形声义的密切而默契的结合，就创造出了人类的"心灵载体"——书籍和阅读。

在逐步演化的文字面前，我们祖先大脑本身所具有的可塑性与学习能力使部分神经元结构转向执行识别文字的新任务。这不需要任何基因组的改变，而只是脑神经网络适应新用途的变化。它将为特定领域服务的大脑神经网络的古老功能转变为一个更实用的新功能。大脑是根据不同的用途进行最少的调整来适应新应用的一种装置，是一种能够局部转变用途的精巧装置。

总之，一方面是文字形声义的发展逐步适应大脑的神经网络，另一方面是大脑神经网络作适应性的调整以接受文字的形声义。这两个方面的结合，就形成了人类的阅读。可见，阅读形成的机理，并非遗传，更不是什么万能之手的上帝的杰作，阅读是人类自身三四十个世纪发展的产物。

阅读产生的原因已经找到，在此情况下又怎样看待"阅读悖论"呢？如果仔细一点读就会发现，"阅读悖论"本身就是一个不完备的悖论，缺少了后半句"如果承认阅读是假的……"因为"阅读不可能是假的"，后半句不可能成立。而后半句是巧妙地采用移梁换柱的办法，变更推理，将"进化论"改换成"文字演化"和"神经元再利用"，成了下面的悖论形式：

如果承认阅读是真的，经过进化论的推理，却又得出它是假的；但如果（承认阅读是假的）用文字演化和"神经元再利用"的推理，却又得出阅读是真的。

两句话前后用了不一致的推理，因此，"阅读悖论"是不存在的，是个假悖论。如果仍然能够用进化论的推理，导出阅读是真的，那么，"阅读悖论"就成立了。但很明显，这是根本不可能的。不过应该承认，错误的阅读悖论却引导阅读研究向正确的方向深化，从而揭开了阅读的神秘面纱。

迪昂将阅读能力的获得看作人类的创举，"阅读是人类卓越的发明之一"，"在许多文化瑰宝中，阅读都是目前为止最精妙的文化珍品"。但是，对于阅读的研究还仅仅是开始,《脑的阅读:破解人类阅读之谜》中对阅读形成的论断,是根据作者提出的"神经元再利用"假说,也还只是一个"假说",即"人脑结构服从于严格的基因限制,但仍有少数神经回路演化出了一定的可变性","现在用于阅读的部分或者全部脑区,在最初是用于加工其他信息的,而不是用于阅读的"。

  由此也可清晰地看到,阅读科学还没有完全成熟,正如迪昂在《脑的阅读:破解人类阅读之谜》书中所说"真正的阅读科学正在形成"之中。

2012 年 4 月 29 日

六、从文字记录的多义性特点看误读的必然性

（一）超乎想象的阅读现象——"误读"

对于平常的一位阅读者来讲，说他的阅读是"误读"，阅读者如果是脾气温和的人，会奇怪地问为什么，如果他是性格暴烈的人，一定会大发脾气，认为这是对他阅读成果的蔑视。

殊不知，"误读"竟然是最平常的也是最难以想象的阅读现象。

在西方，"有一千个读者，就有一千个哈姆雷特"。就是说，有一千位读者读莎士比亚的经典《哈姆雷特》，在读者的心目中主人公哈姆雷特的形象就会产生一千个，每位读者的心目中都有一个哈姆雷特，但形象各异。《红楼梦》是封建社会悖逆的禁书，"文革"中的毒草，今天却是美的艺术作品。《堂·吉诃德》中主人公堂·吉诃德，在17世纪得到的评价是疯子或傻子，18世纪得到的评价有所进步，是严肃的道德家，19世纪相比于17世纪得到的评价简直是大翻身，变成了不懈奋斗的勇士。这些评价均超出了16世纪西班牙伟大作家塞万提斯的原初意义。

阅读同一本书，对同一个主人公却产生了不同的人物印象；阅读完全一样的文本，内容相同却生成了各种各样不同的意义。这就是"误读"现象，上述三例是对误读最常见也最为经典的表述。误读现象自有阅读以来就已有之，是客观存在的。

我最早看到"误读"两个字是在2012年8月阅读《别想摆脱书：艾柯＆卡里埃尔对话录》过程中发现的。这位安伯托·艾柯（1932—2016）可是不容小觑的大人物，他是享誉世界的意大利哲学家、符号学家、历史学家、文学批评家和小说家，其经典小说《玫瑰之名》在全世界销售了1600万册。1993年艾柯出版了一本书，对纳博科夫、荷马、但丁、塞万提斯、普鲁斯特、卡夫卡、乔伊斯等世界一

流经典作家的作品写出了一些仿讽体小品，统一命名为《小记事》，后又改名为《误读》，2015年中文译本出版，引起了我的兴趣。借来原书翻开目录一看，大失所望，全书收录15篇文章，没有一篇同"误读"有关。继而读作者"自序"，他讲，这本书是他给意大利一份文学杂志写专栏小品的汇集，"由于书名《小记事》，从字面上直译毫无意义，我更喜欢称之为《误读》"。可见，艾柯认为他写的对这15位大作家的仿讽体小品，用"误读"的书名更有意义，但他没有讲为什么。

前些时日在网上查《红楼梦》中的诗词，发现了《误读红楼》，又是一个"误读"！作者闫红写道："张爱玲说写实主义的好处，在于'要一奉十'，比如《红楼梦》。因为是一丝不错地按照生活细细描来，也就如同生活一样的丰富深沉、变化自如，让读者自取所需，雅者见其雅，俗者见其俗。如此一来，便有了各式各样的'误读'，如鲁迅所言……一千个人有一千个哈姆雷特，从某种意义上说，对《红楼梦》的所有阅读都是误读吧。但就是这林林总总的误读，使我们向曹雪芹——那值得致敬的灵魂，贴得更近了一些。"好一位"70后"的文学爱好者——闫红，她随意的几句话囊括了至今我对"误读"的几乎所有的理解。而且，解决了我对艾柯的著作为什么"更喜欢称之为《误读》"的疑问。我感到，闫红的《误读红楼》和艾柯的《误读》，这不同国籍相差40多岁的两个人对自己写的有关阅读体会和仿讽作品，不约而同地取了同样的书名，真有异曲同工之妙，都是创造性"误读"。

据我所知，"误读"这一术语的历史并不久远，最早于20世纪60年代出现于西方解构主义思潮。美国文学理论家、耶鲁四大批评家之一哈罗德·布鲁姆教授在《影响的焦虑》一书中第一次提出了"误读"的概念并将其作为理论术语来运用。这在他的另一本书《误读图示》中得到了深化。随着20世纪60年代西方接受美学的兴起，文学研究的注意力开始由文本向接受主体——读者转移，读者被宣布为"使文本具体化的主体"，其职能"不仅是接受的，而且也是合作的"，随之"误读"应用得以普及。布鲁姆的"诗学误读"，被誉为"20世纪最为大胆的文学批评理论"。

20世纪80年代初期，随着著名的西方马克思主义文学理论家伊格尔顿的《二十世纪西方文学理论》在我国的出版，"误读"一词进入我国，并逐步为文学艺术界所接受。不过尽管已有近40年的历史，"误读"一词并没有普及到我国的普通群众，因此不为人们所熟悉，包括我们从事图书馆和阅读的专业人士。但是，"误读"是客观存在的，是阅读中一种常见的读者接受现象。实际上在我国，"误读"现象早已有之，不过没有称之为"误读"。距今2000多年前的西汉大儒董仲舒在其《春秋繁露》卷五《精华》中就提出："《诗》无达诂，《易》无达占，《春秋》无达辞。"这段话的意思是说《诗经》从成书起，注解就众说纷纭，"达诂"是指对《诗经》无法或难以做出通达、确定的解释，难以取得共同的见解，因时因人而有歧义。从此，"诗无达诂"成了我国的解诗传统，认为理解诗和解释经典不应拘于一义，而应触类旁通，显然是一种典型的"误读"接受形式。古代文论讲，"无寄托则指事类情，仁者见仁，智者见智"。对此清朝著名学者谭献在《复堂词录》中也讲："作者之用心未必然，而读者之用心何必不然。"意思是说，一部作品，作者本不一定有这个含义或者这个意思，但读者却有着另一番别有见地的解读。

"误读"现象是怎么产生的呢？这可以从制约阅读的条件——作者、作品、读者和阅读环境四个方面探寻。这四个方面刚好同欧美当代文学理论大师艾布拉姆斯的文学四要素——"作品、生产者、宇宙和欣赏者"相吻合，该四要素是他在《镜与灯》中用的原词，后来多写为作品、作者、世界和读者，这即是著名的影响至今的文学"四要素理论"——作品理论。艾布拉姆斯认为，作品是四要素的核心。如果全面从四要素探讨"误读"现象产生的原因，那将是一个很大的课题，本文力所不及。即使仅从四要素的核心——作品进行探究，范围也较大，为此，本文只由"作品"缩小范围到"话语和书写"，来考察"误读"产生的原因。

（二）话语和书写

作为阅读客体的作品，其家族形成和进一步发展的历史可以概括为"四个阶段和三次飞跃"。四个阶段是口头传诵、文字记录、作品和文本，三次飞跃是从口头传诵到文字记录、文字记录到作品、作品再到文本。可不要小看这四个阶段和三次飞跃，它们历经了从远古的口头文学，到古代将文字刻或写在龟甲、兽骨和莎草纸等载体上的文字记录，如甲骨卜辞；从文字记录到作品，如老子的《道德经》、雨果的《巴黎圣母院》和托尔斯泰的《战争与和平》；从作者所写的作品到文本，按法国文学家罗兰·巴特的意思"作者已死"，作品脱离了作者成了不受控制的文本。广义的文本泛指"任何由书写所固定下来的任何话语"，狭义的文本指由语言文字组成的一个相对封闭、自足的系统。

现代语言学之父瑞士的索绪尔等创立了"话语理论",美国文学批评家艾布拉姆斯创建了"作品理论",著名的法国诠释学家利科和二十世纪六七十年代西方最负盛名的文学批评家之一的罗兰·巴特共同创建了"文本理论"。

1. 话语的特征

法国著名诠释学家利科在《诠释学与人文科学》书中专门论述和具体指出了话语的特征:(1)话语的当下性,即话说完就消失在空中了;(2)拥有说话者,即某人以说话的方式来表达自己;(3)话语总是关于某一事件的,"涉及它要求描写、表达或表征的领域"或一个语言世界;(4)话语还拥有一个他者,一个听讲话的对话者,在话语中信息被相互交换。

话语语言学的"言语行为"理论指出了话语的作用:话语行为由分布于三个层次上的从属行为的等级所构成:(1)以言表意行为,即说的行为;(2)以言行事行为,即我们在说中干什么了;(3)以言取效行为,即根据我们说这一事实,我们干什么了。例如,我告诉你把门关上,则我做了三件事:"关门"是"以言表意"之"说"的行为;以命令的力量要求"关门"是"以言行事"行为;根据命令而引发结果,这就是"以言取效"行为。

话语总是关于某物的。话语指向一个它声称描述、表达或表征的世界。事件是通过话语方式的语言形式出现的。话语引出了事件,事件具有意义。"话语的产生表现为一个事件:当某人说话时某件事就发生了。"作为事件的话语概念是话语的语言学或信息的语言学等的核心。如果"符号"是语言的基本单元,那么,"句子"就是话语的基本单元。句子的语言学强调事件和意义的辩证法,这形成了我们文本理论的起点。在最终的意义上,话语表达的事件是暂时的交流现象,是建立一种可以开始、继续或被中断的对话。所有这些特征放在一起就构成了作为事件的话语。"正是在话语的语言学中,事件和意义得到了关联。这一关联是整个诠释学问题的核心。"

事件和意义之间的辩证法:"如果所有话语都表现为一个事件,那么,所有话语都被理解为意义。我们所希望理解的并不是转瞬即逝的事件,而是持久的意义。"而要拥有持久的意义,那就必须依靠书写。

2. 书写的特征

从说话到书写会产生怎样的情况呢?

(1)固定化:书写将纯外在的物质的文字因素引入进来,使话语得以固定:固定化将可以持久保护话语事件免于毁坏。事实上，固定化仅仅是问题的外在表象，更为重要的是，它影响到了上述列举的所有的话语特征。

（2）自主性：书写的文字记录脱离了话语交流者的一切语境（如谈话中的手势、眼神或语气等），书写的文字失去了控制而获得自主性，可以随任何阅读者的体会充分表达所书写文字的涵义，可以不再同原话语的意思相一致。

（3）书写的话语脱离了其社会和历史环境可以被无限阅读：利科写道："书写的话语是给予未知读者的，潜在地给予每一个能阅读的人。因此，文本'脱离开了'其产生的社会和历史条件，而使自己面临着被人们无限地阅读。"

（4）书写的意义远超越话语和谈话者本意：书写的文字记录由于文字本身多义性的特点，意义超越相同的话语的本意，同时也会拥有谈话者意想不到的意义，即超越谈话者的本意。

（三）书写或文字记录的多义性特点

这一多义性从根本上讲是来自词语的内在多样性和文字的固定化形式。也就是说，它拥有这样的特征，即自然语言中的词语拥有的意义不止一个，"一词多义"和"一义多词"是非常普遍的语言现象。这是自然语言本源性的特征。而这一特征由于文字的固定化形式而得以永久保存，而并非如话语一样随风飘散。

语言本源性的多义性，在表达一个意义时，表达者"词不达意"是经常出现的现象，语言常常并不适合表达人类所感到的所有东西；我们知识的可能性总是个别的、特殊的，而语言的约定俗成的表达式都是一般的、普遍的。所以，语言总不能完全表达我们所想到的东西，而我们对于知识的渴望却总是希望突破因袭的俗套，把它释放出来。

这样，从口语话语到文字记录，二者之间就有了差异，形成了间隔的距离，这在诠释学中称为间距。哲学诠释学在20世纪80年代传入我国，1986年我国的两位学者分别出版了两本研究性的著作：一部是《意义的探究——当代西方释义学》，作者是张汝伦；一部是《理解的命运》，作者是殷鼎。第二部书中，殷鼎先生详细介绍了作品中由书写形成的"一种有五重关系的语言之网"。

由书写形成的五重关系的书面文字间距之网，解释者就处在这样一张网中：

（1）解释者与作品语言之间的距离：面对多种多样的作品，解释者感受到语言的风格、多义、含蓄甚至晦涩难懂，尤其面对不同时代不同文化的作品。

（2）解释者同他自己所使用的语言之间的距离：解释者从自己的前理解出发，理解了作品的意义，但是如何用读者容易懂的语言来进行解释并将其用文字表达出来？在个人对语言的理解和表达中，时时会面对共性的语法、句法、字义的约定俗成。在人的创造物中，没有什么比语言更富有变化，即使解释者所理解的涵义同他自己的表达语言也有距离之感。

（3）作品的作者与作品的语言之间的距离：作者真正想表达的东西，创作中常常有"词不达意，言不尽意"的苦衷，即作者用语和意图不能完全吻合，这里的"意"不是文字字面的意义，而是作者欲见诸文字的意图；即使完全吻合，但语言文字具有的多义性和歧义性，又破坏了这种吻合。这也反映出使用语言中人的个性与语言的共性的冲突。

（4）作品的作者与他自己时代语言的距离：这类似于第二项解释者同他自己所使用的语言之间的距离。时代语言受时代大环境的影响。

（5）作者与解释者之间所处的共时性（指解释者语言与作品语言处于同一时代的语言环境）或历时性（指解释者语言与作品语言处于不同时代的语言环境，历史时时在改变着语言）的距离：后者指后人理解前人的作品、文化、历史出现的语言障碍，往往是由语言的历时性所致。看看我国语言文字随时间和地域的变化就更容易理解这一点了。

上述分析可见，解释者面对文字记录、语言、时空环境等，每一步都存在着间距，每一间距都意味着差距。间距铸就了多义性的基础，形成了多义的文字记录。一个文字记录有多种意义，这些意义彼此重叠交错，精神的意义由于文字意义的多重性而改变了其历史的或文字的本来意义。"从经典注释学到心理分析，尽管研究对象不同，但它们要解决的问题却有一个共同点——'双重意义'或'多重意义'。利科讲的语言分析，就是这种多义表达式的语义学。"

（四）口头语言成为文字记录后的魔幻变化

民间的口头话语用文字记载下来，形成了文字记录，就称为书面语言。在这里，绝不能小看了白纸黑字的文字记录——书面语言，它在人类文明史上具有重大的里程碑意义。

从口头语言到文字记录，语言和文字是同样的、对等的，不同的仅仅一个是话语，一个是对应的文字，但二者之间却发生了巨大的、魔幻般的变化。

第一，文字因其固定化而可以久远保存。人类社会漫长的蒙昧时代的话语全都消失了，而白纸黑字使人类的活动有了永久性的记录。一位读书人孙重人在其所著《读来读往》一书的序中写道："记忆湮渺，只留一片鸿蒙的汪洋。""在蒙昧初开的年代，作为书写体系之文字，犹如'投射到幽暗深井里的一缕光'，为人类把记忆、对话和思维置于一己之外，提供了一种全新或全面可能的保存形式。"写得多么好啊！我们现在所谓的传统，不是口头语言传下来的传统，而是写下来的传统；我们现在所谓的历史，亦不是口头语言传下来的历史，而是写下来的历史。

第二，文字脱离原口语语境而独立存在。口头话语依赖于互相对话时的情景才能够明了讲话的全部意义，这就形成了对话时的语境。文字记录与口头语言相比较，最大的不同是失去了直接对话的语言理解环境——语境。将同样的话语记录下来的那些文字，脱离了对话时的语境，文字记录与谈话者的意向分离而独立存在。这种"分离"使文字记录脱离了语境更加多义难懂，但客观上也"松绑"了文字记录，使其意义纷呈，百花齐放，为更多的读者阅读敞开了大门。德国学者耶辛在《文学学导论》中曾写道："与依赖于情景的讲述不同，文字独立于它的产生语境继续存在。"法国诠释学家利科用"去语境化"来说明文字记录脱离原口语语境，进而"重构语境"："它超越了自身创作的心理—社会环境，因而将自身向无限的阅读视域开放，这些视域处于不同的社会文化环境中。总之，从社会学和心理学的观点看，文本必须能够以这样的方式来使自身'去语境化'，那就是，它能在一个新的环境中得以'重构语境'——准确地说，这是通过阅读行为来完成的。"

第三，文字记录以"悬置"状态随机存在于新环境。话语一旦变成了文字，谈话者和语境都消失了，这些文字记录可以超越时间和地域与新环境共处。即它们没有了具体的时间限制，它的时间性由书写形式凝固了；"悬置"并可落于任何后世；意义因时间而变化。这一点具有重要的诠释学意义：以书写形式出现的传统，它的时间性由书写形式凝固了，因而同任何现在都是同时的，它包含一种过去和现在独特的共存，这样，现在的意识就可能自由进入一切以书写形式传下来的东西，理解意识有了一个真正的机会得以拓宽它的视界，以一个全新的、更深的层面来丰富它的世界。利科更进一步指出，文字记录的"悬置"状态极大地扩展了读者范围："与对话场景相反，在正好是由话语场景决定的面对面的地方，书写话语创造了一个原则上扩展至任何一个具有阅读能力的读者。与话语的对话环境相关的书写材料的释放是书写的最重要的效果。它意味着书写和阅读之间的关系再也不是说与听之间关系的特殊情况了。"

第四，文字记录随新环境而产生新的意义即意义增值。文字记录的接受范围远远超过了所有的谈话参与者，可以不受时空限制，为各个时代各个地域的读者提供阅读，从而会产生新的不同的含义。利科用"间距"概念来概括这种差异，间距的第一个特征就是书写的文字虽然完全同于口语话语但意义却超越了原意。《文学学导论》也写道，文字"一旦在纸上书写和发表，它就脱离作者的直接意图，在新的空间和历史环境中可以具有新的含义"。

上述四个方面的变化确乎令人眼花缭乱如魔幻般，仅仅话语变成书面文字就出现了这样的变化，那么，读者阅读书面文字，阅读的结果能够千人一面吗？我们仅仅探讨了影响阅读的四个方面之一，而且还是这个"之一"的一部分，那么，如果四个方面齐聚一起来合力影响读者阅读，又会是一种什么样的情景啊，又有什么"神人"施展什么"神智"能预料出阅读结果呢！结果只能是："误读"是不可避免的。

一个有趣的阅读历史可以展现"误读"对一部经典作品的影响。《格列佛游记》是被高尔基誉为"世界文学创造者之一"的英国作家乔纳森·斯威夫特的一部杰出的游记体讽刺小说，作者借格列佛之口逼真地描述了四次航海中的奇遇，以丰富的讽刺手法和虚构的幻想写出了荒诞而离奇的情节，是一部奇书。该书 1726 年在英国出版后，几个世纪以来，被翻译成几十种语言，在世界各国广为流传。经几代人的不间断的阅读和误读，作者斯威夫特失去了权威和控制，《格列佛游记》由作品转为文本。由于其广泛地受到全世界儿童的喜爱，发挥了童书的作用，从而由"辛辣的讽刺小说"摇身一变，成了"儿童文学"，确立了自己世界经典儿童文学的新身份。

每一位读者都从自己的"前理解"出发去阅读多意义的文本，"前理解"千人千面，文本的意义千差万别，阅读者又是在不同的时空环境中阅读，这就必然会出现鲁迅先生论述《红楼梦》的情况：一部《红楼梦》，"经学家看见《易》，道学家看见淫，才子看见缠绵，革命家看见排满，流言家看见宫闱秘事。"也就是说，不同学术派别、不同职业的人阅读《红楼梦》，各对其好，各取所需，会得出同他们世界观和所熟悉的事物相同或相类似的《红楼梦》主题。但是，就是经过这样一代代人的阅读和磨砺，《红楼梦》成为经典，所以说，"误读"成就了经典。"误读"具有伟大的创造力，读者多样的"前理解"与多义的文本通过阅读的结合并再创造，必然产生新的意义。那么，有没有"正读"呢？对一本书的阅读和理解，只要人类存在就没有尽头；如果出现了"正读"，那这本书的阅读也就终止了，这是永远不可能的。"误读"与"正读"有如相对真理与绝对真理，无限的"误读"接近"正读"，但永远不能达到"正读"，正是这种辩证关系在促进着理解，但永不能穷尽理解。提出"误读"口号的哈罗德·布鲁诺在《误读图示》一书中明确说："阅读，如我在标题中所暗示的，是一种延迟的、几乎不可能的行为，如果更要强调一下的话，那么，阅读总是一种误读。"阅读具有伟大的创造力。"前理解"与文本的结合并再创造，必然产生新的意义。阅读是人类精神的生产力，使人类的精神一代又一代生生不息地传递和发展。周有光老先生讲的真理性的话："语言使人类别于禽兽，书籍使人类有了历史。"是否可以在此基础上再补充一句：阅读使人类文明得以传承。

2019 年 5 月 29 日

七、你永远不能两次浏览同一本书

曾经出版《阅读史》《夜晚的书斋》《解读图集》《曼古埃尔谈阅读》等著作的世界知名作家阿尔维托·曼古埃尔，于1998年出版了《恋爱中的博尔赫斯》一书。他在该书前言的第二段，对"阅读"做了非常精辟的论述，他写道："多年以来，我的经验、口味和偏见有所改变；随着时光流逝，我的记忆重置、分类、抛弃我的图书馆里的一些藏书；我的文字和我的世界从来不是一成不变的——除了少数恒久的里程碑。赫拉克利特关于时间的名言对我的阅读完全适用：'你永远不能两次浏览同一本书。'"

在这段一百多个字的论述中，有一句话完全可以称之为阅读名言："你永远不能两次浏览同一本书。"

上面曼古埃尔所提到的赫拉克利特关于时间的名言，在中学的时候，就听老师讲解过。我记得非常清楚，当时似懂非懂，此后多年我还在不断地咀嚼这句话的深刻含义。这句名言就是："人不能两次踏进同一条河流。"

赫拉克利特是距今约2500年前的一位古希腊哲学家。他的生活时间大约在公元前544年到公元前483年，享年约60岁，但他对世界的影响却延续到两千多年后的今天。赫拉克利特是一位极富传奇色彩的学者。他出生在古希腊的一个王族家庭里，他将王位让给了他的兄弟，自己跑到女神阿尔忒弥斯庙附近隐居起来。在古希腊，赫拉克利特是第一个用朴素的语言讲出了辩证法的要点的人，被称为辩证法的奠基人之一；同时，他也是世界上第一个提出"认识论"的哲学家。"人不能两次踏进同一条河流"，赫拉克利特这句话的意思是说，河里的水是不断流动的，你这次踏进河，水流走了，你下次踏进同一条河时，又流来的是新水。河水川流不息，所以你不能踏进同一条河流。赫拉克利特认为"万物皆动""万物皆流"，这使他成为当时具有朴素辩证法思想的"流动派"的卓越代表。

赫拉克利特还认为，事物都是相互转化的。冷变热，热变冷，湿变干，干变湿。他明确断言："我们走下而又没有走下同一条河流。我们存在而又不存在。"阐述了客观事物是永恒地运动、变化和发展着的这一真理。恩格斯曾评价说："这个原始的、朴素的但实质上正确的世界观是古希腊哲学的世界观，而且是由赫拉克利特第一次明白地表述出来的：一切都存在，同时又不存在，因为一切都在流动，都在不断地变化，不断地产生和消失。"

曼古埃尔将赫拉克利特这一名言引入阅读："你永远不能两次浏览同一本书。"乍看这句话似乎很难理解，两次浏览的不都是同样的书吗？为什么说不能够呢？仔细琢磨琢磨，就不难理解了。因为任何阅读都是个人的、主观的，阅读对于读者而言，是一种感受、一种体会。如果将话换为"你永远不能两次感受同一本书"，就容易理解了。相对而言，赫拉克利特原话中，变的是河流，不变的是人，而在曼古埃尔所引入阅读的话中，变的是人，不变的是书籍。

"你永远不能两次浏览同一本书"这句阅读名言，深刻地揭示了阅读活动的机理，有助于人们理解阅读的真谛和主动掌握阅读规律，这对人类阅读活动具有重要的指导意义，曼古埃尔对赫拉克利特名言的引入，无疑是一个创举。

为了证明这一命题的正确性，曼古埃尔首先讲述了自己的阅读经历和体会。他一生喜爱《爱丽丝梦游奇境记》，"多年以来，我的经验、口味和偏见有所改变"，"每一次读一本书，这本书都会变个模样"。他八九岁时第一次读爱丽丝，许多地方不懂，只是一味追随故事情节；青年时期读爱丽丝，则懂得了书中三月兔或者大青虫的象征意义；后来二十多岁时，再读爱丽丝，十分明显爱丽丝是这些超现实主义者的姐妹；再后来读爱丽丝，立刻注意到白骑士作为众多政府官僚之一在我们国家每个公共建筑的走廊里疾走。

是的，随着阅读者年龄的增长和阅历、经验的积累，他在重读同一本书的时候，感受是不同的。美国作家施瓦茨在其《读书毁了我》一书中，做了同样的表述。她回忆道："《一个小公主》——是我童年的精神指南"，"每隔几年，我还会读这本书，它吸引我，就如同一段美好的音乐，或者一片美好的风景经常会让人回顾一样。每次它都赠给我一些东西"。

阅读者因为自身的成长，才能够进一步体会到书籍的每一次新的赠予。20世纪最重要的意大利作家卡尔维诺在《为什么读经典》一书中特别强调了对经典的重读。他在书中对经典作出了十四个定义，其中之一是："经典是那些你经常听人家说'我正在重读……'而不是'我正在读……'的书。"之四是："一部经典作品是一本每次重读都像初读那样带来发现的书。"之五是："一部经典作品是一本即使我们初读也好像是在重温的书。"所有十四个定义，都是根植于"重读"而非"读"，其中三个定义直接论述"重读"。"重读"是经典著作成立的前提；没有这个必要的带有重复劳作色彩的动作，谈论经典的定义以及其他种种，便无任何一丁点的意义。是的，经典就是需要我们常常重读的书。在反反复复中，思想从浅薄走向深刻，终至通达。

"重读"对于读经典为什么这样重要呢？一部被翻译成多国文字、"风行世界60年不衰"、深深影响世人阅读的专著《如何阅读一本书》给我们做了解释："阅读有助于阅读者心智和智慧的成长。当你尽最大的努力用分析阅读读完一本书，把书放回架上的时候，你心中会有点疑惑，好像还有什么你没弄清楚的事。你又重看一次，然后非常特殊的事就发生了。在重读时发现这本书好像与你一起成长了。你会在其中看到以前阅读没有看到的新的事物。一本书怎么会跟你一起成长呢？当然这是不可能的，书当然没有改变。只是你到这时才开始明白，你最初阅读这本书的时候，这本书的层次就远超过你，现在你重读时仍然超过你，未来很可能也一直超过你。因为这是一本真正伟大的著作，所以可以适应不同层次的需要。你先前读过的时候感到心智上的成长，并不是虚假的，那本书的确提升了你。但是现在，就算你已经变得更有智慧也更有知识，这样的书还是能提升你，而且直到你生命的尽头。"

此外，每次阅读的环境、读者心境等许多因素也在影响着阅读："每一种酒都有它自己的机会，每一本书也都有它自己的时机。""时机不对，伟大的作品也可以看上去味同品毒，正如清晨两点隔壁放出莫扎特音乐一样。"阅读给人一种体验的情境，阅读者所处的环境和读者的情感、心情等，都将形成一种体验的氛围，并将决定体验的结果。

一千个人读《哈姆雷特》，就会产生"一千个哈姆雷特"；一个人一千次读《哈姆雷特》，也会产生"一千个哈姆雷特"。归根结底，阅读是主观的。任谁也无法获得莎士比亚个人的思想，因为作者的主观意念在传播过程中无法保持其纯正；而作为读者，也无法逃离阅读过程中形成的主观意象，每个读者、每次阅读都将创造出自己心目中的"莎士比亚"。阅读的关键和最根本的性质在于，阅读的结局或结论是不可以预知的。

2013年1月7日

八、漫议阅读的伦理

在图书馆逛新书架,偶见一本书——《阅读的伦理》,不由得一愣,阅读还有伦理?拿起翻看,书还挺厚,300多页,收录读书随笔24篇。作者是东南大学文学院副教授王俊先生,作者知识广博,该书内容涉及古今中外的许多名著。我感慨道,这不是随便写一下的闲来之笔,而是认认真真的学术著作。看来我对一无所知的"阅读的伦理",应该认真地学习学习了。

我从电脑上检索,还查到美国耶鲁学派重要成员 J. 希利斯·米勒于 1986 年出版的著作,书名也是《阅读的伦理》。这位解构主义大师,还于 2002 年出版了引人注目的著作《文学死了吗?》,真是一个令人毛骨悚然的书名。

进而,在读北京大学中文系教授、比较文学研究所所长张辉的著作《如是我读》时,发现该书封面下方印有两排小一些的字"一组关于书与人的赋格曲,省察读书人的德性与命运",非常引人注目。不仅如此,这位老教授还为自己的书特别写了自序,题目曰"阅读的德性","德性"者,伦理的重要内容也。在 2015 年 12 月 23 日《中华读书报》还读到了北京大学教授吴晓东的一篇文章——"阅读的'德性':读关于阅读的书"。

我发现的这三本书和一篇文章虽还不算多,但很有代表性,都是专业人士的著作,涵盖国内外。我作为一个至今仍然对阅读兴致盎然的读者,对"阅读的伦理"却毫不知晓,实乃汗颜,看来不仅应该认真学习,还应该进行深入探讨。但是,说实在的,虽然读了三本相关的著作,还是有些云里雾里,似懂非懂,理不清头绪。因此写出来,只能作为一个发言者与同行们随意地讨论、漫议。

（一）日常阅读生活中容易理解的阅读伦理

我们都在图书馆工作，保护图书馆的藏书，是每个图书馆员的使命；爱护图书馆的书，是每个公民起码的责任；不撕毁书页，不在书中写字和乱画，这是每位读者最起码的公德。这些或许是人们能够直接接触到和容易理解的阅读伦理。

伦理是指在处理人与人、人与社会和人与自然之间相互关系时应遵循的道理和准则；它不仅包含着处理这些关系中的行为规范和道德准则，而且也蕴涵着依照一定原则来规范行为的深刻道理。那么据此推之，什么是阅读伦理？我想，简单的理解是否就是：处理人与书之间关系的行为规范和道德准则。如果按此定义理解，一名读者对书和阅读的态度和行为，都将属于阅读伦理的范畴，包括是否爱书、敬书，阅读时的态度和姿态，以及阅读价值观等多个方面。

令人尊敬的女作家杨绛曾经讲过："读书好比串门儿——'隐身'的串门儿。要参见钦佩的老师或拜谒有名的学者，不必事先打招呼求见，也不怕搅扰主人，翻开书面就闯进大门，翻过几页就登堂入室，而且可以经常去，时刻去，如果不得要领，还可以不辞而别，或另请高明和他对质。"美国作家艾伦·雅各布斯也有同感，他在《阅读的乐趣》一书中写道："书籍的一个奇妙之处就在于：它们不会被惹怒或者轻视人。它们会耐心地承受你对它们进行的各种审视，而且你阅读得越仔细、越认真，它们会呈现出来的秘密就越多。"这些字里行间透露着国内外名人对阅读的真情实感和对书的热爱和亲切的感情。

文艺复兴时期意大利哲学家、《君主论》作者尼科洛·马基雅维里可以说是敬书的楷模。1513年他描述自己的读书生活，温暖而热情："傍晚时分，我回到家中的书桌旁。在门口，我脱掉沾满灰尘的农民的衣服，换上我贵族的宫廷服饰，我又回到古老的宫廷，遇见过去见过的人们，他们热情地欢迎我，为我提供单独的食物。在那里我不会羞于和他们交谈，询问他们每次行动的理由，他们会宽厚地回答我。在这四个钟头内，我不会感到疲倦，我会忘掉所有的烦恼，贫穷不能使我沮丧，死亡也不能使我恐惧。"这个时期他因遭政治迫害，流放在农村，所以平时穿农民衣服。他恭敬地进入书籍中大师们的殿堂，大师们欢迎心怀敬意的客人。马基雅维里阅读时的惯常姿态表明了，他觉得走进自己的书房，就像是进入了一位伟大君主的宫殿。

我读过一本永难忘怀的书《读书毁了我》，这是美国女作家施瓦茨的作品，我深感，她完全可以算得上是世界上爱书的榜样。她充满真情地写道："要我将一本书扔掉也绝非易事。"女儿扔掉一些书，又被施瓦茨捡了回来，并为之找一个临时的栖息地。可是其中有一本书，太差了，根本没有生存的权利，施瓦茨将它送回了垃圾箱。"一整天下来，想到它与鸡骨和橄榄核为伍，心中竟不是滋味，如若百虫穿心。就又从垃圾箱中翻找了出来，将其放在眼不见心不烦的书架高处。就这样，扔掉捡回来，再扔掉再捡回来。"施瓦茨有一套非常喜爱的黑色的多卷书"哈佛经典"，但不知道什么原因丢失了第17卷，翻遍整个屋子也没有找到，又不想到图书馆借。她异常"为那一本特别的书伤心"，变成回忆，"就好像一个年轻轻就死去的朋友"。朋友给了她一本，但却是桃红色的而非黑色的，只好作为"养子"，而非自己血肉，只能替代"令人肃然的黑色封皮的书"。

如何评价一本书也涉及阅读的伦理问题。首先，评价需要诚实并具有诚恳的态度，讲真实想法，如承认"开始读无法确认喜欢与否"，"我能看出这本书很好，不过我不喜欢它"等，态度实实在在；其次，应该尊重原著，细读文本，克服片面性，不抓只言片语，不断章取义；最后，更应该敬重作者的人格，互相可以平等地讨论问题，不随意歪曲，更不能进行人身攻击。

（二）为什么读和读什么的阅读伦理

为什么读和读什么是阅读的主要问题。

1. 为什么读的阅读伦理

王俊先生在《阅读的伦理》的最后部分以"读书为何"为标题，专门讨论了为什么读书的问题。

他依照人们对读书看法和目的的不同，将读书为何划分为四种境界：（1）天地境界。有崇高使命感，以天下为己任的读书，这即是北宋大儒、哲学家、理学创始人之一张载所谓的"为天地立心，为生民立命，为往圣继绝学，为万世开太平"。（2）社会境界。有社会关怀的读书，即德国政治经济学家、现代社会学和公共行政学最重要的创始人之一马克斯·韦伯所谓的"以学术为业"，就是将学术作为天下之公器，为学术而献身的读书。（3）生命境界。有个人趣味的读书，即把读书作为个人的兴趣爱好，浸淫其中而孜孜不倦，典型的有陶渊明描述的五柳先生："好读书，不求甚解；每有会意，便欣然忘食。"（4）工匠境界。将读书作为谋生的手段或职业的敲门砖，或者曰为饭碗而读书。

王俊先生继而对这四种境界进行分析并发表了个人看法："不同的读书境界造就不同的人。天地境界造就有使命感的人；社会境界造就有志向的人；生命境界造就有情趣的人；工匠境界造就平庸的人。前三种读书出自读书者自己的意愿，读书都是作为目的，其区别在于目的的不同与高低。唯有第四种读书不是出自读书者自己的意愿，读书只是不得已而为之的手段。这种读书是一种工具化和异化了的读书，是与读书的本性不相符的。读书的本性是要造就人，可是第四种读书只能造就工具。"他进一步认为，从当今的读书状况来看，工匠境界完全压倒了其他三种境界，前三种读书变得越来越少，而第四种读书变得越来越多，读书被普遍地工具化，甚至成了一些大学的办学目的。平庸者取得了优势的地位，他们正在毁坏着读书，或许也在毁坏着这个社会。他的观点刚好符合德国哲学家、20世纪存在主义哲学创始人马丁·海德格尔的一句非常深刻的话："在地球上并环绕着地球，正发生着一种世界的没落。这一世界没落的本质性表现就是：诸神的逃遁，地球的毁灭，人类的大众化，平庸之辈的优越地位。"

这些说法或许太耸人听闻了，但确实在警示我们：为何而读书，在当代，已经成为一个不得不认真思考的问题了。君不见，为获取权力和利益，许多读书人，不是成为伦理的同盟军，而是成了权力的附属品，进行着反伦理的阅读，由"知书达礼"而退化为"知书反伦理"了。

王俊先生对读书"工匠境界"的论述，可能会使读者产生误解。我个人体会，关键不在于是否读实用性的书，不在于读什么书，而在于读这些书的目的：是"为天地立心"，还是仅仅将其作为"谋生的手段"。

2. 读什么的阅读伦理

读什么是阅读的价值观问题。阅读还有价值观？对这个问题我本不理解，后来仔细一想就清楚了：既然价值观指人们认识事物、辨别是非的一种价值取向，那么人们对书的认识和价值取向不就是阅读价值观吗？当人们问及《阅读的乐趣》作者艾伦·雅各布斯"赞成什么样的阅读价值观"时，他斩钉截铁地回答："答案就是：我赞成遵从读者自己的喜好标准。"他对书的态度，既不是开卷有益，也不是视而不见。他说："随兴而读……我想再次重申一下，兴致仍然是最基本的东西。对我们来说，读我们想读的书，看我们真正喜欢看的书，应该再正常不过了。"美国文学评论家贾雷尔一遍又一遍地读吉卜林的小说《基姆》，简直爱不释手。艾伦认为贾雷尔敏锐地抓住了阅读的关键点："触动他的不是一时兴起，而是兴致，因为他了解自己，了解他自己需要什么，了解什么能够带来他所寻求的那种快乐。"这句话中一个重要的关键词是"兴致"。对此，《阅读的乐趣》的解释是，兴致是"我们天性的一部分"，而"我们天性的一部分"是指"了解自我，并且寻求真正优秀的东西的那一部分"。可见，按照自己的喜好和兴致读书，这不仅是正确的阅读价值观，而且是人的天性。

享誉世界的意大利哲学家、符号学家、文学批评家安伯托·艾柯在《艾柯谈文学》中对阅读价值观也持类似的理解："大家阅读这些文本的目的在于享受，在于启迪灵性，在于扩充知识，但也或许只求消磨时间。……也许，'快乐'最终构成了阅读的最低但也同时是最高的标准。"

如果这种兴致能够得到导师的指引，可能会成就伟大的事业。《罗马帝国衰亡史》作者爱德华·吉本，小时候具有"一种盲目而又孩子气的对异国历史的迷恋"，由于一直没有好的引导而荒废，直到瑞士导师的"并没有否定或替换他内心的喜好，而是帮助他看清了这些喜好会把他引领到什么方向"。这使吉本成了杰出的人物，成功跻身世界最为著名的历史学家之列。

关于读什么的问题，还包括教育部门为学生选择什么样的文本和让学生在阅读过程中注重文本的哪些内容，从文本中吸取什么营养。我国的读者偏重"阅读以求知"，形而上学地强调"知识就是力量"。但是，徐贲在《阅读经典：美国大学的人文教育》一书中论述的观点与我们截然不同，他特别看重阅读的伦理问题。他写道："伦理是人文教育课的核心所在……在为人文课选择文本时，一个重要的考量便是让学生们能在最大程度上将阅读与他们自己的生活世界进行联系，而这种联系最重要的枢纽便是人类普遍面临的伦理和价值问题。"

（三）怎样读的阅读伦理

1. 尊重原文本作者的释义伦理

阅读的目的是了解文本的内容和意义，而文本由于构成它的文字的多义性和阅读时语境的变化，不同的读者在阅读中就会对文本作出不同的解释，产生不同的释义，这可以认为是阅读的规律之一。如一千个人阅读《哈姆雷特》，就会生成一千个哈姆雷特；一个人在不同时期读同一本书，也会产生不同的释义。那么，应该怎样正确地理解文本的意义呢？这里，最重要的一个原则就是"尊重原文本作者的释义伦理"，即阅读中理解和解释原文本的意义时，应该和必须尊重原文本作者。如果阅读者出自别种动机和目的，对原文本作者的初心视若无睹，随意歪曲，从而产生出一些"创造性误解"，那就另当别论了。比较明显的例子是对《厚黑学》全然不同和相互抵触的释义。

《厚黑学》是民国年间李宗吾先生所作，他在书中阐述，脸皮要厚而无形、心要黑而无色，这样才能成为"英雄豪杰"。他以三国时期曹操、刘备、孙权、司马懿等人物实例为主线，探讨论证厚薄与黑白如何影响成败得失。作者嬉笑怒骂，妙语连珠，通过刻画封建社会某些政治家的真实肖像，彻底剥下了他们的画皮。但是，对这样一部名著却有着极其相反的释义。李宗吾先生的本意是："用厚黑以图谋一己之私利，是极卑劣之行为；用厚黑以图谋众人公利，是至高无上之道德。"但后来的许多人，曲解《厚黑学》，借学习厚黑之道，作为"立身之本""成功之学"；更有一些文人著书立说，歪曲释义《厚黑学》的本意和初衷，以蛊惑人心，博取名利。

当前我国出版界，《厚黑学》问题并非个案，可谓是怪象丛生，令人迷惑不解。还是我前面提到的《阅读经典：美国大学的人文教育》一书给我指点了迷津。作者徐贲，现任美国加州圣玛丽学院英文系教授、复旦大学社会科学高等研究院兼职教授。他在美国同时担任圣玛丽学院人文教育课程教授，在美国大学从事人文教育已20余年，他始终将此视为自己教授生涯中最有意义的一部分，写此书的目的就是将其在美国大学从事的人文教育经验和体会奉献给祖国的教育事业。该书于2015年10月由北京大学出版社出版，420页的厚书一经面世，就很受欢迎。先后被《新京报》和"南都读书"列入"2015年年度好书"和"2015年十本好书"，入选深圳读书月"2015年三十本好书"。

徐贲在书中对阅读的释义和阅读伦理问题有着精辟的阐述："人文教育课堂上要求学生'细读'文本，努力把握文本本身的意义。这是一种阅读技能训练，但也体现了一种尊重原文本作者的释义伦理……赫胥所说的'释义伦理原则'，那就是，读者在理解文本时有道德责任去联系文本的原始环境，不能想怎么理解就怎么理解，更不能扭曲文本原义，把所谓'创造性误解'当作自然正当的阅读结果。赫胥依据的是康德提出的基本道德律令：永远把他人当作目的，而不只是手段。文本是作者创作意向的产物，无法充分把握这一意向是一回事，但以任何理由根本蔑视或故意歪曲这一意向（肆意曲解或断章取义）又是一回事。把文本只当作手段，而不当作目的的阅读，在道德上是有缺陷的。人文教育包含道德教育，教师有责任告诉学生，什么才是符合道德伦理的阅读释义方式。"

讲得多么好啊！这里有两个阐述直接指出了《厚黑学》这类问题的实质：一是一定要细读文本，二是阅读时一定要遵循"释义伦理原则"。第二项不大容易理解，我是经过查询和反复思考才略懂一二。

赫胥的释义伦理原则，依据的是康德提出的基本道德律令，律令有三条，即普遍化原则、人的目的原则以及自律原则。引文中提到的"永远把他人当作目的，而不只是手段"是道德律令的第二条："你要这样行动，永远都把你的人格中的人性以及每个他人的人格中的人性同时用作目的，而绝不只是用作手段。"即把自己本人和他人都当作目的。例如，我们去帮助别人，仅仅是为了帮助别人本身，让受帮助的人走出困境，而不是以帮助别人为跳板实现自己的私人利益。在人行为的过程中，可能会出现暂时的阶段性的目的，但是最终的目的只有一个，那就是人本身。所以"人是目的"贯穿在人的一切其他目的中，其他目的都可以成为单纯的手段，唯有人性本身不能成为手段，它是自己实现自己的终极目的。康德总结道：不要把自己的人性当手段；不要把他人的人性当手段；以促进自己的人性为目的；以促进他人的人性为目的。

由此可见，阅读文本背负着一种责任，一种伦理责任，即必须尊重原作者，这是阅读最基本的伦理原则。前举的《厚黑学》现象，就是那些读者没有尊重原作者，没有尊重李宗吾写《厚黑学》的本意而歪曲得出的"创造性误解"。

2. 能力知识和伦理道德之间的关系问题

阅读不仅是为了增加知识和提高能力，更重要的是为了完善人格，提高道德和伦理水平。这一点恰恰是我国读书人和教育界不太重视和容易忽略的地方。对于能力知识和伦理道德之间的关系问题，徐贲在书中有较多深入的探讨，他写道："智识的导向可以帮助我们区分技能性的知识与体现人类价值的真正知识（智识）。例如，电脑传媒技术知识必须在道义价值的指引下才能成为一种真正有意义的智识。

是有智识和智慧的人创造发明了让人类能普遍受惠的互联网,而仅仅有技术知识的人却可能是在破坏它,他们从事的是在互联网上挖坑筑墙,或者欺诈、贩毒、卖淫的犯罪活动。"这样的论述对我国知识分子是多么重要和一针见血啊!进而他深入地写出了结论:"在人类的文明进程中,智慧一直被视为一种'美德',而非只是'能力'……智慧是一种良善、光明的能力,违背良善和光明的人能力再强,人们也不把他称智慧。无数的历史事例告诉我们,能力很强的人可能因为错误的价值观而变得非常邪恶。"

"或许,做个好读者已不仅仅是关乎'读书法'的问题,而与我们的心性与灵魂的品质息息相关,的确不是小事。"北京大学教授张辉在《如是我读》中对阅读发出了这样的感慨!而该书的自序就是以"阅读的德性"为标题:"如何阅读是知识问题,但更是读书人的德性问题。"他倡言"读书风气的更易,乃至士风的良性回归,应该从认真读书始"。

没有伦理就没有精神,应该"权而有德,富而知礼",否则,有权无德者是暴君,有财无礼者是暴发户。需要有一种精神,然而,没有伦理就没有精神,因为伦理是精神的价值内核。为此,重要的一点在于伦理地阅读。让我们阅读伟大心灵的伟大著作,通过读经典,通过"与过去伟大心灵"的"直接对话",回归阅读的伦理,才能在今天这个歧路丛生的世界获得一种基本的方向感和价值定位,才能在新的历史机遇和挑战面前做出有效的应对。

2016 年 9 月 8 日

九、β 型阅读和阅读的创造性

——读外山滋比古《阅读整理学》

乍看到《阅读整理学》这本书名很是惊异，阅读方面还有这样的学问？读后虽然仍不清楚"整理学"的含义，但全书内容新颖，对阅读很有启发。

（一）两种阅读方法

1. α 型阅读法和 β 型阅读法

我们在阅读中都有这样的体会，如果所读的内容是已经知道的，就能够读得懂；如果所读的内容是不知道的，就不容易读懂。如平时所读的书，内容都是能读得懂、读得顺的，这只能说阅读的都是已知的内容。文章如果在陈述完全未知的事物，对读者而言，就像在读取密码一般，既读不懂更读不顺，往往就放弃阅读了。

这两种阅读情况，对经常阅读的读者来讲，是司空见惯的事情，并没有特别注意。但是，对细致研究阅读的外山滋比古先生，就很不一般了，他从中得出了两个看法：第一，前一种阅读，还不能够说是真正的阅读，因为阅读的目的就是获取新知，既然读的都是"已知的内容"，那怎么能够算是真正的阅读呢？第二，后一种阅读，如果能读下去，并千方百计读懂，那才算是真正的阅读。他由此进一步推演出了截然不同的两种阅读方法。

外山滋比古先生将这两种阅读方法命名为 α 型阅读法和 β 型阅读法。他给出的简单定义是："总而言之，我想把这种阅读既知的方式命名为 α 型阅读，相对地把阅读未知的方式命名为 β 型阅读。"他认为，β 型阅读对象的典型代表就是学校的教科书、报纸的社论或评论，翻译不太通顺的"恶"文章也属于这种类型。他还指出：现在的学校所教导的阅读技巧，没有区分 α 型阅读和 β 型阅读，实际上几乎都属于前者。对阅读给出这样的两分法，前所未见。

作者又进一步地深入研究，他发现：上述两种阅读还具有不同的语言，形成 α 型阅读的 α 语和形成 β 型阅读的 β 语。这两种语言的区分，不仅同学校教育有关，更同人类的语言学习有很深的关联。"语言教育是所有教育的基础。"初生儿是在完全不懂任何语言，且一切都是无知的状态下，开始从母亲之口学习说话的。用什么办法教呢？"在同样的状况下，不断重复说出相同的词汇，这些词汇就逐渐变成既知，具有既知的特质。"这就形成了 α 型阅读的 α 语。这些词汇是周围各种东西的名字，而后必须再不断地重复使用，才能将其变成既知的知识。

2. "母乳语"和"离乳语"

外山滋比古先生从中引申出"母乳语"和"离乳语"两个概念："母乳语指的是具体的、可以体验到的世间事物；相对的还有一种词语是抽象的、孩子们无法体验到的事物。我称呼这种词语为'离乳语'。"如吓唬孩子"狼来了"就是离乳语，既无实际的狼，更没有来。学习离乳语的方法同学习母乳语的方法刚好相反，即尽量切断词语与代表事物的关联，使其抽象化。不切断，则孩子无法理解后来学校所学的抽象意义的内容。这实际上就形成了 β 型阅读的 β 语。外山先生做了总结："人类在幼儿时期就必须学会以上两种词语，母乳语和离乳语。母乳语是在既知的前提下使用、理解，离乳语则是理解事物未知时使用的词语。以另一种方式形容，母乳语就是 α 语，离乳语就是 β 语。"两种阅读所需要的语言能力，一定得趁幼儿时期就开始学习。因此，阅读并非到了小学之后才突然出现。"幼儿的言语教育足以左右孩子的一生。也就是说，一个人有无阅读未知的能力，跟他小时候有无学习 β 语、离乳语有相当大的关系。"

3. 限定代码 RC 与精密代码 EC

英国社会语言学家巴兹尔·伯恩斯坦把语言二分为限定代码（也称为局限性语言符码 Restricted Code，简称 RC）与精密代码（也称为精致型语言符码 Elaborated Code，简称 EC），在社会上引起广泛关注。限定代码 RC 主要是用在关系亲近的人之间，用字遣词上多有省略，比较随意；精密代码 EC 与逻辑和文法非常符合，是更加完备表达的正式词语。

外山滋比古先生将伯恩斯坦的语言理论同他的人类自幼形成的两种语言观点相结合，导出结论："孩提时代的母乳语可视同 RC，离乳语可视同 EC；就阅读而言，

α 型阅读可视为 RC 阅读，β 型阅读可视为 EC 阅读。"

人类发展至今，越来越多的文化是用 β 语建构而成的，β 语衍生人类文化，它已经成为传承文化不可缺少的工具。但由于至今的教育没有认识到两种类型语言的不同，让学生阅读的文章都是呈现学生已经知道的事物，几乎没有任何涵盖未知事物的文章，一直无法确立有效的学习方式。由于阅读和写作都倾向于用 α 语，所以现实已经普遍退回到 α 型阅读了。过多地阅读已知的事物对我们没有什么助益。阅读未知的事物会让我们习得新知识，"β 语与 β 型阅读成为产生新思考与新认识的工具，其功能非常重要"。因此，为让阅读成为有价值的行为，导入 β 型阅读已是紧急之事。这本书的宗旨就是在关注此问题的前提下，思考所谓的"阅读"。

（二）β 型阅读理念

思考、时间积淀和重复阅读是 β 型阅读的三根顶梁柱。

1. 思考是 β 型阅读的入场券

β 型阅读就是读未知、向新事物挑战，因此，其阅读的特点是读不懂、艰苦、毫无兴趣，最省力省心和便捷的做法就是放弃 β 型阅读，仍然回复到 α 型阅读。这是读者群体中的懒汉，无所作为者，最后将会失去"读者"名片。

β 型阅读最需要的是，阅读者有强烈的求知欲，有着一种发自内心的需求和欲望，这是一种探求未知的力量，是阅读和啃书本的动力。外山先生以穷人家和富人家孩子的对比来说明这个问题。一般来讲，穷人家的孩子知道，不读书就不可能改变家庭境遇，"如果不能飞得更远，就不能提升到更高"。因此，宁愿做阅读的"苦行僧"。这些孩子通过刻苦学会了 β 型阅读。"人类是劳则思、逸则淫的动物。"富裕让人失去前进的动力，富人家的孩子没有在读书上展现出求知欲，这也是富不过三代穷不过五服的原因之一。

进入 β 型阅读之后，坚持下去的关键就是思考。这要求读者付出心力，打开心灵之门；要求读者边读边思考、在思考中阅读；要求读者通过书本上的语言符号进行思考，"我开始一点一滴理解通过词语考虑事物是多么殊胜的事。所谓的未知世界，不一定能由事物、场所、知识等去理解。我开始想，新的思考本身不就是多彩多姿的未知世界吗"。这其实就是比较困难的理性思考。在本书中，有很多地方都讲到了理性思考的必要性和重要性。以作者称为"恶"文的难读的译文为例,读日文不通的译文,一者因为难于理解而特别需要集中注意力,二者因翻译的恶文难懂而特别提升理解力,因此外语译文绝对可以成为 β 型阅读的教材。特别是读者阅读翻译的恶文,绝非求其文字,而是为挖掘其蕴含的"思想"价值,"恶文促思考",必须一读再读,才能够吸取其中真正的精华。

2. 时间积淀是 β 型阅读的前提

(1) 读者需要花费时间理解:"想得到正确的解释、解决之道,就要充分重视时间的影响力。如果当下就能理解,时间就无法产生作用,但是当下无法理解的事物,就可能需要时间。时间可以增加力量,读不懂的文章就一直读,在这当中时间就会产生作用。随着时间改变,未知的对象与想理解的人都会一点一滴地改变,最后就可能达到彼此能沟通的境界。"这段话充分说明了领悟过程中时间的必要性:随着时间不间断地推移,读者对问题、公案、疑问等的看法、理解,会有所变化,也就是说,"未知的对象"在改变;与此同时,读者自己的视野和思考的深度也在一点一滴地改变。当这两种改变在某一点或几点上发生了交汇、碰撞、沟通的时候,给人的感觉如电光石火一般,存在许久的问题会豁然开悟、解决。这种开悟和理解完全靠个人的亲身体悟,想依靠所谓的教学,很难达到。

(2) 作者需要花费时间等待:即使是作者本身,也不了解自己作品出版后的情况,因为他不了解读者会采用何种方式来阅读。如果作者为满足读者和出版社的要求而写出的是时髦的作品,可能会风行一时,过后即灰飞烟灭;如果作者写出的不是为迎合时下读者的需求,而是深入生活的千锤百炼之作,则会经得住时间的考验。"所谓'等候百年之后的知己',是指作者最期待的,并不是当下那些用常识判断、抱着想在古物堆里发掘宝物心情的读者读到自己的文章,而是让'能舍弃先入为主的观念,用崭新的目光找到新发现的人'阅读自己的文章。要做到这样,就需要时间,不等待是行不通的。"而且,并不能指望某一个读者,而只能期待由大多数读者不断重复阅读,经过无数岁月,作者才能等得到知己。进一步讲,这些读者还应该是 β 型阅读者,因为只有 β 型阅读者才肯花费时间。经许多位 β 型阅读者不间断地阅读,可能需要经过相当长的时间,才能达到读懂未知的效果。一部作品当时未被认可,后世才被尊为经典,这种先例是很多的。

(3) 作品需要花费时间或成为经典或被"风化":一部作品要想成为经典,必须经过时间的考验,这是天经地义的、历史的结论。时间的洗礼,有如自然界的风化作用。假如风化的作用胜过经典化,一部作品最后就会消失;相反地,如果变成经典的作用力较强,胜过风化,作品就会获得新的生命,变成经典作品。作品的命运如何,来自广大读者的阅读,外山先生写道:"如果在你从事读书百遍的行动时,风化的作用比变成典型的作用强,你就会逐渐失去兴趣,无法有耐心地反复阅读。如果能耐心地读,书中精华的部分就会不断崭露出来,成为一本好书。换句话说,这本书对你而言,就逐渐蜕变成一本古典书籍了。"其实,β型阅读的强大力量,就是一种让作品朝经典迈进的阅读,但这个过程必须花费长久的时间等待。"通过时间的积淀,有价值的东西就变成古典。没有价值的东西,自然被忘却,而走向毁灭。"

3. 重复阅读是通往 β 型阅读最高明的手段

不管读什么,都想一读就懂,这是习惯 α 型阅读的人很容易陷入的误解。"真正能获得高评价的阅读,应该是第一次读的时候不是很理解,或者根本不理解。不断重复阅读,做到读书百遍,一定得耗费时间,但是何时能理解却没有保证,这就是所谓的 β 型阅读。而且,不能因为不懂就要求别人教你,必须运用自己的力量去领悟。"

经典非常难懂,"古典的东西当然不可能一读就懂,必须重复阅读好多次,过程中不理解的东西自然就能理解,这就是所谓的读书百遍"。中国古人提出"读书百遍,其义自见",但是欲达到这样的读书境地,并非靠一个人,而是要由社会上大多数读者不断重复阅读,经过无数岁月才有可能实现。中国成语"韦编三绝"讲的是孔子晚年读《易经》的故事:因重复读无数次,竹简书的缝线断了三次。但是现在这个时代,读三次的人已寥寥无几了,出版社也让书越来越容易被理解,读者和书都在引向 α 型阅读。古人选取原版经典作为素读的材料,真是智慧之举。什么是素读?素读是日本人对我国古代私塾教学方式的定义,即指不追求投入理解,只是将其反复诵读,烂熟于心,从而达到夯实文化根基的目的的读书方式,其强调以记忆学习为中心,反复朗读。360 百科对素读的定义是:"在阅读或观赏时不加以任何个人的偏见或喜恶,平和地完成,以更好地悟出原作者的思想和诉求!"试想想,世界上有让人喜欢而读十次的小说吗?

国外有识之士也非常重视重复阅读。19 世纪英国思想家、艺术家约翰·拉斯金的母亲,从拉斯金三岁起每天给他读一小段《圣经》,一年后旧约和新约读完一次,读到15岁，拉斯金记住了半部《圣经》。可见，欧洲也有素读，不断重复读，自然就能背诵。素读是读旧的东西，但它经历过时间的考验，并非陈腐；新事物没有经历过时间的考验，以后也会变成旧事物，但旧的东西就没有变旧之虞了。

重复阅读是通往β型阅读最高明的手段："β型阅读，可以通过不断重复阅读内容难懂的书本，达到阅读未知的境界。素读就是最好的实例。就算不是素读（背诵），只要重复阅读十次、十五次，自然就能体会到阅读未知的感觉。无论多么难懂的文章或书籍，只要重复阅读，就会理解文章的意思。"马上能理解的文章就无须这样做。对不能理解的书，才会有人采用重复阅读这种阅读方法。现代人大部分因为生活节奏快、书籍数量庞大、直接利益等关系而拒绝重复阅读，从而使现代阅读滑入α型阅读方式。

（三）β型阅读的创造性

1. 人类语言的特质——阅读创造性的机理之一

人们对于一部完全无法读懂的书，或毫无兴趣而舍弃掉的文章，过了一段时间，在快要遗忘之时突又想起而再挑战一次，结果，原本仿佛在雾中一直看不清楚的风景，豁然开朗。这让我们思考阅读的不可思议的力量，为何原来不懂的事物，能通过反复阅读去理解？外山先生认为："理由还是跟人类学会使用语言有关。"语言里有两项内容，一是理解，二是创造。

"语言的另一种活动就是创造。"β型阅读以语言创造机能为基础，运用有限的知识去对应无限的、各式各样的词语，发挥阅读者的分辨力、洞察力、想象力，如古人用"目光贯穿过纸背"和"阅读字里行间"来形容。"β型的阅读方式，其实就是这种以语言创造机能为基础的阅读而已。训练β型阅读尽可能要从小时候开始，理由跟人类幼儿期的创造性语言活动最强烈有关。"可见过去强迫儿童学习汉语古文的素读，或许并非生硬、粗暴的行为，而是合理的做法。β型阅读具有几何抽象特质的阅读能力，这种阅读方法潜藏着"发现"的可能。由此去理解文章的真实含义或进一步发现作者没有想到的新意义。"读者是有别于作者的创作者。所有的β型阅读，都可能在现有的作品里加入某些新的意思，让作品重生，也就是说，β型阅读并非被动的阅读行为。""通过一个又一个读者的笔，古典诞生了。"

对于 β 型阅读的创造性，外山先生给出了精辟的结论："作者生出作品，读者创造古典。"阅读绝对具有创造力，通过 β 型阅读，凡是不能晋升为经典的作品，就会在历史的长河中被逐步地淹没或风化。

2. 读者和作者各自不同的语境——阅读创造性的机理之二

英国作家乔纳森·斯威夫特 1726 年出版的世界名著《格列佛游记》，原本是一部讽刺 18 世纪英国政治界的文学作品，书中的巨人、小人都有原型。但到下一个世纪，读者的语境有了很大的差异，他们不了解作品所处时代的政治状况，都无法认为其是讽刺作品。于是读者的创造性阅读开始产生作用，逐步使作品定型为一个不可思议的幻想故事，最终竟然变成儿童读物。这也是由读者造就经典的实例之一，其实有很多历史记录、日记等变成文学作品这类实例。这里所讲的语境即言语环境，它包括语言因素，也包括非语言因素。上下文、时间、空间、情景、对象、话语前提等与语词使用有关的都是语境因素。

作者写作的意图与读者读到的意思经常是不一致的，这也是读者具有创造力的原因，在不一致中产生经典的特质。"阅读未知的读者，不断在误解和理解之间穿梭前行，如果没有可以仰仗的语境，就只能依靠自己的语境。因此，阅读未知，有时会变成在阅读自己。这个自己并非小小的自我，而是在加强本身伟大的人格时，能让万人承认的'发现'。古典就是这些发现的结晶。"

正确的意思靠"发现"。"长期以来，我们都迷信所谓'正解'的神话，即指文章只有一个正确的意思。再者，这个正确也是作者、笔者放在文章里的意思。如果同时有很多解释，也会优先采纳作者的想法，采取唯作者是对的思考方式。"

这就是现代教育在不自觉中培养出来的思考方法，使我们的阅读走上了扭曲之路：既知的 α 型阅读方法、固定的思考方式、轻松愉快的阅读……

唯作者的想法才是正确的？至少有以下几点可以否定这个看法：（1）所谓正确的意思，并非原来就存在，而是在阅读中"发现"的。（2）某个时间点是正确的，但换个时间点就不再是正确的了。（3）作者的解释并非绝对的或唯一的意思，有时候读者也可以发现更好的解释，由此"可以获得不少以前不曾留意到的文义"，这是《荒原》作者大诗人艾略特晚年由读者见解引发的新思考。（4）作者绝对不是万能的，"对作者而言，自己的作品也还有未知存在"。

作者与读者对文章的解释，经常是不一致的，事实也应该如此。因为每个人都生活在各自的世界里，因文章产生联系，没有两个人完全一样。各自的世界拥有各自的语境："如果语境不一样，那么针对同样的文章，当然就会产生不同的解释，因为解释意思时，不能离开个人的脉络。"

经反复阅读和深入思考的 β 型阅读者，完全可能成为文章的添加或删改者，为文章创造新意。删改者的解释往往比作者更具有优势，"导入作者没有考虑到的语境，为文章创造新的意思"。删改者对原文章而言，是破坏型的读者；但若确实发现了新意，就是创造型的读者。"删改也是产生优异作品的因素之一。"

推敲是作者针对自己作品反复琢磨修改的行为。"刚完成的初稿，可能具有强烈特殊性，推敲的动作就是让语境更具普遍性，是一种修饰的动作。"海明威每完成作品后，将其锁在银行，过了相当长的时间才拿出来，用不同的心情和角度重新阅读反复修改后才定稿。托尔斯泰写其第二部里程碑式巨著《安娜·卡列尼娜》，用了五年时间，经过 12 次修改才定稿，使小说艺术成就达到了炉火纯青的地步。海明威和托尔斯泰都是世界级的伟大作家，都拥有多部经典小说作品。可见，作者遵循不同语境的创作规律，通过时间的推移，用自己的智慧让文章变成经典。

3. 阅读个性化——阅读创造性的机理之三

出生于美国后居英国的著名诗人托马斯·艾略特，其诗作《荒原》于 1948 年获诺贝尔文学奖，被认为是现代英美诗歌的里程碑。但广泛流传的《荒原》并非作者的初稿，而是由美国诗人庞德（1885—1972）大幅度删改之后的成果。删改的做法是：庞德进行符合自己语境的阅读，无意识地边读边改，就在不断重复这种阅读方式的过程中，一点一滴将作品的特殊性变成普遍性，使作品逐步趋向经典化。"所谓古典化其实就是摆脱作者意图传达的意思；无论任何作品，如果只能传达作者所想的内容，很难变成古典，而能改变内容意思的唯读者。"这是一个经由读者删改而产生更优异作品的实例。"为了阅读未知，读者不可避免地会用自己的脉络去解释……如果读者用的是稳定且能普遍通行的脉络从事 β 型阅读，就能够赋予作品新的生命。"

采用 β 型阅读，十个阅读者会得到十种解说，这是正常现象；如果众人一致，才是异常。"β 型阅读具有个性，同时也保持自由，不必受到作者意图的限制，读者可以忠于自己的想法和反应，因此也具有创造力。……β 型阅读者不仅是被动地阅读，他们在阅读当中具有可以产生新思维的喜悦感。"由此可以导出这样的结论：

如果说作家是原始的、第一次的创造者，β型阅读者就是第二次的创造者。

无论写得多详细的文章，对第三者（读者）来说，都潜藏着许多不清楚、无法理解的地方。这些不理解的地方就是读者的未知。因为阅读的个性化，这些未知除了靠读者自行解读，别无他法。"读者的解读，有时会发展成新的发现，不用说也知道这些发现和作者并没有关联。这种具有创造力的阅读，往往可以补充不清楚的部分，让读者的理解丰富起来。结果也会让作者感到讶异，甚至喜悦，这也可以让β型阅读的妙味发挥到极致。"

古代的日本，出版不发达，书的数量少。那时的混合型阅读，也是β型阅读占比偏高，提及阅读多为β型阅读。近代之后，出版业发达，教育普及，出版商为了迎合大众口味，更为了赚钱，发展到所有的书籍或多或少都变成α型出版品了，读者只能做α型阅读，这就是所谓的大众传播文化。当书籍中β型阅读成分越来越多地被删除而演化到纯α型阅读，"这也是前所未见的阅读形态，当这种异常的阅读变成理所当然时，阅读的危机就到来了"。

2016年7月26日

第三部分

阅读人物

一、为绵延五千年的中华文明而骄傲

写此文的思路源起于 2009 年的埃及旅游。

到埃及的第二天我们就迫不及待地去游览金字塔。最早的埃及阶梯金字塔距今已有四千多年的历史，最壮观的是巍然屹立在尼罗河畔的 3 座宏伟的吉萨金字塔和斯芬克斯之谜狮身人面像。其中最高大的是胡夫金字塔，高 146.5 米，它是由 10 万人花了约 20 年时间用一块一块巨石垒成。我见许多游客攀上了大金字塔，我也随之爬到五层，高高地站在石级上瞭望，远处土黄色的开罗城映入眼帘，而后又俯身轻轻地抚摸着搭建金字塔的巨石。下了石级，我欲绕塔走一圈，烈日当头，金字塔坐落在沙漠之中，四周的沙地上没有搭建人行路，游人们只能艰难地行走在沙子上，鞋里很容易滑进讨厌的沙子。胡夫金字塔较背静的侧面 20 多米远处，有 10 多匹骆驼供游人骑玩和拍照。地面凹凸不平，零乱地摆放着建筑材料，骆驼粪比比皆是，已无法继续绕塔前行，我拍了两张照片，赶紧返回。金字塔的保安人员热情地指导我们在什么位置拍和如何拍照，但照完后却向我们索要小费。在阶梯金字塔前，一位 50 多岁穿着穆斯林服装的黑脸埃及男人，用半通不通的中文叫着"爸爸"，走过来摆着姿势主动同我照相，我也高兴能够同他一起合影，转过身来就向我索要清凉油或钱……世界古代七大奇迹之首的金字塔，同其周边的环境对比，太不相称了，令人费解。

参观博物馆了解到，埃及在公元前 3200 年就出现了奴隶制的统一国家，距今足足有 5200 多年历史。但很可惜，翻开埃及后来的历史，却同我们伟大祖国的历史大相径庭。原来埃及在公元前就先后被亚述、波斯、希腊和罗马等国征服，公元 4 世纪被并入拜占庭帝国。640 年被阿拉伯人侵入且接受了伊斯兰教。1517 年被并入奥斯曼帝国，1798 年和 1882 年又先后被法国和英国占领，直到 1952 年纳赛尔为首的起义成功才宣布独立。这样几千年折腾的结果，古埃及不见了，建造金字塔的智慧的民族也随古埃及一起消失了，法老的后代荡然无存。只有巍然屹立的金字塔在永远铭记着他们！

啊，金字塔！最壮观的古迹，最疲软的管理。历史让我理解了现代埃及人同金字塔的关系：没有血缘相连，没有历史传承，没有渊源可溯。似乎金字塔仅仅是为他们提供滚滚财源，而金字塔的一切同他们无关。

众所周知，国际上认定的四大文明古国：古巴比伦、古埃及、古印度和中国。埃及旅游引发了我一个思考：世界四大文明古国的其余两个国家的命运是安然无恙，还是同古埃及一样？在阅读历史文献的过程中，我知道世界最早的文字是公元前3300至前3200年间苏美尔人发明的楔形文字，这是人类书写系统演进过程中的一个里程碑。苏美尔人即生活在两河流域，影响了当时整个美索不达米亚平原的语言文化，属于古巴比伦文明。但是，后来古巴比伦的命运如何，我却不了解。那么，印度文明呢？她的遭遇又是如何呢？我的一点点世界历史知识，当时根本没有办法解答这些问题。

今年8月，在图书馆看到了一本书——《谁杀了岳飞》。我小时候听父亲讲过《岳飞传》，小学四年级时囫囵吞枣地读了钱彩著的《说岳全传》，这给我一生灌注了"岳飞情结"，连自己名字亦改为"飞"。因此，我不假思索就借回家急着阅读。

《谁杀了岳飞》是一部历史文化随笔，2013年由人民文学出版社出版。作者冯八飞先生系对外经贸大学外语学院德语系教授、柏林洪堡大学语言与语言学系博导。冯先生笔触犀利，文风大气磅礴，在全书的第一部分就清清楚楚地讲述了四大文明古国的今昔，使我埃及旅游未得到答案的问题迎刃而解，兴奋异常。我想，文字不多，引用下来比我介绍会更准确，更明白无误：

"诞生两河流域的古巴比伦立国于公元前3000年，为人类带来汉穆拉比法典、楔形文字和世界七大奇迹之一空中花园，文明史延续2000多年。

诞生尼罗河畔的古埃及立国于公元前32世纪，历经31个王朝，文明史全长2500多年，领土涵盖埃及、苏丹、阿尔及利亚、以色列、耶路撒冷、土耳其、约旦和沙特，为人类带来象形文字、金字塔、几何学和历法。没有古埃及文明，就不会有后来的古希腊罗马文明。

诞生恒河流域的古印度立国于公元前3500年，疆土包括印度、巴基斯坦、孟加拉国、不丹、尼泊尔和阿富汗。阿拉伯数字即源于古印度,只是通过阿拉伯传播到西方。文明史全长1500年。

因此,古印度并非今印度,古埃及也并非今埃及。至于古巴比伦,今已不存。

所有古文明都已灭绝。古巴比伦公元前729年灭于亚述帝国;古埃及公元前343年灭于波斯帝国;古印度公元前2000年灭于雅利安蛮族,古印度人沦为第四种姓,即今之贱民。它们灭绝至今均已超过2000年,所以在史书上,它们前面都要加一个'古'字。

中国文明公元前2800年发源于黄河岸边,是四大古文明中唯一从未灭绝的文明。所以,史书上并无'古中国文明'。它从来都叫'中国文明'。"

通过上面清楚的概括和说明,冯八飞先生斩钉截铁地得出了结论:"中国是唯一没有中断过的古文明。"

四大文明都是原创的,其排列次序是:古巴比伦文明、古埃及文明、古印度文明、中华文明。有人可能会问,对后来影响世界的希腊文明怎么没算上呢?原来,经全世界的学者们研究,希腊文明是古巴比伦文明和古埃及文明二者在地中海上的遇合,尽管后来有所创造,但不是原创,不能同四大文明并列。还有一个文明,就是现在的伊朗,当时叫波斯,波斯文明也很早。但经过研究,其是古巴比伦文明和古印度文明在陆地上的遇合,也缺乏原创性。

习近平总书记对于历史非常重视,2014年10月13日在中共中央政治局第十八次集体学习时强调:"对绵延5000多年的中华文明,我们应该多一份尊重,多一份思考。""绵延"的词义就是中间未曾间断。

为什么中华文明从未断绝?其根本原因是什么呢?是因为中华疆土特别辽阔,中国军队特别骁勇?还是因为中国有坚固的万里长城?这一切的一切,都不是,而是因为中国的文化,中国拥有历史悠久、厚重且博大精深的中华文化。

对于中国文化,世界有识之士都非常羡慕。驰骋世界政坛半个世纪并获得1973年诺贝尔和平奖的基辛格博士,在其《论中国》的一书里,对汉字大加赞美:

"中国人使用的语言,还是3500年前由甲骨文延伸过来的。甲骨文是什么概念?就是比古希腊城邦共和国早1000多年,比古罗马帝国早1500多年的语言。这个语言,它的结构,到现在还基本上是一样的。比如说'孝敬'的'孝',在甲骨文里就是老子在上面,儿子在下面。你说这是好还是坏?这不是价值判断,而是传统的一部分……"

什么才能够称得上真正的征服？那是"无剑之剑"，纵观人类文明史，其实只有一柄无剑之剑——文化。

中国文化，是充满尊严的顽强，是即使已经被昏君国贼祸害到无力抵御外侮，却仍然不屈昂首面对侵略者沾满鲜血的屠刀，心中充满必胜的信念：你们虽统治我们的国土，但我们将统治你们的灵魂！中国确实经常被打败，但中国文化从未被摧毁！复旦大学教授、日内瓦亚洲研究中心高级研究员、走访过100多个国家的张维为教授，将我国比喻为"百国之和"，就是由成百上千个国家慢慢整合起来的。他甚至有这么一个看法，我们内地三座典型城市的人群——上海人、北京人、广州人，他们的思维方式和生活方式的差别恐怕要大于典型的英国人、德国人、法国人。但是我们在一个文明中生活了数千年，这种差异变成了一种精彩，大家可以就互相的差异会心一笑。

见过所有的风雨，走过所有的逆境，挺过所有的失败，不止一次地从血海覆灭中浴火重生，这样的国家，才是真正伟大的国家。数千年的中国历史证明，中国确实是一个伟大国家。她的伟大甚至根本不需要我们这些不肖子孙来承认。

历史书上写着，强大并不自动等于伟大。美国某教授说："伟大国家，是那些经历过历史最低潮，甚至亡国，却总能够依靠自己重新站起来的国家。"伟大，是博大精深到无法从地球上抹去的文化，是亡国灭族都无法让它中断的文化，是抽去它世界历史就得完全重写的文化，是连征服者也不得不心服口服且虔诚皈依的文化。

四大文明古国中只有中国，只有中华文明，像金字塔和万里长城一样，数千年仍然屹立在世界上。让我们为中华文明生生不息、百折不回的气魄而骄傲，为绵延五千年的中华文明而自豪。

2016年4月

二、文化亚历山大大帝

到埃及旅游，除金字塔，还有"一帝一城一馆"——亚历山大大帝、亚历山大城和亚历山大图书馆，给了我极大的震撼。其实后二者之名也源于"一帝"，即世界历史上声名赫赫的亚历山大大帝。通过阅读有关资料，我对"一帝一城一馆"有了更深入的了解：将这三者联系在一起的，不仅仅是表面上的名字，还有更深层次的原因和含义，那是一个大的概念——文化，是文化的魅力、威力和永恒的力量，才能使三者彪炳史册。这是旅游与阅读相结合给予我的丰厚赠礼。

亚历山大大帝，古希腊北部马其顿国王。公元前356年生，20岁继承王位，公元前323年在巴比伦病逝，享年33岁。

亚历山大大帝首先是一位伟大的统帅，天才的军事家，他以战无不胜的气概，横扫欧、亚、非三大洲。亚历山大似乎是为战争而生，18岁随父出征，20岁成为统帅。作为战士，他智勇双全，他的志向显然是做一名不受时空限制的最伟大的勇士；作为将军，他无与伦比，在11年的征战中，从未打过一次败仗。欧洲历史上有四位最杰出的军事统帅——亚历山大大帝、凯撒大帝、汉尼拔和拿破仑，但若真正相比起来，后三位无疑是相形见绌的。有人作过一个有趣的比喻：项羽是长于战斗，韩信是长于战术，刘邦是长于大战略，但亚历山大则似乎是三者兼而有之。在身居马其顿国王的13年中，以其雄才伟略、勇敢善战、东征西讨，先是确立了在全希腊的统治地位，后又灭亡了当时在西方领域最广、财富最多、势力最强的波斯帝国，进军到印度河以东地区。亚历山大大帝建立了一个西起古希腊、东到印度恒河、南临埃及尼罗河流域、北至两河流域的以巴比伦为首都的疆域辽阔的国家——世界上第一个横跨欧、亚、非三洲的大帝国！

亚历山大大帝不仅是世界历史上著名的军事家，而且是一位伟大的政治家。拿破仑讲："我对于亚历山大最美慕的地方，不是他的那些战役，而是他的政治意识，他具有一种能赢得人民好感的能力。"

年轻的亚历山大令人佩服的是他信奉亚里士多德哲学的"中庸之道"："我们凡事都不能够去得太极端。"他对异族人民具有宽厚的包容心，对于当时整个希腊世界流行的"所有非希腊民族都是野蛮民族"的观念，亚历山大大帝则反潮流，认为非希腊人不一定是野蛮人，他们与希腊人一样具有智慧和才能，一样值得尊敬。

更难能可贵和难以置信的是亚历山大大帝还是一位好学的文化人。他小时候，酷爱读书，受荷马史诗《伊利亚特》书中阿喀琉斯和赫拉克勒斯两位著名英雄人物的影响很深。亚历山大大帝在他征服世界的11年转战中，随身携带《伊里亚特》，书放在镶满珠宝的匣子里。成长中的亚历山大，师从古希腊著名学者、古代世界最伟大的哲学家和科学家——亚里士多德，这极大地增长了他的科学、哲学和文化知识，培养了他对文化的尊敬和认同。

从长远的视角看，亚历山大大帝的最大影响不在历史上转瞬即逝的征战和终将灰飞烟灭的庞大帝国，而是在文化，在恒久的文化上。

亚历山大大帝在帝国扩张过程中，广泛传播希腊文明。希腊文化迅速传入伊朗、美索不达米亚、叙利亚等中东地区和埃及，进而传播到以前从未到达过的印度和中亚地区。亚历山大大帝及其继承人都热心于弘扬希腊文明，整个亚历山大帝国继承和延续了希腊文化，帝国到处都分布着希腊式的庙宇、希腊式的剧院、希腊的商业以及希腊式的城市，希腊语成了通用语，人们欣赏的是希腊式的文学与艺术。

文化的传播和影响向来是双向的，在希腊文化传播的同时，东方思想，特别是宗教思想也传入了希腊世界，与希腊文化相结合，使希腊文化不断吸收新鲜血液，逐步在发生着变化，在前进。这种与东方文化相结合的希腊文化，形成了一种以希腊文化为基础的新文化，后世称这种新文化为"希腊化文化"。东西方融合正是希腊化文化区别于纯希腊文化的根本点。在这里，文化不是某个种族的而是国际性的，希腊人、波斯人、犹太人、阿拉伯人及此后的罗马人，纷至沓来。文化不仅在某个种族内部被保存下来，而且还在种族之间得到广泛的认同。希腊被罗马占领后，希腊化文化不仅没有衰败，正如满族入关后其民族文化融入基础雄厚的中华文明一样，希腊化文化的优势也"俘虏了她的凶猛征服者"，最终对罗马产生了影响，造就了罗马文化。罗马征服者不仅没有践踏希腊化文化，而是"罗马确保了作为西方遗产的希腊遗产"。

历史上将亚历山大大帝征服希腊各城邦和北非、西亚、中亚，建立的亚历山大帝国，包括他去世后建立的三个王朝，称为"希腊化时期"，即公元前330年波斯帝国灭亡至公元前30年罗马征服希腊的300年。这一时期又称"泛希腊时期"，希腊化可以说是古代地中海世界的"全球化"时代。这一时期处于边缘地位的周边落后民族迅速崛起，文化交往从以往的单向性发展为双向性，文明中心迁移至欧亚大陆交界处和两河流域的新兴大城市。希腊化促进中东文明圈的形成。

是啊，亚历山大大帝为人类历史开辟了一个新时代——希腊化时代。古希腊之后的西方历史时期，大体是这样划分的：古希腊时期、希腊化时期、罗马时期、中世纪时期、文艺复兴时期和近现代史时期。

历史上为什么将希腊文化和希腊化文化视为"西方遗产"呢，人们为什么这样看重希腊文明？原因在于，人类世界有东西方两大文明，东方文明之根是中华文化，西方文明之根是希腊文化。古埃及文明、古巴比伦文明、古希伯来文明等，虽然较希腊文明早，但均被淘汰于历史的长河之中。古希腊文明不仅未被湮没，且一直在影响着西方世界，甚至于全世界。如苏格拉底、柏拉图和亚里士多德三位师生关系的"古希腊三杰"，是全部西方哲学乃至整个西方文化最伟大的奠基者；公元前776年起源于希腊的奥林匹克运动会，今天成了全世界的奥林匹克盛会；被西方尊为"医学之父"的古希腊名医希波克拉底的誓言至今影响着全世界医学界和医院；用希腊文写成的《圣经·新约全书》是最普及的希腊文化遗产；非希腊人采用希腊文化形式建设剧场和体育场，以古希腊神话、《荷马史诗》《伊索寓言》、古希腊悲喜剧为代表的古希腊文学，以及古希腊科学、艺术和建筑，早已传遍西方世界。与萧伯纳齐名的英国剧作家、唯美主义艺术运动倡导者奥斯卡·王尔德讲："实际上，我们现在生活中的一切都受惠于希腊人，而所有不合时宜的东西都应归咎于中世纪。"

文化的发展必须有基地。亚历山大大帝在其征战期间，建立了包括阿富汗的赫拉特和坎大哈等在内的二十多座城市，其中最著名的是公元前332年所建的埃及的亚历山大城，又称为亚历山大里亚。亚历山大死后，他的儿子托勒密将军——埃及国王，把他葬于此城，并建造了一座富丽堂皇的陵墓。在近千年的历史岁月中，亚历山大城一直是埃及的首都。电影《埃及艳后》中的女王克娄巴特拉，就是托勒密王位的延续。在亚历山大大帝建立地跨欧、亚、非的大帝国之后，亚历山大城一跃而成为当时世界最大的都市之一和著名港口,成了"通向全世界的十字路口",成了大帝国的政治和文化中心,成了希腊化文化赖以发展的基地。

著名的《剑桥插图古希腊史》认为,亚历山大大帝最伟大的功绩在于他留给人类的两大文化遗产:第一,"希腊化是亚历山大留给后人的恒久遗产";第二,"亚历山大的另外一件重要的也是间接的遗产,是保存了公元前4世纪以及在此之前的希腊文献……这件事的实现,有赖于托勒密一世建立的亚历山大里亚图书馆"。

所谓"希腊化",最根本的是文化。希腊化文明首先继承和发扬了希腊文明,希腊化世界的官方语言是希腊语,希腊重理性的传统得到了发扬,希腊文明中的科学成就得到了继承与光大。在此基础上,亚历山大大帝也许是受其恩师亚里士多德的启发,积极支持科学事业,他本人曾给科学研究以财政支持。亚历山大城是当时世界的科学研究中心。"在公元前最后三个世纪,托勒密王朝统治下的亚历山大城奠定了西方学术研究的所有主要分支学科的基础——从文学到天文学,从医学到史学。"希腊化文明之伟大主要体现在科学方面,包括自然科学和人文科学。哲学、物理学、数学、天文学、地理学、医学和文学、历史学、艺术等诸多领域都取得了前所未有的成就。

哲学界产生了理性主义的伊壁鸠鲁学派和斯多葛学派;物理学和数学界出现了两位超巨级名人——阿基米德和"几何学之父"欧几里得;天文学界产生了两颗耀眼的巨星,即"地心说"的集大成者托勒密和西方最早提出日心说理论、享有"希腊化时代哥白尼"之美誉的阿利斯塔克;地理学界出现了埃拉托色尼,他是第一个创用"地理学"词汇的、仅次于亚里士多德的百科全书式的学者。在这个时代,医学上的进步是所有学科中最大的,赫罗菲拉斯是第一个进行人体解剖的医生,埃拉西斯特拉图斯创立了生理学,盖仑则首次提出了一整套医学学说,是仅次于古希腊希波克拉底的第二个医学权威。文学方面有诗人卡利马科斯、埃拉托斯特尼和忒奥克里托斯;戏剧家代表米甫德;被誉为"历史学家中的历史学家"波里比阿,其著作《历史》已经形成了一套完整的史学理论和史学方法,树立了西方史学的第一个典范。这一时期美术的主要成就是雕刻,代表作品有《米洛斯的阿芙洛蒂忒》《拉奥孔》等。拉奥孔大理石群雕,高约184厘米,是希腊化时期的雕塑名作。

在上述这些伟大的发展和创新的基础上,形成了世界学术史上极为重要的"亚历山大学派",科学的发展攀登到了古代的顶峰。可见,希腊化时代对人类的科学与文化发展做出了杰出的贡献。一个历史性的、留下了丰富思想遗产的学派需要一个能够容纳它的宽广的胸怀，这个依托就是亚历山大城，这也是该城能够成为世界性大都会的标识之一。而最能代表这一时期高度发达的科学和文化的就是当时的世界学术中心——古亚历山大图书馆。

托勒密国王的宏伟理想是，把人类的全部知识都集中在这里，实现"世界知识总汇"，因此在亚历山大城建设了古代世界最大的学术中心——古亚历山大图书馆。图书馆被誉为"人类文明世界的太阳"，实质上是创立了世界上第一所无所不包的大学。托勒密国王邀请和集中了各学科最杰出的学者，有数学家、天文学家、医学家、哲学家、工程师、诗人、地理学家、历史学家、音乐家、批评家等在图书馆从事研究。请他们住在亚历山大里亚，付给他们可观的费用，不要求有什么回报，只要他们好好地利用图书馆的财富。就这样，这些具有专门学问的学者得以熟悉大量文献，进行多方面的工作：开展学术研究和创作，写新作品；对学术资料进行校勘、修正、翻译，如72位学者将《圣经》翻译成希腊文的版本，至今仍然被称为"七十子译本"；总结他们阅读过的材料，为后世留下评论性的文章，写批评性论述，等等。因此，古亚历山大图书馆作为当时的世界学术中心，代表了这一时期高度发达的科学和文化水平。

亚历山大城取代了雅典成为世界历史上"希腊化世界"的领袖城市，成了一个伟大的文化中心，一座名副其实的"文化之都"。亚历山大大帝开创的新文化——希腊化文化，不仅保护和传承了希腊文明，而且发扬光大了希腊文明，创建了希腊化文明，促进了罗马文明。这对全世界来讲，是各民族文化，特别是东西方文明第一次大规模的交流、融合和发展。文化，这才是亚历山大大帝真正影响世界和名垂青史的所在，应该称他为"文化亚历山大大帝"。

亚历山大大帝创下了前无古人的辉煌业绩，对人类社会产生了无与伦比的深远影响。因此，在《史海钩沉》世界帝王排名中名列第三。排名的前八位是：（1）君士坦丁大帝（罗马皇帝），（2）秦始皇（中国皇帝），（3）亚历山大大帝（马其顿国王），（4）成吉思汗（蒙古大汗），（5）欧麦尔一世（阿拉伯哈里发），（6）阿育王（印度孔雀王朝君主），（7）拿破仑（法国皇帝），（8）彼得大帝（俄国沙皇）。其中，第1、5和6是因为其对发展和影响世界的基督教、伊斯兰教和佛教的功绩而排名靠前。在其他知名的五位中，亚历山大大帝以短短13年的王位而名列前茅，不得不令人惊叹，这是世界人文历史上的奇迹。对亚历山大大帝也存在"贬"的评价，主要是批评他长年战争的残酷和个性的暴虐。但瑕不掩瑜，这位叱咤风云的年轻帝王，完全可以称他为"千古一帝"。

"一帝一城一馆"这些都是外在现象，真正起作用的是文化。叱咤风云的帝王需要有文化头脑，雄伟壮阔的城市需要有文化内涵，奋斗的人需要有图书馆的孕育。在亚历山大城海底，发现了2000多年前克娄巴特拉女王宫殿的石碑，上面有字"永恒的生命"，这五个字正是文化的象征，精神永在，文化永恒。

2013年4月13日

三、一本饱含阅读哲理的小书

最近在查资料时，不期然发现了一本书。对于这本书的发现，毫不夸张地说，我如获至宝。这本书的名字叫《非普通读者》。之所以有喜出望外的感觉，分析起来，至少有两个原因：第一，这是一本难得的描写一位非普通读者——英国女王伊丽莎白二世的读书故事；第二，读后发现书中或直接阐述或采用隐喻手法，饱含了许多的阅读哲理。

我之所以能够发现这本书，要感谢20世纪英国著名女作家弗吉尼亚·伍尔夫的两本书——《普通读者》和《普通读者Ⅱ》。我在读其他书话作品过程中，发现了不少这两本书的引文，使我产生了阅读兴趣。我于是就在百度百科上查找《普通读者》，没有想到的是，查找出的条目中，忽然跳出来了《非普通读者》。作者艾伦·贝内特，1934年生，是英国当代最重要的剧作家，兼小说家、演员。他的两本自传作品和小说《非普通读者》都是广受好评的文学畅销书。

这部书的原文书名是"*The Uncommon Reader*"，译者何宁先生起初把它译为"不寻常的读者"，后来改作"非普通读者"，这大概是考虑到短语"普通读者"的来历吧。弗吉尼亚·伍尔夫把"普通读者"用作自己两部评论文集的名字，伍尔夫在文集的自序中指出："所谓普通读者，他们文学上的修养并不是很高，造物主也没有赏给他们出众的才华。"《普通读者》的主角就是一位地地道道的普通读者，但普通读者原有平民百姓的意思；而《非普通读者》的主人公不是一般的平民百姓。于是我们就有了这本有点拗口的《非普通读者》的书名。

这是一本很奇特的书，打开翻翻就会发现书远比看起来还要小，因为里面后半部是英文的原文，实际内容只有一半。而且你还可以从中对比出汉字比英文字能够承载更多的信息，因为中文的这一半明显要比后一半英文部分少很多页码。这点内容充其量也就是一个中篇，所以许多人称之为"小书"。

不过，《非普通读者》本身就是一本不普通的书，篇幅不长，通过讲述伊丽莎白二世在偶然间获得阅读乐趣，变得爱书，从中汲取营养，从而影响身边人甚至国家大事的故事，来阐述"阅读改变人生"这一大道理。译者何宁说这本书："虽不厚重却发人深思。"

某一天女王陛下的爱犬把女王带到了白金汉宫膳食部后门，在这里，女王看到了一辆卡车，这辆卡车竟然是一个流动图书馆。之所以能够开到皇宫里来，是因为厨房里有一位打下手的工人诺曼喜欢读书。女王从没见过这个流动图书馆，她的狗叫个不停。女王无法让它安静下来，只好走上车，打算道个歉。车上只有两个人，其中一位是司机兼图书管理员，另一位是读者诺曼。下面是女王同另一位的有趣对话："我叫诺曼，陛下。诺曼·希金斯。""你在哪儿工作？""在厨房，陛下。""噢。你有很多时间读书吗？""其实没有，陛下。""我也一样。不过，我现在既然来了，不妨就借本书吧。"……"你有什么书可以推荐吗？""陛下喜欢哪一类的书呢？"……"我可以借书吗？没有借书证也行？"当女王得到了肯定的回答，她借了一本艾维·康普顿-伯内特的书。一次巧遇，一个推荐，一种尝试，借书的方便使女王跨进了阅读的大门。

女王在艺术上的知识确实很有限。比如她误以为英国摄影家、设计师塞西尔·比顿是美国音乐剧《俄克拉何马》的艺术总监；这时诺曼就像古时候的谏臣拂士，当即纠正她说，不是《俄克拉何马》，而是《窈窕淑女》。很少有人如此对女王说话，她颇感惊异。那天晚上她问亲王丈夫，塞西尔·比顿是不是担任了《俄克拉何马》的艺术设计，亲王爽快地回答说不知道。读到这样的细节，我们不禁哑然失笑。《俄克拉何马》讲的是美国西部牛仔的爱情故事，英国摄影家塞西尔·比顿怎么可能是该剧的艺术设计？风马牛不相及。诺曼的直言不讳反而赢得女王好感，后来直接提升他为宫廷侍从，陪伴女王读书。

在上面引的一段话中，当诺曼问陛下喜欢哪一类书的时候，女王不禁有些犹豫，因为坦白地说，她自己也不清楚。她对读书从来就不感兴趣，原因是："喜爱读书可不是她做的事。那是一种嗜好，而她的工作根本就不允许她有任何嗜好。……有嗜好就有偏爱，而她必须避免偏爱，因为偏爱会排斥一些人。女王从不偏爱，她的工作是让别人感兴趣，而不是自己沉湎其中。此外，读书并非实干，而她一向是个实干家。"不过，这些踌躇、忐忑都只出现在她借书之前。一旦她向前跨进了一大步，从流动图书馆借了书，就不再觉得喜欢书本、耽于阅读是件不应该的事了；而书本——这件她过去总是怀着戒慎恐惧的东西，使她的生活发生了变化。

　　读完第一次借的艾维的书实在不容易，事实上，还书的时候，女王根本就不想再借第二本。还好，她的运气不错，这次碰巧看到了一本再版的南希·米特福德的《爱的追求》。几乎没有一部小说像它这样包罗万象，女王原本的担心也都烟消云散了。看看书中对她读这本书的描写："女王选择《爱的追求》既十分幸运，又极为重要。如果她选的是另一本乏味的书……作为读书新手，她很可能会就此放弃读书。她可能会想，读书和工作没有区别。那我们也就没有故事可讲了。女王很快就迷上了这本书。那天晚上，亲王拿着热水瓶，经过女王卧室的时候，听见她在朗声大笑。……他摇着头走了。第二天早上，女王的鼻子有点不通。因为没有事先安排好的工作，她索性留在床上，声称自己感冒了。这不是女王一贯的作风。其实，她这么做只是为了继续读那本书。整个国家都知道'女王得了轻微的感冒'。然而，女王和大家都不知道的是，这只不过是她因为读书而做出的一系列变化的开始。"

　　对于一个初入门的读者，阅读需要际遇或机缘巧合。契机往往产生于不经意间，熟人的推荐、无意间的翻阅，然后读者的兴趣与一本对路的书邂逅。像偶遇平生至爱一样，和书结缘。"邂逅相遇"，这句从《诗经·郑风》传下来的成语同样蕴含着如此重要的阅读哲理啊。

　　在流动图书馆，女王从几位女作家的作品开始，然后再回溯到十八、十九世纪的经典。女王痴迷小说，渐入佳境，我们还不时听到她作为普通读者的有趣评点。对于《非普通读者》书中的女王来说，她有两个"朋友"：一个是书籍本身，另一个就是极普通的厨房工人诺曼——前者是貌似轻薄的书页里包含着宏大的精神财富；后者是地位卑微的普通人拥有高贵的人格力量。

　　刚开始看书的时候，光是想到眼前有那么多怎么读也读不完的书，女王屡屡不知该从哪儿下手。于是，她看书完全没有系统，就只是一本接着一本看下去，而且经常会两三本书同时进行。后来，她开始写阅读笔记，她看书时总是握着铅笔，边读边写，倒不是记下内容摘要，纯粹只是原原本本把有所感的句子抄下来；大约过了一年多，她才偶尔很谨慎地试着写出自己的心得。譬如这一则："我认为，文学就像一个幅员无比辽阔的国度，纵使我在里头怎么驰骋游荡，也永远到不了它的边界。"随着书读得越来越多，女王还发现了一条阅读的真理：书与书之间彼此相连，一本书会勾引出另一本书，那种感觉，仿佛随时随地一转身都能碰见一扇开启的门。啊，阅读的女王已经触摸到了知识网络！此外她也发现：一旦想看书，每天的时间不知怎的总嫌不够。这一切，清楚地反映出阅读的另一哲理：读书是一个循序渐进的过程，就像人的生命一样，须不断经历、不断感悟、不断成长。

一旦女王开始充满信心地读书，她就会觉得想读书并不奇怪，而那些一度让她小心翼翼的书籍，也渐渐成为她生活中须臾不可离的重要部分，成为她人生的一部分。读读下面的情节可以看到女王令人惊异的变化："女王承担的王室职责之一是每年宣布国会开启。之前她并没有觉得这项工作是个负担，反而挺喜爱它的。尽管同样的仪式已经举行了五十年，但对她来说，在秋高气爽的早晨，坐车经过圣詹姆斯公园里的林荫大道依然是种享受。可是，现在她不这样想了。一想到整个仪式要进行两个小时，女王就很头痛。好在车厢不是敞开式的，她可以带着书坐在车里。她很擅长一边看书一边向外挥手，其中的秘诀就是把书放在车窗以下的位置，注意力集中在书上，不去管车外的人群。"

阅读使人明智，在这位不寻常的读者那里，发生了不寻常的改变。博览群书，领略过莎士比亚、雨果、哈代、狄更斯、托尔斯泰等人笔底波澜的女王变得细察深思，富于洞察力，并看清了每日例行公事的政务生涯中的禁锢与局限。

女王好读书，最让左右人尴尬的是她常问："你最近在读什么书？"她的私人秘书凯文爵士不快，亲王也连连摇头，自以为是的首相只要女王跟他谈书，心里就升起无名怒火。至于女王的小狗，恨不得把那一本本吸引主人注意的图书啃个精光。女王在喜欢读书的侍从诺曼引导下，成了一个爱读书的"书虫"。即便是出巡，也会偷偷带上一本小说，在别人不注意的时候偷偷看上几眼；在接见客人和民众的时候，问的问题也不再是时下的流行，而是关于阅读的内容；接见国外使节和政要时也会问一些对方国家的知名作家，可是往往让一些不看书的人们感觉很尴尬。最后女王周围的大臣们感到事态不对，于是就偷偷地开除了这位爱读书的侍从诺曼，可是书的魅力已经征服了女王，这个非普通的不一般的读者，已经无可救药地喜欢上了读书。请读读书中的几小段：

"她变得不大管束家人了，也不再频频耳提面命、成天唠唠叨叨，大家全乐得轻松惬意。所有人不约而同都打心底觉得：书本这玩意儿简直太棒了。"

"看书怎么会是打发时间？看书是为了接触其他生命、其他世界。我根本不是为了打发时间才看书的呀,凯文爵士,我还苦于没多点儿时间看书呢,怎么还需要去打发?""你说的'精力集中'是指我应该只关注中心吧。我已经这样过了五十多年,现在可以时不时地看看边缘了。""我只希望自己能多读点书。如果我想消磨时间的话,我就去新西兰了。"

读书"是因为我有责任去了解人的真谛"。不过话说回来,她自己也明白,有时候,乐趣的确来自启迪的过程。但是,其中绝对不含一丝一毫责任的成分。

"可是,听取汇报和自己看书说穿了是两回事。说真的,汇报与阅读两者的本质恰好完全相反。汇报的用意在于浓缩、切割、提纲挈领,阅读则是博采广纳、铺陈扩散,并且持续不断地增长、延展;汇报是一种终结的动作,而阅读,则是开启。"

读书起步晚的女王,悟性却很高,这些话字里行间蕴藏着重要的阅读哲理。

有一次,特工担心女王放在车上的书有安全问题,就取走了。年轻的侍从误认为那书可能是个危险装置,让特工炸掉了。女王说:"这倒对了。那就是个装置。书就是点燃你想象力的装置。"

对女王读书最厌恶的大概就是首相和他的特别顾问。中东出了"问题",首相不相信历史,贸然使用一套简单粗暴的解决办法。女王委婉地提示他,那里可是人类文明的摇篮,不要去破坏那里的古迹。她还问:"你听说过乌尔城吗?"(注:约建于公元前2300年,是迄今发现的世界上第一座古城)首相竟然不知道伊拉克境内这个人类文明史上最古老的城市。后来女王又建议他去读读波斯或伊朗的历史。是不是她预见到那里又将出现灾难?首相发现女王受了书籍的毒害,他们以为女王应该少读书乃至不读书,与民同愚,才算是尽了本分。读书使女王更加尊重文化,尊重历史,甚至使她渴望正义。她意识到自己一而再、再而三地被迫参与了令她感到耻辱的决议。首相的政策出了问题,却要搬出君主来遮羞除臭。她实在不想继续扮演如此不光彩的角色。

女王认为,读书的魅力在于书籍的漠然:文学都有一种高傲的味道,根本不在乎它们的读者是谁,也不在乎有没有读者。包括她自己在内,所有的读者都是平等的。文学就是一个联邦,而字母就是一个共和国。女王确实在荣誉学位授予典礼等场合听到过字母共和国这种说法,但她以前并不知道它的含义。女王心想,阅读之所以吸引她,就在于它铁面无私,那正是文学最崇高的一面。在阅读的天地里,所有的读者,一律平等。书本从不臣服于人,它总是平等对待所有的读者,这让她回想起生命的早期阶段。她还是个小女孩儿的时候，曾有过一段令她无比雀跃的经历：欧战胜利当天晚上，她带着妹妹偷偷溜出皇宫，混在一大群没认出她们是谁的民众当中，跟所有人一块欢呼、叫嚷。阅读，令她心底油然滋生雷同的感受；阅读带领她重新回到那个匿名、与他人共有共享的世界，让她领略那种生而平等、活得普通的感觉。她的一生几乎过着与普通人隔离的日子，因而此刻格外渴盼那种感觉。让自己隐身在书页之中，埋名于字里行间；在书本的世界里，没人认得她，她可以成为一介平民。大家都是"普通读者"，书籍面前，人人平等，阅读是多么的平凡而伟大！

读到这里，读者一定会迷惑：女王的宫殿里一定有好的图书馆，她为什么还要去流动图书馆呢？书中讲道，白金汉宫有好几座图书馆，里面都是珍本和善本，可是读书人都知道那样的图书馆只是收藏家的博物馆。如果想舒舒服服地坐着读书，宫里的图书馆绝不是个合适的地方。就算想要拿本书都不容易，比如在所谓的开架书区域，所有的书都被放在锁着的镀金格栏后面。不少书价值连城，这就让人更不想去那里读书了。另外，本书女主人公——女王有点"俗"，她喜欢便于携带的平装本。羊皮烫金的书脊对她而言没有什么吸引力，说来也简单——她祖上传下来很多精装珍本。看来这位读者因贵而"俗"。

女王和亲王老公在睡前回忆当年共同阅读《俄克拉何马》时，突然想起亲王当时还是个金发的翩翩少年——时间不仅没有消殒巨著的厚度，反而令其像一点一点堆砌的高山，不觉间累积起了思想的高度。书籍和人一起随着时光的流淌成长和成熟，也在悄然间拥有了年纪。是的，我国有句成语"教学相长"，意为教和学两方面互相影响和促进，都得到提高。阅读也一样，通过阅读，阅读者和书也都在成长。这是一个比较深奥的阅读哲理，需要不断地慢慢咀嚼和体会。

《非普通读者》没有言辞激烈、故弄玄虚的说教，语言反而充满了睿智、温暖之情。取名"非普通"是告诫我们：即便是位居显位的女王也因为疏漏了阅读，而日渐变得愚笨和封闭起来，更遑论我等寻常之人呢？

在不平凡的读者那里，阅读将会带来更加不平凡的改变。我记得读过一本书，讲到亚历山大大帝在他征服世界的 11 年转战中，随身携带《伊利亚特》，书放在镶满珠宝的匣子里。你可以征服世界，可是阅读所蕴含的哲理却可以征服所有的人，包括征服世界的人，这就是书的魅力和力量。

四、读书首相——格莱斯顿

2013年6月23日

最近读了一本书,名为《书趣:一个普通读者的自白》,作者是一位美国女作家——安妮·法迪曼。这是一本很普通的平装书。作者专门用了一章的篇幅写"首相的图书帝国",书末特别将首相格莱斯顿的女儿玛丽·德鲁于1924年写的书《格莱斯顿先生的藏书》作为附录。读后,我对这位日理万机的大国首相能够对图书馆藏书、书架和书库有深入研究,并写出专门的著作《论书及其安置》而惊诧万分。为此,特别到网上搜索。在所得资料和精神的进一步感召下,我写出了此文。

威廉·尤尔特·格莱斯顿(1809—1898)是十九世纪英国著名的政治家,曾作为自由党人四次出任首相(1868—1874,1880—1885,1886,1892—1894)。在英国四次十佳首相评选中,格莱斯顿平均排名第三,仅次于温斯顿·丘吉尔和劳合·乔治。

1840年中英鸦片战争爆发,格莱斯顿站在反对党的立场,反对发动侵华战争。他一生积极推动英国的教育和议会改革,并支持爱尔兰自治。

格莱斯顿出生在利物浦的一个富商家庭,幼时随从牧师学习,13岁入伊顿公学,17岁进牛津大学。在大学期间,他利用学习之余,参加牛津协会的各种讨论会,连续任该会主席和秘书等职,有"第一雄辩家"之称。在他参加的许多辩论会中,最惹人注目的一次,是反对议会改革方案的演讲。他对这个法案的原则作了三刻钟"可怕的"抨击,使听众大为震动。

格莱斯顿不仅是政治家,还是学者、金融家、神学家、演说家。《格莱斯顿传》作者詹金斯描写他为人的特点是:精力充沛、专心致志、廉洁正直、清洁整齐、纪律与自制、自命不凡、自满、权威至上。他每日工作16小时,认为日记是一本"最宝贵的时间账簿"。"他十五岁便开始记日记,直到八十五岁才因白内障致盲而停笔。"

格莱斯顿也是位人道主义者，革命导师卡尔·马克思于 1855 年 2 月 10 日写道："应当温存地体谅别人的痛苦——这就是有正统信仰的格莱斯顿的座右铭。"

格莱斯顿童年就喜欢阅读，最爱读的两本书是《天路历程》和《一千零一夜》。他一生读《伊利亚特》30 遍，每读一遍都感到此书"比过去更加丰富、更加精彩"。关于阅读对他一生的影响，格莱斯顿 69 岁时写道："我离开童年后继续摸索着向前走，依靠的不是活着的教师，而是四位已经死去的教师。他们胜过了四部福音书。"这四位教师是亚里士多德、奥古斯丁、但丁和巴特勒。他讲："书籍是死者的声音，是我们与另一个世界里广大人类进行交谈的工具。书籍是每个人最重要的朋友，是把人类束缚在一起的纽带。"

格莱斯顿一直认为"信仰这个重大问题是人类关心的首要问题"，他曾经讲："我坚信，人类的未来主要依靠信仰这个重大问题的解决，……基于这样的信念，我致力于建立一所图书馆，它将是一个机构的核心。"他建立图书馆的指导思想是："怎样才能使没有书可读的人和没有人读的书互相会面。"这同享誉世界的图书馆学家阮冈纳赞 1931 年提出的图书馆五定律之第二定律和第三定律"每个读者有其书""每本书有其读者"，不是同出一辙吗！但是，格莱斯顿说的话要早于阮冈纳赞 30 多年啊。

建立图书馆需要图书，完全依靠他现有的藏书显然是不够的，他用自己的钱大量买书。有人目睹了格莱斯顿买书的"盛况"，特写了一篇小文章《最豪气的买书人——前英国首相威廉·尤尔特·格莱斯顿》。现摘录如下：

那是一天下午，我走进上霍尔本一家书店，发现尊敬的威廉·尤尔特·格莱斯顿已经先在那儿了。此前我从未见过格莱斯顿先生。这次之所以能认出他，是通过那些政治漫画（非常像），以及那些登在报纸上的标准像（不太像）。正走进书店的时候，我听见书商问道："我应该把哪些书送到府上呢？"作为回答，他用手臂非常气派地一扫，把每个角落都圈了进来，然后说："就送那些。"……书商接着告诉我，只要格莱斯顿先生走进某家书店，他就会买走目光所及的一切。他那气派而笼统的手势席卷所有的图书——神学、历史、社会学、民间文学、医学、旅行、传记——进网的都是鱼，一条也休想溜。

格莱斯顿表示："强烈希望在大英帝国实现井井有条的效率，但常常落空。"他同样希望在自己书斋这个微小帝国里实现井井有条的效率，这方面他却成功了。

格莱斯顿对图书排架有三项目标要求：节省空间，便于取阅，按题材安置。他甚至亲自测量过书的大小、形状与数目，各种书所占的比例。格莱斯顿曾说："图书室必须清扫，井井有条，编目分类。多么繁重的劳动啊，但并不是不愉快的劳动！"格莱斯顿按卡车买书，都是自己亲自整理上架，而不是老爷般地下命令和视察。他说："一个真正爱书的人，只要一息尚存，怎么会委托别人去把书籍引入家中呢？"格莱斯顿认为书是有灵魂的，"一本书必须装帧适当，有它的身体和灵魂"，"纸、墨、铅字是灵魂居住的身体。而灵魂、身体、服装三者必须根据和谐的原则互相协调，合成一体"。他把书看作朋友，安排在书架上，"绝不容许它们受到挤压，凑合堆放也不行，必须整齐排列，既不浪费空间，也不让它们感到不舒服"。他爱护图书，"看到书被粗暴使用、受到虐待——被反扣过来，胡乱涂写，书页打褶，按上指印，他就感到痛心"。他尊重书籍，主张对没有用的书要举行体面的葬礼，不是火葬，是土葬。1854年，他的书越来越多，为了神圣的责任感，他开辟了新图书室，称为"和平神殿"，供大家读书、研究、享用。这个书斋也为他繁忙的政治生涯提供了一个安静的栖息所，前后长达四十四年之久。"安置自己的图书"是他缓解紧张情绪的方式之一。《书趣：一个普通读者的自白》作者法迪曼认为："没有书，他就活不到八十八岁，那在当时算是惊人的高龄了。"

格莱斯顿也可以称为业余的图书馆专家，他于1898年5月出版《论书及其安置》，仅29页，是500册限量版。该书"主题很简单：书太多，空间太小"。"格先生计算，一间长40英尺、宽20英尺的图书室，把书架突出室内摆放，书架长3英尺、宽12英寸、9英尺高（站在高20英寸的两级木梯上，伸手能摸到书架的最高层），这样的房间可以容纳一万捌仟册到两万册图书。"他还"发明"了"带轮子的书架"，用此书架，与上面同样大小的房间，"则可容纳六万册"藏书。

他逝世后，全国纪念委员会决定用捐款在"和平神殿"基础上建立永久性图书馆。1899年开工，1902年10月14日，纪念格莱斯顿首相的圣戴尼奥尔图书馆（2010年更名为格莱斯顿图书馆）正式开放。

2012年6月18日

五、千年不衰的钱氏家族

起源于宋朝的百家姓，首句是"赵钱孙李"，这个座次俨然是当时的四大家族。我们都知道，宋朝是赵家天下，赵氏在百家姓排第一很好理解，但是钱氏为什么能够排第二呢？这得从钱氏始祖钱镠说起。钱镠生在唐朝末年，在群雄割据的时代，依靠战功，获得中央信任。他拥兵两浙，却未恃宠而骄，而是告诫子孙"永不称帝"。公元902年，唐朝中央册封钱镠为越王。5年后，朱温篡夺皇位，改国号为梁，并册封钱镠为吴越王。这时，手下部将纷纷建议钱镠拒绝封号，出兵讨伐朱温。钱镠拒绝出兵，在部将面前折箭为誓，保证世代归顺中原，不搞分裂，让百姓免受战乱之苦。整个五代十国时期，钱镠和他的后继者没有参与各种以领土扩张为目的的战争，而是以"保境安民，发展农商"为基本国策，留心地方治理，着力发展经济，在中国最动乱的历史阶段中创造了一个奇迹——中原地区群雄纷争，百姓处于水深火热之中，吴越国却迎来了最好的和平发展时期，江南人民安居乐业，从不受战争影响。当时，吴越国拥有天下三分之二的财富。以此为起点，长三角地区崛起为中国近千年来最富裕的地区，影响迄今。

公元932年，钱镠临终前，告诫儿子钱元瓘说：钱氏子孙要好好守住吴越，忠心侍奉中原王朝，即便是改朝换代，也不能失礼。不仅如此，钱镠生前常说："民为社稷之本。民为贵，社稷次之，免动干戈即所以爱民也。"他屡次教诫子孙，要度德量力而识时务，"如遇真主，宜速归附"。这样，吴越国历经三代五王，到钱镠之孙钱弘俶在位时，大宋统一天下的趋势已经很明显。钱弘俶审时度势，遵从祖训，以天下苍生为念，决定纳土归宋。江南繁盛千年，是由钱镠祖孙三代打下的基础。公元978年，钱弘俶自绑双手入京，将所辖土地、民众悉数献给大宋。大宋不费一兵一卒，就把吴越国纳入版图，实现统一。对此，苏轼曾高度评价钱氏家族治理吴越国的成绩，说："其民至于老死，不识兵革，四时嬉游，歌鼓之声相闻，至今不废，其有德于斯民甚厚"。钱弘俶自愿纳土归宋，也为钱氏家族在宋代赢得了相当的"政治待遇"。钱氏名列百家姓第二，就是这种待遇的具体表现之一。

更为难得的是，历史车轮滚滚，中国多少皇室贵胄早已"零落成泥碾作尘"，而以钱镠为始祖的吴越钱氏家族，却能跨越千年，长盛不衰。尤其是在近现代以后，一下子涌现出一大批一流的人才，成为中国最耀眼的家族之一。这是什么原因呢？历史学家熊月之有一个观点，他说：中国传统的改朝换代往往采取革命的手段，以颠覆性的、非延续性的方式，直接把原来的朝代推翻，因此，皇室集团的人往往成为被铲除的对象，其家族积累的资源一般就此中断，无以为继。比如清朝推翻明朝以后，以朱元璋为代表的朱氏家族就不可能成为社会显赫的一支了。这就是中国传统为什么很少有大的家族代代相传，即古话所谓的"千年土地八百主""君子之泽，五世而斩"。因为这个客观存在的政治原因，中国历史上不少家族都存在中断现象。钱氏家族是个例外，原因之一恰恰在于钱弘俶在改朝换代之际采取了纳土归宋的方式，以统一换取和平。作为回馈，赵宋政权则采取了保护钱氏家族延续性的措施。这让钱氏家族在最危险的关头挺了过来。另一个原因则是，钱镠做吴越王的时候，把他的33个儿子分派到吴越各地进行统治。他们的子孙成为当地最有实力的家族，随后散处各地，发展成为很大的宗族力量。钱氏家族主要集中在江浙一带。这个区域在唐代以后是中国经济最发达、文化最昌盛的地方，近代以后则是中国最早接触和吸收西方文化的地方之一。这个区位环境对于钱氏家族的兴盛，有如大海之于大鱼。江南这块宝地与钱氏家族相互成全。据统计，整个宋代钱氏家族中，有320多人得中进士。这些钱氏精英虽然在政治上未曾扮演过轰轰烈烈的角色，但他们在学术、文化、医学等领域成果斐然，涌现出钱藻、钱惟演等一批名家。从宋代起，钱氏家族借助五代十国时期作为地方第一家族的积累，实现了从政治家族向文化家族的成功转型。北宋中后期以后，人们膜拜钱氏家族，已经不是因为其当初纳土归宋的义举，而是因为这个家族人才辈出，崛起成为一个显赫的文化世家。宋人王明清对钱氏家族推崇备至，说："富贵文物三百年相续，前代所未见也。"

钱氏后人并不以曾经的显贵身份为豪，反而更加注重家族中文采风流的传承。这种文化内核，像血液一样被传承、积淀、浸染，泽被后世。近代以后，钱氏家族迎来人才大爆炸时期。这个绵延千年的家族，进入前所未有的人才收获期。特别是在科技和文史两个领域，钱氏家族的人才之盛，放眼全国，几乎没有一个家族能出其右。以"科技三钱"为代表："中国航天之父""中国导弹之父"钱学森，出自杭州钱氏；"中国原子弹之父"钱三强，出自湖州钱氏；"中国近代力学之父"钱伟长，出自无锡钱氏。2008年的诺贝尔化学奖得主钱永健，祖籍杭州，是钱学森的堂侄。因为家里有一群工程师，钱永健自称为"分子工程师"。对于自己的职业，他说："我注定了要继承家族的血统，似乎生来就要做这样的工作，走这样的道路。"此外，钱氏家族走出多名两院院士，被认为是出院士最多的家族。在文史领域，钱氏家族在近现代则走出了钱玄同、钱穆、钱基博、钱锺书、钱仲联等大师级人物。民间流传的一句话高度概括了近代以来江南钱氏家族人才井喷的情况：一诺奖，二外交家，三科学家，四国学大师，五全国政协副主席，六两院院士。据称，当代国内外科学院院士以上的钱氏名人有100多位，分布在50多个国家和地区。对此，无锡钱氏后人钱志仁曾表示无法核实这一数据，但他说，无锡钱家确实出了10位院士：台湾"中研院"院士钱穆、中科院院士钱伟长（钱穆侄子）、钱钟韩（钱锺书堂弟）、钱临照、钱令希、钱逸泰以及江阴钱保功、中国工程院院士钱易（钱穆长女）、钱鸣高、中科院学部委员（相当于院士）钱俊瑞。更令人惊奇的是，钱氏家族走出了很多"父子档"精英，比如钱基博、钱锺书父子，钱玄同、钱三强父子，钱穆、钱逊、钱易父子（女），钱均夫、钱学森父子，钱学榘、钱永健父子，等等。小家庭内部的人才承续如此自然，人才密度如此之高，某种程度上证明了钱氏这个大家族长盛不衰，除了时代与区域的因素，肯定还有更深层的原因。

答案其实在钱氏家族的始祖和精神偶像那里。钱镠在位时，曾作八训，用于教诲子孙后代，后来进一步发展为遗训，作为钱氏子孙立身处世的准则，并且严令子孙必须恪守，不得违背："子孙不忠不孝，不仁不义，便是坏我家风，须当鸣鼓而攻。"千百年来，钱镠家训成为钱氏子孙后代行动的准绳。钱氏家族千年不散、人才辈出的文化密码就藏在一部《钱氏家训》里面。家训塑造家风，而良好的家风是钱氏家族兴盛不衰的主要原因。我们今天也在热议家风，懂得良好家风对于子女成才的重要性，但很多人可能忽略了说和做的关系：有的家族，在家族内部推一个能说的当"新闻发言人"，对着稿子念我们家有多高尚，尽量用上一些好词、大词，提几点希望，这就是我们家族的家风了。是这样吗？

绝对不是。钱氏家训是根据这个家族的始祖的所作所为，逐步提炼和完善而成，进而作为整个家族行为规范的指导，反过来影响和重塑家族的历史。也就是说，钱氏家训是人家已经做出来的事实，不是提出来的希望。家训，落实了才叫家风，写在纸上、停在嘴上，只能叫"家封"，封起来落灰尘而已。

《钱氏家训》仅600多字，分为个人、家庭、社会、国家4节。我们来看看钱氏家训具体如何塑造了这个一流家族的家风历史。"利在一身勿谋也，利在天下者必谋之。"这句话出自钱氏家训的国家篇，很明显，这是教导家族之人要做一个对国家社会有用的人，而不汲汲于个人私利。当初钱镠不参与乱世中的争权夺利，不参与扩大领土之争，作为一方雄主，却遏制住自己及后世称帝的欲望，其实就是不谋一身之利、只谋天下之利的具体实践。到了钱弘俶主动纳土归宋，亦是出于同样考虑：一个人、一个家族的名位，与天下百姓的安危相比，孰轻孰重，不言自明。江南人迄今感念钱王的恩德，不是没有原因的。

近代以后，仍能看到钱氏族人将这条家训贯彻得十分到位。"科技三钱"的爱国举动，以及在关键时刻的选择，就是最好的注脚。钱三强和妻子何泽慧，1946年在法国结婚后，一起研究原子核裂变。他们发表的论文在国际科学界引起巨大轰动，当时很多媒体称他们是"中国的居里夫妇"。然而，当所有人都认定钱三强夫妇将会留在欧洲搞研究，向诺贝尔奖发起进攻的时候，他们却毅然决定回国。钱三强后来解释了他们回国的动因，令人动容。他说："回到贫穷落后、战火纷飞的中国，恐怕很难在科学实验上有所作为。不过，我们更加清楚的是：虽然科学没有国界，科学家却是有祖国的。正因为祖国贫穷落后，才更需要科学工作者努力去改变她的面貌。我们当年背井离乡、远涉重洋，到欧洲留学，目的就是学到现今的科学技术，好回去报效祖国。我们怎能改变自己的初衷呢？应该回到祖国去，和其他科学家一起，使原子核这门新兴科学在祖国的土地上生根、开花、结果。"1948年6月，钱三强夫妇带着尚在襁褓中的儿女，回到阔别11年的祖国。同样的选择，几年后在美国人喻为"抵得上五个师"的钱学森身上重演。当他决定回国而遭到美国软禁和威胁时，时时以"我是中国人，当然忠于中国人民"表明心迹，历经艰险，义无反顾，回到了一穷二白的祖国。钱学森之子钱永刚曾经说过，父亲从不会对他讲"你长大要爱国、要报效社会"这类话，但是却用实际行动告诉我要热爱这个国家，服务社会，服务人民。他不但把精力奉献给祖国的科研事业，而且将大额奖金基本捐了出去，支持国家的科研教育事业。耳濡目染，钱氏子孙都知道如何对待获奖，如何看待名利。

"子孙虽愚，诗书须读。"这条家训表明钱氏家族重教育的传统，是历代钱氏族人英才辈出的重要保障。当被问到"钱家为什么能出这么多名人"时，钱伟长曾半开玩笑地回答说："我们钱家人喜欢读书，书读多了容易当官，当官的容易出名。"事实上，爱读书是真，出官员是假，钱家最出人才的领域是文史、科技，而不是官场。这得益于钱家的家学渊源，家庭教育在每个人成才的过程中起到了无可替代的作用。国学大师钱基博曾自述，他5岁就跟着长兄钱基成读书，9岁时，已学完《四书》《易经》《尚书》《毛诗》《周礼》《礼记》《春秋左氏传》《古文翼》等经典，而且都能背诵。10岁起，跟着伯父学策论，熟读《史记》、唐宋八大家文选。13岁起，读司马光《资治通鉴》、毕沅《续资治通鉴》，圈点七遍。试问，这样扎实的家庭教育和基本功，如今有几人能及？钱基博的儿子钱锺书，童年所受的教育路径基本也是如此。以至于钱家的长辈一度反对将孩子们送去学校，说他们的家庭教育水准已经远超正规学校水平。钱家子弟，勤读成风。杨绛在《我们仨》里提过，有一段时间，他们的生活很贫困，家里没书可读了，钱锺书不知道从哪儿找出一本《新华辞典》读了起来。杨绛觉得这也就随便翻翻，没想到钱锺书这一看，就是长达半年多的时间。在《干校六记》里，杨绛还提到过一个细节，他们老两口走到一个窝棚边上的时候，杨绛问钱锺书，就给咱俩这么一个窝棚住行不行？钱锺书想了想说，没有书。钱伟长的父亲去世得早，很多乡邻劝钱伟长的母亲，叫儿子早点去做手工，赚钱来补贴家用。但她十分坚定地说："我就是再苦再累，也要让孩子读书，因为我们钱家的家风和古训是这么要求的，我一定要为我们钱家留下几颗读书的种子。"曾国藩在谈及对家族未来的希望时说："吾不望代代得富贵，但愿代代有秀才。秀才者，读书之种子也，世家之招牌也，礼仪之旗帜也。"钱氏家族的成功，正是源于此——代代有读书种子！其实，钱氏家族中的贫困子弟，也从不用担心想读书而无书可读。因为从宋代开始，钱氏家族就形成了族内相互扶携、相互帮助的风气。这也与钱氏家训的训诫有关，家训中明确要求："家富提携宗族，岁饥赈济亲朋。"为了让族中的贫困子弟有书可读，各地的钱家族人均设立了义田、义庄、祭田，并明文规定其中一部分田产或盈利必须作为教育经费。这种早期的"教育基金"模式，保证了钱氏子孙无论贫富，都有受教育的机会。无锡七房桥的"怀海义庄"就是一个典范，钱穆和侄子钱伟长都是在义庄资助下才得以上学的。等到钱伟长升入初中，钱穆已担任中小学老师,他秉承祖训,接过抚养、教育钱伟长的重任,包揽了钱伟长初中、高中和大学的读书费用,以及人生教导责任。对此,钱伟长晚年在《八十自述》中说,"融乐的家庭及长辈的楷模,启迪着像我这样的年轻人,懂得洁身自好,刻苦自励,胸怀坦荡,积极求知,安贫正派"。所以,我们不仅要看到这个家族的厉害,还要看到厉害的背后都是有原因的,有传统家风和制度设计的支撑。古语说:"道德传家,十代以上;耕读传家,次之;诗书传家,又次之;富贵传家,不过三代。"作为曾经雄霸一方的王族,钱氏家族没有为子孙后代留下深宅大院,也未曾留下万贯家财,却留下了自强不息的精神力量,以及修身自重的道德规范。谁曾想到,正是这些"天下最笨"的传统,把一个曾仅占中国千分之二人口的家族推上了历史的巅峰,让多少大富大贵之家望尘莫及呢?

附录:钱氏家训

个人篇

心术不可得罪于天地,言行皆当无愧于圣贤。
曾子之三省勿忘,程子之四箴宜佩。
持躬不可不谨严,临财不可不廉介。
处事不可不决断,存心不可不宽厚。
尽前行者地步窄,向后看者眼界宽。
花繁柳密处拨得开,方见手段;
风狂雨骤时立得定,才是脚跟。
能改过则天地不怒,能安分则鬼神无权。
读经传则根柢深,看史鉴则议论伟。
能文章则称述多,蓄道德则福报厚。

家庭篇

欲造优美之家庭,须立良好之规则。
内外门闾整洁,尊卑次序谨严。

父母伯叔孝敬欢愉，妯娌弟兄和睦友爱。

祖宗虽远，祭祀宜诚；子孙虽愚，诗书须读。

娶媳求淑女，勿计妆奁；嫁女择佳婿，勿慕富贵。

家富提携宗族，置义塾与公田；

岁饥赈济亲朋，筹仁浆与义粟。

勤俭为本，自必丰亨；忠厚传家，乃能长久。

社会篇

信交朋友，惠普乡邻。

恤寡矜孤，敬老怀幼。

救灾周急，排难解纷。

修桥路以利人行，造河船以济众渡。

兴启蒙之义塾，设积谷之社仓。

私见尽要铲除，公益概行提倡。

不见利而起谋，不见才而生嫉。

小人固当远，断不可显为仇敌；

君子固当亲，亦不可曲为附和。

国家篇

执法如山，守身如玉。

爱民如子，去蠹如仇。

严以驭役，宽以恤民。

官肯著意一分，民受十分之惠；

上能吃苦一点，民沾万点之恩。

利在一身勿谋也，利在天下者必谋之；

利在一时固谋也，利在万世者更谋之。

大智兴邦，不过集众思；

大愚误国，只为好自用。

聪明睿智，守之以愚；

功被天下，守之以让；

勇力振世，守之以怯；

富有四海，守之以谦。

庙堂之上，以养正气为先；

海宇之内，以养元气为本。

务本节用则国富，进贤使能则国强；

兴学育才则国盛，交邻有道则国安。

——原载《剡西长乐钱氏宗谱》

六、国外竟然有如此崇尚中国古代经典的大作家

——读黑塞《读书随感》

（一）黑塞的中国情结和他惊世骇俗的阅读

享誉欧洲和世界的近现代伟大德语作家、1946年诺贝尔文学奖获得者赫尔曼·黑塞，在其八十五年的人生中，有五十多年与中国文化结缘的经历。正如他自己所说："我绝未料想，竟有如此奇妙的中国文学，如此特殊的中国人和中国精神，使我从三十岁以后不仅热爱和尊重，而且还远远超过这一点，变成了我精神上的避难所和第二故乡。"

黑塞一生从未踏足过中国土地，也不认识汉字，而他却把中国视为自己"第二故乡"，这浓浓的中国情结令我震惊。他之所以与中国文化结缘，全靠读中国古代经典，思考中国精神，甚至从内心涌出了一种归属感。这不能不令人惊叹经典的力量，惊叹具有如此伟大力量的中国古代经典！

黑塞作品中所特有的东方韵味和蕴涵的东方哲理深深地打动了世界上无数的读者，激起了强烈的社会共鸣。之所以如此，根之于黑塞特殊的家庭背景和历史渊源。

黑塞于1877年出生于德国黑森林卡尔夫小城。他大部分的学校生活是在寄宿学校和神学院度过，黑塞不是个唯命是从的孩子，在那种压制和扼杀个性的教育制度下，黑塞仅读到相当于中国的高中一年级便辍学，15岁就结束了他在学校的正规教育。随后，他跟一名技工当学徒，十九岁起，在书店做店员。

黑塞是一个有天赋、有理想的孩子。从13岁时起，他就想当诗人，"13岁那年，我清楚地知道，我要做个诗人，我不想从事其他任何职业"。但苦于找不到正常的或者说是正确的道路。

黑塞的祖父是医生，是位读书人，拥有大量藏书。外祖父是传教士，曾长期在印度传教，通晓多种印度方言，是研究印度的专家。父亲是基督教新教牧师，也曾在印度当过传教士。母亲出生于印度，也是一个虔诚的信徒，年轻时也在印度从事传教工作。这样的家庭环境，使黑塞自幼熏陶于浓重的宗教氛围中，他注重信仰。同时黑塞的家庭具有多国家、多民族血统，他的父亲是出生于爱沙尼亚的德国人，母亲是法籍瑞士人，黑塞本人也可以说混有德国、法国、瑞士和英国血统。这使黑塞从小就接受比较广泛的文化和开放的思想，不仅受到欧洲文化的感染，也受到东方古老文化的影响，这对黑塞日后的文学创作，起着十分重要的作用。黑塞在晚年所写的一篇童年回忆录《一个魔术师的童年》中作了这样的描述："这幢屋子里交错着许多世界的光芒。人们在这屋里祈祷和读《圣经》，研究和学习印度哲学，还演奏许多优美的音乐。这里有知道佛陀和老子的人，有来自许多不同国度的客人……这样美的家庭是我喜欢的，但是我希望的世界更美，我的梦想也更多。"黑塞把自己青少年时期所受的各种教育，他对诗歌、哲学、绘画、音乐和写作的喜爱，加上自己对生活和自然的幻想，归结为一种有巨大影响的无与伦比的魔力，幼年的黑塞就显示出优异的禀赋和叛逆的倾向。

　　黑塞虽然学历不高，但他"一直都是一个肯读书的人"，15岁就借助祖父的庞大藏书开始自学，"我自觉地开始自习，而且全力以赴"。他读了大量世界文学、艺术史、语言学、哲学，这些足以弥补他正规学习之不足。他做书店店员，纯粹是为了赚取面包、维持生活，读书才是他真正的意图。"总之，我跟书本的关系比跟木螺丝和铁轮衔接的关系更深、更密。起初，我涵泳于新发行和最新发行的文学书中，啊，不，可以说是完全沉迷于其中。这种乐趣几乎如醉如痴。当然过不久，我发觉，像现在这样生活在新书和最新的书中，精神上是难以忍受而无意义的；只有跟过去的作品、历史、古老的作品、最古老的作品不断发生关系，才是使精神生活可能维持下去的方法。"

　　对于少年时期淹没于祖父大量藏书中的生活，黑塞做了有趣的描写："我对绝大部分藏书没有兴趣，但看到了《鲁滨逊漂流记》和《一千零一夜》……这两本书有如尘封书海中的两粒珍珠，从此，我不停地搜寻客厅中高大书架的每一个角落，经常在高梯上一坐数小时，有时更俯卧在堆满书本的地板上。……我第一次发现了有价值的文学作品——18世纪的德国文学。"歌德作品《少年维特之烦恼》

等德国的优秀文学书籍吸引了他。另外,也有其他国家的文学作品,他初读巴尔扎克,弃之,很久以后才又发现其价值,并认真地读了下去。

在《我爱读的书》开篇,黑塞讲:"我读过好几万本书,其中读过两三遍的为数也不少。当中还有几本是一读再读的。"读到此,我大吃一惊。读好几万本书?这可不是一件简单的事,对于任何读书人来讲,几万都是一个天文数字!试想想,百岁人生也只有三万六千多天。而黑塞讲的"好几万本",那绝不仅仅是一万本。就算他15岁开始读书,共读了70年。黑塞每天需要读多少书啊?真是"当惊世界殊"啊,不是世界第一,也绝对是读书最多的人的其中之一。黑塞是一位思想丰富的读者,他一生都在探索自由,思考人生。大量的阅读加上勤奋的思考,从阅读理论来讲,就意味着精神上的创造和创新。所以黑塞才能够写出那么多真知灼见、脍炙人口和启迪人生的好作品。这也就更不难理解:在群星璀璨的全世界作家中,能够获得冯泰纳奖、歌德奖和诺贝尔文学奖等那么多奖项的,为什么是黑塞!

(二)悉心阅读和高度评价中国古代经典

早在1907年,黑塞的父亲就把中国古代哲学家老子介绍给了他。同年黑塞得到德国汉学家汉斯·贝特格翻译出版的诗集《中国牧笛》一书,如获至宝,一口气读完后激动地写道:"《中国牧笛》,一本中国历代最优秀的诗歌选,一本令人赞不绝口的好书!……读着这些优美的诗篇,我们仿佛徜徉在异域盛开的莲花丛中,感受到一种与古希腊、古罗马相媲美的古老文明的馨香。"这是黑塞初次接受中国经典,显现了一种天生的契合。

1911年黑塞来到印度,试图从古老的文明中寻找心灵的归宿和精神的源泉。然而展现在眼前的印度,是一个失去昔日光辉,即将被富于侵略性的欧洲文明淹没的殖民地文化。深深失望之余,黑塞把目光投向了曾给他留下了深刻印象的中华文明。他在自传中曾写道:"我认识中国的精神世界,晚于认识印度的,中国古代的道德观使我觉得,孔夫子和苏格拉底是兄弟,老子深藏的智慧以及其神秘的动力萦绕脑际,使我久久思索。"从此,黑塞同古老的中国经典结下了不解之缘。

20世纪上半叶,中国经典开始传入德国。比较早的是格里尔翻译的《道德经》,

这使黑塞更进一步认识了老子。随后整个20世纪，中国古代经典丛书陆续出版，这要归功于德国的伟大汉学家、翻译家李希特·威尔黑姆。他半辈子都居住在中国，对中国精神面的事物非常精通，并且亲身感受到中国精神对当时欧洲的意义。他直接将中国经典从中文译成德文，译著包括：《论语》《易经》《老子》《庄子》《列子》《孟子》《吕氏春秋》和中国民间童话，统称"中国的宗教和哲学丛书"。对李希特·威尔黑姆的创举，黑塞欣喜若狂，他写道："我认为这是德国精神生活中最重要的事件之一……人类文化发展最高贵、崇高的精华，以往一直受到德国人冷淡的珍品，现在已成为我们的所有物。这稀贵的珍宝并不是经由拉丁或英文的迂回路线才到达我们眼前，也没有辗转经过第三、第四者的手，而是直接由一个德国人的翻译赐给我们的……这套丛书的第一本是孔子的《论语》，由耶纳的狄德利克斯书店刊行。我永远忘不了我是如何惊异、神驰地接受这本书！书中的一切对我是如何的生疏、如何的精确、如何符合我的预感，又如何的优美！"同时，还有好几位翻译者，致力于翻译中国的抒情诗与中国的通俗文学，圆满地补充了威尔黑姆创始的中国经典的翻译事业。

黑塞一生阅读了大量的德译本中文经典，上至深奥晦涩的宗教、哲学书籍，下到赏心怡情的诗歌、小说、神话、民间传说，如《老子》《论语》《易经》《庄子》《孟子》《列子》《诗经》《吕氏春秋》《三国演义》《水浒传》《金瓶梅》《红楼梦》《聊斋志异》以及唐诗宋词等等。涉猎范围之广泛、内容之精深，在欧洲和世界作家中实属罕见。

黑塞对中国的喜爱已经远远地超出了文学，正如他自己所讲："但是，热血、土地和母亲，在文学上并不能说是一切。在这之上还有人类。在最辽远的地方，我们也经常可能意外而高兴地发现故乡、嗜爱那看来隐秘难以亲近的东西，并进一步去亲近它、了解它。就我而言，在我的前半生中，这件事已先由印度精神，后由中国精神予以证验。"黑塞这里所说的"中国精神"，按照他自己的叙述，应该包括人性观和人类精神、社会问题、中国的智慧、道家、佛教、贤者、善人、仪式风貌和日常生活观等方方面面。

黑塞对中国精神的热爱和深情，如果用我的拙笔来写，无论如何都必然减色许多。为此，我必须不厌其烦地用略长的篇幅引用黑塞自己的话。他在《我爱读的书》中深情地写道："关于这一点，我三十岁以前是无法了解的。三十岁以后，我却完成了一件意想不到的事情。在这之前,我只读过李克特翻译的《诗经》,现在我却透过李希特·威尔黑姆的译本,认知了我生活上不可或缺的东西——贤者与善人的中国道家理想。我不懂中国话,不曾到过中国,却幸运地越过了2500年,在中国古代文学中找到自己预感的化身、精神上的氛围与故乡。而这一些,我以前充其量只能从自己的出生地与母语中获得。中国的大家与贤者,如伟大的庄子、列子和孟子,都是悲壮作家的反对者,他们非常朴素、平民化、日常化,而且坦荡荡毫不矫饰,喜欢自发地过着隐逸自适的生活。他们体验得来的自我表现法,经常给我们带来惊喜。老子伟大的对手孔子,是礼治家、道德学者、法律家、道义的守护者,同时也是古代贤者当中唯一具有些许仪式风貌的人物。但是,在某个机会里,他仍然被形容为'是知其不可为而为之者欤!'这句话已显示了在其他文学中无可比拟的泰然自若,幽默与朴质。我经常想起这句话以及其他诸多语辞,尤其在我观察社会问题,倾听那些在这几年或几十年中意欲控制世界并使之完美的人物发表言论的时候——他们已经像伟大的孔子那样行动了,但他们行动的背后却没有'知其不可'的自觉。"这一大段话的内容太丰富了,丰富到难以条分缕析和高度概括,我只能拙嘴笨腮地讲:我国古代诸子百家丰富的思想和伟大的精神,在两千五百多年后的异国他乡遇到了不同寻常的真正知音!我为祖国的取之不尽用之不竭的伟大精神宝藏——古代经典而骄傲,为做一名中国人而欣喜和欢呼!

从印度回到欧洲以后,黑塞全身心地投入了对中国文化的探索。经过深入的研究,他对历史上东方的两大文明——中华文明和印度文明,做出了清晰的对比和评析:"印度人所欠缺的,在中国典籍中都非常丰富,其中充满对实际生活的接近、向最高道德迈进的高贵精神和感觉,日常生活中游戏和魅力之调和——崇高精神与纯真生活之乐的交流。如果说印度在禁欲与僧侣式的扬弃现世中,已臻及极高之境,那么,古代中国精神性的训练,所达到的优美境域,绝不下于印度。古代中国人认为,自然与精神、宗教与日常生活并不是敌对的,而是友好的对立,双方都有正当的权利,这就是中国古代精神性的训练。印度的禁欲式智慧,就其要求之彻底而论,可说是清教徒式的,中国的智慧则是累积经验以臻贤明之域,这种智慧不会因经验而幻灭,也不会流于浅薄,却可习得幽默。"

应广大读者要求,黑塞依据自己的广泛阅读,编辑了一套《世界文学文库》,

于 1929 年出版，中译本改名为《如何阅读世界文学》。在文库中，他依据自己的读书经验列出了一系列读来令人神往的世界文学书目，其中包括东西方的各类经典之作。在东方的书籍中，黑塞赞扬印度典籍，更称佩中国文豪的作品。他说："15 年间，对这些中国典籍，我的喜悦有增无减，大部分时间，我床边总放有其中的一册。"《读书随感》一书叙述了黑塞的编辑宗旨、选书的依据，并因之而纵论世界文学作品："先从人类精神中最古老、最神圣的佐证——宗教与神话的书籍谈起吧！……《圣经》……《奥义书》……从古代中国可选孔子的《论语》、老子的《道德经》，以及庄子美丽的寓言《庄子》。这样，我们已选拔出全人类文学的基本知音。""抒情诗人的古典诗集《诗经》，也应加入。"《读书随感》一书附有"世界文学书目表（黑塞自选）"。我检视了一下，其中列有 153 个条目，这些条目中列出的绝大多数是作者，极少数是一部书，而有些作者名下列有多部著作，如易卜生名下列有 7 部戏剧，陀思妥耶夫斯基名下列有 5 部小说。这样看来，如按书的种数计算，那就是上千部书了。

黑塞特别强调，《世界文学文库》不是教材，不是为了让读者普遍阅读、读后当学者和世界文学的评判者，只是为读者从浩瀚的书海中提供选择的路标，尤其重要的是第一个路标。具体方法是"从自己能够了解、喜爱的作品开始……通过一道最容易进入的门，踏进精神的广场……杰作需要人们认真地接受与猎取……在我们证明杰作的真正价值之前，我们先要靠杰作来证明自己真正的价值……有助于众多的探求者，直到他们能独立行走为止"。并不长的几句话，黑塞却道出了几条重要的阅读原理：(1) 导读书目只是为引领读者进入阅读之门和进一步独立行走，重在"引领"；(2) 阅读从自己的兴趣和爱好出发；(3) 阅读是个人行为，能否有收获全靠自己阅读，任何外人和外力都帮助不了，"要靠杰作来证明自己真正的价值"。

（三）黑塞对老子情有独钟

前面提到，早在 1907 年黑塞就通过父亲知道了中国古代哲学家老子，《道德经》中深邃的智慧和哲理，引起了黑塞的特别兴趣和深度的思索。

黑塞在《如何阅读世界文学》中，认为老子的《道德经》"是人类重要书籍之一",其所代表的古老中国的智慧,那是黑塞的前辈们难以想象的。因此他高屋建瓴地写道:"古老中国及其智慧的发现,是今日世界划时代的事件。"这里请特别注意:这样高度赞誉的话,不是出自中国而是出自一位外国世界级大作家之口!在《书的魔力》中,黑塞又从历史的高度赞扬老子的《道德经》:"又如中国学术上的瑰宝《老子》,竟在四千年后,于战后的欧洲突然被发现,被曲译,被曲解,我们也是不胜讶异的。表面上它像狐步舞一样流行,而在我们精神所孕生的创造层面上,却发挥了极大的作用。"数千年前的中国经典,孕育和影响了近现代德国和欧洲人的精神,多么高的评价啊!(本文作者注:引文中"四千年"的提法有误,因老子的生卒年为公元前571年(待考)和前471年。)

黑塞更不讳言老子对他自己的直接影响,并且认为这种影响是巨大的。1921年,他在给其好友法国大作家罗曼·罗兰的信中写道:"老子多年来带给我极大的智慧和安慰,'道'这个字对我意味着全部的生活真谛。"接触和熟读《道德经》以后,黑塞对世界的认识有了很大的改变。1922年,在给其另一位好友奥地利著名作家茨威格的一封信中写道:"老子在德国目前十分流行,但所有的人都认为他的理论十分矛盾,然而老子的哲学思想实际上并不矛盾,而是辩证地看待世界,认为生活是两极的。"他的这种看法反映在其创作中,黑塞的大多数作品主题都紧紧围绕着对人类生活的两极性认识,是对这一思想的诗化表达。在1924年写的短文《疗养客》中直抒胸臆:"我要用诗句、用篇章赞美世界的二极性,因为在那火花闪耀的两极间我看到了生活的灿烂。中国的老子为我们留下光辉思想,在那里生活的两极似乎在电闪之间触手可及。"

在《我的自传》中,近70岁的黑塞总结自己的人生:"从很久以前,我就开始走上老子和《易经》的东方之路,而且走得很远,所以我很能了解现实的偶然性和可变性。"

通过以上三个部分的论述,是否可以大胆认为:黑塞是世界上除中国之外最热爱中国古代经典,而且也是阅读、论述和引用中国古代经典最多的伟大作家。

(四)黑塞作品中的中国古代经典

受家庭的影响,黑塞从小耳濡目染,对奇彩绚丽、古老神秘的东方文明,充满了向往,特别是对中华文化,由衷地热爱,且通过大量阅读和深入思索,他很早就"开始走上老子和《易经》的东方之路",因此在黑塞创作的作品中,留下了许多中国古代经典的身影。这种例子是很多的。

黑塞的短篇小说《余国王》就是我国古代史书《东周列国志》中的"周幽王烽火戏诸侯"的翻版。只不过周幽王是一个暴戾、荒淫的昏君,为博得褒姒一笑,不惜点燃烽火而误国;而余国王却是位知书达理的贤君,但他"爱美人胜过爱江山",为了爱情不惜置社稷于不顾,最终失去性命。

黑塞写的赞美诗《献给女歌手婴宁》,恰巧与中国志怪传奇小说《聊斋志异》卷二《婴宁》篇中笑得最美的女主人公同名。这是不是取名的巧合呢?黑塞笔下的女歌手不仅与《聊斋志异》中的狐仙名字完全相同,且从男主人公对她一见钟情的情节来看,无疑有着《聊斋志异》中狐女婴宁故事的芳踪。

散文《克林索尔的最后夏天》描写了1920年夏天黑塞在瑞士风景名胜地蒙塔诺拉的休闲生活。当时他正受着婚姻失败的煎熬,全文的字里行间无不透出借酒浇愁愁更愁的无奈和对人生苦短、年华似水的感叹。文中借主人公之口,多次吟咏中国大诗人李白《对酒行》《将进酒》中的诗句。黑塞很早就喜爱李白的诗,对李白放荡不羁和孤傲的性格也有一种深深的认同感,二人都喜好借酒抒发对人生的感慨。在《克林索尔的最后夏天》中,还有一段情节直接取自李白的《月下独酌》。

黑塞对中国哲学特别是老庄哲学颇有研究,道家思想对他的世界观和人生观以及创作产生了重要的影响。黑塞的《悉达多》是一部人物传记性小说,借用佛祖释迦牟尼的生平传记描述悉达多成长道路和历经磨难后大彻大悟的故事。但小说中悉达多的道路始于婆罗门教和释迦牟尼,却终于老子的"道"。1922年黑塞在给作家茨威格的信中进一步点明:"我笔下的圣者虽然穿着印度袈裟,但他的智慧更接近老子而非释迦牟尼。"

《玻璃珠游戏》是黑塞的最后一部长篇小说,创作始于1932年,作品中又一次体现了中华文化对他的深刻影响。首先,黑塞笔下象征着人类最高艺术和文化结晶的玻璃珠游戏,融合了中国古代的象形文字、珠算、音乐和坐禅,并且由一位精通中国语言的法国学者发明,反映了黑塞对中国古老传统文化的赞赏和推崇。其次,黑塞在书中不惜用大量篇幅摘选了《吕氏春秋》中有关音乐的论述。再次,书中描写主人公的颇有造诣的大师兄,离群索居于一座清净的竹园,屋前的小池塘里尾尾金鱼在悠闲地游荡，山谷的清泉从竹管中汩汩而出，桌上放着毛笔、砚台和占卜用的骨骰。寥寥几笔勾勒出一个活脱脱的中国古代先哲的形象，借此黑塞寄托了自己对老庄遁世隐居清静无为的生活方式的向往。最后，书中主人公从大师兄处学习了《易经》，掌握了周易，常常用骨骰掷一把。黑塞曾熟读《易经》，非常推崇周易对世界变化规律的推演，他在德国报纸上宣传，将《易经》《道德经》同西方神圣的《圣经》相提并论。

2016 年 5 月 2 日

七、不懂外语的"译坛泰斗"——林纾

(一)一卷《茶花女》,断尽荡子肠

1899年正月,我国文化界发生了一件轰动全国的事情——当时福州书坊刊行了《巴黎茶花女遗事》(以下简称《茶花女》)。此书即世界名著法国小仲马《茶花女》的中文译本。译者署名"冷红生"和"晓斋"。刊行者是当时福州最著名的书坊主人兼雕版良工吴玉田。最初只印了一百本,私下送人。同年夏天,上海素隐书屋获得了该书版权而出版了铅印本,使得《茶花女》"不胫走万本","一时纸贵洛阳,风行海内"。此后又有玉情瑶怨馆、文明书局、广智书局、新民社、商务印书馆,以及知新书社、春明书店、复兴书局、文力书局、文新出版社等先后再版,计有二三十种版本之多。《茶花女》刊行后引起的轰动,足可与1897年出版而后再版三十多种版本的严复译《天演论》媲美。林纾和严复是福州同乡,严复曾游学西欧,精通英文,译著颇丰,二人被学术界并称为"近代中国的译界二杰"。

杭州西泠印社藏《茶花女》原刻初印本——清光绪二十五年(1899年)林氏畏庐刻本1函2册。封面白纸书签,扉页浅绿色,上有译者手书"巴黎茶花女遗事,冷红生自署",卷末刻有"福州吴玉田镌字"。

《茶花女》是法国作家小仲马的第一部扬名世界文坛的力作,写的是一位青楼女子玛格丽特和青年阿尔芒凄婉动人的爱情悲剧。女主人公玛格丽特为了阿尔芒的事业前程,为了阿尔芒妹妹的婚姻和年老亲人的幸福,毅然选择了牺牲个人而突然离弃她所爱的人,却又不能向其解释原因。她在给阿尔芒的诀别信中写道:"我的朋友,我默默地哭泣……归根结底,我只是个青楼女子,不管我给我们的关系提供什么理由,这种理由总好像一种图谋;我过去的生活,完全剥夺了我梦想这样未来的权利……我就得承担责任。总之,阿尔芒,我爱您。您父亲对我讲话时的慈父般的态度,他在我身上唤起的贞洁情感,我即将赢得这位老人的尊敬,以及我确信今后也会得到您的尊敬,这一切在我心中唤醒的高尚思想,让我从未领略过的圣洁的自足感发出声音,并在我的眼前显现。……我想到这一情景,就好像换了一个人,也为尊敬感到骄傲了。这些新的情感,压下了我回忆同您一起度过的幸福日子所产生的念头。"

写到此,我不由得想起了法国思想家蒙田的话:"我们自己行了善举时内心也会不由自主地感到一种难以言喻的快乐,问心无愧时会感到一种圣洁的自豪。"何其相似乃尔!玛格丽特以自己伤害自己的方式化解了所有不共戴天的矛盾,以她博大的宽容和无私的奉献彻底洗净了自己先前所有的肮脏和耻辱,成了那个在情感世界里纯洁而美丽的圣女。她以"圣洁的自足感"忍耐着所爱的人对自己的误解、责骂甚至侮辱,她用张扬的美撕破了挣扎在她周围的粗俗之网。感动自己是一种情感的胜利,征服自己是一种理智的升华。她的深重的悲情和非凡的意志力,让人感到寄载灵魂的躯体是那样的脆弱,而那样脆弱的躯体却负荷着那样强劲的灵魂。

19世纪40年代成书的《茶花女》在欧洲经历了半个世纪的轰动,汉语译作《茶花女》令不少读者为主人公的不幸遭遇洒下同情和激动的泪水。当时在西学强劲冲击下,文学几成了清末文人心中"中体西用"的"中体"城堡;《茶花女》的译出,却像一颗炸弹投进并炸开了这座城堡。

小说理论家邱炜蒦形容读《茶花女》的感受:"以华文之典料,写欧人之性情,曲曲以赴,煞费匠心。好语穿珠,哀感顽艳。……如饥得食,读之数反,泪莹然凝阑干。"创办《大公报》和辅仁大学的英敛之一口气连夜读完此书后,在日记中写道:"灯下阅《茶花女》事,有摧魂撼魄之情,万念灰靡,不意西籍有如此之细腻。"《东西学书录》作者徐维则在书中称《茶花女》堪比《红楼梦》"刻挚可埒《红楼梦》"。译者冷红生后来在《露漱格兰小传》序言中承认"余既译《茶花女》,掷笔哭者三数";译者友人也回忆到,二位译者合译此书时,"每于译到缠绵悱恻处,常常情不自禁,两人恒相对哭"。

译者的优美文笔和"西人中化"的描写,引人入胜。五四新文化运动倡导者之一钱玄同化名王敬轩,满怀虔敬地称赞《茶花女》的译文"有句皆香"、"无字不艳"，"善能以唐代小说之神韵，迻译外洋小说。所叙述者皆西人之事也，而用笔措辞，全是国文风度，使阅者几忘其为西事"。茶花女依旧是小仲马笔下的茶花女，但现代译本的茶花女多少带了点外国的风尘气，而冷红生译本的茶花女却清丽婉转，确然是杜牧笔下的"二十四桥明月夜，玉人何处教吹箫"之唐代玉女。《巴黎茶花女遗事》是《茶花女》于中国的再生，是译者的再创作。

（二）我国翻译史上的绝配

　　署名"冷红生"和"晓斋"的译者明显不是真姓名，那么这件震动全国文化界大事的人到底是何许人也？为什么做了这样的大好事情，还"犹抱琵琶半遮面"？素隐书屋为宣传该书所刊载的系列广告，终于使得"冷红生"的真实身份暴露——林纾。对于我国的翻译家——林琴南这一名字是许多人耳熟能详的。他名纾，字琴南，号畏庐，福州人，生活于1852—1924年。合译者晓斋是林纾的好友王寿昌，字子仁，也是福州人，曾留学法国。

　　为什么二人不愿意署真实姓名？这同我国小说的发展历史和地位有关。《汉书·艺文志·诸子略》把小说视为"街谈巷语、道听途说者之所造"。直到已经出现了四大名著这些巨著之后，清朝《四库全书总目提要》仍把小说看作"叙述杂事""记录异闻""缀辑琐语"的不登大雅之堂的东西。似乎写小说并不是太光彩的事情，翻译小说那就更是下等了。

　　林纾是中国近代古文第一人，中国最后一代古文大家。他著有《畏庐文集》《讽喻新乐府》等40余部著作，在晚清文坛上，可以称为一代文章高手。他的文风是桐城旧底子，著名古文学家钱基博先生在其所著《现代中国文学史》中写道："当清之季，士大夫言文章者，必以纾为师法"，又说林纾"遂以高名入北京大学主文课"。王寿昌1885年以优异成绩被选拔留学法国巴黎大学，1897毕业回国。他精通法语，又有文才，对小仲马的《茶花女》情有独钟，十分熟悉。

　　林纾作为一介书生，无心政坛，但对时势的关注却不亚于政坛官员。前曾有朋友劝说他翻译《茶花女》而"谢不能"者，因该书缠绵悱恻的主题"非先生志也"。林纾的志向在于引介西方的政治思想小说或英雄传记来教育民众。如较早接触的拿破仑传记和德国铁血宰相俾斯麦全传，因无相应辞书而作罢。

1897年初夏，由于妻子病故，林纾一直伤感寡欢。他到马尾访友散心，恰逢好友王寿昌从法国留学归来。为解其忧郁，王便主动与林谈起法国文学，向林介绍法国小仲马的名著《茶花女》，并建议与林合译。林初不同意，但经一再劝说，只好答应试译。几日后与众朋友一同出游，在石鼓山的画船上，边游玩，边试译。于是，中外文化交流史上出现了这样的特殊画面：晨曦江上，霞光微澜，白帆如织；船外两岸翠岚，船中酒香四溢，其乐融融。王寿昌临窗而坐，手捧《茶花女》法文原本，一边阅读，一边用汉语口述。林纾临桌站立，文思敏捷，下笔如飞。只见白纸上下翻跃，挥洒成篇，"耳受手追，声已笔止"。就这样，在近代文学翻译史上曾产生巨大反响的《茶花女》，以奇特的方式，从不懂外文的林纾手中以古文译出。

《茶花女》精彩的译文，是林王二人所代表的中国古文和法文小说的绝配，这一中西互补的合作亦成为我国翻译史上的佳话。在合译时，一方面是王对小说原文的透彻理解，能把原著详尽、动情地口述出来，尤其是将女主人公玛格丽特的心态叙述得委婉尽致、如泣如诉，成为林纾传神而流畅译笔的前提；另一方面是林精神贯注其中，用优美的中国古文，把故事完整准确地表达出来，又以生花妙笔，淋漓尽致地描绘出原文的风格神韵。这一绝配，真可谓珠联璧合，诞生了中国近代文学翻译史上的里程碑作品。不懂外语的人成了"译坛泰斗"，这是中国文坛的奇特现象，恐怕在世界上也难寻其二！林纾也为这种意外成功高兴，"书成而众哗悦，畏庐亦欣欣得趣"。

（三）"日为叫旦之鸡，冀吾同胞警醒"

林纾开始译作的时代，正是甲午战争刚过，中华民族处于危亡的边缘。阅读林译小说，让人感动的不仅仅是小说中故事本身的奇妙情节，而且还有译者本人澎湃的爱国主义激情。林纾是一个血性刚烈、感情奔放的作家，他常常是噙着热泪，怀着赤诚，去翻译创作。他把自己的译书作为一种救国的事业，他用手中的一支笔，加入了拯救民族危亡的大业中。他在《不如归序》里说："纾年已老，报国无日，故日为叫旦之鸡，冀吾同胞警醒。"林纾自比为"叫旦鸡"，以"警醒同胞"为己任，希望以此警示国人亡国灭种的危机感，唤起国人的救亡图存意识。

继《茶花女》之后，林纾与毕业于圣约翰大学、精通英文的朋友魏易合作翻译《汤姆叔叔的小屋》。当时正值"辛丑条约"签订之1901年，特改书名为《黑奴吁天录》。该书是受到过林肯总统接见的美国女作家斯托夫人所著的一部流传甚广的反奴隶制小说。林纾表示，翻译此书之目的："余与魏同译是书，非巧于叙悲以博阅者无端之眼泪，特为奴之势逼及吾种，不能不为大众一号。"好一个"为大众一号"！黑奴之境遇已经逼近中华民族，林纾是想借此来唤醒中国人的危机感和爱国热情，激励中国人民反抗帝国主义列强，拯救祖国于"国将不国"之境。

盛夏，两书生挥汗伏案，魏易口述原著，林纾笔下生风，满腔的悲愤和着满腹的悲伤，仅仅两个月的时间，就完成了该书的全部翻译工作。林纾译书的速度是他引以为豪的，一小时许能译就千言，不窜一字。自第二部翻译小说《黑奴吁天录》始，林纾不再用"冷红生"而以本名题署。

《黑奴吁天录》出版后，其影响力不亚于《茶花女》，当时只要稍有爱国心的人，对维新抱有同情的人都读这本书。时在日本求学的鲁迅，于1904年收到友人寄来的《黑奴吁天录》，惊喜莫名，他在《致蒋抑卮》的信中，感慨地写道："曼思故国，来日方长，载悲黑奴前车如是，弥益感喟。"很多人读后，撰文作诗，要求同胞们奋起自救。日本的中国留学生"春柳社"话剧团，将《黑奴吁天录》改编为五幕话剧，先后在东京、上海等地上演。1907年6月在东京的演出，演员有李叔同（即后来出家的弘一法师）和欧阳予倩等。此外，译本还被改编为诗歌、绘画等等。正如原著被认为是改变世界历史的16部作品之一，《黑奴吁天录》也被认为是改变中国近代社会的100种译作之一。

小说是什么？小说的灵魂是通过叙述故事、塑造人物来表达作者的思想感情。因此，仅有两个人在语言、文学和文化方面的绝佳搭配还不够，翻译家还必须对原著充满激情。几乎翻译了日本村上春树所有作品，人称村上"御用翻译"的杨少华教授指出："村上春树对译者的要求是，对作品要有'充满偏见的爱'。而我自忖，翻译不仅讲究语言、语法、语体，还讲究气质、心灵、境界，作者与译者需要在精神层面能够对接。"是的，由于林纾和王寿昌对茶花女的"偏见的爱"，才能够使他们将满腔的情感注入译文中，从而创作出经典译著。为实现翻译《黑奴吁天录》的目的，又不变更原著的意思，林纾想出办法，将自己的想法写在眉批里，并冠以"外史氏曰"的按语，借以启迪国人。按语字字血泪，声声悲壮，他的激越，他的呼唤，都在漫漫长夜中化作惊雷回响于中华大地，启迪了一代又一代的国人为国奋战。

（四）译著等身的大翻译家

林纾翻译《茶花女》的时候已年近五十，半世蹉跎，他终于找到了适合自己的道路——用纯熟流畅的中国古文把丰富多彩的外国文学作品再现出来。至此，林纾一发而不可收，他与朋友们合作，走上了这种特殊的文学翻译之路。

为了救亡图存的爱国事业，从 1903 年起，他翻译以战争、英雄为题材的历史著作和小说，如《布匿第二次战纪》《利俾瑟战血余腥记》《滑铁卢战血余腥记》《撒克逊劫后英雄略》等。庚子事变，八国联军侵华，他希望国人能够洗雪国耻，振兴家园，许多作品都是感于时势而译。在《滑铁卢战血余腥记》的序言中，他说："读是书者，当知畏庐居士，有无穷泪寓乎其中也。"继而，他受商务印书馆的邀请专译欧美小说。

林纾一生共译法国、美国、英国、俄国、希腊、德国、日本、比利时、瑞士、挪威、西班牙等 11 个国家 98 位小说家的作品。这些作家包括许多世界级大作家，如：俄国大文豪托尔斯泰，法国的雨果、巴尔扎克、大仲马、小仲马，英国的莎士比亚、狄更斯、笛福、斯蒂文森和历史小说鼻祖司各特，美国文学之父华盛顿·欧文、斯托夫人，希腊的伊索，西班牙的塞万提斯，挪威的易卜生等。林纾到底有多少小说译著，说法不一，有说 163 种，有说 179 种，有说 180 种，有说 200 余种，不过 160 种以上是可信的。就按每一部书的厚度 1 厘米计算，说林纾的译著等身，是毫不夸张的。其中属于世界名作家作品和世界名著的就有 40 多种，这在中国，到现在还不曾有过第二个人。

"中国旧文学以林译小说为终点，新文学以林译小说为起点"，可以毫不夸张地说：这一新旧之际的转变应当以《巴黎茶花女遗事》为界标。无怪乎张守涛在《凡人鲁迅》书中称林纾为："中国新文学运动所从而发生的不祧之祖。"

2013 年 12 月 1 日

八、呕心沥血半世情怀

——赞《悲惨世界》译者李丹、方于

因为近几年读了不算少的西方文学译著,所以对翻译情况自然就有了切身的感受。读拙劣的译文,味同嚼蜡,咽不下去,吐不出来;若其译的内容有错误,那自己就更成了一个不折不扣被骗的傻子。忘记了读哪个译著,译文的字句都看懂了,但怎么读都不明白意思,可能是译者的汉语比法语差一些,那种滋味真是难受,只好又去图书馆再换借其他译本,不胜其烦!从此,养成了习惯,借译著一定是:一要逛书架在书架前选择,二要至少借两本经过选择的译本。这是我为什么宁愿舍近求远一定要到大图书馆借书的原因之一,也是不经过透彻了解绝不能轻易买译著的原因之一。

读《悲惨世界》,我至今认为那是世界上最好的几部小说之一。我深深地感谢大作家雨果,更为他在事件发生当即就为圆明园向全世界发出正义的呼声而叫绝!同时,也深深地感谢译者李丹和方于夫妇二人。读他们译的《悲惨世界》,我想用最普通而朴实的话来形容:如同读中国人自己写的小说,五大卷的长篇巨著,读起来没有艰涩感,如行云流水,畅快淋漓。小说读后,当了解到译者夫妇二人翻译此书长达半个世纪的艰辛经历,那是一种心灵的震撼。感慨之余,为了减轻萦绕心头的心绪,还特别给我自己写了篇"小文",以作为对译者夫妇的纪念,还特将"小文"发给了友人共同分担,标注的时间是 2009 年 6 月。

相反的情况也严重存在。我有两次读翻译小说的不愉快经历,印象深刻,记忆犹新。

一次是读莫泊桑的代表作《羊脂球》。此前我已经读过了一遍,这次是细读。我先借了某人民出版社的版本,读了十几页,就碰到了好几个地方,怎么读也不懂意思,按经验,肯定是译文有问题。只好花时间再到图书馆改借另一版本。这个版本的译者是柳鸣九，译文不仅通顺，而且文笔优美，读起来如潺潺流水，使人赏心悦目。柳鸣九何许人也？我查了一下百度百科，原来是中国法国文学研究会会长，是集教授、学者、翻译家于一身的大专家啊！

第二次是读梭罗的《瓦尔登湖》。1949 年该书被引入我国，翻译者是写《哥德巴赫猜想》的报告文学作家徐迟。我流连在书架前，发现《瓦尔登湖》有近 10 个译本。我大致翻了一下，借了三个译本（包括徐迟译本）。阅读的过程中，选择不容易读懂的地方，就表达原文的意境，译文的信达雅等，对三个译本进行仔细比较，感到各有差距和优势，我择优一本阅读。

我这样一个法国文学爱好者，自己不能够读原文，通过阅读几十种经典书的译著，深深地体会到，外国文学作品的译文是多么重要啊。可以讲，译者就是第二作者，这样表达也许还不够，是并列的第一作者。外文的原创作者是原文第一作者，译者是在外文原作基础上的中文创作者，可以说是中文第一作者。

有人讲得非常有道理，译著有两个主人：一是原著者，二是译文的译者。一方面译者须彻底了解原著，不仅了解字句的意义，还须领会字句之间的含蕴；另一方面，译者得用读者的语言，把原作的内容按原样表达，内容不可有所增删，语气声调也不可走样，要做到"信、达、雅"。所以，美国女作家施瓦茨在《读书毁了我》一书中说的"伟大的再生"，是非常深刻的体会。外国文学作品在翻译的过程中，得到了在这个国家重生或再生的机遇，而只有伟大的译者才能够使这样伟大的再生成为可能，进而成为现实。

李丹和方于夫妇二人就是使世界上最伟大的作品之一《悲惨世界》，在地球上人口最多的国家——中国实现了伟大再生的创作者。

李丹 1901 年出生于湖南长沙，方于 1903 年出生在江苏武进一个知识分子家庭。二人是 1921 年中国首批公派赴法留学生，与他们同船远行的，还有日后成为中国台湾著名作家的苏梅和定居法国的画家潘玉良。李丹学习小提琴，方于专攻声乐，分别于 1928 年、1927 年学成回国。1927 年夏，方于被上海音乐学院聘为法文教师。冼星海当时在法文班就读，方于对这个勤奋的穷学生可谓慧眼识珠，鼎力培植。是她，在上海亲自送冼星海奔赴革命圣地延安。1999 年，在方于 96 岁的时候，冼星海女儿冼丽娜还到云南来看望她老人家。

世界名著中文本《悲惨世界》，经半个世纪的艰难历程方才完成。书前没有译者序，书后没有跋，就连出版说明中也未曾提及译者一字——真如李丹、方于夫妇的人品：默默奉献，淡泊名利。这部气势磅礴、内容浩瀚的译作就这样奉献在中国读者面前。当人们捧读这部巨著时，何曾知道，"李丹、方于"这4个字沉甸甸的分量？读者可曾想到，《悲惨世界》译者的经历，那就是另一个"悲惨世界"啊！

怀抱着一腔报国的热望学成回国的李丹夫妇，当时面对的是，国内处处是战乱、灾变、失业，置身在旋涡中的夫妇二人，曾一次又一次地想过，他们能为这块多难的土地做点什么？他们的思绪共同凝聚为一件事：那就是，要将那一直震撼着他们心灵的《悲惨世界》，奉献给无数还在悲惨世界中生活的中国的冉阿让、珂赛特。"……只要因法律和习俗造成的社会压迫还存在一天……只要21世纪的三个问题——贫穷使男子潦倒，饥饿使妇女堕落，黑暗使儿童羸弱——还得不到解决……只要这个世界上还有愚昧和困苦，那么，和本书同一性质的作品都不会是无用的。"雨果的呼声仿佛穿越了世纪，感召李丹和方于做出了影响他们一生的决定：要把这人类智慧的结晶——《悲惨世界》，变成方块字昭示国人。

译书经历了四次令人难以承受的波折。

1. 1929年，他们结婚，同年，由李丹译、方于校译的《悲惨世界》第一、二部问世，书名为《可怜的人》，收录在商务印书馆《万有文库》的第一辑，分九册出版。在1932年"一·二八"事变中，商务印书馆被日机炸毁，倾注着两人心血的几十万字的译稿石沉大海、杳无消息。据李丹、方于的孙子李洪涛讲，他们的翻译不是直译，而是采用我国翻译界泰斗林纾的意译的方法。

2. 1954年，中华人民共和国文化部（简称文化部）特邀李丹、方于赴北京出席全国翻译工作会议，其译著被称为划时代的里程碑式的翻译。文化部请李丹夫妇重译《悲惨世界》。1958年5月到1959年6月，《悲惨世界》新译本第一、二部由人民文学出版社出版。"文化大革命"爆发，《悲惨世界》第三部待出版的译本，作为"封资修"被扔入大火中，夫妇俩被关进"牛棚"。

3. 1971年，夫妇俩被释放出"牛棚"，还未平反、摘帽，李丹老人就从箱底翻出了被老鼠咬啃的第三部《悲惨世界》原译稿。是年，李丹70岁，方于68岁。李丹老得很快，牙齿掉光了，人干瘪了，背弓下去了，拄着拐杖到图书馆找资料。没有一个坐得下来的地方，幸而艺术系一位中年教师腾出自己的住房，借给李丹，让他在里边译书。他动笔的时间不多，工作的时间却很长，有时一夜一夜地翻查字典，有时却不看也不写，久久地对着雨果的原著发呆。只有方于明白李丹心里无法排解的痛苦和郁愤。李丹的身体和精神日益衰弱，并开始咯血，然而第四部竟在这样的境况下译出来了。他又带着第五部的原著住进了医院，这一住，李丹就再也没有回家。1977年5月李丹先生抱憾去世，翻开他的枕头，留下的只有写在几张香烟壳上关于第五部的凌乱的断想。1980年，由方于协助译校的《悲惨世界》第三、四部得以出版。

4. 李丹逝世后，方于扑到了书桌前，这一埋头就是9个月，这位74岁的老人身体虚弱到每天只靠一碗稀饭维持度日。9个月里，没有谁知道她是怎样刻意使自己笔下的用词、造句与前四部的语气风格统一起来；9个月，谁也不知道她心里翻腾着什么，她苍白、沉静得就像一块大理石的浮雕。1979年，《悲惨世界》第五部由方于译出。至此，从1929年开始，中文版《悲惨世界》走完了它半个世纪的艰难的翻译历程。2002年2月4日方于教授在家中逝世，享年99岁。

"无论雨怎么打，自由仍是会开花。"两位老人用半个世纪心血翻译完成的《悲惨世界》中文本，一直由国家级专业文学出版机构——人民文学出版社负责出版。出版情况是：1978年出版《悲惨世界》第一、二卷，1980年出版第三、四卷，1984出版第五卷，1992年出版《悲惨世界》第一卷到第五卷全本。从此李丹、方于译本风靡全国。李丹和方于夫妇，为了一部经典文学的使命感，呕心沥血半个世纪，为人类奉献出了中译本巨著《悲惨世界》。但他们却销声匿迹，少人知晓。他们用心血凝结成的作品，让人赞叹，他们用半个世纪不变的情怀铸就的人生品格，令人高山仰止。

然而，仅1995年至2001年，方于还在世的时候，就发现了《悲惨世界》8种不同版本，大都是盗版的或剽窃李、方之作。李丹、方于之子李方明退休以后一直在为保护《悲惨世界》译作版权、打击盗版而奔波。

事实上，抄袭之风早已在我国翻译界蔓延，很多翻译作品都存在着抄袭的问题，很多翻译家都有被抄袭的经历。我曾经买过一部厚厚的《悲惨世界》，是1995年某某人民出版社出版，拿回家细看，少印了好几章，核对了几处，明显是盗版。这就是当前我国翻译界的真实情况。东拼西凑地抄袭，译文拙劣，读者看了不懂，反而觉得原著不好，严重点的就这样失去了对某一或某些经典著作的兴趣，难道这些译者就不脸红吗？出版者就不愧疚吗？翻译的抄袭是对原著作和广大读者两个主人的欺骗。看看这些抄袭者和出版者的"劣迹",对照李丹、方于夫妇奉献半个世纪的心血进行翻译的崇高精神,我们文化人还不应该立即停止这种不道德的行为吗?

我做梦也没有想到,我所读的伟大的译作——《悲惨世界》的译者李丹和方于,竟然有如此艰难的翻译历程,确实是另一部"悲惨世界"啊。不过,被誉为一轴辉煌的画卷、一部雄浑的史诗的《悲惨世界》,这部作品太伟大了,实在是值得为它而奉献一生。向作者——"法兰西的莎士比亚"雨果和译者李丹、方于夫妇致敬!译者的跌宕命运和悲惨人生让人感到难以名状的痛楚,"卑鄙是卑鄙者的通行证,高尚是高尚者的墓志铭"。任何人都有灰飞烟灭的一天,而李丹、方于夫妇最终留下的是闪烁的名字和悲壮的故事,流芳百世,教育后人。

2012 年 7 月 3 日

九、怀德纳图书馆的故事

有一位中国学者讲，我去美国的目的是去哈佛，到了哈佛就必去堪称世界大学图书馆之最的怀德纳图书馆。

怀德纳图书馆是哈佛大学图书馆100多个分馆之一，是哈佛最大的社会科学和人文科学研究图书馆，收藏国内外历史、经济、语言、文学等文献，仅图书就有345万册，整个图书馆共藏书600多万册件。怀德纳图书馆拥有的经典藏书、墙壁上悬挂的名画名言、宽大舒适的书桌沙发、彻夜通明的灯光……让每一个踏进图书馆大门的人，崇敬之意油然而生：我踏进了天堂的大门。

怀德纳图书馆的背后有一个关于孝子、母校情、社会大义的感人肺腑的故事。这个故事同泰坦尼克号有关。一个学术殿堂能够同20世纪之初的泰坦尼克号紧密联系在一起，这是让人无论如何也无法想到的，但却是事实。

1912年，当时世界上最豪华的皇家游轮——泰坦尼克号，在送行的喧天鼓乐声中，满载着淑女绅士们，一声声鸣笛开始了它名闻世界的处女之航。富豪之子、视书如命的哈立·爱德金·怀德纳，带着他从伦敦大大小小书店淘来的一箱箱珍贵书籍，也踏上了坦塔尼克号。望着辉煌的战绩，他满意地笑了，对前来送行的友人们打趣道："即便遇难，我的宝贝们也永远与我朝夕相伴。"没想到，这句戏言竟一语成谶。

在巨大冰山的撞击下，泰坦尼克号破裂了。船上的乘客们尚未从首航的狂欢与兴奋中完全清醒过来，就收到了死神的"邀请"。随着巨大冰山的撞击，泰坦尼克号携裹着众多精英和无数珍宝，在无月光的寒夜，寂静地沉没了。在即将沉入冰海中的那一瞬间，年仅27岁的怀德纳，把生的希望给了老母亲，他帮助母亲上了救生艇，而他自己却没有获救，沉了下去。一位年轻的孝子就这样连同他的宝贝书籍，永远地长眠在冰冷寂静的大西洋海底。历史清晰地记住了1912年4月15日凌晨2点20分，号称"永不沉没"的超级巨轮销声匿迹了。

痛失爱子的怀德纳母亲，在别人忙着建墓立碑悼念亲人的时候，她却以超乎常人的胸怀和一颗慈母之心，拭去泪水强忍悲伤，为了完成爱子"希望自己的未来能与伟大的图书馆相提并论"的遗愿，用一个慈母的全部爱心，捐出了爱子的所有藏书，又馈赠大笔家产，在爱子的母校——哈佛大学，修建了赫赫有名的怀德纳图书馆。把儿子的名字永久镌刻在世界图书馆的历史上。

为了永远地纪念，1915年建成的图书馆以怀德纳命名。这位在泰坦尼克号沉船事件中遇难的校友，遗嘱里指定死后将所有藏书悉数捐给培养他的母校。

怀德纳图书馆整体建筑庄严肃穆。外墙采用了哈佛传统的红色，并配以白色大理石。罗马式的十二根高大的大理石圆柱，气势恢宏地并排排列，三十阶宽大的台阶直通图书馆正门。远远望去，既庄重宏伟又典雅简练。每次进图书馆前，就像进行一种心灵上的登攀仪式。

进入图书馆大门，穿过宽敞的大厅，便是怀德纳纪念室。橘黄色的灯光温馨地从屋顶飘泻下来，洒落在地毯书桌沙发上，洒落在每一本珍品书上，洒落在巨幅油画像上。画像上年轻英俊的怀德纳左手握书右手托腮，坐在绛红色高背沙发中，似乎在沉思、休息，又似乎注视着前来看望他的人们。

在建设怀德纳图书馆时，怀德纳母亲向学校提出了三点要求：（1）怀德纳图书馆的外形，永葆原样不能改动；（2）怀德纳纪念室内，要永远有鲜花；（3）游泳达不到50米，就不能成为合格的哈佛毕业生。对第一和第二点，哈佛遵守诺言全都办到了，至于要求游泳达到50米，也跟泰坦尼克号沉没有关。当巨轮不断下沉时，绅士们把生的希望留给了儿童和妇女。母亲坐在救生橡皮艇上，泪水模糊了双眼，心肠撕裂地望着亲生骨肉被冷酷无情的大海慢慢吞噬下去，她只有一个朴素的呼喊：倘若你会游泳，哪怕短短的50米，就能游到橡皮艇边，逃过这场劫难，继续你宝贵灿烂的生命！据说在哈佛，这个规定持续了很长一段时间，为的就是纪念英年早逝的怀德纳，安慰这位伟大的母亲，更为了哈佛学生们在人格、知识、体魄上全方位的成长。后来考虑到身体障碍者等因素，才取消了这项规定。

在怀德纳图书馆近百年的历史中，还有许许多多可歌可泣的故事，仅举一个保卫图书馆的令人潸然泪下的事例。20世纪60年代，美国学生运动达到疯狂时刻，哈佛大学的一些激进派学生扬言要烧掉怀德纳这座神圣的宝殿。当他们成群结队地拥到图书馆前，却看到惊心动魄的一幕：台阶上威风凛凛地站立着一长排白发苍苍的哈佛老教授，中间的一位老先生抱着一块纸板，上面只写了一句话："踩着我们的老骨头过去。"面对着坚强沉默、无畏无惧的老先生们，学生们胆颤了，仓皇离去。

  怀德纳母亲代表她的儿子，为全人类做出了卓绝的贡献，使一个年轻的名字同世界上最伟大的人文科学图书馆结合在了一起。虽然怀德纳的生命仅有短短的27年，但是，不仅他的亲人在怀念着他，还有那些哈佛培养出来的众多思想家、总统、诺贝尔奖获得者、普利策奖获得者和实业界巨人和所有的哈佛毕业生们也都深深地在怀念着他，天下莘莘学子也都在纪念他。正如在海底发现的2000多年前埃及克娄巴特拉女王宫殿石碑上的字"永恒的生命"，怀德纳的生命是永恒的。

2012年9月21日

十、梭罗的阅读实践和阅读思想

引子——一次短暂而曲折的读书经历

现在国内正流行着美国文学中的一本独特的、卓越的名著——《瓦尔登湖》。我也跃跃欲读，2011年5月初，我从深圳大学城图书馆借了两本梭罗的《瓦尔登湖》译本，又从网上下载了最有名的徐迟的译本。为了能够读好这部难读的书，我初步对照了三个译本，从中选择了徐迟的译本和王光林的译本（长江文艺出版社，武汉，2005年）作为阅读本，以徐迟译本为主，碰到不容易懂的地方，再对照王光林译本。这种做法还真管用，在阅读中帮助我解决了几处难题。我更加深深地体会到：翻译确实是一种再创作的智力劳动。

我首先仔细地阅读了徐老的《译本序》。徐老在《译本序》的开篇就讲："如果你的心并没有安静下来，我说，你也许最好是先把你的心安静下来，然后你再打开这本书，否则你也许会读不下去，认为它太浓缩，难读，艰深，甚至会觉得它莫名其妙，莫知所云。"我已经退休12年了，对名利早已心如止水，对家庭、子女也心意满足，安安静静地读书有四五年了，自认为已经达到了徐老对读《瓦尔登湖》的要求。可谁曾想到，读第一章"经济篇"就卡壳了，总感到读的内容似乎不进脑，引不起兴趣，不知所云，硬着头皮读了一半，实在读不下去。

我想，这样下去不是办法，不如换换思路，先找容易读懂的、有兴趣的部分读。对我来讲，一下子就找到了第三章"阅读"。一者，我读了一辈子的书，近几年几乎成了"专业"读书人；二者，我是学习图书馆学的，"阅读"虽然不能算做直接的专业，但怎么也是相关专业。

兴趣、爱好加上专业，这次读进去了，且越读兴趣越大；不仅读懂了，而且做了阅读和心得笔记。6月底到8月中，因为忙于写莫泊桑的读后感，被迫停顿。待我再重新开始，电脑中却到处找不到《瓦尔登湖》的阅读笔记，那是好多天的心血啊！没有办法，只好重来，还好，记忆仍在默默地帮助我。我将《瓦尔登湖》的"阅读"部分重读了一遍，又重新做了笔记，而且这次的笔记要详细得多。

读得多了，记得多了，相应地头脑的活动也多了，这些活动集中在一点就是：梭罗对阅读有着一整套的想法和实践经验，对之，我这个"专业"人士自愧不如。一种想要写点东西的欲望，愈来愈强烈。与此同时，我还读了美国琳莎·施瓦茨著的《读书毁了我》，本来想将这两本有关"阅读"的书，合在一起写篇文章，但是，梭罗的阅读思想太全面太深刻了，足以独当一篇。

梭罗为了实践他的导师和好友爱默生《论自然》一书的精神，于1845年7月4日，恰好那一天是独立日，美国的国庆，他住进了自己盖起来的位于瓦尔登湖边的木屋。在这木屋里，在这湖滨的山林里，他观察着、倾听着、感受着、沉思着，并且梦想着，他独立地生活了两年多一点时间。他记录了他的观察体会，分析研究了他从自然界里得来的音讯、阅历和经验；他有目的地探索人生、批判人生、振奋人生，阐述人生的规律。1854年《瓦尔登湖》出版,梭罗因病死于1862年5月6日，享年未满四十五岁。

设身处地考虑，两年多的时间，一个人独处于大自然中，那会遇到多少生活中的难题，那会看到多少难得一见的自然现象，那会有多么丰富的人生经历和难得的人生体验……有多少素材可以写啊。可是谁能想到，《瓦尔登湖》的17个章节中，竟然用了足足一章的篇幅专门写"阅读"。在梭罗的生活观和生活实践中，阅读是人生的一个重要组成部分，而且是须臾不可离开的。梭罗在湖滨木屋两年多的人生探索中，对阅读也进行了大量的实践和深入的研究。他的案头放着经典著作荷马史诗《伊利亚特》，以方便随时翻阅；梭罗的独立生活是非常简单的，但搬入搬出木屋的物品中，书是最多的；《瓦尔登湖》全文大量引用世界范围的经典著作，仅我国的儒家经典就引用了9处之多；对梭罗来讲，书是他的生活必需品，而且是最重要的、必不可少的精神食粮。

第三章"阅读"内容丰富，其论述囊括了阅读理论和实践的各个方面：为什么读书？读什么书？怎样读书？我围绕这几个方面，又加了两个有关的问题，用五个小标题进行介绍和论述。为了便于理解和确切掌握梭罗的阅读思想，我不得不在文章中较多地引用了《瓦尔登湖》中的原话。

（一）为什么读书？

什么是阅读？为什么要读书？读书的作用是什么？功利目的的阅读对不对？对这些国内也很关心的问题，梭罗在《瓦尔登湖》中，都一一给予了回答。

什么是阅读？梭罗认为，阅读是"驰骋在精神世界的领域内""一种崇高的智力活动"。作为智力活动的阅读，从根本上讲就是为了增长知识，了解真理，追求真理。"就其高级的意义来说，只有这样才叫阅读。"

有两种阅读观：一种是功利目的，"为我们自己和后代积累财富，成家或建国，甚或沽名钓誉，在这些方面我们都是凡夫俗子"；另一种是为"研究真理""生生不朽"。梭罗认为，最古的埃及哲学家和印度哲学家开创了对真理的追求，而真理是永恒的，"既不是过去，又不是现在，也不是未来呵"。

梭罗并不完全否定功利目的的阅读。他体察人情，大家都是凡人，都要为生计、为发展、为前途而阅读，这是可以理解的。但是，他也毫不客气地指出了功利目的阅读的问题："许多人学会了阅读，为的是他们的可怜的便利，好像他们学算术是为了记账，做起生意来不至于受骗；可是，阅读作为一种崇高的智力活动，他们仅仅是浅涉略知，或一无所知。""我们真是一些小人物，在我们的智力的飞跃中，可怜我们只飞到比报章新闻稍高一些的地方。"这两段话再清楚不过地指出了功利阅读的核心和本质，功利阅读的问题不在阅读的出发点，而在于阅读的落脚点，在于阅读的终点。功利阅读者"浅涉略知"就停止了，小知即足，目光短浅，踏步不前，半途而废；他们为短小的目标而一叶障目，看不见也不理解阅读之"崇高"，阅读之作用于智力和大脑，阅读之作用于每个人的"司令部"，是"智力的飞跃"。如果将阅读比喻为人的头脑革命，那么功利目的的阅读仅能作为阅读的第一步，后面还有很长的路要走，最终目标是要改变人的精神世界；功利目的的阅读就像革命中的农民，"可怜我们只飞到比报章新闻稍高一些的地方"，有相当大的局限性，需要树立更远大的革命（阅读）目标。

为什么要读书？梭罗的阅读观，特别强调"驰骋在精神世界的领域内"的读书。所以，读书首先要从书中体会人生哲理，学习作家们提炼出来的振聋发聩的思想，从而对照自己，改变自己。

梭罗不仅提出了自己的阅读观，而且总结出读书对人生的指导作用："有好些话正是针对我们的境遇而说的,如果我们真正倾听了,懂得了这些话,它们之有利于我们的生活,将胜似黎明或阳春,很可能给我们一副新的面目;多少人在读了一本书之后,开始了他生活的新纪元!一本书,能解释我们的奇迹,又能启发新的奇迹,这本书就为我们而存在了;在目前,我们的说不出来的话,也许在别处已经说出来了;那些扰乱了我们,使我们疑难、困惑的问题也曾经发生在所有聪明人心上;一个问题都没有漏掉,而且每一个聪明人都回答过它们,按照各自的能力,用各自的话和各自的生活。"梭罗写得多么好啊。在 150 年前,能将读书对人生的指导作用,从指出人生迷津、改变人生、创造新的人生、解除人生的困惑和指导正确的生活等方面做出了深刻的总结,这确实是难能可贵的。

(二)文字、书籍、经典

上面谈的是梭罗阅读观的第一个大问题——为什么读书。下面将要讨论梭罗阅读观的第二个大问题——读什么书。由于《瓦尔登湖》中,不是简单地写出读什么书、读哪些书,而是从书的起源,从文字到口语,从普通书、报纸到经典著作,都较为详细地论述到了。为此,本文就跟随梭罗的思路,先从文字、书籍和经典著作入手来研究"读什么书"的问题。

1. 文字、书籍、作者

梭罗对文字、书籍和作者都有精辟的论述,请看:"文字是圣物中之最珍贵者","书本是世界的珍宝,多少世代与多少国土的最优良的遗产","没有书籍是不行的","书籍的作者,都自然而然地,不可抗拒地成为任何一个社会中的贵族;而他们对于人类的作用还大于国王和皇帝的影响"。

这就是梭罗的观点,一位学者的观点,一位几乎读遍了世界经典的懂得书籍的伟人的观点。人类有史以来,国王和皇帝成千上万,可是他们有多少还留在人们的记忆中,有许多遗臭万年了。而巴门尼德、老子、孔子、柏拉图、牛顿、伏尔泰、卢梭、雨果、托尔斯泰和爱因斯坦等等这些为人类历史做出了杰出贡献的哲学家、思想家、科学家和文学家,他们的作品和名字将被永远地载入人类历史,他们是永垂不朽的。

2. 文字与口语

书写与口语都是语言表达的形式,但在表述、传递知识和思想方面,作用是有天壤之别的。在演说家盛行、巧舌如簧的150年前，非常有必要让大众分清书写与口语的性质和不同的作用。

梭罗在《瓦尔登湖》中直言不讳地讲清楚了文字和口语的区别。他写道：

"口语与文字有着值得注意的不同：一种是听的文字，另一种是阅读的文字；一种通常是变化多端的土话，另一种却是前一种的成熟形态与经验的凝集；如果前一种是母亲的舌音，这一种便是我们的父亲的舌音，是一些经过洗练的表达方式，它的意义不是耳朵所能听到的，我们必须重新诞生一次，才能学会说它。""最崇高的文字还通常是隐藏在瞬息万变的口语背后，或超越在它之上的，仿佛繁星点点的苍穹藏在浮云后面一般。"

在当时的历史条件下，文字是"成熟形态与经验的凝集"，是"经过洗练的表达方式"，是超越口语之上的最崇高的语言形式。会口语的人，还需要经过专门学习，才能掌握相应的文字，也才能阅读。

3. 经典

读经典，这是梭罗在其阅读观中一再强调的。那么书籍中哪些是经典？他也作出了经典性的说明："古典作品如果不是最崇高的人类思想的记录，那又是什么呢？它们是唯一的，不朽的神示卜辞。""古代最聪明的智者说出来的话，它们的价值是历代的聪明人向我们保证过的。""记录人类思想的那些古代作品和《圣经》。""我却比以往更多地接受到那些流通全世界的书本的影响，那些书先前是写在树皮上的，如今只是时而抄在布纹纸上。"什么是经典？按照梭罗的思想，可以归结为三点：（1）是人类崇高思想的记录；（2）它们的价值是历代的聪明人向我们保证过的（或说是经过历史考验过的）；（3）那些流通和影响世界的书本。将这三点概括起来，可认为：经典是经过历史考验的、流通和影响世界的人类崇高思想的记录。

梭罗特别赞赏经典中的古典遗产作品，即那些被"称为古典作品的圣物——古典遗产"。他认为这些古典遗产作品是那样优雅，那样严肃，美若晨曦；后来的作者，尽管不乏才气，也极少能够比得上这些古代作家的精美、完整与永生的智力劳动。作品指的是哪一些？《瓦尔登湖》中，随意谈到的就有《荷马史诗》《圣经》，埃斯库罗斯和维吉尔的作品，但丁和莎士比亚的作品，吠陀经典和波斯古经，柏拉图的《对话录》等。当然，绝对不止这些，梭罗只是举例而已。

（三）读什么书？

前面的铺垫做好了，梭罗开始讨论下一个重要主题：读什么书？

1. 读经典

梭罗的文化观和阅读观中有一个最为突出的特点，不管哪些方面都一定是要最好的！要最好的学校，"新英格兰请得起全世界的智者，来教育她自己"，要最高层次的报纸，对于阅读来讲，那就是要"我们就应该读文学作品中最好的东西"。哪些是最好的书？当然是人类有史以来全世界的经典著作。所以，梭罗的阅读观，如果要概括的话，那就是三个字：读经典。他几乎是不厌其烦地从正反两个方面反复指出，一定要读经典。

在本章的第二个自然段，梭罗用整个段落来谈读经典的问题。他写道："我的木屋，比起一所大学来，不仅更宜于思想，还更宜于严肃地阅读；虽然我借阅的书在一般图书馆的流通范围之外，我却比以往更多地接受到那些流通全世界的书本的影响，那些书先前是写在树皮上的，如今只是时而抄在布纹纸上。"他引用诗人密尔·玛斯脱的说法："要坐着，而能驰骋在精神世界的领域内；这种益处我得自书本。一杯酒就陶醉；当我喝下了秘传教义的芳冽琼浆时，我也经历过这样的愉快。""整个夏天，我把荷马的《伊利亚特》放在桌上，虽然我只能间歇地翻阅他的诗页。起初，有无穷的工作在手上，我有房子要造，同时有豆子要锄，使我不可能读更多的书。但预知我未来可以读得多些，这个念头支持了我。在我的工作之余，我还读过一两本浅近的关于旅行的书，后来我自己都脸红了，我问了自己到底我是住在什么地方。"

第一个分号前，他以愉快的心情赞美自己的小木屋，赞美什么呢？不是宜居，更不是豪华，而是更宜于思想和更宜于严肃地阅读，简言之，是更宜于读经典。接着他讲到自己读什么书，他读的是那些"流通全世界的书本"，那当然是经典书。接下来他借用18世纪波斯诗人玛斯脱的说法，谈到了自己读经典的感受，如喝下芳冽琼浆时的那种陶醉和愉快。最后的5行，讲到将经典荷马史诗《伊利亚特》放在桌上，可以随时翻阅；自己建造木屋是很累的，而支持他的动力是以后能读更多的经典书；他为自己读了一两本非经典的旅行书而脸红。这就是一位爱书、读书，严格要求自己读经典的学者形象，多么可敬啊！

在这一段话中，梭罗也讲到这些经典"在一般图书馆的流通范围之外"。读经典的读者较少，很有可能是世界性的情况，值得图书馆工作者深思。

经典以古时候的书为多，经典会不会过时？梭罗也回答了这个问题。"有些人说过，古典作品的研究最后好像会让位给一些更现代化、更实用的研究；但是，有进取心的学生还是会时常去研究古典作品的，不管它们是用什么文字写的，也不管它们如何的古老。"经典是经过长期历史考验的人类崇高思想的记录，没有过时的问题。越是现代化，越要研究历史、研究经典。

梭罗深深地感到人们对经典不珍视，不知道什么是真正的宝贝。他惋惜："任何一个人都为了拣一块银币而费尽了心机，可是这里有黄金般的文字，古代最聪明的智者说出来的话，它们的价值是历代的聪明人向我们保证过的。"面对社会上人们读经典之缺失，他呼吁："我们应该像古代的圣贤一样的美好，但首先要让我们知道他们的好处。我们真是一些小人物，在我们的智力的飞跃中，可怜我们只飞到比报章新闻稍高一些的地方。"他鼓励人们，通过读经典而使我们的智力飞得高些，越来越高，以达到"像古代的圣贤一样的美好"。

2. 读经典原文

梭罗希望和鼓励人们读经典著作的原文，书中有好几处提到这个问题，这是我没有想到的，可能同我们受外文水平的限制一直读翻译本有关系。

梭罗讲，荷马、埃斯库罗斯和维吉尔等作品还从没有用英文印行过，也就是说在他那个时代，这几位大作家的作品还没有英文译本。《荷马史诗》被称为欧洲文学的始祖，是西方古代文艺技巧高度发展的结晶；埃斯库罗斯是古希腊悲剧诗人，有"悲剧之父"的美誉；维吉尔是以《牧歌》闻名的古罗马诗人。梭罗认为："还没有学会阅读古典作品原文的人们对于人类史只能有一点很不完备的知识。"他希望甚至要求喜爱读书的人一定要读经典原文，只有这样才能准确地掌握作品，正确地了解作品，也才能学习到经典作家思想的精髓。"他读了原著就会在相当程度之内仿效他们的英雄，会将他们的黎明奉献给他们的诗页。"

对于当时的经典翻译本，梭罗的嗤之以鼻的态度令我感到奇怪甚至震惊。他讲："现代那些廉价而多产的出版商，出版了那么多的翻译本，却并没有使得我们更接近那些古代的英雄作家。"梭罗是通希腊文的学者，他肯定都是读经典原文的，对很难保持经典原文原意的翻译本，与经典原文的巨大差异，当然是非常清楚的。所以他不主张读翻译本。

不读译本，这对于我国的广大读者来说，确实是个大问题。有几人能够读经典原文呢？不要说希腊文，就是英文，又有多少人能够读呢？怎么办？学习梭罗讲的读书精神，我认为，我国也应该大力倡导读外文经典著作原文本。我国现在越来越多的年轻人，英文普遍比老一辈好，但不能用来炫耀和比时髦，要继续努力，要达到能够读懂、读通经典原文的水平，且要坚持读下去。果真如是，那我国整个社会的英文水平和文化水平都必将会有一个很大的提高。

3. 批评当时社会普遍的读书现象——不读经典

作为一位读万卷书的学者，梭罗看到当时美国社会普遍存在的不读经典的现象，很是痛心、惋惜。他写道："即使所谓'好读者'，也不读那些最好的书；对于最好的书，甚至英国文学中一些很好的书，大家都觉得没有味道。甚至于这里那里的大学出身，或所谓受有自由教育的人，对英国的古典作品也知道得极少，甚至全不知道；记录人类思想的那些古代作品和《圣经》呢，谁要愿意阅读它们的话，是很容易得到这些书的，然而只有极少数人肯花功夫去接触它们。"他又指出，许多著名经典作品的作家，"他们的名字在这里几乎听都没有听到过"。

对读一两本非经典就羞愧脸红的梭罗，如何能够容忍这样巨大的精神浪费？他劝诫人们："我们应该读文学作品中最好的东西，不要永远在重复a—b-ab和单音字，不要四年级五年级年年留级，不要终身坐在小学最低年级教室前排""于是他们只读一些轻松的东西，让他们的官能放荡或单调地度过余生。"这种普遍存在的不读经典的社会现象，对整个社会的文化都必将造成恶果。什么恶果呢？正如梭罗一针见血指出的："于是，我们的读物，我们的谈话和我们的思想、水平都极低，只配得上小人国和侏儒。"

关于梭罗所指不读经典的社会现象及其恶果，在《瓦尔登湖》出版150多年后的中国，不是照样存在吗？是否也应该从读什么书的角度来找找原因呢！

现在，国内好多城市提出一个口号"因读书而受到尊重"，口号普遍适用于城市、单位或个人。这个口号当然非常好，鲜明地亮出了"读书"的旗帜，有震撼作用；但是，口号还不够全面，应该加一句"因阅读经典而变得高尚"。为什么呢？因为书有崇高和低俗之分。因为读坏书而犯罪的人是有的；因为读平庸的书而成为梭罗所描写的"我们的思想、水平都极低，只配得上小人国和侏儒"的情况，难道不比比皆是吗？

因此，我们的读书宣传，不要仅仅倡导举办了多少"活动"，更要脚踏实地，什么是"实地"呢？要清清楚楚地认识到："读书活动"并不是真正的读书，而顶多是制造一种轰轰烈烈的读书气氛；真正起作用的还是要坐下来，以"个人"为准，安安静静地读；不仅如此，而且要读真正能够起作用的好书，这需要正确推荐、深入落实，使人人都真真正正地在读书。推荐什么书呢？一定要推荐经典书或经过考验但还不属于经典的好书。

（四）怎样读书？

在《瓦尔登湖》"阅读"一章中，梭罗不仅论述了应该读什么书，而且从精神、态度、方法等多个方面，告诉人们应该怎样读书。

1. 刻苦研读、终身努力

读书首先要有一种精神，我国古代讲"头悬梁、锥刺股"，梭罗也提倡刻苦研读、终身努力的读书精神。他讲："读好书，也就是说，读真正意义上的好书，是一种崇高的运动，读者要殚思竭虑，其中的甘苦不亚于世所推崇的任何运动。""读书需要训练，就像运动员要接受锻炼一样，要不变初衷，终身努力。"

他讲的"运动"，我的理解就是指智力劳动，本书其他地方也提到过"智力活动"，其需要刻苦的程度不亚于世上所推崇的任何体力运动或劳动。为此，需要学习怎样读书，并且这种读书的努力，不是一时一事，而是一生一世，需要矢志不渝，需要终身努力。

2. 谨慎、严肃、兢兢业业

梭罗提出，读书要有谨慎和严肃的阅读态度："书本是谨慎地、含蓄地写作的，也应该谨慎地、含蓄地阅读。""我的木屋，比起一个大学来，不仅更宜于思想，还更宜于严肃地阅读。"我们所读的书，尤其是经典著作，都是经过作者仔细推敲、深思熟虑、字斟句酌写出来的。对待这样的智力和智慧成果，读者也应该向作者学习，要有相应的阅读态度。

读书要兢兢业业，要像梭罗在书中指出的那样："我们应该踮起脚尖，将我们最敏捷最清醒的时光奉献给阅读。"对于读书人来讲，把最好的时光用来读书，这是常理，一般人也会这样做的。但是，书中所提"踮起脚尖"读书，我是第一次看到，还特别比较了两个译本，译法完全相同。我体会，"踮起脚尖"形象地比喻了读书要有毕恭毕敬、小心谨慎、聚精会神的态度。

3. 孤独、思考

读书总是同孤独相伴，读书又总是与思考为伍，这是读书的常识，也是真正读书者的必然。试想，不独处怎么能够读得了书，不思考又怎么能够使书上的内容进入你的"精神领域"。在《瓦尔登湖》一书中，梭罗向我们倾诉了他的读书情况和感受："我从微明的早起就进入了漫长的黄昏，其间有许多思想扎下了根，并发展了它们自己。"可见，他经常是从微明到黄昏，一整天都在独处、都在"孤独"地读书，在进行独立思考，"驰骋在精神世界的领域内"，其结果是"有许多思想扎下了根，并发展了它们自己"。梭罗一个人用了两年多的时间单独生活在瓦尔登湖滨，获得了许多宝贵的人生体验，由17个章节构成的《瓦尔登湖》就是这些体验的结晶；阅读是他要体验的人生必需的生活内容之一，我们所讨论的第三章"阅读"就是他体验的成果。我想，阅读需要孤独和思考，应该是他的体验的结论之一吧。

4. 不满足、不贪多

梭罗毫不留情地批评了当时的两种读书现象，那就是"满足"和"贪多"。他以幽默、讽刺的笔触写道："许多人能读就满足了，或听到人家阅读就满足了，也许只领略到一本好书《圣经》的智慧；有种人，像贪食的水鸭和鸵鸟，能够消化一切，甚至在大吃了肉类和蔬菜都很丰盛的一顿之后也能消化，因为他们不愿意浪费。如果说别人是供给此种食物的机器，他们就是过屠门而大嚼的阅读机器。"梭罗批评的是读书过程中一个问题的两个方面：前一种是浅尝辄止，患的是读书的"营养缺乏症"；后一种是来者不拒的"阅读机器"，患的是读书的"消化不良症"。对一个人来讲，这两种病都同样影响健康；对读书来讲，这两种病也都会极大地影响阅读效果。对人或对阅读，这两种病都在必须医治之列。

5. 开动脑筋、揣摩原意

如何对待出版界粗制滥造的翻译本问题，梭罗也给我们指供了办法："我们必须辛辛苦苦地找出每一行诗每一个字的原意来，尽我们所有的智力、勇武与气量，来寻思它们的原意，要比通常应用时寻求更深更广的原来意义。"他说的是在读翻译本过程中，必须弄清楚本来的意义，即原意。

怎么样才能弄清楚原意呢？读翻译本的问题，我个人既受过教训，也获得过益处。我们作为读者没有别的办法，只能在现有的翻译本中找寻比较好的。所谓好，是指翻译的内容准确，语言通顺、优美。怎么找呢？我的笨办法就是在图书馆或书店中，对同一本书的不同翻译本进行比较，然后选择借或买两本，读自认为最好的那本，不清楚之处，再对照另一本。另外的办法就是请教明白人，但如何能够找到明白人？可以通过网络和各种现代通信手段。我想，只要严加注意，多动脑子，每个人都会想出适合自己的办法。在这方面，我们图书馆应该也可以做一些实际而有用的工作，如组织读书会、某一翻译本的专题讨论会等。不要尽搞些声势浩大、领导坐台上、装点门面而没有实际意义的读书活动。

6. 要安安静静，不要轰轰烈烈

阅读必须有一个好的环境，使读者能够安下心来，专心致志读书，别无他顾。阅读环境有大环境和小环境之分。我们家中的书房和图书馆的阅览室，是专门供读书用的小环境，别看阅览室那么多人，但读起书来感觉只有我一个人，非常好。一个社会或城市或居民区是读书的大环境，一个倡导读书的社会，为阅读创造了许多条件，这就形成了非常好的大环境。

我们的城市开展轰轰烈烈的读书活动，以活动的次数表示一个城市的读书深化程度。殊不知，如前所述，读书的性质和特点就是平静、孤独和思考。一个月开展活动几百上千次，组织和参加这些活动，每一次都要调动几十上百的人次啊！呜呼，不知道号召这些活动的人，是否认认真真地读过书，如果是一个真正的读书人，绝不会做这种同阅读背道而驰、劳民伤财、破坏阅读大环境的蠢事。对此，我们看看梭罗的意见，他写道："作家，更平静的生活是他们的本分，那些给演讲家以灵感的社会活动以及成群的听众只会分散他们的心智；作家的演说对象是人类的智力和心灵，是任何时代都能理解他的人。"如果说作家写作需要这样的大环境，那么同作家一样需要孤独和思考的读者阅读，就同样也需要这样的大环境。只有这样，作为"作家的演说对象"的读者，也才能真正理解作家的"智力和心灵"。为了真正促进市民读书，应该多动脑筋，下功夫研究，采取一些真正有利于阅读的办法才是正确的而行之有效的。小心太热闹的"读书活动"是一种危险，不要最后剩下的只是热闹的"活动"，而没有了"读书"。

（五）阅读是通向文化的桥梁

《瓦尔登湖》第三章的主题是"阅读"，但是梭罗在好多地方讲到了文化，特别是在最后的12个自然段，内容全部都是文化，从个人、家庭到村镇文化。在个人和家庭的文化发展方面，梭罗举了一个商人的例子。这个商人赚了钱，在梭罗"我们并不要贵族，但让我们有高贵的村子"的思想影响下，他发生了可喜的变化："商人等转向那些更高级，然而又高不可攀的智力与天才的领域，他煞费心机，要给他的孩子以知识文化，这正是他敏锐地感到自己所缺少的；他就是这样成了一个家族的始祖。"赚了钱的人，不是一切向钱看，不是头脑里只有钱，而是将眼光转向了读书，转向了"高贵的"文化，喊出了"不要贵族要高贵"的口号，这是一个巨大的观念转变。在这种思想指导下，商人想尽一切办法让孩子发展，他给予孩子的不是"他拥有的最多的钱"，而是"自己所缺少的"知识和文化。他的家因而没有败落，而是发展成了一个有文化的"高贵的"家族。这个商人不是用他的钱，而是依靠他的眼光，依靠文化，"成了一个家族的始祖"。

居住在木屋中的梭罗不仅自己阅读和思考，他也在关心附近村镇的教育和文化建设。他呼吁："我们在肉体的疾病方面花了不少钱，精神的病害方面却没有花什么，现在已经到了时候，我们应该有不平凡的学校。""一个个村子应该是一座座大学，老年的居民应该有裕闲时间，把他们的余年放在从事自由学习上。"不仅要发展教育事业，而且所有村镇都应该开展文化建设，要有各种文化设施，"要结聚一些有助于他的修养的－天才－学识－智慧－书籍－绘画－雕塑－音乐－哲学工具，等等"的场所。

在他看来，阅读是克服愚昧、无知和不文明的开始，是教育和文化建设的起点。他在阅读这一章的结尾，向社会有力地喊出了他的心声："我们宁可少造一座桥，多走几步路，但在围绕着我们的黑暗的'无知深渊'上，架起至少一个圆拱来吧。"这样的有深远意义的指导性话语，应该引为我们的奋斗目标。

2011年9月17日

十一、洒向人间都是爱

——读经典童书《海蒂》并以此参加孩子们暑期的阅读活动

（一）一股清纯之风吹进了喧嚣的城市

一股从阿尔卑斯山吹过来的清纯之风，刮进了中国南海边忙忙碌碌、汽车喧嚣的新兴城市；一幅瑞士雪山自然美景和山区人文生活的画卷，雪亮了整日熙熙攘攘的人群的眼神；一位小女孩蹦蹦跳跳地闯进了深圳人的精神世界。这就是我读了瑞士作家约翰娜·斯比丽的作品《海蒂》的感受。

约翰娜·斯比丽是一位举世闻名的儿童文学家，从1879年起她写了大量的作品，这些故事的书名总冠以"献给孩子以及那些热爱孩子的人们的故事"。在她的所有作品中，最为出名的是其代表作《海蒂》。在1901年斯比丽逝世的时候，《海蒂》已经是第18次印刷。

《海蒂》是世界儿童文学宝库中不朽的经典著作，小海蒂是世界儿童文学中永远也不会过时的形象。读了《海蒂》，我体会最深刻的是：小海蒂纯真的爱和这种爱所蕴涵改变世界的伟大力量。

（二）纯真的爱

这种纯真，有如才露尖尖角的小荷，有如早晨荷叶上滚动的露珠，有如西藏冰峰上的雪莲，有如从地下突突喷涌的泉水，是那样晶莹剔透，是那样一尘不染，是那样真切感人。

小海蒂爱她接触的所有的人。

海蒂与彼得的奶奶无亲无故，第一次见到并听奶奶说"在世上我是永远也看不见光明了",海蒂放声大哭,且"一直哭个不停"。看到奶奶屋子透风,海蒂让爷爷尽快为奶奶钉好晃动的窗板,感动使从来不同人交往的爷爷愉快地答应了。爷爷不仅钉好了窗板,而且修理了整个小屋子。最令人感动的是海蒂为奶奶从法兰克福带面包卷。奶奶不能吃又黑又硬的面包,在法兰克福克拉拉家,海蒂每顿饭自己不吃都偷着留下面包卷,放在柜橱下面,"秘密地享受着一种幸福的期待"。在收拾回瑞士行李时,面包被管家发现,没收了,海蒂感到"奶奶吃不上面包卷了",伤心地大哭不止,直到克拉拉答应一定为彼得的奶奶准备更多更新鲜的面包卷。海蒂的爱心影响了没有见过奶奶的克拉拉,她除了送面包卷,还专门送给奶奶一条暖暖的大围巾。奶奶白天围在脖子上,晚上睡觉时则盖在身上。

海蒂的爷爷是一位孤苦伶仃的老人。他早年丧偶,中年失去了儿子和儿媳,唯一的亲人孙女小海蒂也寄养在亲戚家里,他一个人远离人群居住在高高的艾尔姆山的半山腰上。悲惨的人生经历使艾尔姆大叔形成了孤僻、冷漠、少言无语的性格,道夫里村的人们误会了他,都躲着他。

小海蒂的到来,如一只叽叽喳喳、蹦蹦跳跳的小鸟,冲破了爷爷家的孤寂,带进了活跃的家庭的气息。小海蒂一声接一声地叫着"爷爷",那亲孙女稚嫩的声音,震颤了老人几十年孤苦的心;小海蒂亲切的话语,童趣的动作,自己动手的生活能力,深深地打动了老人,唤醒了他心中沉睡了多年的亲情和爱。他为小海蒂铺床,制作小板凳;答应孙女的要求,改变了多年来不与邻居交往的习惯,为彼得的奶奶钉窗板、修屋子,此举让彼得的奶奶感动地落下了眼泪,轰动了道夫里村。进而,爷爷为了能使海蒂上学,一改孤僻的性情,搬家到山下。小海蒂使离群索居于艾尔姆山上的爷爷又回到了道夫里村的"人间"。

海蒂爱彼得羊倌,爱残疾姑娘克拉拉,爱克拉拉的奶奶,爱她所接触的所有人,热爱周围的一切,洒向人间的都是爱。

海蒂热爱大自然,热爱阿尔卑斯山的美丽风光:湛蓝的天空,延绵起伏的山峦,艳丽的山花,清新的空气,瑰丽的晚霞,杉树下呼啸的山风,山崖上的皑皑白雪,欢叫着的羊群……正是:洒向人间都是爱。

（三）爱改变了世界

　　小海蒂是一个天真烂漫、充满生气、心地善良、人见人爱的山野姑娘，她纯朴清新，将欢乐和纯真带给每一个人，像阿尔卑斯山玫瑰色朝霞一样给人以温馨和希望。

　　小海蒂的爱，温暖了她那个外表冷漠但内心善良的爷爷，使爷爷如同变了一个人，生命的动力如地下的石油喷薄而出。

　　小海蒂不仅想尽一切办法帮助老奶奶，而且经常陪伴老奶奶，一起聊天，让什么都看不见的奶奶重新获得了生活的乐趣和力量。

　　小海蒂在生活上照顾、学习上启发和督促牧羊倌彼得，直言不讳地指出他的毛病，使彼得也逐渐变得热爱学习，为老奶奶读故事书，主动承认自己的过错，成长为一个诚实的孩子。

　　小海蒂帮助清纯善良的瘫痪姑娘克拉拉，她同爷爷一起，在艾尔姆山上照顾病弱的克拉拉，想方设法让残疾的克拉拉站立起来，激励克拉拉用自己的力量学习走路。真是：爱创造了人间奇迹。

　　每个人都有付出关怀的权利和能力，只要肯付出真爱，即使是一个关爱的眼神、一个灿烂的微笑、一个温暖的拥抱，都会让接近你的人有如沐春风的感觉。爱可以改变一个人，改变一个人的未来。世界是由人组成的，小海蒂的爱改变了她周围的世界。爱改变了世界。

2018 年 6 月 25 日

十二、悠悠人书情未了

（一）三句话触发和催生了一本书

《读书毁了我》作者琳莎·施瓦茨是一位读了一辈子书的美国女性读者。一天，她在《纽约时报》上偶然看到一篇文章引用了一位中国学者查先生的话，说此人"对佛教的信仰……若马勒悬崖，一下子收住了他对书籍的痴好"。查先生说："多读只似作茧自缚，不若信由身心开放。须得时时谨防他人思想扰乱一己通畅的神思。"

上面所引查先生有关读书的三句话，重重地击中了琳莎的"七寸"，触动了她的人书情。这三句话触发她将其写在纸上，同她平生所读过的书，各放在她心灵天平的两端，加以平衡，进行掂量和思考，看孰轻孰重。她用查先生三句话对照自己平生的读书体会，反省自己一生的读书生活。真的吗？信仰佛教真的能够使人对书籍的痴好马勒悬崖？读书是束缚思想、"作茧自缚"，不利身心开放吗？把书籍对思维产生的影响称为"扰乱"是否恰当？读书是否令我通畅的神思变得阻塞了呢？作者认真思虑自己平生对书籍的依赖和信任，在思虑中态度诚挚而深邃，神情沉重而凝聚，因为这是在回顾和总结自己的人生啊！

琳莎·施瓦茨写道："一纸日报触发我去反省自己的一生，这样的情况是极其罕见，少而又少的。"是啊，人的一生能够有几次像这样从童年开始回忆，进行追根溯源、敞开思想、触动灵魂的清理。如果说，"人生能有几回搏"是在竞技场上，那么在精神领域自己同自己认认真真地进行思想上的搏斗，那真真正正是少之又少啊！这种长时间深度地回忆、思虑、比较甚至思想交锋，得出看法，记录下来，逐步形成了一本书。真可谓：三句话触动了读书人的人生反省，三句话催生了一本书。琳莎别出心裁地给该书取名为《读书毁了我》。

《聊斋志异》作者蒲松龄在其作品《阿宝》中有一句话:"性痴,则其志凝。故书痴者文必工,艺痴者技必良。"琳莎自己认为,她有"平生嗜书癖好",当然是一位名副其实的书痴者,那她的书是否"文必工"呢,拭目以待吧。

光明日报出版社于2000年出版的李斯译的《读书毁了我》全书226页,正文136页,附录90页,附录的内容是12篇中外名人有关读书心得的文章。《读书毁了我》的内容分为七个部分:

(1) 躺在书籍遮蔽的光影里　　　　　21 页
(2) 成为一个"读者"　　　　　　　　8 页
(3) 透明的徽标　　　　　　　　　　29 页
(4) 涉及一生的童年故事　　　　　　26 页
(5) 电影只是电影　　　　　　　　　9 页
(6) 阅读的果子是涩的　　　　　　　14 页
(7) 为自己阅读　　　　　　　　　　28 页

该书我读了四遍,如果加上写读后感过程中的随时翻找,那读的遍数就更多了。我经过翻来覆去地仔细琢磨,感到全书有四个亮点:一是令读者浮想联翩的书名,二是作者深厚的读书情怀,三是书中不间断涌现出来的阅读哲理,四是作者在阅读实践中亲身体会和总结出来的阅读方法。全书的字里行间饱含了她对书籍的绵绵情意和动人心魄的感怀,娓娓道来的笔触中深含着的是阅读的意义和哲理,慢声细语中向读者介绍了读书体会和阅读方法。读起来令人感动,使人信服。

我作为一个读书人,读了《读书毁了我》,受到了极大的震撼。我下了狠心,憋足了劲儿,一定要写读后感。我的读后感分为三个部分,之一是讨论前两个亮点,即书名和读书情怀,之二是讨论第三个亮点阅读哲理,之三是讨论第四个亮点阅读方法。本文是读后感的第一部分。

(二)一个令读者浮想联翩的书名

对《读书毁了我》这本书,过去我是连听都没有听说过。那么我是如何发现它的呢?原因就在书名。半年前的一天,我在深圳大学城图书馆借书的同时,习惯性地随意浏览着一排排书架,无意间一个奇怪的书名——《读书毁了我》,把我牢牢地钉住了。怎么有这样奇怪的书名？在我的阅读印象中，有许多古今中外名人都撰写过关于读书苦乐的书籍和文章，但还没有发现像美国现代作家施瓦茨这样以《读书毁了我》为题而著书的。这种对读书进行完全否定的霸道口气，不能不引起我的注意，也让我不能不将它借回家好好读读。这一读不要紧，一发不可收，读和做笔记往返了四遍，持续了半年多的时间，真是爱不释手啊。

作者琳莎·施瓦茨本来是颂扬读书的，但为什么反其道而行之，取了这样一个不寻常的书名？作者在书中是以这样的一句话结束全书的："阅读这件事，也只有这件事，我是为自己做的。那是一条使我的生活真正属于自己的道路。"至此，全书中都并没有发现作者埋怨读书毁了自己。每读一次该书时，我都在思考书名问题。我首先应该肯定的是，作者用《读书毁了我》的这个书名，极具有吸引力，吸引人们的眼球。我就是这样被吸引住的，我看到了网上介绍的不少读者也是被书名所吸引而读完了该书。不过，读第三遍时，我发现了一个秘密，在第三章《透明的徽标》中作者写出了一段话："我小的时候喜欢反语，每一个转折都是叫人痛苦又极甜蜜的惊讶。"原来，琳莎是返老还童，用了一个"反语"作为书名。每一位读该书的读者，都会提出有关书名的疑问，这真是一个令读者浮想联翩的书名，取得多么好啊！

我在网上查看了其他读者对《读书毁了我》这一书名的反映。

有位读者写道："直到读完最后一页合上书本之后，在久久回味作者满纸的激情文字时，你才会突然明白作者为什么会使用这样一个不雅的书名。"

一位香港读者看到《读书毁了我》这本书时，被名字所吸引，想看看一个爱书人怎么被书毁了，作者如何向阅读说"不"。当然，翻到内里，逐步明白这是一个爱书人的反话，大抵像向情人"诉苦"："你毁了我，甚至毁了我一生，因为我对你不能自拔。"作者正是书痴，书就是她的情人。

关于阅读的反话，并非琳莎·施瓦茨的首创。哲学家卢梭在《爱弥儿》中倒真说过："阅读是童年的祸害，因为书本教我们谈论那些我们一无所知的东西。"美国媒体文化批评家尼尔·波兹曼曾经说："阅读是童年的祸害，因为在某种意义上，它创造了成年。"他的意思是，阅读文化建基于社会识字能力，而现代的成人概念多半是印刷术产物，儿童接受学校教育，基本上就是按部就班地掌握阅读能力，学习成为大人。钱锺书也说过阅读的"反话"，就是他那篇著名的《读伊索寓言》，他说孩子不好读《伊索寓言》,"因为它把纯朴的小孩子教得愈简单了,愈幼稚了"。

有的读者认为,正是沉迷于读书——这种令外界的一切都消失的魔力把琳莎·施瓦茨"毁了"。她的一生不同于普通人,充满了虚幻的色彩。但是,她的一生也享尽了"魔力"的恩宠,拥有了一般人没有的幸福。所以,我们便能在书中读出一句话来"读书毁了我,但是我很乐意。"一位读者用十分有趣的口气,写下了自己的感想:"读书可以毁了一个人,也很好啊。似乎比让别的东西给毁了要好一些,作者其实是骄傲的。对此津津乐道,岂不表明了,无论如何读书是件诱人的事,有意义的事,这条路走得越远,越是活得非同凡响。"

也有不同的声音。一位读者写道:"掩上琳莎·施瓦茨的《读书毁了我》,我禁不住长叹一声:读书也毁了我!读书毁了我什么?多呢!倘若按当前高居流行榜首的官本位价值观来看,则是仕途,书本遮住了我展望仕途的视线。"不过,我还不能够断定,这位读者是真抱怨读书影响了他走仕途,或者说的也是反话。

一位被评上"十大读书人物"的读者,读过《读书毁了我》之后受到很大的震撼,他讲出了自己独到的看法:"你读得越多,你懂得越多,你就越开始清楚地知道你的世界正被引领入一种深深的虚妄中去。但你除了往前走,却没有退路。鉴于以上个人认知,如果我将来有后代,我将对他说出这样的一番话:当你手中的小小方物正打算把你引领入某个未知的世界。即便书中的世界是那样的历史纵横,天地辽阔。你不要过于沉醉,你要小心翼翼地读书,踏踏实实地走好你的每一步。紧紧抓住你的生活,别让读书毁了你。"这位读者在读书方面肯定是有功底的,我体会到,他的意思是讲读书不要"沉醉"于"虚妄",走上歧途,而需要"小心翼翼""踏踏实实",要密切结合生活实际。

这里讲一个笑话,刚上初中的小孙子看见我读的这本书,指着书名对我讲:"是的,读书毁了我,让我'少了很多玩电脑的时间'。"

(三)绵绵无绝期的恋书情怀

《读书毁了我》一书,一种女性的文笔,纤细、抒情,跃然纸上,有时委婉如潺潺流水,有时又掷地有声如惊雷。笔下七十多部经典和"牛书"如数家珍,悠悠人书情似喷薄的红色岩浆。查先生给作者创造了一个机会,好似导火索引爆了几十年压抑在她内心深处对书籍的深深情怀。

"读书教会我们的,首先和最为重要的是如何很长一段时间坐着不动,并与时间迎面较劲。这动力在人心里,是一种高尚的、精神的锻炼,如此彻底地沉浸其中,竟使我们忘记了时间和生死问题,更忘记了人生轻微一些的痛苦,而只是永恒不息的此刻享受。""阅读是纯粹的活动。它给予我们的只有心的迷醉。当我们慢慢习惯于在静默和专注中接受书的时候,我们同时也慢慢习惯于接受这个世界,也是临时接纳,也会使心沉醉其中。""阅读给人一种体验的情境,像金字塔一样的氛围。……当我们年老,岁月会像剥衣一样夺走我们所有的一切,会捕捉住我们因为曾经拥有但有转瞬即逝的伤悼和虚无,而我们同时还会继续为虚无感和悲悼而束缚,我们会张开滑稽而热烈的臂膀将那一大堆枯朽的书籍紧拥在我们心头……"

读到作者这些话语,这些像是埋藏在我内心深处想说而说不出来的话,好似琳莎·施瓦茨来到了我的书房,亲切地在同我交谈,谈读书的心得和体会。这些话语对我来说,是那样的恋恋不舍,像担心失掉恋人一样,急着要记录下来。我到网上寻找全书而未果,还专门请网络高手帮忙,没想到还真找到了一本,却是影像版,没有数字化。我只好用笨办法。在做笔记过程中,这些话语和那大段大段的警句格言,使我动了千千万万次手指,转了万万千千次头。每句话都要核对两遍,那是花了多少时间和精力,一个字一个字地敲了下来的啊。虽然累,但很庆幸,毕竟我把这本我所喜爱的书"吃"下去了,变成了我精神世界的一个个细胞。

琳莎从童年就开始读书。在《读书毁了我》一书中,她一路回忆着,也随手解开一个个心结,可是,到底是爱书人,唯一解不开的,还是跟书的恋恋情结。"真正的书,是躺在青蛙里面的王子,我们打开它,我们的眼睛投下再生的一吻,这就是使人陶醉的力量。别人的思想并不干扰我们自己的思想,它会在灿烂夺目的再生中与我们的思想水乳交融。"

琳莎从三岁半开始阅读,房间里能找到什么就读什么。最喜欢的是安徒生童话《美人鱼》,有喜欢,有大伤脑筋,自然也会有无数的困惑。那时候的情景真正是:"要在我的理解力与无知之间划一个界限出来,是一件异常困难的事。"

琳莎的姐姐对她的读书有着很大的影响。她形象地写道:姐姐沉浸在读书中,能够排除任何打扰,纹丝不动,全然不知道有人在同她讲话,是"那种可以淹没整个世界的看不见的力量"。青出于蓝而胜于蓝,琳莎的读书比她姐姐还要投入,读书入迷使她"觉得自己已经身处异处,因此也就按身处异处方式行事"。结果由于这种状态所闹出来的笑话可想而知。

在读书"一片混乱的迷雾"之中,也许只是八九岁的时候,作者就发现了一本告诉她更多答案的书"《一个小公主》是我童年的精神指南",它让琳莎·施瓦茨明白自己是谁。她反复地读这本书,孩子们拿到特别的书时都是这样的。每隔几年,作者还会读这本书,它吸引着她,"就如同一段美好的音乐,或者一片美好的风景经常会让人不时回顾一样。每次它都赠予我一些东西"。

作者少年时家中陈列的不同书籍,在她心中成了具有不同人格的朋友,就像有生命一样,书的内容开始对她逐渐产生深刻的影响,以致使她沉迷于书中而不能自拔,进而决定了她只能成为一种人:一生读书的人。在她眼里,书是生活中极平凡的一部分,就如吃穿住行的必需品一样。在《读书毁了我》中她并没有说"书是人类精神食粮"这种伟大的话,她只是说:"食物和故事在嘴里聚集,滋养和丰富我的生命。我永远也不能将我反复读过的书与羊肉块和土豆泥分隔开。"作为书痴的她,"白天用来偿还欠这世界的债",晚上可以做"唯一一件为自己而做的事"即阅读。她读了一辈子书,写了一辈子书。老来回顾一生,竟是"读书毁了我",还把这感触作为封笔之作,并在书中讲述了她一生的阅读故事。

琳莎同书之间的那种情怀,正如白居易在《长恨歌》中所描写的"绵绵无绝期"的恋恋之情,那样的水乳交融,充满了《读书毁了我》的字里行间。这样的情怀怎么能够不感染那些热爱读书的读者们呢?

在《读书毁了我》一书的封底,印有几位外国读者的读后感,下面举二例:一位叫约翰·艾斯培的读者在《芝加哥论坛报》上写道:"触动……感人的回忆。琳莎·施瓦茨探究自己的读书癖好,同时也使另外一些爱书人明白自己迷醉于文学的根由。"另一位是《长步与私语》作者格雷茜·帕莱,她在其书中写出:"我熟悉这本书,事实上就好像摸着了家里那些宽大的旧椅子,就像坐在那张椅子里捧读自己的一生。"看来,《读书毁了我》早就在其本土美国产生了不小的影响,在正式书刊上面都有了不少的反映。

（四）一位令人敬佩的拳拳读书人

1. 读书是读者的心灵之舞

一种与生俱来的好奇心，使作者逐步养成了一生的嗜书癖好，但她并不是对所有的书都有嗜好，令她入迷的是那些富有想象力的杰作，"我只读那些在语言上令人心动的书"。读书有如作者同读者的二人世界，作者在向读者窃窃私语，告知读者他的故事、他的人生、他的思想、他的爱情、他的一切。作者琳莎·施瓦茨认为，读书如"有人共享了它的私密"。在中外历史上那些杰出的经典著作中，作者们那感人的故事在吸引着读者，那动人心灵的人生哲理在滋养着读者，那荡人灵魂的崇高精神在感化着读者，精神境界的交流令读者心驰神往。琳莎描述了阅读这些杰作时候的感受："跟舞者和运动员的身体一样，读者的心灵只有在和着词语的音调活跃激荡、伸展收缩、纵横腾挪之时才会得到真正的快乐和入神。"阅读这些书会引起读者心灵上的共鸣，那是一种享受，"心灵之舞令人旷达心怡"，"一个感觉，一种质地，一道光环：莎士比亚的芳香，托尔斯泰时代清新的微风……"。在这种"心灵之舞"的享受中，在"光环"照耀、"芳香"熏陶和"微风"拂面的"旷达心怡"之感受下，书中的精神和思想将"润物细无声"地滋润读者的心田，进入读者的精神世界。读者和作者的精神和思想逐步交流和融合，渐渐地融为一体。读者感受到了精神上的升华，获得了人生的启迪。面对着这些感受，琳莎坚定地回答查先生："总之到目前为止，还没有哪一方神圣可以阻遏这嗜书的癖好。"

2. 读书是高尚无比的圣事

琳莎·施瓦茨"读了一辈子的书，一生中最美好的时光都耗在里面了"。她从常年的读书实践中，从所耗一生中最美好的时光里，对读书产生了深厚的感情和独到的认识和看法："我一直都认为阅读是一件高尚无比的事情，而像所有的圣事一样，读书也会唤起一层职责的坚挺的光晕。""阅读会使生活高尚起来。""对于阅读，我一个字的假话也说不出来。就跟一位虔诚的天主教徒在感恩祷告时不可能说出虚伪的话一样。"

上面的几句话中，她讲出了四层意思。

一是读书是"一件高尚无比的事情"，即在人们生活的许许多多事情中，读书是高尚无比的，她对这一看法一直都是坚定不移的。对此，我个人也有深刻的体会。

退休后，我逐步对人生有了点感悟，其中之一就是人生分为三个阶段：学习人生、奉献人生和享受人生。三个阶段中间以参加工作和退休来划分。人生要想活得有价值，三个阶段中哪个阶段都需要学习，都离不开读书。那读书不就是人生中的一件高尚无比的事情吗！

二是读书"会使生活高尚起来"。书籍不仅本身高尚，而且能够使读书的人高尚起来。因为读书能够使人摆脱愚昧、启迪思想、升华品格，做一个真正的人。

三是读书是一种"圣事"，"会唤起一层职责的坚挺的光晕"。所谓圣事是基督教最高贵的礼仪，又称圣礼。圣事是基督教信徒们每天的祈祷生活、本分工作，这是他们生命中的喜怒哀乐，成败得失的力量泉源和动力。作者将读书比喻为基督教的圣事，她的意思就是，读书将作为一种动力和力量，唤起读者做人的职责和责任。这是作者发自内心深处的体会，这是作者自读第一本书开始就逐渐形成的一个人生理念：读书是高尚无比的圣事。

四是读书能够使读者对书籍像信徒对宗教一样的虔诚，从而逐步培养读者形成诚挚的品格。

3. 恋书、敬书和自谴、忏悔

关于琳莎·施瓦茨如何热爱书籍，有一个故事非常经典。她拥有一套"哈佛经典"，共有50卷。该书是一套反映人类认识和探索世界的思想性经典读物。琳莎丢失了全套书中的第17卷，她翻遍整个屋子也找不到，异常"为那一本特别的书伤心"，变成了沉痛的回忆，"就好像一个年纪轻轻就死去的朋友"。一位朋友得知后，送给了她一本同样的书，但是封面是桃红色的而非黑色的。琳莎只好将其作为"养子"，而非自己的亲骨肉，只能够替代"令人肃然的黑色封皮的书"。"哈佛经典"第17卷的丢失，成了作者永远难以磨灭的生命之痛。

作者本人还有一个扔书的感人故事。女儿扔掉一些书，又被爱书的她捡了回来，还特别为这些书找了一个临时的栖息地。可是其中有一本书，太差了，"根本没有生存的权利"，作者又将它送回了垃圾箱。但是，作者的心一直在翻腾："一整天下来，想到它与鸡骨和橄榄核为伍，心中竟不是滋味，如若百虫穿心。"就从垃圾箱中将那本书又翻找了出来，将其放在"眼不见心不烦"的书架高处。就这样，扔掉捡回来，再扔掉再捡回来。"要我将一本书扔掉也绝非易事。"她的这些做法，虽然她的孩子都笑话她；但是，不能不令读者们肃然起敬，那是一位虔诚的读书人对书的恋恋情怀啊。

本来作者并非对所有的书都有恋情，但是，这种感情从作者所爱的某一本书逐步发展到某种题材的书或某一类书，最后扩展到所有的书了，即使是一本"不好""没价值"的书。这种感觉说白了是一种淡淡的又不能割舍的感情，不浓烈，但是丝丝缕缕都在，割舍不下。

琳莎·施瓦茨爱书、敬书的态度，明显地表现在她对电影的看法中。对于电影对读书的冲击，琳莎有自己坚定的观点："我希望保持自己心目中的形象。"她认为，嘉宝再迷人，她也不是托尔斯泰心目中的安娜·卡列尼娜。"一本书的人物并不是空洞的模具，可以由活着的血肉之躯来充填。它们有更永恒的形式，它们已经在字汇中象征出来。"琳莎的观点是：电影永远不可能完成图书所承担的角色，电影就是一种艺术形式，电影不是要跟书籍做一番斗争，而只是要提供另外一种艺术类型，人们应该享受各自的益处。作者说："我无法因为时尚的变迁而将自己对于文字的狂热爱好连根拔除，哪怕我自己也有这个愿望。"

查先生讲的不读书可以超然物外、不受书的影响，是不是这样呢？作者也曾经有过切身的感受。为了超脱，作者将一本正在读的书甩开："狂喜、超验的感觉、一种神秘的牵连刺激感，这么做的时候，我的心头会掠起一阵几乎无法察觉的良心刺痛。"也就是说，甩开书使她产生了一种"狂喜"和"神秘的刺激感"，但是过后，她的心头会掠起一阵良心刺痛，为什么会出现这样的状况呢？"一种不安的感觉"，似乎感到"剥夺了我的某种东西"，是剥夺了什么呢？仔细一想，那就是"剥夺了"作者的宝贵的时间，使她"失去"了阅读，从而使作者受到了良心的谴责。

在漫长的读书过程中，作者曾经不间断地自谴某些错误的读书行为。为一本好书没有读而悄悄放到书架上的"粗鲁的行为"而感到"歉疚"；试图不读书，感到"那是一种精神上的粗俗"；把一本书丢下，就会让她产生罪恶感。

在自谴的同时，作者还进一步表示忏悔："脸会红，我会忏悔没有读完一本书。""将一本书扔掉，显示的是对精气神的轻蔑。"

在经过了深思熟虑之后，琳莎·施瓦茨坚定地回答查先生："让我入迷的是那些想象力的杰作，哪怕我成了佛徒，也断不会像突然戒毒一样排斥它们。绝不会。我读了一辈子的书，一生中最美好的时光都耗在里面了。我绝不会放弃它们。"而查先生所讲的话是："对佛教的信仰……若马勒悬崖，一下子收住了他对书籍的痴好。"可以明显见到，作者对查先生所说"马勒悬崖"等话的回答，在态度上是斩钉截铁的，在内容上是针锋相对的。

至此，一位爱书、恋书、敬书，一位懂得读书，崇尚读书，一位诚挚而又勤勉的拳拳读书人，跃然在我们面前。

4. 在阅读中成长和寻求人生的答案

作者从三岁半就开始从语音转移到了视觉符号，也就是说从听故事转移到了读书。因此，从童年起，作者就开始阅读并逐步热爱阅读了："这一切——指我的阅读——全都是毫无知觉的情况下发生的。然后，它就渗透进来了。"

作者四岁就能够读和背诵整版报纸，常常为客人表演，成了父母的骄傲，被传为"神童"。与此同时，由于平生第一次开始阅读，她拥有了她一生都为之自豪的一个称呼——"读者"。在琳莎·施瓦茨的心目中，阅读是一道光环，是一件伟大的事情，因为她在阅读中深深地体会到了阅读同她人生的密切关系："阅读是一张门票，拿着它我才能够找到自己在这个世界的位置。"

在大学读文学史的时候，作者感觉到自己有一个"伟大发现"，是什么发现呢？原来，文学史的内容系统连贯，将"多年来我一直都在阅读的一切都互相连接在一起，并且置入更大的一种设计"。文学史将她过去读过的一本本文学著作，有机地连接成了一个发展的整体，使她更加体会到了荷马、但丁、伏尔泰、卢梭、莎士比亚、雨果等作品的不朽，她写道："我觉得，如果不研究西方文学的伟大作品，没有一种生活称之为圆满。"这说明，她在阅读中成长起来了。

更为令人震惊的是，作者施瓦茨通过阅读"发现了"自己，"认识了"自己，确信将来自己会变成什么样的人："我们就是自己真正感觉到将来会变成的那种人，我们可以相信自己内在的确定的东西，不管别的人怎么看自己，也不管人们希望我们变成什么样的人。这个真实最后会变成每个人的生活，以这种或者那种方式（至少我希望如此），可是，我很幸运自己在书中发现了这一点。"

人应该如何度过一生？这是每一个人都回避不掉的问题。按照作者的说法，她一辈子读书，目的就是在寻求人生应该如何度过的答案："我们究竟应该如何度过一生？我们阅读以寻求答案，而这寻求本身就是一辈子的事情，因而也就成为答案本身。""很多时候，我们是靠书籍躲避风雨的。"她得出的结论是：在阅读中度过一生就是答案本身。

琳莎·施瓦茨是一位"书痴",但她并不是"书呆子"。她认为,阅读并不能做到"我天真地期盼的一切。在经验的海洋中,书生气的一些智慧什么用也没有"。"尽信书,不如无书,外面的世界也精彩。"因此,她不仅仅是阅读,而且也注重实践经验。通过阅读丰富人生、指导人生,书籍会告诉我们如何吸取前人的经验和教训,躲避人生路上的风雨和险恶,从而创造辉煌的人生。

人生苦短,这是世界上再伟大的人也无可奈何的问题。但是,通过作者对读书的深切感受,她有了另外一种体会:多读书就是多"活着"。为什么这么说呢?作者认为:"书就是世界,或者至少是一个世界?"多读书就是多经历,多读书就意味着多了解、多激情、多"活着"。依据这个意义,作者开玩笑地认为:"我读了十辈子都读不完的书",我"过关"了,"我的一生可算一场合理的秀"。无形中流露出了作者对自己平生"嗜书癖好"的自豪感。

最后,纵观自己的阅读人生,在《读书毁了我》全书的结尾,作者琳莎·施瓦茨发出了令人难以忘怀的感叹:"阅读,只有阅读这一件事,我是为自己做的。那是一条使我的生活真正属于自己的道路。"

5. 阅读——人生的一部分

几十年的读书经历使施瓦茨感到:书进入了我的头脑,我的灵魂进入了书的情节,书和我的融合形成了我的思想,书形成了我。她感叹道:"因为到最后,哪怕我所有的书都会消失,我仍然有可能在某个地方拥有它们,如果我的确认真地读过它们的话。也许最后,书页上的文字并不是真正的书,而只是通往书的一道关口,这书在思想里面自行再创造,并一直持续到我们的肉身结束时。"至此,人和书已经融为一体。

在垒球赛的狂热季节,她喜欢看电视。有一段时间,作者沉迷于电视上的垒球赛。但是在看球赛的过程中,虽然兴奋不已,但总感到有些不安,好似自己"被剥夺了一切"。为什么有这样的感觉呢?这是为什么呢?啊,她猛然感到,是因为"失去"了阅读。此时作者恍然大悟,原来,读书已经成为她生活须臾不可离开的组成部分了。此时此刻,回味自己阅读人生的意义,百感交集,琳莎·施瓦茨写道:"阅读就是回报,一种孤寂、晦涩难懂和仅只属于黑夜的奖赏。这是我可以将挡在路上的人世间的一切丢弃一边而去做的事情。现在,缺了这个东西就尝到苦头了。我已经显示出衰退的迹象了。"

没有了阅读,"缺了这个东西就尝到苦头了"。什么苦头呢?那就是作者感到自己"已经显示出衰退的迹象了"。这种衰退的迹象可能是知识上的落伍,可能是精神上的衰颓,也可能是身体上的衰弱,总之,是生命的败退。因此,作者决心振作起来,不怕孤寂,不怕晦涩难懂,虽然只有黑夜作为奖赏,但也要勇往直前地去阅读。阅读就是回报,阅读本身就是对作者最好、最大的回报。因为阅读是作者"可以将挡在路上的人世间的一切丢弃一边而去做的事情",也就是说,阅读是作者生命中最为重要的事情,是作者生命的组成部分。在作者的巍峨如高山的决心面前,"一夜之间,再也找不到棒球的影子了"。

在漫漫的人生路上,施瓦茨渐渐地感悟到,她的人生是以阅读为依托的,是以阅读为背景的。她深沉地写道:"阅读是一幕安逸不变的背景,我的生命就在这背景上徐徐展开。那是我习惯于在漫长的黄昏缓缓度过的人生时光。"

在这样安逸不变的背景之下,什么样的引诱,什么样的蛊惑,她都将会安然不动。读书赚不回钱,赢不来掌声,也不能给别人以欢乐和安慰,但是站在知识和金钱之间,我们的作者将能够稳如泰山,因为她的人生选择了阅读。

在阅读的大背景下,作者的生命在徐徐地展现着,这必然将是一个绚丽多彩的波澜壮阔的有意义的人生。

2011 年 11 月 3 日

第四部分

阅读方法

一、个人阅读和阅读活动

——读艾伦·雅各布斯《阅读的乐趣》

上个月我读过一本阅读方面的专著《阅读的乐趣》,作者艾伦·雅各布斯是美国一位大学的文学教授。书的内容触及阅读的方方面面,说理深刻透彻,例证翔实。近来看到今年读书月盛况的一些报道,想起书中的有关论述,有感而抒。

(一)读书月盛况空前

今年的深圳读书月已经启动,以"互联网+读书"为主题。作为深圳标志性文化品牌活动,读书月已经发展到第16个年头,从热情发动、广泛参与过渡到了科学把握、系统部署的阶段。深圳作为"全球全民阅读典范城市",读书月不仅使阅读的价值理念深入人心,而且能让人增进智识、开阔视野、滋养灵魂。

本届读书月亮点纷呈,将举办主题活动943项,在去年718项的基础上增加了225项。深圳读书月参与人次从首届170多万上升到第十五届的1100万,举办活动一年比一年丰富多彩,与之相应的是遍及城市的文化绿洲悄然崛起。这一切,都离不开阅读的滋养。城市中如繁星闪耀的阅读场馆设施和爱阅读的市民一道诠释着阅读典范城市的魅力,也为城市健步迈进亮起了不眠的灯火。

深圳市阅读联合会和深圳大学课题组发布的《2015年深圳阅读指数研究报告》指出,2015年深圳居民阅读的时长显著增加,日均读书(包括纸质图书和电子图书)62.53分钟,比2014年增加了32.81分钟,比全国平均值多43.77分钟。2015年深圳居民家庭藏书量明显增多,有藏书的家庭增加到了88.20%,平均藏书量为75.53本,较去年增加11.86本。居民参与阅读活动的比例大幅提高,对深圳城市的阅读条件(包括阅读资源、阅读设施和环境)的满意度进一步提升。此外,今年新增的数字媒体阅读调查情况显示，2015年深圳居民平均阅读电子图书10.42本，远远超过全国平均值3.22本。

"历届读书月可谓一届比一届辉煌。以读书月成绩的主要指标——各种阅读活动数量为例，2014年全年共举办了各类阅读活动10066场次，比2013年度翻了三番。"真可谓盛况空前啊！

（二）阅读的个人王国

上述对读书月活动的描述是"盛况空前""丰富多彩"和"辉煌"等，但我总感觉它们同"阅读"这件事，有点格格不入。在一般人的头脑中，阅读是另外的样子。

英国当代著名女小说家佩内洛普·菲内杰拉德对阅读曾经讲出了非常有影响力的话："你的一生中有两次机会得到全世界的赞同：一次是你学会走路，一次是你学会读书。"学会读书确实是人生的一件了不起的大事，一项个人成就。

对人生这么重要的阅读，其含义是什么呢？《2015年深圳阅读指数研究报告》将阅读定义为"读者通过印刷或电子媒介传播的图文读物和有声读物获得意义的行为"。艾伦·雅各布斯在《阅读的乐趣》中写道：阅读是"一种集中注意力的独特方式……读者发挥着想象，在纸上搜寻着文字，在经验中建构起意义"。两个定义对阅读概念的界定是完全一致的：读者通过阅读的对象获得或建构意义。为了能更感性地理解阅读的内涵，特引美国塔夫兹大学阅读与语言研究中心主任玛丽安娜·沃尔夫在其所著《普鲁斯特与乌贼：阅读如何改变我们的思维》中所介绍的例子：恐怕不会再有如童年一般充实的岁月……一本喜爱的书陪伴我们度过许多时光。仿佛其他一切皆为了阅读而存在，因此我们将所有打扰阅读的种种，鄙视为对此神圣享受的粗俗妨碍……遇到这些事时，满脑子只想着待会儿一定要立刻继续未读完的章节。尽管以上说的例子在那时只让我们觉得烦人，但是它们却也深深烙印在甜美的记忆之中（现在想来，其实远较当时深爱的书籍本身更为珍贵）。而若是改天我又重新拾起那时读过的书本浏览，唯一的原因正是对于那些已经逝去的日子，深深缅怀所致；在书本的字里行间，多希望能够再次看见孩童时代陪伴我读书、如今却不复存在的池塘与家园。

在读这段文字时，您想到了什么？若您的体验与此也有雷同之处，或许能够唤起您长久以来对于阅读的记忆。20世纪法国最伟大的作家之一、《追忆似水年华》作者马塞尔·普鲁斯特称上述的阅读情境为"阅读圣殿"。多么美好啊，每位读书人都有自己的阅读愿景，那就是建构起自己的"阅读圣殿"。我粗浅归纳一下，阅读圣殿至少涉及三个关键词：注意力或专注力、安静和思考。

什么是专注力？我国古谚语对之做出了非常形象的解释："能够到达金字塔顶端的动物只有两种：一种是雄鹰，一种是蜗牛。雄鹰之所以能够到达是因为它们拥有傲人的翅膀；而蜗牛能够爬上去就是源自专注：认准了自己的方向，并且一直沿着这个方向努力。"对于"那种目无他物的神情""全身心投入一种事物""忘记一切"的专注力，应该大加褒赞，建立纪念碑，因为正是这样的精神创造了人类文明！将专注力应用到阅读方面，可以用几个词加以概括：入迷或沉迷、专心致志和全神贯注。美国科普作家加拉格尔在《全神贯注》书中写道："专注可以让你获得酒神狂欢式的体验，在旧时代人们用一个美好的词'入迷'来形容这种体验——完全被吸引，专心致志，全神贯注，也许甚至'魂儿都被吸进去了'——它会带来生命中最深的快乐。"德国伟大作家、1946年诺贝尔文学奖得主赫尔曼·黑塞在其著作《书籍的世界》中讲道：阅读"是一种被迫集中注意力的行为，没有比为了'分散注意力'而阅读更荒唐的事情了。……如果我在阅读过程中没有意愿亲身专心致志地一同行动、一起经历，那么我就是一个糟糕的读者"。那种沉迷于一本书的感觉真的让人上瘾，"目无他物"是因为兴趣所在，"入迷"是因为快乐。这就是"读者"区别于"读书的人"的特别之处。

怎样才能集中精力？回答很简单：安静。奥地利短篇小说巨匠、作家斯蒂芬·茨威格曾将一本书定义为"一种能够缓解痛苦和不安的宁静"。相应地，喧闹是对阅读的威胁。简·奥斯汀、夏绿蒂·勃朗特和马克·吐温笔下的主人公们，为了躲避兄弟姐妹或朋友的打扰而藏到秘密地点读书；害怕被父母发现而躲在被子里看书时手电筒微弱的光线。特区报11月4日的文章《阅读是城市不眠的灯火》中有一段话："市民对创新创业的火热激情，与在图书馆、书城、家中的沉静阅读相得益彰。在快节奏的改革之城，阅读为市民注入了'静能量'，一个个爱读书的市民，让城市变得大气而不浮躁。"好一个"静能量"！美国作家施瓦茨在《读书毁了我》中写道："阅读教给我们的，第一条也是最重要的一条，就是安静地坐上很长时间，并与时间迎面较劲。我们充满活力，全身心投入这种令人兴奋的精神活动中，如此彻底地沉浸其中，竟使我们忘记了时间和生死问题，更忘记了人生不快和轻微一些的痛苦，而只是永恒不息的此刻享受。"

唯思考能够使阅读获得意义。阅读是对外来信息进行加工和处理的过程，其中充满了复杂的思维活动，如辨认、记忆、回忆、联想、想象、分析、综合、推理，甚至再创造等。阅读活动的特质就是与生俱来对文字意义的追求，"读书以求意"，"求意"就必须通过思维，这五个字多么扼要地道出了阅读和思维之间密不可分的关系。早在中世纪，就有学者在人类历史上首次将"看"和"读"区别为两个概念："看"是"纯粹感觉"，是无意识的或不自觉的行为，是感性认识；"读"是一种"知觉"，是自觉的认知行为，是理性认识。这一理念科学地阐释了阅读是一种从感性认识到理性认识的、有意识的行为过程，因此阅读本身就是"读"和"思"的一体化。对于"读"和"思"关系的认识，古代圣贤有着精辟的论述。《论语·为政》中子曰："学而不思则罔，思而不学则殆。"意思是只有把读书和思考结合起来，才能学到切实有用的真知。西方哲学家康德也说"感性无知性则盲，知性无感性则空"。东西方两大代表性哲人的话语惊人地相似，中西文化自古以来就异常地一致。可见，人类在知识的学习和获取上，不论地域、种族如何差异，其根本性原则是一致的。没有思维、不动脑筋地阅读，等于白读；有思维、动脑筋地阅读，才能够收获阅读。阅读是思维的前提，思维是阅读的继续，共同的目标就是"探询真理"。

综上可见，构建阅读圣殿的三项关键：专注力、安静和思考，无一例外，都是个人行为；即使受外界影响较大的"安静"，也在于个人的定力，不是有人专门在闹市阅读以训练自己吗？因此，可以这样认为，阅读圣殿其实就是阅读的个人王国；读什么，什么时间读，在什么地方读，怎样理解文本，怎样做笔记，是不是写读后感……这一切都是由阅读者——国王说了算，绝对权威！

（三）群体的阅读活动只能算是个人阅读的伴随物

欲建构阅读的个人王国，唯一的办法就是个人独自阅读。个人集中专注力，安静地读与思，这才是实实在在的阅读；其他林林总总的群体阅读活动都不能够算作纯粹的阅读。艾伦·雅各布斯在《阅读的乐趣》书中特别强调："这些跟其他人一起阅读的各种方式并不算是正确的阅读，而只能算是阅读的伴随物。它们并不能替代独自阅读。"因此，读书月成绩的主要指标应该是深圳人实实在在的个人阅读数量和阅读后的收获，而并非组织阅读活动的次数。

艾伦·雅各布斯这段精辟的话，引起了我的一个记忆：深圳好像有"代读"的事情。查阅自己的数据库：今年8月11日的《深圳特区报》人文天地栏目还真有一篇记者的报道"阅读可以被'代读'吗？"，副标题是"深圳文艺青年创办'代你读书'引发关注和争议"。"代读"的具体做法是：按页数收费，每页1元钱。这个名为"代读"的微信公众号，还真有一些响应者，运营一个月下来，发起者觉得"代读"最受益的还是自己，因为这件事催人勤奋。深圳，作为"全球全民阅读典范城市"，能够在阅读方面发生这样的事，不可思议，令人费解。后续情况如何，不得而知，更不知道深圳文艺青年是否还在继续办"代你读书"？

今年我市读书月以"互联网+读书"为主题，使网络阅读与传统阅读并行不悖。开展"书香中国万里行·深圳站"、地铁阅读季、全民阅读示范单位示范项目优秀阅读推广人和首届华文领读者大奖评选等活动。各区镇也纷纷举办各式各样的阅读活动：大讲堂、报告会、人文公益讲坛、图书展览、年度图书评选、晶报·深港书评、深圳小书店论坛、知识竞赛、全民品读会、经典诗文朗诵会、荐书会、作者见面会、读书会、读书沙龙、温馨阅读夜、图书漂流、周末视频讲座、书香工业园、品书时间、亲子阅读、梦想书包、快乐英语角、阅芽计划、家庭图书馆、农家书屋演讲比赛、阅读推广人培训班等等，不一而足。

上述这么多的阅读活动，2014年全市共有上万场，可谓热闹非凡。但是，一定要承认，也必须承认：这些活动都不是真正的阅读，无一例外。因为这些活动都不是个人的独自阅读，你没有实际读书，你的精神并没有受到书中内容的滋养和陶冶。正如人们参观健康食品博览会，通过博览活动，了解了许多适合自己和家庭的健康食品，收获颇丰，兴趣盎然；但是收获再大，也不可能代替自己真正享用这些食品，因为你的身体并没有吸收到健康食品的营养。

（四）阅读是在独处和社交之间来回摇摆的一种活动

人是"有限的自我"，华莱士说："书籍的意义在于战胜孤独。"艾伦·雅各布斯说："阅读是一种与他人建立联系的方式，但这种联系是亲密与现实的奇特组合。"好多读者在阅读时都会同作家和书中人物建立起联系,如想象书中的人物是朋友或恋人,或者是最痛恨的仇敌。这当然是一种不那么现实的联系。

写读书笔记或私人日记,对阅读进行个人回应,这是从书中走出来的第一步;给朋友写信,加入讨论,或者参加读书小组和多种阅读活动,这进一步表明阅读走进了社会。"这些都是寻求阅读的社交生活的方式,也是我们每个人或多或少需要的一些方式。"前述我市精彩纷呈的阅读活动,对阅读都是有一定益处的。许多好的想法都是读者在活动交流中受到启发,而后经过独自思考的共同作用而获得的。"阅读也是,或者说应该是,在独处和社交之间来回摇摆的一种活动。"

独自阅读和参加阅读活动是阅读不可分离的两个因素。阅读活动的首要作用是宣传阅读的意义,提高认识,唤醒人们参与阅读的积极性。艾伦·雅各布斯还进一步认为:"这些伴随物从多个方面改变了阅读体验。"也就是说,对已经参与阅读的人,阅读活动提供广泛的交流场所,交流阅读体会,互相启迪,会提升阅读者对书的判断能力,重新认识书,不要轻易就轻视或者放弃一本书;当听到各种对书的内容的评论,会重新评价已读过的书,会发现自己错过的东西;甚至会扭转阅读兴趣,改变正在进行中的阅读目标或计划。

但是我们也应该清醒地认识到一个不争的事实,也是艾伦·雅各布斯说的:"在近现代西方社会,哪个方面受到的威胁更大?是我们生活中社交的方面,还是独处的方面?哪个方面受到的培养和训练不足?哪一个正在被另一个压倒?如果我在本书中过度强调了独处的沉默式阅读,那可能是因为我比一般人更重视独处和沉默的价值,但是同时也是因为它们是面临威胁的一种精神体验,还因为真正的阅读是根本不可能离开这两个因素的。"

艾伦·雅各布斯的分析抓住了当前互联网时代阅读的主要矛盾和矛盾的主要方面。美国尼古拉斯·卡尔的《浅薄》一书,2010年翻译出版的中文版,引发了我国"谷歌在把我们变傻吗?"的大讨论。卡尔明确回答了我们这个时代面临的一个重要问题:在我们尽情享受互联网慷慨施舍的过程中,我们是不是正在牺牲深度阅读和深度思考的能力?卡尔让人心悦诚服地认识到,印刷图书如何让我们进入聚精会神的状态,从而促进深度思维和创造性思维的发展。相比之下,互联网鼓励我们蜻蜓点水般地从多种信息来源中广泛采集碎片化的信息,我们的扫描和略读越来越得心应手,但是与此同时,我们却正在丧失专注能力、沉思能力和反省能力。国际上许多专家都认为，从注意力角度看，电脑迷们失去了"深度注意力"，强化了可移动的、灵活多变的、快速转换的"亢奋式注意力"。

　　两种注意力各有优势，应该互补，但当前的阅读形势是：一种倾向掩盖了另一种倾向，一种趋势压倒了另一种趋势；"深度注意力"面临着强大的威胁，已经普遍影响到了阅读的深度，影响了阅读的进一步普及和发展。因此，当前更应该关注和强调个人阅读和"深度注意力"。因为个人阅读是阅读活动的基础和前提，离开了大众个人阅读的充分体验，阅读活动就成了空谈，成了空中楼阁，不可能有真正意义和内容，更不可能起到提升参与者的作用。

2015 年 11 月 13 日

二、书籍的金字塔结构和阅读方法

按照我个人的感受和了解,《如何阅读一本书》应该属于阅读方面一本世界级的名著。请不要误会,这里指的仅仅是在阅读方面。在该书中,作者艾德勒专门用了一章的篇幅,介绍书籍群体的金字塔结构——第21章"书的金字塔"。

书籍的金字塔结构分为三个层次。

(1)"99%的书籍":对书的金字塔结构的第一层,作者写道:"西方传统所写出的几百万册的书籍中,99%都对你的阅读技巧毫无帮助。……不过连这个百分比也似乎高估了。"这种情况是放之四海而皆准的。我国文学评论家李敬泽说:"2002年中国出版的长篇小说,我估计1000部是有的,其中有900部是垃圾的说法绝不冒险。"90%以上的书是垃圾,这就是构成书籍群体金字塔结构的底层。

读了这段论述,心中吃惊,怎么,那么多的书都是垃圾?本来认为出版一本书是多么了不起的事情,那可是许许多多文化人奋斗一生之追求啊!现在细细琢磨,觉得作者分析得很有道理。垃圾书警示我们:出书者要特别留意,不要将自己的名字恭恭敬敬地送到垃圾堆中;读书者要眼明心亮,一定不要读垃圾书。

(2)"万分之一的书籍":艾德勒认为,金字塔结构第二层中的书籍,是历代作者们具有特殊洞察力的精心杰作,所谈论的是人类永远感兴趣的主题。只有百分之一、千分之一,甚至万分之一的书籍合乎这样的标准。这些书可能不会超过几千本,对读者的阅读要求却很严苛,值得为之做一次分析阅读——深阅读。

(3)"一百种的书籍":金字塔结构第三层中的书籍,作者艾德勒认为可能只有一百种左右。"这些是你读得再通,也不可能尽其究竟的书。"

如何分辨哪些书是属于第二层、哪些书是属于第三层呢?当你尽最大的努力用分析阅读读完一本书,你心中会有疑惑,好像还有什么你没弄清楚的事,你又重看一次。然后非常特殊的事就发生了："如果这本书是属于第二层的书，重读的时候，你会发现书中的内容好像比你记忆中的少了许多。""如果这本书是属于第三层的书，你在重读时会发现这本书好像与你一起成长了。"这时你才开始明白：最初阅读这本书的时候，这本书的层次就远超过你，现在你重读时它仍然超过你，未来很可能也一直超过你，而且直到你生命的尽头。"因为这是一本真正的好书——我们可说是伟大的书。"无疑，这就是全人类的经典著作。

在《如何阅读一本书》的"附录一 建议阅读书目"中，作者列出了137种书的目录。我想，这137种书应该是作者心目中的西方经典著作。

无独有偶，北京大学有"燕园四老"：季羡林、张中行、邓广铭和金克木。金克木老先生写过一本书《书读完了》，多么令人不可思议的书名啊。书的开头就写了一件有趣的轶事：历史学家陈寅恪曾对人说过，他幼年时去见历史学家夏曾佑，那位老人对他说："你能读外国书，很好；我只能读中国书，都读完了，没得读了。"他当时很惊讶，以为那位学者老糊涂了。等到自己也老了时，他才觉得那话有道理：中国古书不过是那几十种，是读得完的。

上面夏曾佑老先生说的"中国古书不过是那几十种"，那就是中国古书中的经典。这么说来，我国书籍群体金字塔结构的第三层，就是几十种经典著作，加上夏老先生之后出版的，也不会超过百部。这可是中华五千年文化之精华啊！

金克木先生更干脆利落，他在《书读完了》中指出，中国经类书籍的经典著作就有十部，即：《易》《诗》《书》《春秋左传》《礼记》《论语》《孟子》《荀子》《老子》《庄子》。

在《如何阅读一本书》中，作者将阅读划分为渐进的四个层次：基础阅读、检视阅读、分析阅读和主题阅读。第一个层次是基础阅读，从认字开始，在小学完成，可以看作扫盲。第二个层次是检视阅读，强调阅读时间，又称略读、预读，解决的问题是"这本书在谈什么"，这个阅读层次相当于我们的浅阅读。第三个层次是分析阅读，这是系统化的专注的阅读。第四个层次是主题阅读，围绕一个主题，对许多书进行比较阅读，这是最有收获和最值得的阅读。第三和第四层次的阅读，相当于我们的深阅读。

面对书籍群体金字塔结构的三个层次，不必多加说明，每位读者都会理解：对不同层次的书籍，在阅读时应该采取不同的方式方法。

对金字塔结构的第一层即99%的书籍，其中绝大多数都是垃圾书，对其采用检视阅读即浅阅读就可以了。有些书经过检视和浏览，很快便知是垃圾，根本就不必要浪费更多的时间。

对金字塔结构的第二层和第三层书籍，才有必要采取分析阅读和主题阅读的方式，也即深阅读方式。可不要小看这第二层和第三层的书籍，即使它们仅占1%，那绝对数量也在几万种以上啊，可能将这两个层次书的数量压缩到几千种为宜。对这些书，所有的都应该先经由浅阅读的检视，了解这本书的基本内容，从而决定是否需要进一步进行主题阅读即深阅读。

《如何阅读一本书》作者不厌其烦地谆谆告诫我们：浅阅读是读书人必须具备的一种能力，一种阅读的基本功；因此，读书人一定要学会并熟练掌握检视阅读的方式方法。

阅读整个世界二百部左右的经典著作，这对我们整个中华民族文化的提高该是天大的事情啊。《书读完了》介绍的方法是："古时无论中外都是小时候背诵，背《五经》，背《圣经》，十来岁就背完了，例如《红与黑》中的于连。""这是从汉代以来的小孩子上学就背诵一大半的，一直背诵到上一世纪末。"

金老先生认为，孩子时期占用一定的时间照这样的背诵"程序"得到经典著作的"输入"，长大了就可腾出时间专攻更多的学问。错过时机，成了大人，记忆力减弱，而且"百忧感其心，万事劳其形"，再想读这类经典基础书，就难得多了。这样做的好处是，人们在年轻时候就能够了解中西文化的本源，而后可以按照各人的兴趣、需要和能力，再进一步深化阅读。金老先生的阅读心得多么深刻，又对我们后人有多么大的启发啊！

2012年6月7日

三、阅读的四个层次和"深浅"两种阅读模式

国外有一部在阅读方面比较权威的著作——《如何阅读一本书》,讲"比较权威",不是随口而言,是有根据的。该书于1940年在美国出版,那可是第二次世界大战的时候。出版后好评如潮,立刻成为畅销书,高踞全美畅销书排行榜首达一年之久。其后风行60年不衰,被译成多国文字,在阅读领域广为世界读者所认知,并深深地影响着世人,是一部少有的阅读方面的专门著作。1970年作者又对初版内容作大幅度增补改写后再版,商务印书馆于2004年引进出版了此书。

作者是以色列学者、教育家莫提默·艾德勒。他曾因担任1974年第十五版《大英百科全书》编辑和主编《西方世界经典》闻名于世,是世界级的书籍专家和阅读专家。

有这样一部好书,如何能够不读?2011年12月,376页厚厚的一本书,我整整读了一个月,真正是如饥似渴,那可不是读一遍啊,做了几种笔记。

《如何阅读一本书》给我印象最深的地方,不是书中对于阅读生动的感性描写,因为这样的书较多,而是其内容中有许多阅读的科学实验依据和理性分析,这样的书少之又少。

这样一本阅读方面的经典,不仅启迪了我们普通人,而且影响了名家。世界闻名而多产的意大利作家伊塔洛·卡尔维诺,在阅读方面也写过一本书《为什么读经典》。在其著作《寒冬夜行人》第一章中,特别对《如何阅读一本书》大加赞赏。卡尔维诺提到:"有个古老的问题曾问,如果一个人到荒岛上度过余生会选择哪十本书?我想我们肯定不会选择《如何阅读一本书》。但是我希望人们在进入荒岛前先读此书,如此一来,我们可能会更轻松地选出那十本你真正需要的书,更深入地咀嚼并且吸收那十本书。"

在《如何阅读一本书》的第二章,用全章的篇幅专门论述了"阅读的层次"。

作者将读书分为渐进的，即后者包括前者的四个层次。第一个层次是基础阅读，从认字开始，在小学完成，解决的问题是："这个句子在说什么？"第二个层次是检视阅读，强调阅读时间，解决的问题是："这本书在谈什么？"第三个层次是分析阅读，这是系统化的专注的阅读，是完整的、优质的阅读，"读者会抓住一本书一直要读到这本书成为他自己为止"。第四个层次是主题阅读，围绕一个主题，面对许多书，进行最复杂、最系统化的比较阅读，这是最有收获、最值得的阅读。

　　为了更深入地理解检视阅读，艾德勒又进一步做了阐述。检视阅读是有系统的略读或预读，其目标是大体了解一本书以决定这本书值不值得继续阅读。方法是抓重点：先看书名页和序；再而目录和索引；进而看出版者的介绍，略读跟主题息息相关的章节；最后一步，翻阅书以随时寻找和查读主要论点的讯号和基本脉动，不要忽略最后的两三页。这样，最多一个小时的时间，就会了解该书的基本架构，评估出其所涵盖的议题，从而基本上认识了这本书。这是一种非常主动而省时的阅读，做法如侦探，所以艾德勒说，"检视阅读是系统化略读的一门艺术"。

　　《如何阅读一本书》所讲的四个层次，实际上就是四种阅读方法。我国自古以来也有多种阅读方法，如细读、精读、研读、粗读、略读、泛读、寻读、浏览等等。这些阅读的方式方法，也都有清楚的解释。如，研读是指仔细推敲、潜心涵泳、多番感悟和融会贯通的一种阅读方法。略读，就是总揽全局，观其大略，剔除枝蔓，抓住要点的阅读法。略读是以尽可能快的速度阅读，如同从飞机上鸟瞰地面上的明显标志一样，迅速获取文章大意或中心思想。略读可以采取跳读的办法，善于抓住读物的关键，分清主次。如果说细读在于"精深"，那么"略读"就在于"广博"。略读时"不需要深层次理解"并非指理解水平很低，而是说它可以低于细读和精读的理解水平，理解率达50%或60%是允许的。寻读又称查读，是指从大量的资料中迅速查找某一项具体事实或某一项特定信息，如人物、事件、时间、地点、数字等，而对其他无关部分则略去不读的快速阅读方法和技巧。

　　当前媒体上经常讨论深阅读和浅阅读，细读、精读、研读等属于深阅读，粗读、略读、泛读、寻读或浏览等属于浅阅读。

　　我们也很容易看到和理解，各种阅读方法，国外和国内是相通、类似甚至是相同的。《如何阅读一本书》中所讲的第一个层次基础阅读，我国在小学就完成了，也可以看作社会上的扫盲；第二个层次检视阅读，是概略、粗浅地阅读，以了解一本书的基本内容，这基本上就同于或类似于我国的浅阅读；第三和第四个层次分析阅读和主题阅读，很清楚，同于我国的深阅读。艾德勒认为，检视阅读即浅阅读"是非常省时省力的阅读，但许多优秀的读者忽略了这个层次"。

近些年来，阅读正在经历着有史以来第二次伟大的革命。一场大的变革，总会泥沙俱下，鱼龙混杂。社会上追求功利、后现代主义和消费主义等思潮，以及出版界书籍内容"商品"表征——浅薄化、媚俗、速读版与缩读版之"浅出版"等，时时刻刻都在影响和污染着人们的阅读，导致和催生出追求浅表化阅读、视觉化阅读、娱乐化阅读、功利性阅读以及反智性的傻瓜阅读等偏离正确轨道的"浅阅读"现象，引发社会上刮起了一股贬低和否定浅阅读之风。

我在网上不止一次地看到，我国当代好几位流行的文化名家，武断地认为："阅读就是阅读，世上并无浅阅读，所谓浅阅读就不是阅读。"我相信，作为名家，他们一定读了很多书，难道他们读的所有的书都是一样的精、细、慢？就没有需要略、粗、快的时候？必读书和参考书都用一样的阅读方法？当然，如果他们批评的是当前我国存在的功利、低俗的阅读和浅薄、浮躁的阅读心态，那是正确而中肯的，我举双手赞成。但不能因此而否定浅阅读和无视浅阅读的存在。

比较一下国外的名家，艾德勒并没有将深阅读和浅阅读分出孰是孰非，二者关系不是对立的而是阅读的不同层次。浅阅读也同深阅读一样，是阅读必不可少的一个环节。这个观点是特别值得我们借鉴的，尤其在今天。

我在网上看到一篇署名薛青的文章，对"深浅"两种阅读进行了诠释，我自认为达不到这种程度和水平，特引用下来作为本文的结尾：

"浅阅读"与"深阅读"是人们在读书学习中一般要经历的两个阶段，也可以说是一种看书学习的方法，无论文化程度高或者低的人都概莫能外。从哲学上讲，"浅"与"深"是一对相互矛盾的统一体，即没有"浅"，就没有"深"，没有"深"，也就谈不上"浅"。何谓"浅阅读"与"深阅读"？我们先说"浅阅读"，也有人称之为"粗读""快读"……"深阅读"，人们也称细细品读，潜心研究。就是把读书学习当成一种人生态度，一种生活方式，一种工作责任，一种精神追求，自觉做到爱读书、读好书、善读书。

2012年5月29日

四、阅读的五种理解层次和境界

诠释学在 20 世纪中期的兴起与发展反映了下述事实：一个与人类息息相关的典籍世界，从古至今已构筑起文化传承与人类自身生存的基础，它如一面巨大无比的镜子，照遍和反射出整个世界的过去和现在，同时提供凝聚共识和未来期望的资源凭借。因此，诠释学与经典文献的关系，阅读与文本的关系，诠释者在面对文本阅读时诠释取向和自我理解的定位问题，在全民阅读的大背景下，就不只是一个知识论上的阅读方法问题，更涵蕴着人的存在——"此在"的思想深度，以及可以共同期许和齐力实现的人类未来。

从古典诠释学经普遍诠释学再到哲学诠释学，诠释学在发展的历史中形成了五种诠释取向和自我理解定位的层次和境界，它们分别是："照原意理解"或"重构说"理解、"较好的理解"或"比作者还更好地理解作者"、"不同的"或"不一样的"理解、"相互理解"和"多元论"的理解。任何人在任何时代和任何地区，只要阅读，不管意识到或没有意识到，都必然对此五种定位进行取舍，随时代的发展，大多数人会跟潮流而不自觉地对其定位。

形成这五种层次和境界的因素，归结起来有六项，它们是：作者、作者所处背景环境（语境）、解释者、解释者所处背景环境、文本和文本的间距化（对间距化的含义在第三、四种理解中略有说明）。六项因素是相互关联、互相渗透地作用于理解和解释。

（一）第一种理解——"照原意理解"或"重构说"理解

这种理解有两个含义：（1）是重构作者思想和"原意"的理解：诠释者应该

理解作者原初的意图，以求同作者的思想相互和谐一致，即"照原意理解"，理解的最终成果是"复建"或"重构"作者思想、意图或意见，即理解的实质是去理解他人、理解作者个人的生命，而不是去理解作品的真实内容。（2）重构作者写作时候的语境：诠释者需要将文本置于其赖以形成的那个历史语境中，即作者写作的原初环境和写作初衷，使其同现实的理解环境相分离，不是在现有环境下去理解古代文本，而是追索作者和文本之间的原初关系。总之一句话，这种理解的诠释取向和定位是：作者和其写作时候所处的语境。

倡导"重构说"的代表人物是德国的两位诠释学家施莱尔马赫和狄尔泰。著名的圣经注释学家施莱尔马赫（1768—1834）认为："解释的首要任务不是要按照现代思想去理解古代文本，而是要重新认识作者和他的听众之间的原始关系……应当把理解对象置于它们赖以形成的那个历史语境中……我们要理解的东西不是作品的真理内容，而是作者个人的个别生命。……文本的意义就是作者的意向或思想，而理解和解释就是重新表述或重构作者的意向或思想。"狄尔泰（1833—1911）认为："如何寻求出原初客观的'意义脉络联结'，回返呼应人类精神在过去的某一特定情境的表现成就，进行如实的理解与诠释，即为诠释学应该努力发展的方向。"

第一种理解"重构说"产生于古典诠释学。最早诠释学用来解释预言和自然现象中神的符号和指示，僧侣们认为神的智慧总会高于人类的智慧。正是在这一基础上，古代的诠释学家提出语言或符号应有两种不同的意义，即历史性的文字意义和神秘性的精神意义。神秘性的精神意义难以获得，要获得这种意义，需要有信仰，唯有真诚信仰的人才可能与神秘的精神意义沟通，柏拉图的《米诺篇》中把诠释学与占卜术同属一类，即占卜或猜测神旨的"原意"，当然这种"原意"只能是唯一的。这形成了古典诠释学（也称特殊诠释学）时期传统和规范的诠释学主张，取向是回返到原作者以及当时读者的理解。遵照这种理解的直接结果是理解的唯一性，即文本只能有一种真正意义的解释，这在客观上反映了19世纪之前的统治者对《圣经》和法学文献解释的垄断性，使他们能够轻易地控制神学和法学解释的话语权，以维护其在意识形态方面的统治地位。

诠释学强调所要理解的东西，不是作为生命环节的思想或作者的意图，而是作为真理的思想，理解和解释的任务显然不是"重构或复制"原来的思想，而是阐明和揭示具有真理性的思想。黑格尔在其著作《精神现象学》中说，命运虽然把那些古代的艺术品给了我们，而没有把那些作品产生时的周围世界给予我们，但艺术女神却"以一种更高的方式把所有这些东西聚集到具有自我意识的眼神和呈递的神情的光芒之中"。讲得多么好啊，命运只能够把那些古代的艺术品、文本或所有的传承物给予我们，但不可能把生成那些历史传承物的周围世界一起给予我们，这是颠扑不破的事实。那么，缺乏了"重构或复制"的周围世界，怎么进行理解呢？黑格尔不是靠"重构"而是靠不同时代的诠释者"以一种更高的方式"在自身中把握艺术的真理，真正真理性的东西永远是过去与现在的综合。

在实践中"照原意理解"或"重构说"是很难实现的。试想，怎么样能够找到"原意"，怎么样去重构作者的思想，那需要回到当时的时代和环境，尤其需要"进入"作者的思想和情感。"回到当时的时代和环境"是不可能的，而"进入作者的思想和情感"那几乎是痴人说梦，或许只能够是大致上的粗而又粗地设想，甚至是猜想。所以，"重构说"只能说是一种"虚构说"，这是一种后退式理解，是理解的失败。德国哲学家、著名诠释学家伽达默尔（1900—2002）认为诠释学不能够停留在"单纯的重建"层级（指"重构说"），而应该具有"一种诠释学上的必要性，持续不断地超出简单的重构之上"。法国哲学家、诠释学家利科尔（1913—2005）在其著作《诠释学与人文科学》中对此得出了与赫施等文学评论家观点相反的结论："正确理解的问题再也不能通过简单地回到作者意向来解决。"

（二）第二种理解——"较好地理解"或"比作者还更好地理解作者"

人的思想同诠释理解活动一样，不可能完全停留在一个只是重复前人已有的知识及见解的范围之内，否则人类的认识如何发展，知识如何扩展，人类社会又将如何进步呢？所以"照原意理解"或"重构说"必将让位于一种新的理解模式——"较好地理解"，这是诠释学不可避免的一种发展趋势，尽管这种理解的诠释取向仍然是作者，但确实是一个大的进步。

真理愈辩愈明，主张"照原意理解"或"重构说"式理解的施莱尔马赫和狄尔泰也在发生变化，接受了"较好地理解"论点。首度尝试将特殊诠释学提升为一门普遍理解诠释之学的施莱尔马赫，在其后来的著作中多次提及诠释者要"比作者理解得更好"的说法,伽达默尔总结这一段诠释学的历史,赞扬施莱尔马赫有一句名言:"我们可能比作者自己还更好地理解作者的思想",认为对诠释学有极高的理论价值。以诠释学作为精神科学之学术基础的狄尔泰,也赞成诠释过程的最终目的,就在于达到理解一位原作者能比他对自己的作品理解得更好的地步,在《诠释学的兴起》中直言:"诠释学的最终目标是理解一个作者比他自己理解得更好。这个理念是无意识创作学说必然导致的结论。"

为什么解释者理解作者的作品能够"比作者理解得更好"呢?乍一听似乎有些不可思议。实际上所有解释者都是后来人,因此相较于原作者,解释者因为时间的沉淀,总是后来居上、视野更宽广更深远、拥有历史上形成的有助于更好理解的"更多的材料",从而使诠释者能够较佳地掌握事理,做出"更好地理解"。对此,施莱尔马赫也有深入的分析:"因为我们对讲话者内心的东西没有任何直接的知识,所以我们必须力求对他能无意识保持的许多东西加以意识,除非他自己已自我反思地成为他自己的读者。对于客观的重构来说,他没有比我们所具有的更多的材料。"他还进一步指出,理解不是对原作品简单地重复或复制,而是理解者的一种创造性的活动,是对原作品更高的再创造。伽达默尔从哲学诠释学角度也提出立论:"文本的意义超越它的作者,这并不只是暂时的,而是永远如此的,因此理解就不只是一种复制的行为,而始终是一种创造的行为。"因此,理解和解释的再创造一定会比原本创造更好。这意味着作者并不比解释者具有更大的权威性,解释者的时空差距可能是更真实接近作者精神状态的条件。

"比原作者理解得更好"这种话是有历史渊源的,大哲学家康德在其《纯粹理性批判》一书中,谈到柏拉图"理念"一词的意义时说:"在我们把一位作者在日常谈话里或在著作中关于它的对象所表述的思想进行比较时,发现我们甚而比作者自己理解他还更好地理解他,这并不是稀奇的事。由于他并没有充分规定他的概念,他有时所说的乃至所想的就会和他的本意相违。"

(三)第三种理解——"不同地"或"不一样地"理解

"重构说"和"较好地理解"这两种理解模式均以作者和其创作的原初意向作为诠释取向和自我理解的定位。尽管这种定位在诠释学史的很长时期处于统治地位，但诠释学冲破这种唯作者马首是瞻的羁绊是大趋势，是历史发展的必然。早在16世纪宗教改革运动至18世纪理性主义时代，在圣经诠释领域兴起了"唯经文论"或"依经解经原则"。这种解经不是唯作者而是唯经文或依照经文的意义解经，倡导要信赖每一个人自己透过自己的阅读对经文本身的理解，获得"依经解经"的启迪和训示效果，这逐步发展成为一种新的解经潮流。这在诠释学历史上是对唯作者的反叛和摒弃，其意义是抗拒教会权威在注释教义上的长期垄断。这种理解的特点是面向文本而不是针对作者进行解释，理解的取向是文本内容所蕴含的真理，从而形成了较高层次的所有后三种理解模式。

诠释的取向从作者转向文本，这是诠释学上的一个巨大的进步，怎么高估其意义都不为过。法国诠释学家利科特别在其著作《诠释学与人文科学》中单独写一节"文本的诠释理论"，更因文本而出现的"间距化"专门写了一章"间距的诠释学功能"。伽达默尔认为口语一旦变成了文字，这些文字所表达的意思将随时空环境的改变而发生变化："书写实际上固定了什么呢？不是说的事件，而是已说的'内容'……我们所写的，我们所刻写的，就是说话的意向对象。它就是言语事件的意义，而非作为事件的事件。""通告文字固定下来的东西已经同它的起源和原作者的关联相脱离，并向新的关系积极地开放。"因此"解释的唯一标准就是他的作品的意蕴，即作品所意指的东西"。

针对"较好地理解"所存在的问题，伽达默尔提出了另一种理解模式——"不同地理解"，他写道："我们只能说，如果他完全理解，那么他总是以不同的方式理解。"其实事情和道理非常简单，每一位阅读并思考的人都会从文本得出自己的看法，这就是"不同地理解"，这是阅读的常识和规律。这种所谓"不同地理解"，不仅与传统诠释学的"照原样理解"或"重构说"相对立，而且也与施莱尔马赫的名言"我们可能比作者自己还更好地理解作者的思想"相区别。伽达默尔认为"不同地理解"，不是自行放任，想怎样理解就可以怎样理解。诠释者理解之前，每一个人都不可避免会带有种种以个人思想和文化为底蕴的判断，这在诠释学上称为"前见"。但是这些"前见"终将受到阅读过程中继起的判断之修正、排除或认同，同时理解也不能和文本精神背道而驰，必将受到文本精神的制约。这样，理解过程中不断兴起的重新判断，形成了一种在原有文化底蕴基础上对文本意义的持续向前探索，以求得新的意义，从而得出不同于以前的理解。因此，"不同地理解"

是一种在更高的思考层次和实践导向的层级上促成一种更接近于真理判准的思考效果。

出现"不同地"或"不一样地"理解模式的原因,归结起来在于文本的开放性、阅读和理解的创造性以及人类阅读长河的无限性。

文本的开放性源于文本的间距化。当文本从随风而逝的口语转换成为一种固定持久的书写形式,与谈话不同,它可以穿越时间和空间长久保存,也正因此,人们可以随时随地进行阅读,从而形成了文本的开放性特点。法国哲学家、符号学家罗兰·巴特于1967年发表了著名的论文《作者之死》,在他看来,文本的诞生宣告了作者的"死亡"。文本是一个多维的立体的阐释空间,别人对文本如何理解作者已无法干涉,如同作者死了一样。

阅读和理解的创造性来自读者,来自阅读的个性化和理解的个体性——自我阅读和自我理解。一切理解归根结底是人的自我理解:理解自身的思想,理解自身所处的环境,理解自身归属的历史传统,理解自身的局限性,等等。伽达默尔最后的结论是:"这样讲就够了:只要究竟而言人在理解,人是在作不同地理解。""不同地理解"本身就意味着每位理解者的创造性。所以,理解不能够说成是更好地理解,因为事实上理解根本就没有"更好地",而是每个人时时都在做不同地理解。由于不同历史时期的千千万万人都可能阅读同一本书,阅读是个性活动,理解是自我理解,每个人的理解不同,一千个人阅读《哈姆雷特》,心中就有一千个哈姆雷特,理解的创造性形成了文本无限意义的可能性。

人类阅读长河的无限性来自人类的生生不息的阅读。诠释学实践中的一条颠扑不破的经验是,理解是无法穷尽的,因为只要人类存在,阅读在继续,那么在我们之后其他的人必将会不断再做"不同地理解"。同样,意义的发掘和真理的探索,也是没有止境的。同一件作品,其意义正是在理解的变迁中得以表现,例如出自清朝早期的我国名著《红楼梦》,直到清朝亡后的很久很久,人们才意识到其反封建的巨大意义;又如2500多年前的我国另一名著——老子的《道德经》,历代文人对其阅读、注释和诠释,数不胜数,哪一个是"更好地理解"?都只能够说成是"不同地理解"。这里反映了一个真理:一切文本,其蕴含的意义具有不可封闭或说不可终结的特性。再想想,即使对同一历史事件,其意义也是在发展过程中继续得以确定一样,认识总是在发展过程之中。之所以如此,原因在于:新的错误源泉不断被消除（真正意义从混杂中被过滤出来）、新的理解源泉不断产生（从而使意想不到的意义关系展现出来）、特殊性的时代偏见因时间距离而不断消失、促成真正理解的时代意蕴不断浮出等。因此讲"正是时间距离才使我们得以把促成理解的真前见和使我们得以产生误解的假前见区分出来"。因此，伽达默尔很有理由地说："对于一部文本或一件艺术作品之真正意义的汲取是永远无止境的，这事实上是一个无限的过程。""以原作者意见为目标的诠释学还原，正像把历史事件还原为当事人意图一样不恰当。"

（四）第四种理解——"相互理解"

哲学诠释学的理解主要指相互理解，即理解者与被理解的对象（文本或其他历史传承物）关于某事达成一致意见，因此这种整体真理一定是理解的人与被理解的内容这两部分的统一。历史的理解就是努力在过去与现在这两者之间达到有意义的统一。因此这种整体的真理既不是过去传统自身的真理，也不是现在主体自身的真理，而是它们两者真理的统一。诠释学所关心的并不是个人及其意见，而是事情本身的真理。文本的意义既不唯一地依赖它的文字内容，也不唯一地依赖它的解释者，文本的意义乃是一种共同的意义。怎么样才能达成相互理解，以求共同达到真理的内容？伽达默尔解释说："在文本中所涉及的是'继续固定的生命表现'。这种'生命表现'应该被理解，这就是说，只有通过两个谈话者之中的一个谈话者即解释者，诠释学谈话中的另一个参加者即文本才能说话。只有通过解释者，文本的文字符号才能转变成意义，也只有通过这样重新转入理解的活动，文本所说的内容才能表达出来。"原来相互理解就是指阅读者或解释者的看法同文本内容相互一致。文本之所以能表述一件事和某种意义，归根结底是解释者的功能，因为他使文本的文字产生出意义，他理解了文本的语言和内容，文本作出了相互一致的"回答"。

伽达默尔首先强调理解活动的归属感或共通感。人是存在于历史中的，他认为理解者理解的方法应该是，先接受，再融入成为其一部分，而后获取。他称之为"移置入传统发生之中"，即让理解归属于所要理解之事物，"先投进其中，始能理解把握"。那么，到底应该怎样去进行理解呢？这可以从语言学的对话与问答进行思考，从对话、问答、提问、追问、期望中保障言语的开放性，进行诠释理解。伽达默尔讲："理解—问题，就是对它提问。理解—意见，就是把它当作对一个问题的答复。"对这段话的理解可以是：理解就是理解者对文本提出问题，文本上面的话语就是对问题的答复意见，如果相互一致，那就是真正的理解；如果相互不一致，或者是读不懂，或者是读懂了但不同意，没有达到相互一致，那就不算是真正的理解。这样就实现了"第四种理解模式——相互理解"，从而达到了伽达默尔的要求：诠释学不能够停留在"单纯的重建"层级，而应该具有"持续不断地超出简单的重构之上"。

理解不是一种如纯粹科学那种直接的认识，而是一种经验。也就是说，理解文本和解释文本的现象，不是一个方法论问题，它并不涉及使文本像所有其他对象那样承受科学探究的理解方法，而是属于人类的整个经验世界。有经验者，感觉敏锐，眼光独到，很容易就能够提出问题，沟通文本，达到观点的一致，从而实现相互理解。

时间距离和空间距离不是相互理解的阻碍，而是交流的基础。伽达默尔认为："时间不再主要是一种由于其分开和远离而必须被沟通的鸿沟，时间其实乃是现在植根于其中的事件的根本基础，因此时间距离并不是某些必须被克服的东西……每一个人都知道，在时间距离没有给我们确定的尺度时，我们的判断是出奇的无能。"时间距离不是一个张着大口的鸿沟，而是一个被习俗和传统的连续性填满，正是由于这种连续性，一切传承物的意义才向我们呈现了出来。回忆我们的经历，一部古代艺术作品的真正价值，在其作者和听讲的原始读者去世之前是不能被真正理解的，原始读者并不比作者更具有正确理解的标准，因为他们是鉴于一种不自觉的并无法控制的时代环境和意蕴对作品表示赞同或反对，只有时间距离才能消除这些时代意蕴并让作品的意义和价值真正得以呈现。如《红楼梦》，在其产生的清朝，它的反封建的巨大意义只能被深深地埋入书中，只有到驱散了旧时代阴云的今天，《红楼梦》的真正意义和价值才得以呈现。同样道理，在我们接近当代创造物时，由于太多的当代意蕴会给当代创造物以一种与它们真正内容和意义不相适应的过分反响，只有当它们与现代的一切关系都消失后，当代创造物自己的真正本性才显现出来，从而我们有可能对它们所说的东西进行那种可以要求普遍有效性的理解。对这个问题，想想"文化大革命"中对经典的种种曲解达到了何种偏执狂的地步，这就是时代的驱使啊！

（五）第五种理解——"理解的多元论"

　　文本的开放性、理解的创造性以及人类阅读的无限性也形成了诠释多元性的品格，这同第三种理解模式"不同地理解"极为相似，是否会令人感觉是概念混淆？是的，在形成机理和表现形式上，两种理解模式确实类似，区别在于：第五种理解"理解的多元论"是以宏观和哲学上的考虑作为出发点，而第三种理解"不同地理解"是以实践和方法论上的考虑作为出发点，从而形成了两种理解模式。诠释学经历了从古典诠释学到普通诠释学再到哲学诠释学的转向，诠释学的哲学转向与多元论的转向并行。当传统的、规范的特殊诠释学主张文本只能有一种意义时，哲学诠释学则主张单一文本能得到不同意义的多元论理解。

　　文本一旦摆脱了其所出生的社会和环境的语境关系，将万古长存，面对历史上变化多端的新的语境而开放。诠释学多元性的产生，源于文本的开放性，以及随之而来的阅读和解释的开放性和创造性，它使人类的阅读理解拥有了无限的可能性。法国诠释学家利科说："如果阅读是可能的，那的确是因为文本自身并不是封闭的，而是向其他事物敞开着的。无论何种假设，阅读都是将新的话语结合到文本话语中。正是在文本的建构中，这一话语的连接揭示了文本原初的更新能力，它是文本的开放特征，解释就是连接和更新的具体结果。"同一本书，历朝历代的人都可以阅读，通过翻译则有更多国家的读者阅读，他们都在进行创造性的诠释；万千次阅读，每一次都将新的创造性的诠释结合到文本中，从而使一个文本产生了千万种诠释结果，形成了一个文本的千万种理解（当然这么多理解可以分门别类），"理解的多元论"应运而生。从哲学诠释学上看，一切真理都有相对性，每一个正确的理解都是相对于它当时所面临的处境和问题。

　　哲学诠释学强调理解与应用的统一，理解本身就是一种应用，理解文本总是把文本的意义应用于我们现实的具体境遇和问题，而这些具体的、多种多样的境遇和问题也在改变着理解的结果，更强化了多元性。因此，理解与应用的统一也促使理解走向多元论。

　　无论什么样的理解都始终达不到最好的理解和最终的结论，也根本不可能有，因为理解总是有后来者。所以伽达默尔说:"理解的每一度实现都可以把自我当作为所理解事情的一个历史可能性来认知。由于我们此有的历史有限性,我们都会意识到,在我们之后其他的人将会不断再作不同的理解。"

诠释学的多元论是否就导致相对主义?多元论似乎就是"什么都行"?持反对观点的人一直以这种论调质问哲学诠释学。首先需要肯定的是,多元论并不等于相对主义,更不是"什么都行"。但多元论"却蕴涵了一种积极的相对性观念,因为真理对于经验它的任何人都是相对的,这却是真的"。正如美是一种体验,只有相对的美,没有绝对的美。诠释学真理总是采取一种问—答形式,是文本对当前解释者的提问的回答。相对性在这里意味着真理之所以被认为是真理,只是因为文本对问题的回答符合解释者提问的意义,这种意义当然不可能是唯一的。古典诠释学致力于把解释的标准视为作者意图的复制或重构,解释是唯一性和绝对性的。对此我国诠释学家洪汉鼎说:"哲学诠释学并不想追求这种所谓实在或文本意义的照相式或复制式的客观性,因为这样一种客观性丢弃了文本意义的开放性和解释者的创造性。"总之,诠释学主张意义多元性和相对性,但这并非"什么都行"的相对主义。相对性表明意义的开放性,多元性表明意义的创造性。开放性和创造性,都表明诠释学的与时俱进的理论品格。

本文原来用的标题是"阅读的五种理解模式",一位朋友读了文稿后提出看法:标题中"模式"一词,是否可以用"层次"或"境界"来替代?是的,这也是我一直纠结的。"模式"一词仅指出了类别、类型,没能够表示出五种理解"不断提升的意义"和理解的境界。我翻来覆去琢磨了几天,感到"层次"一词,多适合于前三种模式,后二种模式就少有层次的意蕴。"境界"一词,倒使我眼前一亮,王国维在《人间词话》中讲"治学三境界",佛教有"佛家人生三境界"。境界是指人的感知力,亦特指文艺作品的意境,但是阅读的理解问题受到前述六项因素的制约,诠释定位和取向的自由度很低。不过作为六项因素之一的诠释者,即阅读者,其主观作用对理解结果的意义特别重大。诠释者的知识底蕴是否深厚,理解定位的意向是否高远,思考的想象力是否宽广,对提高理解的意境和达到理解的高境界,影响很大。思来想去,"层次"和"境界"均不能涵盖全文的内容。正在委决不下之时,又有一位朋友提出,如果合二为一,岂不哉妙!茅塞顿开,就这么定了。这倒也提醒读者,读本文的前三种模式,须注意其递进的层次关系,阅读全文后,特别是以文本为诠释取向的后三种模式,须多多注意理解的境界问题。在未来的阅读实践中,根据文献的内容,扩大诠释范围,放飞想象力,提升理解的高度,以求达到阅读理解的更高境界。

2017 年 9 月 12 日

五、没有最好的导读和解读

对读者阅读进行引领和指导，对文本进行体会、理解、分析和解释，前者是导读，后者是解读。在国内外阅读的历史长河中，出现了许多令人惊叹的导读和解读的大师级人物，也产生了不少知名的书籍。

哈佛大学的经典导读是举世闻名的，并在人才培养方面取得了辉煌的业绩。

"哈佛经典"丛书精选了400多位人类史上最伟大思想家的136部专著，旨在囊括人类有史以来至19世纪最优秀的社会科学和自然科学文献。丛书是由哈佛大学第二任校长查尔斯·爱略特任主编，联合全美100多位享誉全球的教授历时4年完成，共50卷，自1901年问世至今，畅销100多年。"哈佛经典"是哈佛大学所有学生的必修课，并成为西方家庭的必备藏书。哈佛大学之所以能取得人类文化教育史上的"经典"地位，原因之一应归功于将哈佛魅力承载起来、拥有取之不尽用之不竭的智慧和力量源泉的"哈佛经典"。

《哈佛经典讲座》作为"哈佛经典"的导读卷，每一讲的教授都是哈佛大学相关专业的著名学者，他们不但有着深厚的学术功底，更能融会贯通，将学科的知识精髓，深入浅出地表达出来。"哈佛经典"及其导读本影响着全世界。我国伟大思想家胡适先生称"哈佛经典"为"奇书"，该书是引领他进入西方文明殿堂的第一块敲门砖。2003年天津科技翻译出版公司出版了"哈佛蓝星双语名著导读"丛书。

不过"哈佛经典"及其导读卷虽然是伟大的，但并不是最好的。举一个例子，"哈佛经典"收录的136部专著中，代表东方文明博大精深的中国典籍仅在第44卷中收录了一部《孔子》，整部经典残缺了东方文明。之所以说"哈佛经典"及其导读卷是伟大的，但不是最好的，还不仅仅在于其个别的或局部性的缺点和问题，而是根之于阅读原理：根本就不可能存在最好的导读和解读。

国内外有许多知名的导读和解读的大师级人物。如被誉为20世纪文学批评领军人物、耶鲁学派主要代表的哈罗德·布鲁姆，1973年推出了《影响的焦虑》一书，在美国和国际批评界引起巨大反响。"用一本小书敲了一下所有人的神经"。布鲁姆的代表作还有《西方正典》《如何读，为什么读》《天才：创造性心灵的一百位典范》等。对布鲁姆更为生动的评价是：西方传统中最有天赋和原创性，也最具有煽动性的文学批评家。我国清代评注大师金圣叹，将《庄子》《离骚》《史记》《杜甫诗》《水浒传》《西厢记》逐一点评，称之"六才子书"。郑振铎说，三百年来"《水浒》与金圣叹批评的七十回本，几乎结成了一个名词"。李渔说："读金圣叹所评《西厢记》，能令千古才人心死。"

还可以举出许许多多著名的评论家，他们是伟大的，但也都不是最好的，也不可能是最好的。因为"最好的"导读和解读根本就不存在。

（一）相关的阅读原理

1. 文本拥有自己的生命

文本是书面语言的表现形式。作者撰写出的直接产品是文本而不是书；书籍是编辑、出版后的文本，是文本的物质载体。

作者写出的文本一经出版，就难于更改，除非修订再版；如果作者去世，那其文本就将永远是一成不变的了。所以，世界意识流文学大师、《追忆似水年华》作者马塞尔·普鲁斯特就曾讲，文本是"作者智慧展现的终点"。

作者的智慧是通过文本中的一个个文字来展现的，而且是唯一的展现。但是，且不可小看了我们天天接触、习以为常的文字，文字中蕴藏和隐含着无限的魅力。《淮南子·本经训》中有对文字威力和魅力的深刻描写："昔者仓颉作书，而天雨粟，鬼夜哭。"意思是说有了文字，人类的思想即可透过文字而流传，老天不能藏其秘，灵怪不能遁其形，故"天雨粟，鬼夜哭"了。更令人惊异的是，这些墨迹会生成情绪，富有情感。一位日本女作家的作品，被誉为日本文学的一颗瑰宝的《枕草子》中有赞赏书信的微妙细腻的描写："一人远在异乡，一人心神难定。偶得书信一封，犹如人在眼前。信已寄出，即使尚未收悉，心中却同样快慰。"寥寥数行字，倾诉感念，来自作者心灵的文字具有多么大的魅力啊！

人类所创造的书籍就是由这样一些既蕴涵意义又富有情感的一个个如精灵般的文字所构成。作者的智商和情商所表现出来的智力和情感，倾注入文字之中，这些文字构成了文本。文本中凝聚着作者的智慧、灵感、情绪和期许，是作者心血的结晶；外在形体是一本本没有生气的书，内容实质是躁动于书中的作者的灵魂。正如尼采所说："读书，是在别人的知识与心灵中散步。"

《风之影》是西班牙作家卡洛斯·萨丰的名著，2001年出版，席卷全球50余国，狂销400万册，刮起了文坛飓风。作品描写了一段追索书中潜藏的灵魂而展开的传奇旅程。年幼的男主角丹尼尔被父亲带入一座神秘的图书馆，他第一次对书本有了深刻的体会。父亲要他找出"自己的书"："欢迎光临遗忘之书墓园，丹尼尔！这是个神秘之地，就像一座神殿。你看到的每一本书，都是有灵魂的。"这里清楚地表达出了潜藏在文本中的那份神奇特质：文本拥有自己的生命。

2. 唯阅读能够激活文本的生命

文本所拥有的生命是隐藏着的，是隐含的，没有外力的触动，是恒久不变的。那么，文本中游移着的生命靠什么力量来激活和再生呢？这个力量来自读者，而且唯有读者。对此，美国女作家琳莎·施瓦茨有非常深刻的见解，她讲书籍"并不具有独立或者感官的存在，而必须被打开，必须让人往深处探寻，我们对它的存在是必须的，这样一种无坚不摧的力量也正是我们所喜欢的。真正的书是躺在青蛙里面的王子。我们打开它，我们眼睛投下再生的一吻。这就是使人陶醉的力量"。施瓦茨讲的"眼睛投下再生的一吻"指的就是读者的阅读。阅读，只有阅读才具有这样一种"使人陶醉的力量"，不管时间多么长久和地域多么遥远，这种"无坚不摧的力量"都能够使文本中的生命"再生"。

阅读时大脑不仅对原文进行摄取，而且对信息进行处理。读者将感情融入阅读、记忆、对照、推理、想象，同时进行其他许多复杂的大脑活动；更为重要的是，阅读时读者把个人知识和经历与书面的句、段、章节联系在一起，并以此生成新意。阅读生理学的研究人员认为，阅读可能是同思考一样复杂的活动，新西兰学者费希尔在《阅读的历史》中写道："阅读其实已经接近思考本身了。"因此，文本"也是读者智慧展现的起点"。

文本与读者的生活经验是互动的：阅读改变读者生活，生活经验也在改变着阅读。这是专家级阅读的特点，反映了一种阅读水平。面对文本，会联系到生活经验，经验会改变阅读时对文字的理解。阅读者的喜好、痛苦、高兴、遗憾以及成功与失败都会左右其阅读感受。

阅读依靠视觉，但又不单纯依赖视觉，而是超越视觉，从而形成了除视觉、听觉、嗅觉、触觉、味觉之外的另一种感觉，人们称之为"第六感觉"，即一种心理感觉，如：快乐、悲伤、恐惧、痛苦等等。费希尔说："因此，阅读是我们真正的'第六感觉'。"这在读小说时尤为明显，每位读者都有切身的体会，自己怎样深深地沉醉于小说情节的喜怒哀乐之中，而不能自拔，有时甚至激之于行动。

阅读过程中，文本与读者之间进行着双向交换：智慧交流、感情互通、思想水乳交融，读者让文本展现生命，文本也使读者展现自我。读者在接受文本的同时也接受文本中的世界，阅读展现了阅读者如何彻底地进入"文本中的生命"。文本给予读者的只有心的迷醉，在静默和专注中接受终生难忘的文本的同时，其人生也因此在潜移默化地改变着。"别人的思想并不干扰我们自己自由的思想，但会在灿烂夺目的复生中与我们的思想水乳交融。"

3. 阅读的"迂回"理论

文本中由文字表达的"作家"的活人灵魂，通过阅读传递给了读者，这是一种壮丽的传递，它使作家的思想在读者的大脑中复生。我们可以试想一下这种壮丽的传递：多少个世纪之前，一位伟大的被称为"作家"的人，他的思考由文字书写体现出来，其中包含他的智慧和情感；多少个世纪之后，经受了时间的折磨和空间的摧残，文本仍在，且在"时空隧道"中不时被一些称为"读者"的人阅读。那位已经逝去千百年的"作家"的灵魂，透过由文字实现的复杂的神经传递，找到了能够深刻体察"作家"所思所想的读者，实现了伟大的再生。"书中所带的感情的力量，没有当地的住所，从作家那里安全地传递至读者，印刷和包装以及发送都没有将其弄烂，它得到再生，每当我们打开它的时候都能够看得到它。""不管时间和地点多么遥远，在书中徘徊不前的是这样一种富于想象力的生物，是这种消失了的链接，是任何读者都还没有看见过的。"

这是使文本获得"再生"的一种壮丽的传递，这是人类智慧得以生生不息的伟大的生命信息的传递。那么，这种"壮丽的传递"又是怎样实现的呢？

书本中的语言是恒久不变的，在任何时间和地点都是同样的，其本身传达不了任何东西，传递主要依赖的是读者——"诠释者"，读者的角色是让"书写用暗示与阴影来表示的东西"变得具体可见。阅读不是一种像感光纸那样捕获书本的直接过程，而是一种具有令人眼花缭乱、迷宫般的曲折变化，又具有个人色彩的演绎过程。这个过程是间接的，书本中作者所写出的内容是通过穿越时空的传递，经过另一个活人的感觉、认识，在头脑中反复思考、吸收而获得"再生"的，因此是迂回的。正如《普鲁斯特与乌贼：阅读如何改变我们的思维》的作者、美国塔夫茨大学阅读与语言研究中心主任玛丽安娜·沃尔夫教授所讲："阅读正是一种神经上和智能上的迂回行为，文字所提供的直接信息与读者产生的间接且不可预测的思绪，都大大地丰富了阅读活动。""迂回"这个词来自英国伟大作家狄更斯的颇有名气的诗句"以迂回的方式道出全部真理"，其不仅符合韵味而且又恰巧符合了阅读生理学。

我们还可以设想：食物等物质食粮，进入人体，经过胃肠的消化，转化为多种营养而被人体吸收，促成我们身体的发育、成长和健壮；那么，阅读等精神食粮，进入大脑，经过思维，融入我们的思想，促成我们知识、修养的发展、提高和成熟。这两方面，从人生的大道理来讲，都是同等重要的，而且对外界的物质和精神要素，同样都不是直接接受，而是通过自己的消化、吸收，也都以迂回的方式，使其转化为人类的身体和精神，促进人类世代的传承和发展。

综上可见，阅读的传递是作者的智慧和情感，以文字和书本为媒介，历经"时空隧道"的磨砺，得以传到读者这里，又经过读者的第六感觉和思维的"迂回"，得以在读者的精神层面实现了"新生"。也就是说，这种复生，不是复制，不是仿版，而是两种思想水乳交融后生成的一种创造性的新思想。

4. 阅读的创造性特质

通过上面的论述，我们可以导出一个结论：阅读必须是也只能是创造性的；阅读如果没有读者的思考，那就是文本的内容没有进入读者的大脑，等于白读。教育心理学家为"读者"的涵义做了相应的诠释，认为：读者是通过文字转换和创造性来再现文本的意义。

文本的内容并非只是字词，而还潜藏着躁动于文本中字里行间的作者的灵魂。阅读的时候，读者沉迷于文本中，进入了另外一个世界——文本的世界。因此，阅读是作者灵魂和读者心灵的交流、碰撞与结合。这正如琳莎·施瓦茨所讲："如果说我们让书展现生命，书也使我们展现自我。阅读教会我们接受事物……它教我们接纳，在静默中，带着专注接纳一个临时占有的声音，借来的声音。讲话的人将自身出借出来，我们也做同样的事情，这是双向的临时的交换，跟爱一样。"如果说人世间男女结合孕育了新的生命，那么在精神世界也可以讲，作者和读者思维的结合萌动了新的思想，作者和读者心灵的结合化作了新的"灵魂"。因此阅读是作者的"灵魂"融入了读者心灵后的再生。

20世纪世界最伟大的小说家之一、《追忆似水年华》的作者普鲁斯特曾讲："当我们渴望作者能够给予我们答案时，他能给的却只是更多的渴望……规则可能意味着我们无法由任何人那里获得真相，我们只能创造真相……"这里所说的"真相"，我个人体会是指读者阅读后的所思所得。当我们希望作者能够给予我们阅读的答案时，他能给的却只是更多的渴望，而且作者的艺术水平越高，作品越是崇高和美好，越是会在读者身上挑起更急切的渴望。不过，阅读原理告诉我们，阅读无法从作者和任何人那里满足渴望，获得"真相"，只能靠读者自己获取自己的阅读成果——"创造真相"。

无独有偶，几十年后，心理学专家玛丽安娜·沃尔夫在总结阅读发展的自然史时，说出了同样的阅读"创造真相"的话："阅读的发展永不结束，阅读这个永无止境的故事将永远继续下去，将眼睛、舌头、文字和作者带往一个新的世界，在那里鲜活的真相无时无刻不在改变大脑与读者。"啊，讲得多么令人不可思议！持续的阅读将在读者面前展现"一个新的世界"——阅读创造的世界；在那里新的阅读成果，即"鲜活的真相"还时时刻刻在改变着读者的大脑以及相应改变着读者本人。

"阅读不仅反映了大脑超越原有设计结构的潜能，同时也反映了读者超越文本或作者所赋予内容的潜能。"当我们读到一段感兴趣的文字时，大脑系统会整合所有的视觉、听觉、语义、句型等信息，而读者则自动将那段文字与其个人的思想及生活体验联系起来，从而产生各种联想，意识到与那段文字相关的许许多多的情景与内容。进一步，读者对阅读的诠释往往会超越作者的思想，向新的方向思考，产生了超越作者思想的新的想法——作者不曾有的新思想。如果这位读者能够写出自己的新感受，在交流网络无所不在的今天，又会流传并影响更多的人，从而促进了人类知识、思想和意识的发展。

当前，电子革命是一场阅读领域的革命。如今人类传递信息早已超越了发音语言本身，超越了时空，而这一切都要归功于人类不同寻常的超感觉——阅读。"现在我们认识到，这种特殊的阅读实际上要求大脑进入紧张状态……这本身就是一种创造活动。读者在阅读过程中让自己的心灵挖掘、塑造白纸或电子屏幕上的超感世界，不但对体验作出反应，而且重新塑造这种体验。"

（二）解读的特性

1. 个性化

阅读的一个极其突出的特点就是属于"个人行为"。读者的阅读完全出自个人意向，是随意的，阅读的所思所得存储在个人的头脑中，任何权威和任何压力都是无法改变的。阅读随读者之间的差异，哪怕微小的差异而大相径庭。费希尔说："正如思维一样，阅读是一个仁者见仁、智者见智的过程。"

法国文化史研究专家罗杰·夏蒂埃在其所著《书籍的秩序》中有句名言："文本在阅读中产生意义。"文本自己不能够产生意义，文本的意义只能来自读者的阅读。并且同一个文本，不同读者的阅读产生不同的意义；同样一个文本，同样一位读者不同时间的阅读，也会产生不同的意义。

因此，所有解读都是个人行为，不可能有代表性的、具有普遍意义的解读。

这里讲一点多余的话：阅读的个性化影响书籍管理。由于深切地感知到阅读个性化的特点，新西兰学者费希尔讲："分类行为本身就与阅读的初衷背道而驰，因为引领生活才是阅读的目的。"《阅读史》的作者曼古埃尔也认为："图书馆和书店里的图书分类恰恰暴露了人类试图将世界分门别类的想法其实荒谬可笑、不切实际。"但是，从图书馆和书店的角度考虑，对于那些还没有被阅读的书籍而言，为了让读者自己找书和选书，不采取形而上学的静态办法管理，又当如何呢？作为权宜之计，只能如此了。

2. 多变性

阅读因人因地因时而异，是随之变化的。心理学家、巴黎弗洛伊德学派的创始人之一米歇尔·德·塞尔托写的这段文字非常精彩，他对照了阅读与书写，认为："后者存储，凝定经久，前者过眼，转瞬即逝。阅读活动，少有留痕。它离散为无穷的独特行为，而且比较任意，不守清规。"

阅读的主宰是读者，其可以按自己的所思所想，随意理解、阐释作品，并表述出来。即使对同一本书的感受也是在不断变化，心情好的时候读和心情不好的时候读,体会大不一样,好像是书的内容变了一样。英国小说家弗吉尼亚·伍尔芙说:"如果将一个人阅读《哈姆雷特》的感受逐年记录下来,将最终汇成一部自传。"费希尔则更进一步说:"文学作品不是经书,而是依托语境实时反映生活,指引生活。没有任何文本可以对读者发号施令,重要的宗教经文也不例外。读者自己选择如何去反应,如何去思考。阅读的奇迹就在于作者永远不是主宰。在阅读中,读者扮演上帝的角色。"

3. 社会性和空间性

世界在改变,社会在不断更迭,这些变化也在改变着每一个社会中的人,即改变着每一个读者。读者变化意味着解读也将发生相应的变化。解读具有极其明显的社会性,这是不言而喻的道理。正如费希尔所说:"书面文本自行其是,几百年来、几千年来一直如此。它一次次被重新发现或重新认识,因为社会在变化,个人在变化,人们对同一文本的解读不会一成不变。"君不见,在一个社会被赞誉为经典,而在另外一个社会却成了禁书。

阅读也具有空间性,在不同地域、不同的民族,对同一文本的解读,会差别很大,即使抛开社会性,生活习俗也会影响对同一文本的阅读理解。

4. 累加性和历史性

在人类历史的长河中,逐步形成了许多经典著作,这是解读累加性和历史性最经典的体现。经典著作既不是作者自封的,也不是哪位权威赐予的;经典著作是作品中的金子,历经风雨的摧残、人为的迫害、长期的考验,是金子总会发光的。解读的累加性和历史性成就了"经典著作"。

文化要素和生理要素的交互作用,使阅读者对文本进行着多方面的和反复的累加认知,其理解力和思维相应会受到所有这些认知的影响。书本中的人物不会改变,但读者对他们的理解却与日俱增,随时在变化。在37岁、57岁或77岁时读到的同一本书,一定要比在17岁时读到的感受多得多。

《阅读史》的作者曼古埃尔对此也写出了自身的感受:所有的书籍都在"等着我们的批评和意见",书籍本身是永久存在的,加上后来读者不间断的批评,"意味着无限的阅读是可能的,彼此相加下去"。

寓于书籍中的灵魂,经过历史的累积,也在静悄悄地发生着变化,在不断地茁壮成长。"这个灵魂,不但是作者的灵魂,也是曾经读过这本书,与它一起生活、一起做梦的人留下来的灵魂。一本书，每经过一次换手，接受新的目光凝视它的每一页，它的灵魂就成长一次，茁壮一次。"这个道理看起来有些难于理解，其实这同经典著作形成的历史过程，是一个道理。

对于解读，我们首先需要清楚一点：解读者也都是读者。

曼古埃尔写出了自身对解读的感受：解读没有完全所谓"正确的"的东西，也不可能有"最后的话"。《阅读的历史》的作者史蒂文·费希尔也有同样的看法，他认为："我们尊重苏格拉底这样的伟大哲人，但是所谓'正确的'或'权威的'解读并不存在。……没有一种阅读是终极的，读者在每一次阅读中都会重塑自我。"

"正确的"或"权威的"解读并不存在——这是历经几千年阅读史考验出来的深刻的至理名言。

2015年6月16日

六、经典阅读——人文教育之路

（一）美国大学的人文教育

近来读了一本书——《阅读经典：美国大学的人文教育》，感触颇深。该书去年10月由北京大学出版社出版，一经面世，就很受欢迎。先后被《新京报》和"南都读书"列入"2015年度好书"和"2015年十本好书"，入选深圳读书月"2015年三十本好书"。作者徐贲，现为美国加州圣玛丽学院英文系教授，同时担任该学院人文教育课程教授。作者本人在美国大学从事人文教育已达20余年，他始终将自己从事的人文教育视为自己教授生涯中最有意义的一部分，并为此将其奉献给祖国的教育事业。

这是一本专门介绍美国大学人文教育的书。以作者对人文教育理念的认识、日常授课的教学体会与实例为主要内容，可谓经验之谈。因此，在大力探索我国教育改革之路的今天，这本关于人文教育的著作一定会对人们有很大的启发意义。

美国大学的课程设置分为专业教育、通识教育和人文教育三部分。以作者任教的圣玛丽学院为例，其课程的具体设置如下：

专业课程设置亦有文、理之别，学生们每个人都有自己所学的专业。

通识教育设有许多课程，每个学生可以选修8门。其中宗教研究2门，数学1门，自然科学1门（在生物、化学、物理、天文、环境与地球科学中选修），人文学科2门（在艺术史、传媒、英语文学、外语和神学中选修），社会科学2门（在人类学、经济学、伦理学、历史、政治学、心理学、社会学、妇女与性别研究中选修）。

人文教育设有6门课程，这是每个学生必修且须在入学的头两年内修毕的，其中经典阅读4门，写作2门。

人文教育的根本目标是人的心智成长，是对人的教育，是为人的一生塑造完整人格。这是美国高等学校人文教育的普遍理念，对于每个学生的培养来讲，又是极其重要的和不可或缺的。人文教育课程高达 6 门，且必修，可见对其学校重视程度。

人文教育，古时早已有之。11 世纪西方世界第一所大学——意大利博洛尼亚大学出现之前，已经有了高等教育的原初概念。初期的大学有三种教育：普通教育、人文教育和职业教育，而职业教育只有三科：医学、建筑和施教，其他的都是通过学徒方式习得"手艺"，成为手艺人。高等学校的人文教育，学生接受的是如何成"人"的教育，其涉及关于什么是人的德行、什么是人的幸福等。而现代，由于进入了"以知识为基础"的社会，人们注重知识胜于对人和人格的培养。而问题恰恰出在这里：作为高等教育本质特征的"人的教育"，即人文教育被废止，学徒方式被正规大学取代，培养出来的是知识上的强人和人格上的侏儒。

教育一旦离开了人，离开了人的精神，严格说来就不能称其为教育。正如德国哲学家雅斯贝尔斯在名著《什么是教育》一书中所写："教育是人的灵魂的教育，而非理智知识和认识的堆积。""教师要唤醒人的潜在的本质，逐渐自我认识知识，探索道德。""通过教育而获得反思和辩驳能力，而这种能力也是具有高尚人生境界的一种标记。"从这个意义上说，教育的本质特征就是它的人文性，人文教育在大学教育中具有重要的基础性地位。

（二）"伟大著作"的选择与阅读

在作者任教的圣玛丽学院，人文教育包括学生在头两年必修的两种核心课程：4 门经典阅读和讨论，2 门写作。学校针对西方人文发展的各个阶段，即希腊思想，罗马、早期基督教和中世纪思想，文艺复兴和 17—18 世纪思想，19—20 世纪思想等，选出并确定具有代表性的经典作品。这些作品被称为"伟大著作"，它们是：索福克勒斯《菲罗克忒忒斯》、欧里庇得斯《酒神的伴侣》、亚里士多德《伦理学》《政治学》《修辞学》、修昔底德《伯罗奔尼撒战争史》、欧几里得《几何原本》、普鲁塔克《希腊罗马名人传》、《圣经旧约》之《约伯记》、路德《基督徒的自由》、胡安娜《给菲洛蒂亚修女的回信》、马基雅维里《君主论》、伽利略《星际信使》、笛卡尔《谈谈方法》、蒙田《蒙田随笔全集》、霍布斯《利维坦》、洛克《政府论》、帕斯卡尔《思想录》、伏尔泰《老实人》、杰斐逊《独立宣言》等。

人文教育的核心课程有三个特点：其一，强调以思考、理智和判断能力为主要特征的知识，不是专门领域的知识；其二，以"常识"和"普通知识"为基本内容，开展以亲近智慧为目标的知识活动，不以积累和提高专门知识为目的；其三，学得的知识产生于"对话"，而不是"传授"，重在说服的过程，遵循公共说理原则，而不是最后的结论。就体现这些特点而言，经典阅读比写作更能体现人文教育的特色。经典阅读的任课教授来自各个系科，接受统一训练，完全不受各自专业背景的限制，充分体现了人文教育无知识边界的这一理念。

人文教育以阅读和讨论为本，目的是培养学生的思考、提问、论说、表述的能力。所以，人文教育是一门离不开"阅读能力"的课程。阅读内容以"常识"和"普通知识"为基础，这是非常正确的。美国哲学家罗伯特·凯恩在《伦理与寻求智慧》一书中指出：古典意义上的智慧包括两类相互结合的问题，第一类问题是"什么样的事物具有客观的真实，为什么"，第二类问题是"什么样的事物具有客观的价值，为什么"。普通智慧结合了真实的知识与客观的价值，这种中肯、贴近、亲切和可贵，为学生们带来思考愉悦和心得收获，很有吸引力，并能够产生启迪思想的作用。

人文教育中的阅读方法，不是一个人本能自发或自然就会的，是培训和引导的结果，所以被称为一种"艺"——"阅读的艺术"。

1. 阅读的"艺"包括两个方面：一个是阅读方法、技巧的细致训练和反复运用；另一个是阅读联想、理论和创新力的引导和培养。

2. 阅读课上大多数学生最感兴趣的是发现读物里包含的"意义"，很想知道怎么才能独自有效地发现和找到这些意义。如读蒙田随笔，学生发现他密集引述古典作品，这时便可以介绍法国符号学家克里斯蒂娃提出的"互文性"（intertextuality）概念。又如，课上的文本释义和伦理释义中都会涉及"诠释学"（hermeneutics）概念，由于学生们已经通过阅读实践接近了阅读的这两门重要学科——符号学和释义学或诠释学，这对阅读异常重要。此后，便可进一步要求学生阅读这两门重要理论方面的著作。当阅读实践有了正确的理论指导，学生阅读理解的深化和整体阅读水平必将大幅度提高。

3. 不同文本间的"观念参照"，可以说是伟大著作作者之间难得的对话，这方面的提问、联想和想象应该在学生们身上进行特别地发掘和培养。为此，一是应该鼓励学生阅读范围的多样性——多学科和多文体;二是应该鼓励学生多读专家的有关评论和研究成果,并从中形成自己的看法;三是应该鼓励学生重视自己日常的经验积累,使自己在文本阅读中能够获得深化的经验体会。

4.讨论的问题,既不能脱离具体文本的特定"语境",又不能囿于这样的语境。例如,文艺复兴时期的"格言""警句"、卡夫卡的《格言集》等;有些问题可以当作特别"人文"的问题,如人的尊严、良心、智慧和愚蠢、道德与政治、信仰和迷信、暴虐和反抗,这是一些应该广泛和不断讨论的议题。

学生可以在阅读具体文本时自己决定读得细一些或粗一些,但是必须有一定限度,一旦越过,经典阅读便不复存在。解决的办法是以教师公正评判学生的成绩来制约。

(三)坚持"结构化"的讨论方式

人文教育是人的理性教育,人的理性的重要体现之一就是人与他人交谈、对话、说理的意愿与能力。人文教育课上的讨论围绕经典阅读文本的话题,遵守的是公共说理规则。美国加州圣玛丽学院将此具体规定为七条:(1)就文本提出中肯、相关的问题;(2)在讨论中自信、清晰地表述自己的看法;(3)在对文本的重要思想作出释义和阐发时,要进行逻辑说理并提供文本支持;(4)倾听并尊重其他讨论参与者的观点;(5)在协作性探索的过程中取得新的、更丰富的理解;(6)进行持续、连贯的思想讨论;(7)将不同文本相互联系,并广泛联系人类经验。

人文阅读课应该培养学生提问的能力,因此开始就要介绍三种基本的提问内容和方式:围绕事实、阐释和评价。并进一步要求学生每堂课必须带着问题来参加讨论,尤其鼓励学生提出能自然形成思考和讨论的问题。

人文教育经典阅读要求两种可称为"对话"的思想交流。

第一种是读者与经典文本作者之间的对话。20世纪德国伟大思想家施特劳斯在《什么是人文教育》书中说,阅读经典就是把经典作家当作特殊的老师,这样的老师往往是学生"一辈子都没有机会遇到的,而是只能在伟大的著作中遇上"。与经典作家对话的总体目标是:"(1)增进学生精读文本,进行有理解和思考力的讨论;(2)培养对知识的好奇,健康的怀疑和开放的思想;(3)了解人类知识多样性和不同运用，以及知识的整体性；（4）重视探索的过程和意义的发现；（5）关注自己的人性和人类境况的不同与统一。"向经典作家老师学习，不是老师独语，更不是老师向学生灌输现成的想法，而是学生们带着自己的问题倾听老师的论述，他们一面向老师请教，一面不断形成和提出自己的想法。

第二种对话是在同学们之间进行的。对话是人在社会中与他人交流的有效方式，是人克服孤独存在和原子化状态的必要条件，也是在人与人之间真正建立起有意义关系的先决条件。因此，对话交流训练将有益于学生们的整个人生。戴维·波姆是饮誉世界的美国量子物理学家，同时也是哲学家、思想家，他总结了一套可以广泛运用的"结构化"对话，被称为"波姆对话"，其特征是："第一，讨论者们约定，不需要在小组内形成决议或统一看法；第二，每个参加讨论的人都同意在交谈时搁置自己的判断性看法，不去批驳或驳斥他人；第三，在搁置自己判断性看法的同时，每个人都要尽量诚实、明白、清晰、无保留地表达自己的意见；第四，每个参加交谈的个人都贡献于共同对话，也就是说，大家一起讨论的结果比原先的个人看法更为丰富。这样的讨论一般在 10～30 人的小组里进行，他们会在一段时间内持续定期聚会，每次聚会几小时。"圣玛丽学院即采取类似的做法，讨论班每周分两次或三次上课。这种讨论不同于非结构化的随意闲聊，因为它预先就有明确的内容、方式和目的。结构化对话有助于提高学生们的交际能力，使他们未来能够进行广泛有效的沟通。这不仅关乎说话技能，而且关乎社会上理性的公共生活，关乎人的文明和价值规范。

在圣玛丽学院，人文教育的课堂讨论（集体知识活动）和写作（个人独立的知识行为），是两个相互联系但有所区分的部分：这二者都以阅读为基础，包括对文本提问、分析、理解和释意、评价和批判等；都不属于专题知识课程；都是以授人以渔为教学目标。但是，写作课不同于阅读和讨论课，它是为增强学生的写作交流能力，使学生们发展交流技能，认识到语言形成思想和经验的力量，学会逻辑、清晰、独创地写作。人文教育高度重视经典阅读与写作这两门课的紧密结合，例如，这两种课对学生的共同要求分为"批判思考"和"交流能力"。写作本身就是一个思考和厘清问题的过程，有效的写作有赖于清楚高效的思考。学习写作，从根本上说是学习以理性文明的、有教养的方式与他人交流，这是公民社会所必不可少的公共交流能力。人文教育的目标就是为这样的生活方式和社会秩序培养合格的成员。

（四）图书馆可否考虑开设阅读经典——人文教育课堂

现代公共图书馆的根本任务就是为最大范围的民众提供最为方便的阅读服务，这是图书馆存在的根据和天职。

作为专职的公益性社会文化教育机构和阅读机构——公共图书馆，面对当前的社会问题和自己义不容辞的责任，应该肩起重任，为社会的人文教育贡献力量。提供经典著作阅读，这是图书馆的首要任务和直接工作。如深圳图书馆的南书房，其经典著作的藏书建设和开展的经典阅读服务，其举办的一系列阅读活动，已经很接近社会化的人文教育了。

因此，公共图书馆是否可以考虑开设人文教育课堂。当然，这不是图书馆必须承担的任务，但却是图书馆服务的延伸，是图书馆阅读服务再向前迈进一步，就可以为之的事情了。为全社会"人的教育"再贡献一份力量，何乐而不为。

为慎重一些，初办时可称为"经典阅读研讨班"，逐步发展为正式的人文教育课堂。大方向确定之后，至于教学的组织、管理以及聘请教授、招聘学员等具体问题，《阅读经典：美国大学的人文教育》一书的介绍，已经接近可操作的程度了。需要进一步解决的是如何同国情、市情相结合的问题，这尤其体现在对经典著作的选定和研讨班的实施方面。

这可否认为是图书馆工作的一项创新？实践出真知，坚持不懈地做下去，一定会在图书馆界创出中国化人文教育和社会教育的路子，为中华民族伟大复兴做出贡献。

2016 年 4 月 18 日

七、做一个清醒的译著读者

青少年时期读过《钢铁是怎样炼成的》《卓娅和舒拉的故事》《牛虻》和《夏伯阳》等励志翻译小说。那时候总的感受就是两个字：崇拜。崇拜小说中的主人公保尔、卓娅和亚瑟，崇拜夏伯阳式的战斗英雄。满脑子都是故事和情节，连作者是谁都不十分了解，就更不要提译者了。译著翻译得怎么样，连想也没有想过。那是我接触翻译作品的初级阶段，在一种幼稚、无知情况下，对翻译作品的盲目崇拜。讲"盲目"似乎过分了些，但仔细想想，实质确实如此。

大学和工作时期，尤其是1960—1961年，大学功课不重，造就了我阅读翻译作品的第一个高峰期。当时读的几乎都是俄罗斯文学，普希金、列夫·托尔斯泰、阿·托尔斯泰、果戈理、契诃夫、冈察洛夫等著名作家的代表作以及苏联获得诺贝尔文学奖的肖洛霍夫代表作。这期间的阅读，随着年龄的增长，已经不仅仅是读故事、读情节，而是进一步地读人物、读社会。最令我感动的是列夫·托尔斯泰晚年的代表作《复活》，它描写了人的内心、人的道德、人的灵魂的复活。这种感动完全不同于励志小说，它是对人的心灵的震颤，是对扭曲的人的本性的复正，是激励美好人性的再生。这期间的阅读，相当地注意作者，希望读大作家的作品，但还是没有留意到译者。

我阅读翻译作品的第二个高峰期是退休且完全不工作的2008年起，我于古稀之年踏入了西方文学盛开的百花园，万紫千红，香气四溢，应接不暇。英国的、法国的、美国的、德国的、瑞士的、西班牙的，那真正是丰盛的文学大餐。我如饥似渴地读着，从容地品着。至今，回忆起来已读有二三十部长篇和近百部短篇，且大都写有读书笔记和读后感。直到这个时期我才意识到，阅读翻译作品首先应该注意到的一个大问题——译者。

一次不愉快的经历，使我印象深刻。在读莫泊桑的代表作《羊脂球》时，我先借了某某某人民出版社的版本。借回家读了十几页，就碰到了好几个地方，怎么读也读不懂意思，中文就不通，似乎这位译者的汉语比法语还要差一些。以前也碰到过类似的问题，译著读得多了，自然就有了切身的感受。读拙劣的译文，味同嚼蜡，咽不下去，吐不出来；再进一步想想，若其译的内容有错误，那自己就更成了一个不折不扣被骗的傻子。因此，读译著必须选择著名译者的译本。

这次碰到了较差的《羊脂球》译本，只好再花时间到图书馆改借别的译本。这次借前先读前面的十几页，感觉通顺才借回。这个版本的译者是柳鸣九，译文不仅通顺，而且优美，读起来如潺潺流水，使人悦目赏心。柳鸣九何许人也？我查了一下百度百科，原来是中国法国文学研究会会长，是集教授、学者、翻译家于一身的大专家啊！从此，养成了习惯，借译著一定要做到：一是先在图书馆逛书架，浏览目标书的各种译本，看看译者是不是知名的翻译家，读读翻译的文字是否通顺；二是至少需要借两本经过选择的译本，以供未来阅读时进行比较对照。这就是我为什么宁愿舍近求远一定要到大图书馆借书的原因之一，这也是不经过透彻了解绝不能轻易买译著的原因之一。

我这样一个外国文学爱好者，自己不能够读原文，通过阅读几十种经典作品的译著，深深地体会到，外国文学作品的译文是多么重要啊。可以讲，译者就是第二作者，这样表达也许还不够，是并列的第一作者。外文的原创作者是原文第一作者，译者是在外文原作基础上的译文创作者——译文的第一作者。所以，美国女作家施瓦茨在《读书毁了我》一书中说翻译作品是"伟大的再生"，多么深刻的体会啊。外国文学作品通过翻译和传播，得到了在译语环境下重生或再生的机遇，而只有伟大的译者才能够使这样伟大的再生成为可能，成为现实。

译著读得多了，有时也接触翻译方面的专门论述。曾到过96个国家的一百多所大学讲学的美国杰出的语言学家、翻译理论家奈达，1964年出版了理论著作《翻译科学探索》。就在这部书中，他提出了"功能对等"的翻译理论。他指出："翻译是用最恰当、自然和对等的语言从语义到文体再现源语的信息，创造出既符合原文语义又体现原文文化特色的译作。"他继而认为，如果形式的改变仍然不足以表达原文的语义和文化，可以采用"重创"这一翻译技巧来解决文化差异，使源语和译语达到意义上的对等。奈达的这一理论对翻译界产生了巨大的影响。奈达理论强调的是"语义和文化",是"重创"——用译语再现原文的文化内涵。多么深刻,多么一语中的啊!在这样一种伟大理论的指导下,我国翻译界一直讨论的直译和意译、信达雅等问题,就迎刃而解了。

一种文化环境中的故事和人物要在另一种完全不同的文化环境中实现"伟大的再生"——用译语再现源语的文化内涵,达到文化意义上的对等。这就是翻译的实质,这就是翻译的真谛,这也就是评定翻译作品的标准。举一个有趣的例子,2012年3月16日《新闻晚报》有一篇"温家宝引用古文,张璐翻译令人拍案叫绝"的文章。讲的是在记者招待会上,温总理引用《离骚》诗句"亦余心之所善兮,虽九死其犹未悔"。由于中文和英文的文化背景差别很大,其中深刻的文化内涵很难在翻译中体现出来。但张璐的翻译很巧妙,把"九"翻译成"thousand times",非常贴切,"汉语习惯说'九死',英语一般要死上 thousand times(一千次)才够"。这就是中英两种文化的不同内涵。这个例子虽然简单,但它却恰恰告诉我们:翻译不是两种语言的对等,而是由语言所体现的两种文化意义上的对等。多么清楚,多么直白啊!这种注重文化内涵的对等翻译,有时候能够起到拯救源语文化的作用。加拿大著名书话作家曼古埃尔说:"然而,有时文化也能通过翻译得到拯救,此时译者辛苦而乏味的追求就变得正当了。"

翻译作品若能够达到这样的水平和境界,谈何容易。为此,翻译者不仅应该是源语和译语两种语言的专家,而且还必须是两种文化的专家。加之,两种文化环境在历史的和现实的方方面面差异太大,几乎使任何专家都望尘莫及,因此奈达理论上的翻译境界,是一种目标,一个理想。再怎么优秀的翻译作品总会有或大或小、或多或少的瑕疵,这是翻译作品存在着的一个普遍性的问题。对此,美国专栏作家尤金·菲尔德在其著作《书痴的爱情事件》中有着清楚的论述:"每一种译本,无论译得有多么好,总会要丧失掉一部分生气和神韵。"翻译不可能做到像复印一样,"只是简单的替换行为"。

日本作家村上春树曾提出,翻译作品是有"赏味期限"的,也就是保质期。过了一定的"赏味期限",译文就跟不上语言演化的脚步了。这方面我有实际的体会。读梭罗的《瓦尔登湖》,我本来想借最早的徐迟译本,因为1949年将该书引入我国的译者就是写《哥德巴赫猜想》的报告文学大作家徐迟。我流连在书架前,发现《瓦尔登湖》有近10个译本。我大致翻了一下,徐迟译本有些偏于文言,就另外又挑选了两个译本。借书时图书馆员特别看了我一眼,似乎在问为什么同一本书借了三个版本。阅读的过程中,我没有用徐译本,不是翻译好不好的问题,而是徐译本过了"赏味期限"。60多年来,我国文化大环境演变了,翻译作品必须跟着变化,虽然这种变化是被动的,但却是必要的。

曼古埃尔认为:"没有任何翻译是清白的。每种译文都暗示着一种阅读,一种在主题和阐释方面的选择,一种对其他文本的拒绝或压制,一种由译者借助作者之名强加的再定义。"这些话语是深刻的,是经过深思熟虑的。仔细想想,一个简单的理由就可以解释:所有的阅读都是读者个人对原文的理解,都必然是主观的。因此,译者也同样,他对原文的理解当然也是主观的;进而,译者在自己对原文主观理解的基础上,再选择译语进行翻译,这无论如何也必然产生差异。我们这些读者阅读的就是在"对原文主观理解"和"翻译差异"的基础上的译文。

这种翻译作品的"不清白"是客观存在的必然,不是译者的主观行为。如果译者再加之不正当的有意行为,那就超出学术之外而带上政治、宗教、利害关系等"色彩"了。举一个例子,在瓜拉尼,为了让土著人信奉基督,利用翻译将其远祖那满都变成了基督上帝。"历史上,对翻译的审查曾以各种微妙的形式得以施行,在一些国家,翻译是将'危险'作家的作品净化的手段之一。"

在报刊上,我也经常注意我国翻译方面的情况,现在有"译界乱象"的说法。读者对2011年度获傅雷翻译出版奖的作品"反响平平",或认为"与原作相去甚远";当当网畅销书第一名的《乔布斯传》,因翻译过于草率让人诟病;第五届"鲁迅文学奖"中的"文学翻译奖"也因作品难达共识爆出空缺。更为严重的问题是,"抄袭之风早已蔓延到翻译界",《爱的教育》的译者王干卿因遭遇抄袭侵权,6年打了14个官司。翻译者东补西凑地抄袭,译文拙劣,读者看了不懂,反而觉得原著不好,严重点的就这样使读者失去了对某经典著作的兴趣。很多翻译作品都存在着抄袭问题,很多翻译家都有被抄袭的经历,这就是当前我国翻译界的负面情况。

出版社出版书的缺漏现象严重,而且市面上盗版猖獗。我曾经买过一部厚厚的《悲惨世界》,是1995年某某人民出版社出版,拿回家细看,核对了几处,明显是盗版。更有甚者,全书分五部的第五部根本就是缺的,让读者花钱买残缺的"新书",我们的出版界怎么啦?仅1995—2001年,《悲惨世界》的原译者李丹、方于夫妇还在世的时候,就发现有8种不同版本,都是盗版的或剽窃原译之作。现在，译者的后人一直在为保护《悲惨世界》译作版权、打击盗版而奔波。以上种种说明翻译作品无端地"被变化"，有的做法，简直是在践踏翻译，使"伟大的再生"变成了"苟且偷生"，令人哀叹！

  译者发挥自己在语言、文学和文化方面的聪明才智，倾注"偏见的爱"，在两种文化交汇的空间里自由驰骋，使原著在译语环境中实现伟大的再生。译者作为翻译活动的主体，在进行着二度创作。但是，翻译活动是主观的，它必然具有个人色彩和局限性，同原文具有一定的差距；翻译作品是社会的，它也必然受到社会性的制约，使翻译作品按照社会的要求"被变化"。因此，翻译作品具有不可预见性、不可知性、差异性和"赏味期限"等特点。在这样的情况下，作为非翻译专业的广大读者，必须了解些翻译知识，在阅读实践中不断积累经验，科学地、辩证地、历史地认识翻译作品，做一个清醒的读者，进行聪明的阅读。

2013年2月27日

八、做一位网络时代的"越读者"

今年2月,在图书馆逛书架的时候,我发现了一本书,书名有些奇怪或者说不易理解,叫《越读者》。翻开目录一看,明显是一本书话类的书籍。作者郝明义,曾任台湾商务印书馆总经理兼总编辑,是一位台湾的资深出版界人士。这两年读了不少书话类著作,令我遗憾的是有水平的专著基本上都是国外的,看到这一本,我如获至宝,无论如何也要借回去好好读读。

"越读"?我在图书馆工作了那么多年,坦白地讲,还是第一次碰到这个名词。先到网上一查,还真有这个词,但应该说很少用。查到两类用法:一是杭州开办有专门的"越读馆",二是有"阅读·越读·悦读"条目,并对越读的含义做了解释:"越读一般是指一种超越本专业、本学科、本业务等的越界阅读。"看来,"越读"是指在专业方面的越界阅读。

《越读者》一书分为七个部分,涉猎阅读的方方面面,几乎可以称之为阅读的小百科全书。从传统学校对阅读的束缚到现代化网络对阅读的拓展,从将阅读类比为跨越四种饮食到开展多学科、多媒体的阅读,从阅读工具(电脑、网络书店与实体书店、书架与藏书、个人图书馆等)到做阅读笔记的方法,从时尚书和经典书的阅读到如何进行主题阅读,从名人(诸葛亮、陶渊明、朱熹、苏东坡等)的阅读方法到阅读金字塔的七道阶梯,最后讲到怎样建立个人知识架构,等等,不一而足。

在全面阅读的基础上,我对书中所论述的网络阅读和全书的中心内容——"越读"和"越读者"非常感兴趣,而网络阅读也是围绕"越读"而写。

在书的封面,书名之下题有:没有越界,不成阅读,尤其在网络时代。在前言中作者更进一步写道:"这是一个没有越界阅读,就不成阅读的时代。不论错过了多少机会,不论多么晚开始,阅读都在等着给我们一个美好的机会。何况在这网络时代。这是一个历史上从未有过的越读者时代。"

郝明义先生讲的"越界阅读",又称"越读",本书中有三个含义:第一,跨越多知识领域、多体裁的阅读,这一含义同从网上查到的相同;第二,跨越多种媒体(文字、图像、声音、影像、气味、触感,甚至意念等)的阅读;第三,跨越"网络"与"书籍"的阅读。

在作者看来,这些本来不应该有但又确实存在的界限,是怎么样形成的呢?他写道:"界限,可能是考试教育锁定教科书与参考书所形成的。可能是中、大学长达十年时间阅读胃口的影响所形成的。可能是踏入社会后的现实压迫所形成的。可能是对于'网络'与'书籍'一些既定印象及使用习惯所形成的。可能是从没有意识过这些界限的存在所形成的。可能是从没有想象过阅读可以帮助我们跨越哪些现实与理想或梦想的鸿沟,而形成的。"这些界限如高墙壁垒般遮蔽了读者的双眼,在人类有史以来知识和书籍最为富有的时代,这些界限却制造和形成了广大读者的"阅读贫困"。

欲实现第一种"越读",就不要囿于自己的知识领域和工作范围,应该越界阅读同自己的理想或梦想相结合的书籍。正如作者所描写:"正因为我们无意中阅读了一本书,开启了我们对一个理想或梦想的接触、认知,发生了激动的拥抱,从此我们对人生有了不同的想象、期待及规划。"在这方面,我个人的阅读经历也使我深深体会到,读书最重要的因素,一是"兴趣",二是"坚持"。从兴趣出发,坚持阅读,迟早会碰到一本书或多本书,会使我们在读它们之后,对人生从此有了完全不同的想象和期待。读那些书之前,我们的人生不管怎么增加阅历和知识,都好像是在某种平面上的扩展;但是读了那些书之后,忽然就像抛物线一样,投射到另一个梦想的境界,这是一种很大的人生的"越界"。开始读的时候,不要怕零零散散,不成体系。其实,阅读略多一些,自然就会发现并进入书籍的内在体系,从而达到认知的升华。因为知识和文献都有自身的知识网络和文献网络。阅读的规律是博而后专,广而后精。清代学者汪琬在《传是楼记》中写:"古之善读书者,始乎博。"胡适也说过"多读书,然后可以专读一书"。

对于第二种"越读",让我信服的是郝先生讨论问题的历史眼光。人类认知世界的方式最早并非通过那时还没有的文字,而是通过具体而直接的感知,如看图形、听声音、闻气味、身体触感,而后才是通过抽象而间接的媒体识别,如文字、书籍。

在人类演化的四百万年历史中，五千年前才发明和学会阅读文字。即使对文字的使用也有一个逐步发展的历史过程。公元前5到4世纪，伟大的"希腊三杰"——苏格拉底、柏拉图和亚里士多德——因为所处时期的先后，对文字的应用态度也截然不同。苏格拉底处在"口头传授"的时期，亚里士多德处在"诗书传世"的时期，而柏拉图则处在二者的过渡时期。苏格拉底自己完全不动笔，教授学生的方法是口传面授，他的好学生柏拉图则用文字把老师的话记录了下来，才有了后人奉为经典的《对话录》，否则，苏格拉底的伟大哲学思想就失传了。而柏拉图的学生亚里士多德已经养成了阅读习惯，其弟子亚历山大大帝在他征战世界的11年中，随身携带和阅读《荷马史诗》之《伊利亚特》。

文字最大的魔力就在于，它具有强大的浓缩功能，一个文字符号就可以表达许多含义。比如"家"，这个字可以浓缩那么多内涵，如果你通过图画感知那需要多少张呢？这一特质在中文中最为典型。在中国人的文化传统中，我们的科举制度消失才只有一百多年，在我们DNA的遗传指令和潜意识里，根深蒂固地崇拜文字。从来没有一个时代，像今天那样密集地使用文字，这真是一个文字通货膨胀的时代。文字和书籍极致的传播和使用，形成了双刃剑，导致了"我们原先综合运用各种感官的全观能力逐渐退化"，使"我们容易疏忽——甚至，贬低书籍以外的知识来源"。文字、图像、影画、声音，这些不同的媒体有不同的特点，不应该偏执于文字，把文字阅读绝对化。如果要描述一下人造卫星怎么制造、怎么上天，没有任何图片，只用文字去叙述，读者会看得很累，但这样的东西用照片和影片描述，那就方便多了。所以，这就是越界阅读的美妙和乐趣。不要因为文字之美，就舍弃图像、影像的便利；同样，不能有了图像、影像，就说文字过时了。应该在多媒体阅读和书本阅读间不断越界。

第三种"越读"，是当前发展的热点和关注的焦点。一方面网络以席卷全球之势迅猛发展，似乎要横扫纸质文献而创建无纸社会；另一方面诸多条件的不成熟，又局限了网络的发展势头，使其处在郝先生所说的"新石器"时代。《越读者》将现时条件对网络的限制归结为四个方面："第一，各种技术的不成熟，使得网络阅读谈不上方便与舒适（比尔·盖茨也承认，超过5页以上的东西，他还是宁可印成纸张来阅读）。第二，内容与设计概念还没独立，使得网络内容主要还是静态的文字，这就使得阅读网络的乐趣与收获，和阅读书籍的区分不大。第三，交易环境没有成熟，因而影响到内容创作与设计的意愿（网络上的著作权，到现在还产生很多争论。关于内容要不要付费，不时可以成为话题）。第四，配合新形态的阅读所需要的新形态服务，还没发展成熟。"因此，作者坚定地认为，网络阅读与书籍阅读在可见的未来，还将会并存，形成互补，发挥网络与书籍各自不同的作用。

网络最重要的特质是，能够紧密地结合文字以外的声音、影像，提供一种全新的认知经验。阅读的历史也是螺旋式发展的，网络是在释放被文字和书籍压抑了许久的其他认知方式。现在，网络的活跃似乎使许多人产生了忧虑："网络使得人远离了书。甚至，远离了阅读。"其实，没有必要担心伴随网络时代而来的图像阅读、影音阅读、多媒体阅读等，因为这不是人类没有过的经验，更不是人类不需要的经验，只是过去几千年被压抑后的释放而已。我们需要担心的，与其说是这些发展会不会破坏文字阅读、书籍阅读，不如说是如何让文字阅读与书籍阅读，配合这些新兴的多媒体阅读形式，一起产生更新的综合作用，"让人类重归全观的认知经验"。

"网络越读"同样也是一种既超越局限又自然产生新的局限的历史进程。即这样泛滥的影像阅读，会不会形成新的遮蔽，造成阅读的平面化、世俗化，影响阅读的深度与个性化？作者认为，这确实是当前存在着的严重现象。而我们的危险正在于，一方面既可能忽视其他媒体阅读的新价值，又可能极不负责地，甚至是"粗鲁地对待文字这种在网络时代本应该更加精致使用的媒体"，那些粗制滥造的所谓文章，那些惨不忍睹的错字、别字、漏字不是已经泛滥成灾了吗？尤其是，"只上网不读书"，纸质书阅读率在下降。但是，这个问题的出现不在于"无辜的网络"，而是发展中的必然。正如郝明义所言："人类一直有一种方便了就不想阅读的根性。"现在的任务应该是，借助跨越"网络"与"书籍"的新兴的"越读"优势，在数字阅读和书本阅读之间交叉利用各自的特点，促进人们产生不同以往的阅读兴趣，使阅读获得空前的新发展。

能够写出《越读者》这样作品的人，必然在书籍阅读和网络阅读方面都具有深厚的功底，作者正是这样的人。郝明义在书中介绍，影响他一生的有三本书：《金刚经》，他读此书已经有二十多年了，此书影响了他的一生；《如何阅读一本书》，于44时翻译和阅读"我思考了几十年还是不清楚的问题一下子豁然开朗"；第三本是《给未来者言》，使他最受益的是"坚持"二字，"我在一个冬天的晚上读到这里，马上就觉得不孤单，知道自己的坚持没那么孤单"。

郝明义本人就是一位在书籍和网络、多媒体世界穿梭，越界阅读的快乐读者，而他这些年来也通过他的出版物和个人阅读体验，向所有读者分享自己的阅读乐趣。作为一名传统出版人，他并不像大多数同行那样，抱怨网络和数字阅读对自己生意的冲击。虽然数字化阅读势如破竹，但郝明义依然把这个阅读时代形容为数字化阅读的"新石器时代"，快乐的阅读者应该在数字化的便利和书籍的芬芳间从容越界，开启人生的种种可能。

在网络与书籍交互激荡出绵延无垠的"知识密林"之时，只有懂得超越界限的读者，才能尽享广阔天地里的一切丰饶；否则，局限于既有观念与习惯，只能茫然失措，和那些"身处丰饶之中，却逐渐饥饿至死"的原始人没有什么不同。我真正欣赏的是《越读者》把阅读超越了文字沟通，立足于网络阅读，既回看了过去的视觉沟通，也遥望到了更远的美好未来。一位真正的读者，需要的不过是信息，至于信息的来源，通过的是艺术，是网络，是书籍，是生活，本来就不要紧，关键是要学会去芜存菁，辨别真伪，以获得美好的人生。

2013 年 4 月 7 日

九、介绍一本书——《快速阅读》

在女儿家书架闲逛,忽然发现一本同自己专业有关的书——《快速阅读》。赶紧取下翻看,这是 2009 年中信出版社出版,2012 年第 5 次印刷的中文译本。出版已五年而我还没有耳闻,看来在本行业也是孤陋寡闻者啊。借回家用了近一周时间阅读和记笔记。越读越兴奋,喜极而萌发了将此书推荐给馆内同行的想法。

书的作者是英国大脑和学习方面的世界超级专家东尼·博赞,他出版了 80 多部专著及合著。作者知识面广,拥有心理学、语言学、数学和普通科学等多个学位。他创始了被世人称为"大脑瑞士军刀"的"思维导图",为全人类的学习和思维做出了杰出的贡献。同时出版了五卷本的"思维导图系列丛书",包括《思维导图》《启动大脑》《超级记忆》《快速阅读》和《博赞学习技巧》。思维导图使人类认识到大脑思维的无限性,人可以最大限度地利用自己的大脑,增强创造性的思考和解决问题的能力,从而超越自我。鉴于东尼·博赞的巨大贡献,他被誉为"智力魔法师""世界大脑先生"。

快速阅读,或称速读(rapid reading),是指在规定的极短时间内能够综合运用各种阅读技巧,获取所需要的信息。在《快速阅读》书中,博赞指出:阅读不仅仅是读文字,实际上阅读是一个过程,这个过程由识别文字并传输到大脑、理解、思考和储存等多个部分构成。

本书包括五部分内容:(1)了解阅读速度;(2)神奇的眼睛;(3)超级注意力和理解力;(4)开发高级快速阅读技能;(5)成为大师级阅读者:眼睛/大脑系统的高级应用。可见,博赞不仅仅是从阅读技巧方面,而且是从人类阅读所依赖的两个主要器官——眼睛和大脑的生理功能方面,综合开发和提高阅读速度。科学原理提示:人的大脑分为左右两部分,各自分管不同的信息内容——右脑主要处理图形和图像信息，左脑主要处理诸如逻辑、数字、文字等非形象化的信息。科学研究已经证明：人类进行传统阅读时，主要使用左脑的功能；而在采用"速读"方式阅读时，则调动了右脑的作用，左右脑各自发挥优势共同进行文字信息的形象辨识和理解，所以"速读"又被称为"全脑阅读"。

"速读"有多快？当前阅读速度世界纪录保持者是美国人肖恩·亚当，其速度是3850字/分。普通人的阅读速度是100~200字/分，而经过训练后，其阅读潜力至少在现有基础上翻几番，可以达到每分钟1000字。

快速阅读的意义是不容置疑的。对来自五大洲的十多万人的民意测验表明：人类主要有21个方面需要改善，其中阅读速度居首位。很明显，对每一位阅读者来讲，提高阅读速度就是延长其生命；对竞争的世界来讲，开发智力是竞争者的首要任务，而快速阅读是实现这个任务的重中之重。

世界各国在快速阅读的普及发展上采取了积极的措施，美国80%以上的高校开设快速阅读课程，2002年美国国会投资50亿美金专用于提高小学生的快速阅读能力；法国在全国的中小学校推行"创造性快速阅读法"，将快速阅读设为独立学科和国家重点科研项目；在日本快速阅读已经形成潮流，还专门制定了类似围棋段位的速读段位；我国教育部进行了快速阅读的试验和推广，成效明显；我国台湾地区每年举办全岛快速阅读大赛，有数千万人接受了快速阅读培训。

图书馆是用来做什么的？读书，读书，还是读书。这是一个最简单的问题，但如今却变得相当复杂，是我们图书馆学人自己把它搞得越来越复杂了。实际上，图书馆就是为人类提供读书场所和条件的唯一机构，请注意，是唯一的。因此，推动和实现全民阅读应该是图书馆的天职，是图书馆最大的和最根本的任务；离开促进民众阅读，图书馆还有其他任务吗？没有了，图书馆的一切工作都应该围绕读书这个中心。因此,阅读及其推广也应该是从事图书馆工作的图书馆员的天职，每一个图书馆员都应该成为这方面的专门家，更应该成为快速阅读者。

对我们中文读者来讲，本书最突出的问题是其内容讲的仅仅是英文阅读，阅读中文和阅读英文的差异是相当大的，所以我们只能够吸取书中快速阅读的原理，并将其应用于中文阅读。在思维导图方面，东尼·博赞的学生董海韬先生，于2003年引进思维导图，并成立博赞中国中心，被誉为"中国思维导图第一人"。另外据网上介绍，"大脑工程师"苏引华总结七年的实践经验，编写出快速阅读教程《书是这样看的》和思维导图培训教程《引爆学习力》。

一个殷切的期望：在中文快速阅读方面，图书馆人应该冲在前面。

2015 年 3 月 30 日

十、胡适先生谈怎样读书

——读《北大学者谈读书》

最近读了一本书,书名是《北大学者谈读书》。书中共收集了58位学者谈读书的文章,我没有全书阅读,而是选读了一些。

该书是由1974年毕业于北京大学图书馆学系、现为北京大学新闻与传播学院教授、博士生导师肖东发编选,2002年北京图书馆出版社出版,2010年台湾红蕃薯文化事业有限公司再版。

编选者肖东发教授在序言中说明,全书选文作者以北京大学第一任校长严复居首,然后依每位学者出生的年代为序,直至目前作为骨干力量尚在母校任教的知名学者。编选的宗旨是:除了具有缅怀前辈学者的纪念意义外,还可以对青年知识分子的读书求知起到启迪指导的教育作用,同时也大体体现这一百年来北大在培养人才方面的总的趋向。肖东发教授认为,这58位学者读书成功的经验,都离不开"勤奋努力、好学深思"这八个字。他进一步解释说,每个人先天禀赋不同,人与人智商各异,但,凡是在学术方面有所成就的专家学者,都有一个共同点,那就是两个字"勤"和"思"。古人说"勤能补拙",勤奋努力,不惜下笨功夫,所谓"人一能之,己百之";古人又说"思之思之,鬼神通之"。实际上使之"通"者并非"鬼神",而是在不断思考中提高智商。"勤"和"思"互动,形成良性循环,最终必将到达彼岸。

阅读了二十几位学者的读书体会,给我留下印象最为深刻的是蔡元培和胡适的,尤其是后者。

蔡元培《我的读书经验》排在第二篇。大家知道,蔡元培是革命家、政治家和教育家,中华民国首任教育总长,1916—1927年任北京大学校长。他革新北大,开"学术"与"自由"的一代新风,世世代代的北大人都会记着他对北大的丰功伟绩。翻开《我的读书经验》,这哪里是讲经验,完完全全是在讲他自己的读书教训啊。

我震惊，偌大的一位北大校长、教育总长，却公开而主动地介绍自己不为人知的，更有许多别人认为是见不得人的事情，这需要多么宽阔的心胸和高尚的情怀啊。我自信，读了不算少的国内外阅读方面的书和文章，但全篇仅讲自己读书教训者，似空前绝后。

蔡元培校长讲自己，"十余岁起"就开始读书，已经读了六十年。然而没有什么成就，原因是"读书不得法"，所以"我把不得法的概略写出来，可以为前车之鉴"。蔡校长讲的不得法之一是"不能专心"，从训诂哲理到散文，从算学到医学，学习过德文和法文，留学德国时有关哲学、文学、文明史、心理学、美学、美术史、民族学等课程统统听，直到回国也没有学成一项专门。不得法之二是"不能动笔"，读起书来就忙于速读，没有做笔记或摘抄，到需要的时候就记不起来了。文章最后，蔡校长总结道："我的读书的短处，我已经经历了许多的不方便，特地写出来，望读者鉴于我的短处，第一能专心，第二能动笔，这一定有许多成效。"多么率真诚恳的一位前辈学者啊，读之令人肃然起敬。

胡适先生是我国五四新文化运动和文学革命的重要代表人物。1946年曾任北京大学校长。他早年留学美国，获哲学博士学位，1917年回国后在北大任教授。他读书广博，各个领域无不涉及，在文史哲方面尤为突出，有重要著作传世。他曾先后几次向青年做过关于读书的演讲，也写过有关的文章。

1925年10月，胡适先生曾在上海中华职业学校做过一次演讲，题目是《怎样读书》。1930年11月，上海青年会选定三个题目：《为什么要读书》《怎样读书》和《读什么书》分别请几位专家学者演讲。胡适先生应邀参加演讲，他的讲题是《为什么要读书》。胡适先生谈读书还有一篇文章也是很重要的，就是他于1935年写的《读书的习惯重于方法》。上面介绍的胡适先生谈读书的两次演讲和一篇文章，其时间恰恰各相距五年。《北大学者谈读书》收录的文章名为《读书》，从内容看似乎囊括了上述演讲和文章的观点，主要围绕两个大问题：为什么读书和怎样读书，本文讨论的是第二个问题——怎样读书。

怎样读书，也就是读书方法问题。对此，胡适先生谈及三点：精和博、"手到"和养成读书习惯。

关于读书的精和博，他说："读书的方法，据我个人的经验，有两个条件：一精，二博。"在精的基础上，胡适先生用较多的语言，特别论述了容易被忽视的博。为什么读书要博呢？他说，一是"为预备参考资料计"，二是"为做一个有用的人计"，都不可不博。博就是"开卷有益"，什么书都读。

为了说明读书需要博，胡适先生特别引用了唐宋八大家之一的宋代王安石的话："读经而已，则不足以知经。"胡适解释说："我们要推开去说：读一书而已，则不足以知其书。"他举出读《墨子》的例子。《墨子》一书已经流传了两千多年，但清朝学者真正懂得此书的人也不多；到了近年，有了光学、几何学、力学、工程学等知识，再读《墨子》，才知道其中有许多部分是必须用这些科学知识才能读懂的。后来有人知道了伦理学、心理学等知识，对《墨子》的内容就懂得更多了。读别种书越多，对《墨子》越懂得多。到此，胡适又给我们引出了一个读书的道理："读一书而已则不足以知一书。多读书，然后可以专读一书。"他又举达尔文研究生物进化的例子：前后研究三十多年，历时五年的环球航行，资料无数，却找不出一个简单贯穿的道理来说明。一天，达尔文无意中读马尔萨斯的《人口论》，忽然大悟生存竞争的法则，于是得出了"物竞天择"的道理，遂成就了一部破天荒的名著《物种起源》。恩格斯将达尔文的"进化论"列为19世纪自然科学的三大发现之一，《物种起源》开辟了思想界的新纪元。胡适先生进一步解释说，这就是王安石"致其知而后读"的道理。关于读书需要博，胡适先生旁征博引，把问题讲得很清楚，令人信服。

先生讲，需要博的第二个原因是"为做一个有用的人计"。他说："理想中的学者，既能博大，又能精深。精深的方面，是他的专门学问。博大的方面，是他的旁搜博览。博大要几乎无所不知，精深要几乎唯他独尊，无人能及。"胡适先生进一步指出，做学问有如埃及的金字塔。塔的高度代表最精深的专门学问，塔底的面积代表博大的范围，也代表一个人博大的胸怀和同情心，"要能广大要能高"。为了获得更广泛的知识，就要多读书，无论什么书都读。往往在一本极平常的书中潜藏着一个很大的暗示。书读得多，则参考资料多，就会得到许多启迪，帮助我们更好地理解某一本书或者是书中的某些问题。为了做人，我们也应该多读书。他说："我们理想中的读书人是又精又博，像金字塔那样，又大、又高、又尖。"

胡适先生又进一步讲了精和博的含义：怎样才能精，怎样才能博，精和博的内在联系。他告诉我们，当我们去读一本很重要的书的时候，要读得精，要读到你知道这本书的优点和不足，这才算读好、读精了。而要读好一本书，又不能只读这一本书，要多读一些书，相互参照，取长补短，引起自己的疑问，启发自己思考，这对读好这本书是很有帮助的。读一本书如此，做一门学问也是这样，要精要博。从广博到专精，再从专精到广博，一个人在读书和治学的道路上就是这样在反反复复中取得进步。

胡适先生讲读书方法的第二点是"手到"。什么是"手到"？南宋著名的理学家、思想家、教育家朱熹曾经讲过读书法有"三到"：眼到、口到、心到。在此基础上，胡适先生增加了"手到"，所以称为"四到"。他说："从前有'读书三到'的读书法，实在是很好的；不过我以为读书三到是不够的，须有四到，是'眼到、口到、心到、手到'。"他对其所补充的"手到"，做了精辟的说明：标点分段、查字典和参考书、做读书札记等必须动手。札记又分为四类：抄录备忘、提要、心得和写融会贯通的文章。他认为，写文章发表"是吸收知识和思想的绝妙方法"。无论是读书获得的或上课听来的知识，都不能算是自己的东西，都只是模糊零碎。"自己必须做一番手脚，或做提要，或做说明，或做讨论，自己重新组织过，申述过，用自己的语言记述过，那种知识思想方才可算是你自己的了。"他举理解进化论的例子，只有翻书、查资料，然后动手写一篇"我为什么相信进化论"的读书札记，有诸多方面的证据：生物学、比较解剖学、比较胚胎学、地质学和古生物学、考古学、社会学和人类学等，这样有关进化论的知识，经过你自己的思考加工、组织安排和取舍叙述，这时候这些知识方才可算是你自己的了。他做了斩钉截铁的总结："我们可以说，没有动手不勤快而能读书的，没有手不到而能成学者的。"做学问要动手、要写，这是从古至今的无数学者的实践所证明了的真理。前述蔡元培先生总结自己读书60年的教训说，读书不得法之二是"不能动笔"。可见，两位北京大学校长从经验和教训两个方面，不约而同地为我们后来人指出了正确的读书方法。

胡适先生讲读书方法的第三点是养成好读书的习惯。先生于1935年发表的一篇文章《读书的习惯重于方法》指出："读书的方法我已经讲了十多年，不过在目前我觉得读书全凭先养成好读书的习惯。""读书的习惯可分为三点：一是勤，二是慎，三是谦。"他说：勤是勤苦耐劳；慎是谨慎小心，遇事不肯轻易放过，能够看出别人没有看出的；谦是态度谦虚，不先存成见，要不分地域门户虚心加以考察后再决定取舍。胡适先生把要养成好读书的习惯放在第一位，所言极是，启人思考。

好读书的习惯同读书的方法比较起来，习惯更重要。对此，胡适先生做了进一步的阐述：有了好读书的习惯，在读书的反复实践中自然会总结、吸收和运用各种好的读书方法；否则，即使知道有好的读书方法，因为没有好读书的习惯，那些方法也只是纸上谈兵，不能运用。当然，好的读书方法也会促进人养成好读书的习惯，但就其主次来说，必须先养成好读书的习惯，再不断总结和吸收好的读书方法。所以胡适先生说："读书全凭先养成好读书的习惯。"先生在这篇文章里还讲了买书的习惯，写道："其次还有个买书的习惯也是必要的，闲时可多往书摊上逛逛，无论什么书都要去摸一摸，你的兴趣就是凭你伸手乱摸后才知道的。对于自己所学的有关的几本必备书籍，无论如何，就是少买一双皮鞋，这些书是非买不可的。""青年人要读书，不必先谈方法，要紧的是先养成好读书、好买书的习惯。"当然，我们今天的条件要好得多，书不仅买还可以从网上下载，可以随时随地用手机阅读。但是，新环境下胡适先生讲的道理是没有改变的：必须养成好读书的习惯。胡适先生的这篇文章只有七百字左右，文章虽短，但见识卓越，道理永存。

2013 年 7 月 10 日

第五部分

书籍和图书馆

一、从"哈佛经典"所受到的启迪

哈佛大学是全美第一所大学,被誉为美国的思想库。这里先后诞生了 8 位美国总统,40 位诺贝尔奖得主和 30 位普利策奖获得者,在全美 500 家最大的财团中有 2/3 的决策经理毕业于哈佛商学院。这是一个高不可攀的纪录,在美国最好的大学排行榜中常年位居榜首。哈佛大学获有"先有哈佛,后有美国"的美誉,美国独立战争中许多先驱者都出自哈佛门下,几乎所有著名的革命者都是哈佛的毕业生。哈佛已经取得人类文化教育史上的"经典"地位。

为什么能从哈佛走出那么多杰出的人才?哈佛的魅力到底从何而来?

哈佛的校训是:"与柏拉图为友,与亚里士多德为友,更与真理为友。"哈佛办校宗旨,就是追求真理。它永久地激励着一代又一代年轻学子的渴望和梦想,这就是哈佛的魅力。而将哈佛魅力承载起来,拥有取之不尽用之不竭的智慧和力量源泉之一的,应该归功于"哈佛经典"。

"哈佛经典"(又名"五呎丛书")是一套反映人类认识和探索世界的思想性读物,旨在囊括人类有史以来至 19 世纪最优秀的社会科学和自然科学文献,以展现人类观察、记录、发明和思想演变的进程,这是世界所有文明的经典。在这部丛书里,你会了解到精英的文化本质。"哈佛经典"是哈佛大学所有学生必修的课程,是哈佛学子如此优秀的基础,在这个基础上才升华出来所谓的奇迹与魅力。

"哈佛经典"是由哈佛大学第二任校长查尔斯·爱略特任主编,联合全美 100 多位享誉全球的教授历时 4 年完成,共 50 卷,精选 400 多位人类史上最伟大思想家的 136 部专著。自 1901 年问世至今,畅销 100 多年,成为西方家庭的必备藏书,是西方学生接受古代和近代文明教育的最权威读物。查尔斯·爱略特于 1869 年被任命为哈佛大学校长时,年仅 35 岁,担任校长达 40 年(1869—1909)之久。在此期间，哈佛增设了三所学院，教职员工增加十倍，学生增加四倍，成为世界最顶尖的大学之一。1890年，他还被任命为美国国家教育委员会主席。

也是在此期间，作为哈佛的第二任校长，百事待举，但查尔斯·爱略特却牵头编纂"哈佛经典"，此举让人不能不赞佩他的远见卓识。为什么要亲自领导编纂"哈佛经典"？近三十年成功的教育生涯使爱略特深知，一个现代的文明人、一个哈佛学生，"他不仅理所当然地要有开明的理念或思维方法，而且还必须拥有一座人类从蛮荒发展到文明的进程中所积累起来的、有文字记载的关于发现、经历以及思索的宝藏"。于是，他领导学者们对这座宝藏进行认真的挖掘、筛选和编辑，成就为"哈佛经典"。哈佛大学的成功已经证明了"哈佛经典"的价值，并且未来还必将继续证明它的价值。

"哈佛经典"问世后，哈佛大学进一步开展一系列的推广和导读工作。

《听哈佛教授讲经典》原名《哈佛经典讲座》，是哈佛大学专门组织该校著名学者对"哈佛经典"丛书的权威讲解。作为"哈佛经典"的导读卷，《听哈佛教授讲经典》每一讲的作者都是哈佛大学相关专业的著名学者，他们不但有着深厚、扎实的学术功底，更能融会贯通，将学科的知识精髓，深入浅出，语言优美，睿智地讲解给听众。听哈佛教授讲经典，是人生一种难得的精神享受。

"哈佛经典"也影响着我国。中国伟大思想家胡适先生称"哈佛经典"为"奇书"，该书是引领他进入西方文明殿堂的第一块敲门砖。20世纪30年代以来，我国许多学者都受到过"哈佛经典"的深远影响。

2003年，天津科技翻译出版公司出版了《哈佛蓝星双语名著导读》50个分册。2006年，一套流传百年的名著"哈佛经典"英文版登陆中国，"向我国大学生介绍这份清单，可以帮助我们了解，国外的大学生接受什么教育，他们平时读什么书，可能具备什么人文知识，他们可能会形成什么样的价值观念"。

在了解和学习"哈佛经典"中，我牢牢地树立和坚定了两个信念：一是经过历史考验的、流通和影响全世界的、记录人类崇高思想的经典著作，有着任何珍宝都无可比拟的价值；二是推广和导读经典著作，对人类文化的发展有着无与伦比的推动作用。

围绕"哈佛经典"的百年历史可见，堂堂的哈佛大学以及显赫的哈佛大学校长和美国国家教育委员会主席查尔斯·爱略特，也在进行经典著作的编辑工作，且在出版后还进行经典著作的推广和导读工作，使经典真正在哈佛大学学子们的身上潜移默化，起着滋养精英的伟大作用。

毫无疑义，经典著作的推广和导读应该是图书馆的工作，从这个意义上来讲，哈佛大学和查尔斯·爱略特也在做着图书馆工作。这件事情给了我两个深刻的启迪：第一个启迪告诉我们，图书馆工作的意义在哪里，为什么社会需要有一些专门人才从事图书馆工作；第二个启迪告诉我们，图书馆工作的主攻方向在哪里，怎样才能使我们的工作做得更有意义。

深圳图书馆历来以读者人数众多和借阅量大而闻名，记得1995年，《光明日报》用整版的篇幅点名报道深圳图书馆阅览室"座无虚席"和国家图书馆"虚位以待"的对照，当时我窃以为自豪。现在想来，同哈佛大学和爱略特的推广和导读工作比较起来，那是多么的无知和浅薄啊！对图书馆真正的工作来讲，借阅仅仅是第一步，阅读才是图书馆工作的归宿。且图书馆工作大多数情况下是处在被动状态；要扭转被动为主动，无疑需要广泛而深入地开展图书推广、读者辅导和读书导读工作。

二十世纪五六十年代，苏联图书馆就强调推广、书目和读者辅导工作。我当时所在的中国科学院图书馆，由于有留学苏联的馆级领导，还专门设有阅览推广组和书目组，这在全国是很罕见的。但我很不理解，图书馆推广什么？怎样导读？而且我还是学图书馆学出身的，这可见我国图书馆学教育和图书馆工作实践之落后程度，我们不认识、更不重视图书馆的推广和导读工作。在现在看来，这应该是我国图书馆工作落后于世界先进水平的主要标志之一。多年来，我国图书馆工作存在着尚空谈的积习和不重实际服务效果的弊病，结果却忘记了图书馆是干什么的，即迷失了根本。图书馆是干什么的？简言之，图书馆是社会上专职阅读的服务机构，且是唯一的机构！阮冈纳赞的"图书馆五定律"已经用最简洁的语言"读者有其书"道出了图书馆的根本。在这种铿锵有力的语言面前，我们的空谈和研究显得多么的苍白无力啊！

书是根，读者是本，图书馆的根本任务就是促进社会上的每一位识字者阅读，保障读者有其书。图书馆学应该研究什么？很明显，主攻方向应该研究书，应该研究读者，应该研究书与读者的结合点——阅读；研究阅读机理、阅读真谛、阅读方法和阅读趋势，研究阅读如何在读者身上潜移默化、起着育人和滋养精英的伟大作用。

在世界数字化生存的新形势下，天降大任于我们现今的图书馆人，那就是如何适应新的发展，学习"哈佛经典"的精神，为图书馆推广和导读工作创造出新的方式、新的形式，实现读者有其书的伟大目标。

2011年12月20日

二、从口头传诵到作品到文本再到超文本

人类文明最重要的标志是语言文字,从语言到文字,从文字到书籍是文明发展的阶梯式飞跃。书籍是人类历史的记录和未来发展的依据。书籍是外在形式,其内在形式是作品,现在书籍已发展成为作品、文本和超文本的统称。

从口头传诵到作品、从作品到文本、从文本再到超文本,对于人类历史的发展来说,这是一次次多么伟大的进步啊!这四个阶段发展历经了三次飞跃:第一和第三次飞跃在书籍的外形上非常明显,一是从无到有,一是从有到无;而第二次飞跃在书籍的外形上是看不见的,是作品和文本的内在变化,而且变化是巨大的。可能就连我们这些从事图书馆工作的人大多也没有觉察到,所以需要重点、深入地进行研究。本文就是探讨作品、文本和超文本三者的特点、相互关系以及三次飞跃。从第一次飞跃到第二次飞跃之前,即从口头传诵发展到作品,经历了数千年的漫长时间;而第二次飞跃到第三次飞跃之前,即从作品发展到文本,经过长期酝酿到普遍承认,也经历有数百年;但第三次飞跃,即从文本发展到超文本,仅经历了几十年短暂的时间。这些显现出人类历史发展的进程越来越快。

第二次飞跃即从作品到文本,发生在二十世纪六七十年代,引起西方文学界和学术界发生巨大变化。"文本"这样一个并不引人注意的概念,大行其道,大有对几千年历史传承下来并一直在流行的"作品"概念取而代之之势。

影响这一场巨大变化的带头人物是法国著名文学理论家、哲学家和符号学家罗兰·巴特(1915—1980)。1971年他发表了影响极其深远的理论论文《从作品到文本》,这篇论文清楚地阐述了西方对文本理论的认识,英国当代马克思主义文化批评家特里·伊格尔顿在其名著《文学理论导论》中对之有深刻的评论,一些后结构主义论文集也有不少把此文列为首篇。从"作品"理论到"文本"理论是巴特思

想的一个重大转折，此后文本逐渐成为一个具有特殊涵义的概念，甚至成为区分新批评和传统批评的关键词：新批评研究文本，传统批评谈论作品。在西方二十世纪六七十年代文学批评实践中，一个非常突出的现象就是，"作品"这个词语出现得越来越少，而"文本"这个词语越来越占据了统治地位。作品地位的陨落，有如在文学界发生了一次强烈的8级地震，同时也波及了有关的各个门类，特别是社会科学等与文化相关的学科，其波动势头势不可挡。

"文本"一词被译为中文并在20世纪80年代进入中国，直到90年代才逐渐成为文学批评话语中的关键词。但此时西方文学批评界中所发生的却是传统的回潮。但回潮并没有影响巴特的知名度，文本被广泛地使用着，巴特的文本理论已经被奉为经典，其思想遗产在当代的学术地图中仍然占据了一个重要的位置。

从口头传诵到作品到文本再到超文本，这反映了人类从蛮荒到文明再到现代信息文明几千年的发展历史。这些变化直接影响到我们的阅读生活，应该深入认识这些变化，了解这些变化，以指导我们的阅读，望本文能够对同仁们有所启迪。

（一）从口头传诵到作品

1. 从口头传诵到作品

一般认为，口头语言约起源于5万年前，而文字约起源于6000年前。

古代文学，在文字还没有流行的时候，多为口头传诵和说唱的形式，如西方吟游诗人为听众朗诵，在此基础上形成了民间文学。民间文学的特点是口头性、传承性、集体性和变异性。

公元前4000年，在两河流域的古巴比伦，"发展了一种永远改变了人类沟通本质的艺术：写作的艺术"。将符号刻写在泥板上，作为计数等记忆装置，这一发明胜过了大脑的记忆，成了可以跨越时空的人类永久性记忆。现在发现的人类最早的文字是公元前3300—前3200年间由苏美尔人创造的楔形文字，距今已有5000多年历史。我国发现的最早的文字甲骨文，属象形文字，为公元前14世纪中期至前11世纪中期商朝遗物，距今有3000多年历史。文字的出现，改变了口头传诵的历史。有了合适的书写材料，如我国的龟甲、竹简，西方的泥板、纸莎草纸等，可以在上面刻写文字，这促进了文字的流行和发展。进一步将口头传诵的内容记录下来，逐步形成了民间文学的文字刻写本，这就成了古代的作品或书籍。这些书籍初期的成书方式是传抄，整理者即为作者。印刷术的发明，改变了书籍的历史。印刷术是我国古代四大发明之一，隋唐之际，发明了雕版印刷术，宋庆历年间，毕昇发明了胶泥活字印刷。在中国活字印刷术的影响下，公元1445年，德国人约翰·古腾堡发明了铅活字印刷。传抄的作品经过印刷出版，就成了比较正式的书籍或作品。

民间文学典型的代表是中国的《诗经》和西方的《荷马史诗》。《诗经》是中国最古老的一部收集了西周初年至春秋中叶的诗歌总集，传说为尹吉甫采集、孔子编订。《荷马史诗》最初是古希腊民间由歌手口耳相传的口述故事，后由古希腊盲诗人荷马编订，大约在公元前6世纪中叶成书，形成了古希腊以及古代西方最伟大的作品。这种发展历程决定了民间文学作者的不确定性，无论孔子还是荷马，都不是原作者。

而后世界上亦产生了一些论说文经典，如中国的《论语》和希腊的苏格拉底《对话录》。《论语》是由孔子的弟子们记载中国古代著名思想家孔子及其弟子的语录而成书。《对话录》是由苏格拉底弟子柏拉图将希腊古代著名思想家苏格拉底的对话记录下来而成书。这两部著作就是世界上最早的论说体作品了。

2. 作品理论

"作品"一词，360百科的定义是："通过作者的创作活动产生的属于文学、艺术或科学领域内的具有独创性并能以一定形式表现出来的智力成果。"这样，作品就包括了文学、艺术、科学和工程技术等各门类创造出来的智力创作产品。

欧美现当代文学理论大师美国艾布拉姆斯教授于1953年出版了《镜与灯——浪漫主义文论及批评传统》，这是现代文学理论的扛鼎之作。书中提出文学活动应由四个要素构成："作品、生产者、宇宙和欣赏者"，这是《镜与灯——浪漫主义文论及批评传统》中用的原词，后来多写为作品、作者、世界和读者，即著名的影响至今的文学四要素理论。艾布拉姆斯在《镜与灯——浪漫主义文论及批评传统》中写道："第一个要素是作品，即艺术品本身。由于作品是人为的产品，所以第二个共同要素便是生产者，即艺术家。第三，一般认为作品总得有一个直接或间接的导源于现实事物的主题——总会涉及、表现、反映某种客观状态或者与此有关的东西。这第三个要素便可以认为是由人物和行动、思想和情感、物质和事件或者超越感觉的本质所构成，常常用'自然'这个通用词来表示，我们却不妨换用一个含义更广的中性词——宇宙。最后一个要素是欣赏者,即听众、观众、读者。作品为他们而写,或至少会引起他们的关注。"

《镜与灯——浪漫主义文论及批评传统》中提到,作品既是显示客观世界的"镜",也是表现主观世界的"灯",作为作家的创造物和读者的阅读对象,作品既是作家本质力量对象化的显现,又是读者接受的对象。这样,作品自然成了四要素的核心。这里提到的"作家本质力量"就是"人的本质力量",这是一个专门意义的用语,是指"人类所具有的一切物质能力、精神能力、话语能力的总和"。世界,尤其是人文世界,就是作者创作和读者阅读时所处的环境,同时也是作品久远存在的时空条件;世界无时无刻不在影响着创作、阅读和作品的发展和走向。因此,四个要素不是彼此孤立或静止存在的,而是相互依存、相互渗透、相互作用的,它们共同构成一个有机的活动系统。四要素中作品占据着核心地位,围绕着作品这个核心,作者、世界、读者之间建立起来的是一种话语伙伴关系。上述四要素理论虽属文学界,但对人文和社会科学各学科应该具有普遍的指导和参考意义。

3. 口头传诵成为作品后的魔幻变化

民间的口头话语经文字记录成了作品,应该指出,记录下来的文字绝对完全同于口头话语。在这里,绝不能小看了白纸黑字的文字记录——作品,它的出现在人类文明史上具有重大的里程碑意义。

第一,文字可以久远保存:人类社会漫长的蒙昧时代的话语全都消失了,而白纸黑字使人类的一切活动有了永久性的记录。一位读书人孙重人在其所著《读来读往》一书的序中写道:"记忆湮渺,只留一片鸿蒙的汪洋。""在蒙昧初开的年代,作为书写体系之文字,犹如'投射到幽暗深井里的一缕光',为人类把记忆、对话和思维置于一己之外,提供了一种全新或全面可能的保存形式。"

第二,作品脱离原话语境而独立存在:口头话语依赖于互相对话时的情景才能够明了讲话的全部意义,这就形成了对话时的语境。但将同样的话语记录下来的那些文字,脱离了对话时的语境,文字记录与谈话者的意向分离而独立存在。德国著名学者耶辛和克南在他们所著的《文学学导论》中曾写道:"与依赖于情景的讲述不同,文字独立于它的产生语境继续存在。"

第三,作品可以随机存在于新环境:话语一旦变成了文字,谈话者和语境都消失了,这些文字记录可以超越时间和地域与新环境共处。

第四，作品随新环境而产生新的意义，即意义增值：作品的接受范围远远超过了所有谈话者，可以不受时空限制，为各个时代各个地域的读者提供阅读，从而会产生新的不同的含义。法国诠释学家保罗·利科用"间距"概念来概括这种差异，间距的第一个特征就是书写的文字虽然完全同于口语话语但意义却超越了原意。《文学学导论》也写道，文字"一旦在纸上书写和发表，它就脱离了作者的直接意图，在新的空间和历史环境中可以具有新的含义"。

享年112岁超高龄的"汉语拼音之父"周有光先生曾有名言："语言使人类别于禽兽，文字使文明别于野蛮"，这对本段内容是多么贴切的结论啊。

（二）从作品到文本

1. 从作品到文本

"文本"一词来自英文text，从词源上来说，它表示编织的东西，这与中国"文"的概念颇有类似之处。文本含义丰富而不易界定，一般地说，文本是语言的实际运用形态，是书面语言的表现形式。对文本的定义，西方学者倾向于接受法国诠释学家保罗·利科的观点："把文字固定下来的任何言语形式都叫作文本。"文本是最简单而稳定的文字形式。

与作品是智力创造的成果、精神性的产品不同，文本则是构成这些"智力成果"的"物质形式"，即能够表现和表示这些成果和产品的一切符号，如文字、图像、图形等。在传统的观念中，文本总是在与作品的关系中加以定义的，它的职责就是保证作品的物质基础，维护作品的确定性，其存在总是被限定为"某某作品的文本"，作品才是文本的依托和归宿。即使在强调"文本"重要性的接受美学那里，"作品"依然是价值的呈现方式和呈现者。

在文学领域，作品与文本处于很特殊的关系之中。一方面，它们似乎是同一的，比如说，"《狂人日记》这个文本"与"《狂人日记》这个作品"在某种意义上是完全相同的，它们都由同样的文字构成；另一方面，它们又处于不同的层面，作品总是意味着文本的"彼岸"，意味着比文本更深邃的地方，如果说文本意味着书面上的文字，那么作品就意味着文字之上的意义和价值。当某一个书写的产物被称为"作品"的时候，也就意味它有某种超出文字本身的东西获得了承认，正是这种东西让人们把它称为"文学作品"。

简单地说,作品这个概念的形象就是从价值、作者和精神三个角度加以解释的文本。在这个概念系统中,真正重要的不是"作品"和"文本"到底所指的是什么,而是通过这两个概念所建立的一个价值等级:文本是低级的,同时也是基础的,因为它是从字面上来理解的;作品是高级的,其特征是形象和象征,因为它代表了精神。文本,即作品之表象,是语文学范畴;而作品,则意味着精神、美感、深度等等,是文学范畴。一直以来,人们都认可这两个概念的身份和关系。

2. 文本理论

(1)"作者之死"与文本的解放。在作品理论中需要特别说明的是作品和作者的关系:作品是作者的精神创造物,是作者抒发情感或记录生活的产物;与之相应,作者是作品的源泉,是作品背后唯一固定的真理意义,作者意向是阐释作品的根据,一句话"作者至上"。作品既然是智力创造出来的产品,作者当然就是创造者,为了保护创造者的智力成果,各个国家还专门颁布有"著作权法"。作品之于作者犹如成果之于创造者,可见作者对于作品的重要性。不过这是就一般作品而言,也有特殊情况,如《诗经》《荷马史诗》《论语》等都是集体智慧的创作,说《荷马史诗》的作者是荷马,那已经失去了创造者的意义,违背了历史的真实性,这样的署名只能是反映从口头传诵发展到书写作品的过渡情况。

正常的作者与作品的关系相当于父与子的关系,这是一种合情合理的理解,因为作品出自作者,没有作者也就没有作品。但是这种父子秩序有其两面性。

积极方面的意义是:第一,明确了作者对作品的责权利;第二,体现了作品的来龙去脉,可以根据作品评价作者及其创作;第三,也可以根据作者写作作品的原初意义来阐释作品的内容和价值;第四,通过作品这一完整的统一体能够窥见作者的身影、性格、文风和气质,即常说的"文如其人"。

消极方面的影响是:第一,作品的各方面都受制于作者;第二,作者压制作品的自主性和规律性;第三,忽略了作品的客观意义和价值,作品常常会超越作者意向;第四,束缚读者在阅读中对作品理解的创造性。其中第三点非常重要,如:世界经典《堂·吉诃德》主人公堂·吉诃德,17世纪对他的评价是疯子或傻子,18世纪对他的评价有所进步是严肃的道德家,19世纪比17世纪的评价简直是大翻身,他变成了不懈奋斗的勇士。这些评价均超出了作家塞万提斯的原初意义。

巴特的文本理论引发了二十世纪六七十年代"文本"地位的巨变，取代了作品，这一重大发展很快扩展到人文世界的方方面面，并从西方传到东方。发生这种巨变的原因很多，若简单讲，那就是作者与作品的父子关系不和谐了。早已固化而阻碍前进的父亲的意愿，随时空环境的改变，如紧紧缚在儿子身上的枷锁，禁锢儿子的发展；早已忍无可忍的儿子要与时俱进，向新的环境积极地开放和展现自己。在出生时就已预伏的"儿子超越老子、老子压制儿子"的矛盾爆发了。德国哲学家和诠释学家伽达默尔认为，作者一旦用文字写出作品，这些作品将随时空环境的改变而发生相应的变化："通过文字固定下来的东西已经同它的起源和原作者的关联相脱离，并向新的关系积极地开放。"对此，诠释学家们也都纷纷否定作者在诠释中的权威，利科认为，在诠释过程中，"所谓的作者意向并不具有任何特权的地位"。《文学学导论》的作者也指出："对文学分析来说，在方法上必须区分文本与作者视野：只有这样才能对文本的诸多独有特点展开相应的研究。"

实践的发展证实了伟人们的论断，《诗经》《圣经》《红楼梦》《悲惨世界》这些世界级经典，无不在时空环境不断的变化中展示了自己的魅力。《红楼梦》是封建社会悖逆的禁书，"文革"中的毒草，今天是美的艺术作品。真正有价值的作品正是在时间的流动和空间的开拓中展现自己多维立体的意义身躯，在反复变化的长河中成为经典。试想，这样一些伟大的著作，人类文明的瑰宝，如果永远在僵化的原作者禁锢下，其意义永远是原作者的意向，不能够超越，不能够越雷池半步，那样，还能有人类文明的进步，还能有全社会的发展吗！为此，出路只有一条，那就是否定作者对作品的权威。滚滚潮流，势不可挡！

在文本理论中，作者的主体地位被颠覆，所谓的作者意向在诠释中并不具有任何特权地位，他成了一种"名义上的作者"。为此，1968年巴特发表了《作者之死》，是因为文本不存在所谓固定的原初意义，因而作者也就没有继续存在下去的必要了。这样，文本获得了自由，走向了开放，也获得了自身阐释的自由。巴特的《作者之死》，追求的就是一个没有作者控制的"自由的阐释空间"。

（2）读者通过阅读与文本共同创造新意义：文本的自由阐释本身就预示着阐释结果必然是多义的，而再加之读者直接参与文本的再创作，就更加强化了文本的多义性。继而作者权威地位削弱，读者地位提升，有相关论述说道，"作者之死"使读者获得了解放，文本将主体地位转移给了读者，从而读者成了文本的上帝。作者已死，巴特摧毁了原有的以作者为中心的"作者—作品—读者"阅读活动的传统理论结构，建立起以读者为中心的"读者—文本—作者"的新结构。"读者成为文本的上帝"这句话不是随便讲的，因为读者在"读者—文本—作者"的新结构中有着举足轻重的地位和作用。从下面两点可以清楚看出。

第一，唯读者阅读使文本呈现意义：文本蕴含着意义，但文本本身只是没有生命的文字的"编织物"，不会自动生成意义；唯有阅读，才能使文本呈现出意义。从阅读发展历史看，在口头话语中是通过对话关系以确定听者（读者前身）并互通意义。书写话语面对的是未知的听众，它潜在地面对着任何可以阅读的人，从而开辟了文本被阅读的无限可能性，即文本的读者是未知的和无限的。现代欧洲书写文化和阅读史专家罗杰·夏蒂埃教授在其著作中写道："一个文本之所以存在只是因为有一个读者赋予它意义。报纸也好，普鲁斯特也好，文本的意义只能来自读者，文本的意义随读者不同而改变……"文本中恒定的文字，通过阅读会呈现意义，每个读者都有自己的思想与想法，阅读时感受与感悟不同，所理解的程度当然也不同，这就是一千个读者就有一千个哈姆雷特的原因。不同的读者会产生不同的意义。就文本而言，这个世界是文本的世界；就读者而言，它又是读者的世界；从根本上说，文本的世界即读者的世界，文本的世界是通过读者的世界而展现出来的。

第二，读者参与创作与文本共同创造新意义：读者阅读文本也被赋予了再生产、再创作的权利。文本理论中的文本大致是这样一种新模式：它要求读者主动地合作，共同完善作品。这是一个巨大的变革，每个读者既是读者，又是作者。对于作品理论，创作过程和阅读过程是截然分开的；而对文本理论，阅读与创作完全是同一个过程。文本如同音乐总谱，需要读者进行联合创作式的演奏，它需要演奏者（即读者）将其具体化为活生生流动着的乐音。演奏不是解释，而是工作、生产、活动——创造。每一次阅读就是对文本的一次演奏、一次生产。这样，阅读（包括批评）就同写作合一了，阅读即写作，批评即写作，也是创造。巴特废除了作者与文本之间的父子关系，目的是解放文本的意义，提倡一种解除权威控制的"写作性"文本，即形成了读者与文本结合继续作者写作的复合形式：在复合写作中，在每个关节点，每个层面上，写作不停地固定意义。这样，一个统一的作者瓦解了，每个读者既是读者，又是作者，通过阅读与文本共同创造新的意义。而且，这种创造，不是通过将读者的思想强化到文本中，而是文本与读者两者一起联系在同一表达过程中。阅读者变成文本的生产者而不是消费者。巴特提出"写作的零度"概念，海明威"零度结尾"实践了这个概念，创造了"冰山文体"，即读者能直观看到的只有文本的1/8，其余7/8的内涵都需要读者自己去体会、去创作。作者好像一个摄影师，只把画面呈现给我们。文本的意义是在读者不断的创造活动中生成的，而不是作家赋予的。

一个文本就是一个有机的语言构造系统，这个语言结构抛弃中心，没有终结，是一个意义构造过程，永远没有确定的终极意义。这意味着，文本的写成并不代表一部作品被创作完成了，这种创作活动还在不断地继续着：每一次读者的阅读、每一次批评家的批评又都是一次新的创作活动。文本的意义是在不断的多种多样的阅读和创作活动中生成的，而不是由作家一个人的意图确定的。

3. 文本的意义奇迹般远超作品的原意

同作品必然与作者相联系，被称为某某作者的作品不同，文本之所以成为文本，是因为由于"作者之死"，文本成了一个具有自足意义不假外求的有其自身规律性的语言系统。巴特自己从研究"作品"转向研究"文本"，他指出了文本的基本特性："从视文学作品为具有确定意义的封闭实体……转向视它们为不可还原的复合物和一个永远不能被最终固定到单一的中心、本质或意义上去的无限的能指游戏。"脱离了作者束缚的具有独立性的文本，完全不同于具有确定意义的封闭的实体——作品，犹如一匹脱缰的野马，其最大的特点就是成了一个永远不能被固定到单一意义上的语言实体，一个无限开放的多维的立体的阐释空间。文本的词语符号不再是明确固定的意义实体，其含义超出自身，具有多种可能性，文本是一片"闪烁的能指星群"，任何分析都无法将文本的意义确定下来。读者的阅读活动才使文本由"可能的存在"而达到"现实的存在"；文本是开放的召唤结构，文本之间还具有互文性，敞开胸怀，有待读者在任何时间、任何空间以任何方式阅读。作品与文本不同，它一旦被写成和出版，就成为一部书，一个"自成一体的实体"。例如《红楼梦》，作为一部"作品"可以放在图书馆中，摆在书桌上，其内容是不可再改变的、封闭的。

理解文本的关键是文本的指称。指称有两种形式,巴特指出："作品则接近所指"，"文本，则相反……其范围就是能指部分"。文本的能指是所指的无限延迟，能指的无限增殖。作品所指的是具有固定的、确切的意义，人们亦假定作品的所指是隐蔽且基本的，阅读就是试图寻找作品的所指，发现所指的确切含义，此种方式构筑了传统作品的阐释性的解读。而文本成了能指的天地，具有自由任意地互相指涉的无限可能性，在能指的漂浮中，意义成为一个开放的延迟过程，需要在不断的阅读和阐释过程中进行建构。

而且，文本既然脱离了作者，读者在阅读文本时，就无须从文本中揣摩作者的意图，也无须从作者的意图中推测文本的原意。我们要理解的不是深藏在文本背后的作者的意图，而是文本向我们所展示出来的一切；也不是早已凝固于文本之中的建构，而是这个建构所开启的可能世界。作品的意义有如被作者关在一个房间里，不能越雷池半步，而文本则飞出了房间——牢笼，天广地阔，大有可为。例如，玄奘口述的《大唐西域记》一书，于唐太宗时代即公元 646 年完成；九百多年之后，明代吴承恩（1500—1583）以《大唐西域记》为蓝本，结合他个人的所见所闻，遐思迩想，创作出了我国四大经典小说之一的《西游记》。

不同读者的阅读会获得与作者无关的体验，阅读是对文本的一种再创作；不仅如此，读者在阅读过程中与文本的共同创作，使文本产生很多新的意义。因此，对文本意义的阐释，必将导致不止一种解释，并发展成具有哲学诠释学性质的多元化理解。反之，作品被视为作者精神的物质外化，是作者思想情感观念的客观表达，读者阅读的意义仅在于力求在作品中把握作者要表达的确定的意图，不能违背，谁理解得越接近于作者的创作意图和目的，谁就是好的读者。这样，对作品意义的阐释，只能有一种解释。

又如，《格列佛游记》是乔纳森·斯威夫特的一部杰出的游记体讽刺小说，作者借格列佛之口逼真地描述了四次航海中的奇遇，以丰富的讽刺手法和虚构的幻想写出了荒诞而离奇的情节，是一部奇书。1726 年在英国出版后，几个世纪以来，被翻译成几十种语言，在世界各国广为流传。经几代人的阅读和误读，作者斯威夫特失去了权威和控制，《格列佛游记》由作品转为文本。由于其广泛地受到全世界儿童的喜爱，发挥了童书的作用，从而由"辛辣的讽刺小说"摇身一变，成了"儿童文学"，确立了自己世界经典儿童文学的新身份。

距今两千多年前的西汉大儒董仲舒在其《春秋繁露》卷五《精华》中就提出："《诗》无达诂，《易》无达占，《春秋》无达辞。"很明显，该论述是将《诗》《易》《春秋》等作为文本而非作为作品来阅读和解释，从而出现了多元化理解。这种理解也符合文学艺术鉴赏的审美差异性：同一部作品，鉴赏者可以仁者见仁，智者见智,各以其情而自得,这在艺术鉴赏中,是常见的事实。即西方所说的一千个读者即有一千个哈姆雷特。这也就是法国诗人瓦勒利所说的"诗中章句并无正解真旨。作者本人亦无权定夺",钱锺书先生所说的"吾诗中之意,唯人所寓。吾所寓意,只为己设;他人异解,并行不悖"。当然,承认阅读理解的多元性和审美鉴赏中的差异性,并非否认客观标准的存在。不能因为多元理解而毫无根据地滥读、滥解,阅读和理解文本的客观标准就是文本中"语言"所蕴含的真理。不承认这一点则会导致审美鉴赏中的绝对相对主义。

更能说明文本和作品区别的是阅读中的"误读"问题。提出"误读"概念本身就意味着认同有一种正解,即按作品原意理解,完全符合的,才是正解;但是,如果真正按作品原意理解,误读则成了家常便饭,这显然是以作品作为诠释对象的阅读模式。但是,如果以文本为阅读的诠释对象,因为文本是多义的,阅读过程中出现多种理解是正常现象,这也就否定了正解与误读之间的差异。结论是,作品意义是确定的,阅读中很容易产生"误读";而文本是多义的,只要遵循文本字里行间的内容,读出多种意义是正常的,不易产生"误读"。

4. 诠释取向从作者转向文本

在诠释学的发展历史中,从古典诠释学经普遍诠释学再到哲学诠释学,从我个人的阅读所见,有七种诠释取向定位,它们按出现时间的顺序是:第一,最早的对《圣经》的解读,唯教廷和教会的权威解释为准,即"独断论";第二,"照原意理解"或"重构说"理解,即理解是重构作者原初的意图和"原意",以求同作者的思想相互和谐一致;第三,"较好的理解"或"比作者还更好地理解作者",即理解不是对原作品进行简单的重复或复制,而是随时空语境的变化,理解者比作者更好地进行再创造;第四,"唯经文论"或"依经解经原则",即依照经文的意义解经,倡导要信赖每一个人自己透过阅读对经文本身的理解,获得"依经解经"的启迪;第五,"不同的"或"不一样的"理解,即每一个人都不可避免会带有种种以个人思想和文化为底蕴的判断,从而对文本得出自己的不一样的看法;第六,"相互理解",指阅读者同文本内容之间的相互沟通和理解;第七,"多元论"的理解,指哲学诠释学主张的单一文本能得到不同意义的多元的理解。

综上,第一种诠释模式是在《荷马史诗》和《圣经》时期,一切神话作品和《圣经》唯教廷权威和教会的解释为准,这种诠释模式是蛮横的和独断的。第二和第三两种诠释模式均是以作者和其创作的原初意向作为诠释取向的定位，这比第一种理解已经有了很大的进步，其意义是抗拒教会权威在注释教义上的长期垄断，是学术界普遍的理解模式，在诠释学史的很长时期处于统治地位。其问题是理解唯作者马首是瞻，后逐步膨胀成为对诠释学发展的羁绊。早在16世纪宗教改革运动之马丁·路德至18世纪理性主义时代，在圣经诠释领域兴起了"唯经文论"或"依经解经原则"，这就是第四种诠释模式。这种解经不是唯作者而是依照经文或作品的意义，倡导要信赖每一个人自己透过自己的阅读对经文或作品意义的理解，从而获得"依经解经"的启迪和效果，这逐步发展成为一种新的解经潮流，可以讲这是对第一种独断解经的反叛，也是对唯作者论诠释的摒弃。后三种即第五、第六和第七种诠释模式，其理解定位的共同点是理解和诠释的对象不是作者也不是作品而是文本，理解的取向是文本内容所蕴含的真理，从而形成了较高层次的模式，这在诠释学历史上是革命性的发展。

作品和文本的外在形体是书籍，高尔基说过"书籍是人类进步的阶梯"，也就是说，书是人类"智慧"的载体，是文明的"结晶"，艾布拉姆斯讲书是显示客观世界的"镜"，整个物质世界和人类的精神世界都能被作品或文本这面"镜子"照出来。因此可以讲，对作品或文本的诠释，就是对人类的客观世界和精神世界进行理解和解释。再进一步是否可以讲，对作品或文本的理解，就是对整个世界的理解，对作品或文本的解释，就是对整个世界的解释。那么，在上述认识和结论的基础上，也可以这样讲，诠释水平的提高和进步，就是人类认识世界、解释世界水平的提高和进步。现在，诠释的取向定位从权威独断、经作者和作品转向到文本，从"一元解读"发展到"多元解读"，应该是一个巨大的进步，怎么高估其意义都不为过。

这是一个发展和进步过程：诠释对象从口头传诵到作品再进展到文本，这种阶段式的发展符合社会文明的发展阶梯：渔猎文明—农业文明—工业文明，下一个阶梯是信息文明。相应地，诠释学的诠释方法也在随之发展，从渔猎文明时期的专制、蛮横的独断解读，进步到农业文明时期的"一元解读"，进而随着进入工业社会，作品解放为文本，在破除了作者禁锢的基础上发展到读者参与的重复写作，意义不断增值，发展进步到"多元解读"。诠释学进展到如此的程度，不怪有的哲学家惊呼：诠释学已经发展成了认识世界、解释世界的第二哲学。

（三）从文本到超文本

超文本（hypertext），指用超链接的方法，将各种不同空间的文字信息组织在一起的网状文本。从技术讲是一种按信息之间关系非线性地存储、组织、管理和浏览信息的计算机技术。江西师范大学教授傅修延说得好："将纸质文本变成电子文本，不仅仅是改变了文本的'呈现'方式，更重要的是使得文本有了'接通'其他文本的可能。"这种"接通"一方面依赖于计算机技术，而另一方面则依赖于文本的互文特性，为这种"接通"提供了结构基础。进一步设想，可以建立一个由所有文本构成的普遍的网络，将世界变为一个巨大的图书馆。这样，超文本的出现，可以产生一个具有互动性的可移动的巨大的互文，"文本不再是完成的产品，而是被视作可变换的、可移动的"。

现在普遍认为美国学者泰德·纳尔逊是"超文本之父"。1963年纳尔逊创造了术语"超文本"，1981年他在其著作中使用术语"超文本"描述了想法：创建一个全球化的大文档，文档的各个部分分布在不同的服务器中，通过激活成为链接的超文本项目，如研究论文里的参考书目，就可以跳转到引用的论文。人们也认为超文本的概念源于更早些的美国人范内瓦·布什。他在20世纪30年代即提出了一种存储扩充器的设想，预言了文本的一种非线性结构，1939年写成文章"As We May Think"，于1945年发表于《大西洋月刊》。该篇文章呼唤在有思维的人和所有的知识之间建立一种新的关系。由于条件所限，那时候还没有电子计算机啊，布什的思想没有变成现实，但他的思想在此后的多年历史中产生了巨大影响。由此，人们尊称他为"超文本始祖"。

互联网是超文本的载体。从载体的发展历史看，国外有泥版、陶版、兽皮、纸莎草纸和纸，国内有甲骨、青铜、碑碣、竹木、缣帛和纸。电子载体同它们的区别是：第一，利于书写和修改、誊抄；第二，易于复制和长久保存；第三，便于流通。

超文反映了信息文明时代文献的伟大变革和最新发展。其"革命性"不仅涉及文本，而且也关系到阅读和写作，从而形成了超文本、超阅读和超写作。

1. 超文本的非线性存在

如果将文本定义为一个单向展开的线性系统，那么计算机网络使各类文本集合为一部连绵不绝的非线性的超级文本。它将自然语言文本和计算机交互式地动态显示线性文本的能力结合在一起,它的本质和基本特征就是在文档内部和文档之间建立关系,正是这种关系给了文本以非线性的组织。超文本同以往文本的不同点归结为:第一,多重链接为读者提供自由选择,可以跳读和自由选择阅读入口等,打破了传统阅读的线性秩序;第二,定时跳转产生随机性文本;第三,多媒体技术为超文本增添表现力。文本的消费格局历来是:你说我听—你写我读—你演我看,这里永远没有变化的是消费者以被动的方式接受声音、文字和图像。然而,卡拉OK开始显示了这种被动方式的松动,超文本的多重链接、跳转和多媒体技术,已经为读者提供了参与的方式。

2. 超阅读赛博空间(cyberspace)的追风之旅

如果说超文本是以一种非线性方式存在的文本,那么与其对应的非线性阅读便是超阅读(hyperreading)。超阅读使书海巡航和网络冲浪成为可能。

超阅读有三点值得注意:第一,超阅读是一种在线状态的电子阅读。其方便性显而易见,正如语言改变了人的思维一样,新的阅读方式定会带来人类思维方式的变革,现在的情况就可以确定:书桌前的阅读与互联网上的冲浪运用的是不同性质的思维。第二,超阅读是一种忽略文本外因素的阅读。互联网将所有文本剥去外套(各种载体)放在一个平面上,不管新老贵贱,它们同读者都同样距离,没有差别。英国20世纪最有影响的诗人、《荒原》作者艾略特在《传统与个人才能》中有一句名言:"从荷马以来的所有欧洲文学都是同时并存着的,并且构成一个同时并存的秩序,这种秩序只有在超阅读中才能够体现。"第三,超阅读是一种不受限制的浪漫式阅读。以计算机所储存的大量数据为基础,使得原先的线性文本变成可以通向四面八方的非线性文本,读者可以在任何一个关节点上停下来,然后点击、进入一重又一重文本,理论上,这个过程是无穷无尽的。

3. 超写作文本之城中的任意穿梭

超阅读源于超文本,超文本自然应该源于超写作(hyperwriting)。"超文本之父"纳尔逊说:"我用超文本来指代非连续性的写作。有两个理由决定了普通写作是连续性的:第一,普通写作来自说话和对说话的模仿,而说话必须是连续性的;第二,书籍如果不是连续性的就没法阅读。但是思想的结构却是非连续性的。"这话实际上给超写作和普通写作下了定义,并用思想结构解释了非连续性写作的合理性。

巴特对"写作性文本"的描述,像是一个理论家的奇思异想,然而,计算机网络技术的出现轻而易举地实现了他的梦想。赛博空间提供了超写作空间，20 世纪 90 年代 lunix 软件是集体写作产物，美国"超文本旅馆"开辟了网络小说接龙历史，1998 年中国《虚拟曼荼罗》是超写作尝试。《诗经》《荷马史诗》均是集体长期创作，而孔子和荷马仅是编订者，真正的创作者是几百年间参与创造、传播的人民大众。超写作是一种尊重共性的写作，不久的将来一定会出现现代版的《诗经》和《荷马史诗》。巴特在《写作的零度》中所论述的写作与今天的超写作十分相像。如果把超文本想象为一座城市，它必然四通八达，则"作者死了"并非耸人听闻之论，而是宣告单向通行规则的作废；巴特向读者发出的加入文本创作的邀请，人机互动技术使之可能；巴特认为文本中存在着多种写作，多重链接带来的自由选择证明了这一点；巴特用"作者死了"来解除对文本单一意义的权威控制，那些愿意把作品放到网上的作者已经心甘情愿地放弃了这种控制。人们意识到，巴特"可写的文本"并不是一种玄想，而是已经成为现实。

4. 普通文本与超文本的共存

巴特的文本理念在互联网世界中被实践着。读者畅游于超文本世界，进行不受限制的浪漫式的超阅读。既无对作者之虑，亦无功利之欲；既无中心，亦无边缘。"超文本"使得每个读者摆脱了文本线性的控制，可以随意地在哪个地方停下来，进入另一个文本。传统阅读是见树不见林，而超阅读则相反，见木又见林。读者自由阅读的同时还可以进行超写作，即书写文本，现在，读者成了真正的上帝，他才是最后的文本的生产者。巴特在《从作品到文本》中试图构建一个文本乌托邦，现在，超文本、超阅读和超写作实现了巴特的理想，其实际上就是一个"文本乌托邦"。

超文本向何处去？是否将取代传统文本和传统阅读？超文本的出现仅有三四十年的历史，许多变化还没有能够清楚显现。对此，不能不提及意大利享誉世界的哲学家、符号学家、作家安伯托·艾柯，其思想与巴特比较接近，他凭借 1962 年《开放的作品》成为意大利后现代主义思潮的主将。他认为："在文化史上还没有一物简单地杀死另一物的事例。当然，新发明总是让旧的发生深刻的变化。"统计学家发现，计算机的出现反而促进了纸质文本的大量生产。未来有一点可以确定：传统的阅读方式仍然是当代生活中不可或缺的。艾柯说得好："我们不可重写的书是存在的，因为其功能是教给我们必然性，只有在它们得到足够的敬意的情况下，才会给我们以智慧。为了达到一个更高的知识境界和道德自由，它们可约束的课程不可或缺。"这里"不可重写的书"是指历史上形成的世界级的经典。

艾柯的话给予我们这样的启示：人们需要可以重写的书，但是阅读那些不可重写的书籍，仍然是每个人成长过程中的必修课。传统阅读之所以不可轻慢，深层原因是真实世界已发生的一切不可重写，只有尊重并遵从必然王国中的规律，人类才能最终步入自由王国。从这个意义上说，普通文本与超文本都有存在的理由，人类的植物（动物、矿物）记忆和电子记忆不可相互取代。

2017年11月12日

三、图书馆里有宇宙和生命的寓意

2011年11月22日清晨六时半许,读马慧元著《书生活》中的一篇《图书馆》,刚读到第二个自然段,我就被深深地吸引住了。我急急忙忙敲起了键盘,将第二个自然段全部抄录了下来,变成了我自己的"私藏":

"我读的书虽然少,但总是按不住对图书馆的瘾头,没有办法的事。在书和期刊里闲逛,本身有看戏的意思,看到前人的毁灭和不朽,看到命运和审美的残酷。白纸黑字背后,多少人渴望传世的美梦被血淋淋地粉碎。所有人世里的希望和绝望,在图书馆里都可以找到对应。"名作家博尔赫斯说过:"宇宙(另有人把它叫作图书馆)是由不定的,也许是无限数目的六角形艺术馆组成的。"他声称图书馆里有宇宙和生命的寓意。这种玄妙的说法,并不能一下子贴上我的心,但是,一个人在图书馆里混久了难免会想入非非,则可以肯定。而且,图书馆里充满了"无限",充满了近在眼前而永远不能抵达的存在,我是说那些书,那些任何一本都能耗尽人若干年细嚼慢咽的所谓经典,还有无数研究它们的书,这些书又引用了更多的经典。它们轻易地堕入无穷的迭代。不过如果离这些书远一点,远到看不清书脊上的名字的时候,书就变成了一条条独立的生命。"西班牙作家卡洛斯·萨丰也讲了同样的话:"每一本都是等待我去探索的宇宙。"

作为一名已经退休的老图书馆工作者,读了这些话,不能不有很大的感触,也可以讲,是震撼,主要有以下三点感触。

第一点感触是,没有白白地早起床,因为获得了至宝,我感觉到了那种人生难得一遇的获得了至宝的感觉。

第二点感触是,人们总是给予图书馆很高的评价。多年前,我读到有人将图书馆比喻为"天堂",高兴得一夜没有睡好;今又读到了对图书馆至高无上的评价"图书馆里有宇宙和生命的寓意",图书馆里有宇宙和生命的寓意!这振奋人心的巨大喜悦,可能令我几天都将处于兴奋之中,这属于人生少有的欢乐呀。

第三点感触是,不管将图书馆寓意为宇宙、生命还是天堂,其根本原因就在于书,是书,使图书馆成了人类文化的宝藏。图书馆工作的对象就是人类历史留存下来的一部部书,并将这些书方便地送给现代的人们阅读,这就是在传承人类文明啊!因此,做一名图书馆员不仅光荣而且义务重大,义务是什么呢?那就是读书,只有读书才能做好传承的工作。我虽已退休,但只要身体许可,我必将同大家一起读书,愿我们为"宇宙、天堂和生命"而共勉。

2022 年 9 月 18 日

四、纸质书不会消失

——读《别想摆脱书》

电子书的出现和迅速发展，是否意味着传统纸质书的消亡？这个问题的历史甚至要追溯到 20 世纪 70 年代。1977 年，福克在讨论未来电子系统时指出：图书馆将逐渐消亡，它的历史使命已经完成。1978 年，美国著名图书情报学者兰卡斯特在《情报检索系统》第二版的结论中明确预言："我们正在迅速地不可避免地走向无纸社会"，"再过 20 年，现在的图书馆可以消失"。

20 年过去了，纸质书和传统图书馆并没有消失，电子载体和互联网也并行不悖地在蓬勃发展，兰卡斯特等专家的预言并没有实现。但是，问题并没有得到根本解决，而且还在扩大，从图书馆界延伸到了整个社会。2008 年世界经济论坛大会上一位未来学家预测，未来十五年影响全人类的四种确定无疑的现象是：原油价格上升至五百美金、期货市场将出现水的牌价、非洲将形成强大的经济力量和书的彻底消失。这里所讲的书无疑应该是指纸质书。

纸质书真的将会消失？电子书是传统书籍的终结还是延续？

2010 年由广西师范大学出版社出版的社科经典——《别想摆脱书》，以对话的形式，话题直指当下书籍命运这个最严峻的疑问。法文版于 2009 年 11 月正式出版，因为切中全球关心的主题，书尚未出，已经引起各方关注。

作者是两位学术界的大人物——安贝托·艾柯和让-克洛德·卡里埃尔。

艾柯是享誉世界的哲学家、符号学家、历史学家、文学批评家和小说家，被誉为 20 世纪后半期最耀眼的意大利学者和作家。他的著名小说《玫瑰之名》，被译成 45 种语言，销售已超过一千六百万册。另外还出版有《傅柯摆》《剑桥意大利文学史》等文学著作以及许多关于语言、符号学的著作。

卡里埃尔是法国电影界泰斗，法国国家电影学院创始人。他创作了大量经典电影剧本，如《大鼻子情圣》《铁皮鼓》《布拉格之恋》《屋顶上的骑兵》等。他亦是西班牙电影大师布努埃尔最青睐的编剧，尤擅长改编文学名著，从荷马到莎士比亚，从巴尔扎克到普鲁斯特，无不涉猎，迄今著有八十多部经典电影剧本。

他们两人还都是嗜书如命的藏书家，酷爱古书珍本。艾柯拥有五万册藏书和一千两百册印刷初期珍本。卡里埃尔拥有四万册藏书和两千册古本。

这两位大家，一生几乎都在和书打交道，对书籍代表的人类文明进程有着深刻的理解，对书籍在当下的变局和处境也洞烛幽微。这样两个人坐到一起对书籍谈古溯今，纵横捭阖，谈笑间不时迸发出振聋发聩的观点；一些发人深省的思想，是那样的充满辩证法，是那样的引人入胜，不能不令人信服。这两位大家对书籍的谈论，对我原来的许多认识，简直就是一种冲击，一种颠覆性的震撼，而他们慢条斯理的谈话，又是那样的悠然自得，信念坚定。

前面提到，在2008年世界经济论坛大会上，未来学家预测未来十五年影响全人类的四种确定无疑的现象之一是：纸质书的彻底消失。读了《别想摆脱书》，经过对书中内容的梳理和思考，根据书中的论据，参考有关的资料，我得出了一个同未来学家的预测完全相反的结论：纸质书不会消失。

论据1：书永远不死

《别想摆脱书》第一章就用了明晃晃的标题："书永远不死。"

这似乎在同未来学家对着干：你说纸质书将"彻底消失"，我就说书将"永远不死"。事实确实是：书一直没有死。"五百多年来，对书这一阅读载体的各种变化，并没有改变书的用途或结构。……书多方证明了自身，我们看不出还有什么比书更适于实现书的用途。也许书的组成部分将有所演变，也许书不再是纸质的书。但书终将是书。"这个观点容易说服人，书一直存在，书确实没有死。但是，问题的焦点不在于"书"而在于"纸质的书"，在于构成书的载体是什么材料。

论据2：永久载体最暂时

《别想摆脱书》第二章同样用了明晃晃的标题："永久载体最暂时"。

什么是永久的载体？对之，我们看看卡里埃尔的精辟论述："每次新的科技产生，必会力证自己超越以往所有发明与生俱来的规则和限制。新科技期待自己睥睨一切，独一无二。好像它会自动给新用户带来了某种随时可以上手的自然能力，仿佛随身带有某种新的天分，仿佛随时准备着肃清以往科技，并把那些胆敢拒绝它的人变成过时的文盲。"

上面所说的"新科技",指的就是电子载体:软盘、录像带、光盘、电子书、iPad 等这些相继的发明创造。这听起来似乎在讲述一个漫长的过程,仿佛持续了好几个世纪,但实际上至多只有二十年的时间。

每次新的科技诞生,人们都以为终于有了永远可靠的、永久的载体,可不久就又有新的载体诞生,毫不犹豫地颠覆人们的本来想法,重建一个对新科技带来的新的储存介质的新的信任。只知道这样的新科技被更新的科技取代的速度越来越快!所有这一切都说明,没有什么比"永久的载体"更暂时。所以面对不同介质不停地更新换代,人们早已开始怀疑"永久的载体"是否存在?也许利用现代科技的"永久的载体"只是存在于人们心目中的一个美好的梦想。2004 年 11 月,美国国家档案和记录管理局电子档案处公开承认,将电子资料保存十年以上,"仍然是全球性难题"。

论据 3:纸质书是迄今最持久的载体

卡里埃尔提出了一个有趣的问题:"整个世界受到威胁,我们必须挽救某些文明产物加以妥善保存。比如,因为一场气候大灾难,人类文明遭遇灭绝的危险。必须赶快行动。我们不可能保护一切,带走一切。那么该如何选择?用什么载体?"

对这个问题艾柯做出了斩钉截铁的回答:"我们已经谈到,现代的载体形式很快就会过时。为什么要冒险和这些有可能变成空白、无法辨认的东西纠缠不休呢?我们刚才科学地证明了,书优越于文化产业近年来投入市场的任何产品。因此,倘若我必须挽救某些方便携带又能有效抵御时间侵害的东西,那么我选择书。"

艾柯在这里所说的书,从上下文看,明显指的是"纸质的书"。纸张和印刷术的结合开创了图书大发展的历史,创造了人类文化的宠儿——纸质书。各种各样的图书馆成就了人类文明的记忆和传承,而这一成就的最大功臣就是纸质书。实践是检验真理的唯一标准,这在科技界也同样,纸质书是经受了两千年人类历史考验和证明了的迄今最持久的载体。

"在那不勒斯考古博物馆里,我见到从庞贝古城废墟中抢救出来的莎草纸文件灰烬,夹在两块玻璃板之间。它已经有两千年历史了,曾毁于维苏威火山爆发的火焰,后来埋在熔岩之下,然而我仍旧能读出写在上面的字——出奇地清晰。"

结论:将以上三个论据联系起来,很清楚,那些自己号称的"永久的载体"最暂时，纸质书是迄今最永久的载体。因此：在世界没有出现更永久的载体之前，纸质书永远不会消失。

此文愿引起有兴趣者讨论。

2012 年 10 月 5 日

五、《读者文摘》在图书馆中诞生

《读者文摘》(Reader's Digest)是世界上最热门的杂志之一,畅销于世界60多个国家。这个美国出版的月刊杂志,文章风格简明易懂,内容丰富广博,且多含恒久的价值和趣味;同时,它还致力于为各个年龄段、各种文化背景的读者提供信息、开阔视野、陶冶身心、激励精神。

本文要大讲特讲的是,这样世界闻名的一个刊物,是在图书馆诞生的,是由于图书馆方便而优质的服务所孕育出来的。

在阅读美国尼古拉斯·巴斯贝恩《永恒的图书馆》一书的第一章"人民的殿堂"中,我无意间发现了这段不到400个汉字的描写。作者是在介绍纽约公共图书馆诸多情况时提及的。写者无意,阅者有情。对于我这样一个在图书馆工作多年的人来讲,那样闻名的世界性刊物在图书馆中诞生,不能不使我感到惊讶与自豪。

下面全文引用巴斯贝恩的这段描写:

也是在同一个"期刊室"里,德威特·华莱士——明尼苏达州一位传教士的儿子想出了一个好主意:他要创办一个杂志,把过去期刊室里具有"持久价值与兴趣"的文章摘要都收集起来。华莱士花了大量时间,仔细阅读了成千上万册期刊,把他认为精彩的文章加以"缩写",清楚地抄在黄色纸页上。1922年2月,第一期《读者文摘》就这样产生了;他的妻子兼合伙人莉拉·华莱士把初版的刊物邮寄到各地,共5000份。上世纪90年代,刊物发展到最高峰,在全世界以17种语言发行,有41种版式,每月销量为3050万份。在刊物开办的初年,华莱士夫人在纽约格林威治村地下室的一间小屋里工作,而她的丈夫则在纽约公共图书馆的"办公室"里不断寻找他所需要的材料。后来,这对夫妇给图书馆进行了多次捐款,其中一次就重建了《读者文摘》诞生的房间,现在称为"德威特·华莱士与莉拉·华莱士期刊室"。

同其他介绍《读者文摘》的资料相对照，上述内容是可信的。需要补充的是，华莱士本是一位战士，在第一次世界大战的一场战役中受伤，在纽约休养。华莱士经常到纽约公共图书馆阅读大量杂志，吸取很多有趣的资讯，同时他也发现很少人能有时间看那么多杂志，从而悟出把这些文章摘录及浓缩后出版的念头。无疑，这是一个非常有社会意义、有创见的想法；但是，若想实现，必须具有藏有成百上千种杂志和就近而方便的工作条件。纽约公共图书馆为华莱士实现这一想法提供了他所需要的一切：丰富的应有尽有的期刊；作为研究图书馆，不需要任何证件即可阅读；提供专门的研究室和书桌，"可以把不在馆外流通的材料保存在自己的书桌里"，不用当天归还；还可以在图书馆员工餐厅就餐。可见，这一切就等于纽约公共图书馆为华莱士在期刊藏书室设了一个工作间，创办文摘刊物的条件万事俱备。

华莱士和他的妻子决定共同创办《读者文摘》。可是，当他们把各类精选文章辑录成《读者文摘》样本，展示给各大出版商，希望有人愿意出版时，却全遭拒绝。他们夫妇没有放弃，决定自行出版发行。《读者文摘》于1922年创刊，最初采用直销手法，用函件寄往目标客户。1929年进一步批发给报摊及零售商发售，到1935年，《读者文摘》发行量已达到一百万份。

杂志创刊初期，内容以转载其他报章和杂志的文章为主，后来也有不少内容是由编辑部自行采访，或由特约撰稿人所写，也欢迎读者投稿。华莱士夫妇认为，为全球不同年龄及文化背景的读者启迪心灵，拓展知识领域，提高生活素质，增进生活情趣是《读者文摘》努力不懈的使命。

1938年，《读者文摘》开始发行英国版，第二次世界大战期间又增添了拉丁美洲版及瑞典版。其后，《读者文摘》更进一步扩展至澳大利亚、比利时、加拿大、丹麦、芬兰、法国、德国、意大利、挪威、南非及瑞士等。

《读者文摘》中文版于1965年创刊，首位总编辑由文坛大师林语堂先生的女儿林太乙女士出任，繁体字版在中国香港及台湾销售，简体字版在马来西亚及新加坡发行。2008年，《读者文摘》杂志登陆中国内地（大陆），与上海新闻出版发展有限公司主办的上海普知杂志社实行了版权合作，为区别于中国刊物《读者》，而以《普知》命名，发行《读者文摘》的简体中文版。

金融危机同样也影响了《读者文摘》，近些年生存环境严酷。另外，随着忠诚的老读者不断离世，以及年轻人阅读习惯和休闲方式的改变，《读者文摘》的销量逐年下滑。在 20 世纪 70 年代，曾经高达几千万份的发行量，截至 2008 年，已经萎缩至几百万份，广告收入也随之大幅下滑。《读者文摘》不堪重负，2009 年公司的美国总部业务申请破产保护，以期进行债务重组，迎接新生。破产保护期间，《读者文摘》将继续出版发行。其在华机构通过互联网发表声明称：《读者文摘》美国总部的财务重组对中国地区业务发展未构成影响，中国地区的业务继续保持稳定增长。

屈指一算，《读者文摘》成立了近百年，对全世界的影响不言而喻，创办者的独具匠心更值得称赞和学习。

2012 年 8 月 25 日

六、亚历山大学派在图书馆中产生

清楚地记得,中学物理课讲到了一位令人终生难忘的科学家——阿基米德。他在洗澡时感悟到水的浮力,由此测定了国王金冠的真伪和发现了浮力定律(后命名为阿基米德定律),从而演绎出了一个全世界相传了两千多年的科学故事。他发现的"杠杆原理",至今仍然让现代人享用不尽,他的一句振聋发聩的名言"给我一个支点,我能撬起整个地球!"一直在启迪着世人的智慧。科学史认为,除了伟大的牛顿和爱因斯坦,再没有一个人像阿基米德那样为人类的科学进步做出过这样大的贡献。这位伟大的科学家就生活在希腊化时期埃及的亚历山大城,是历史上著名的亚历山大学派突出的一员。

亚历山大学派指一个广泛意义上的学术团体,它包括这一时期的哲学流派、科学学派、文学流派、艺术流派以及宗教派别等。该学派产生于埃及亚历山大城,该城历史上也称为亚历山大里亚,所以又称之为亚历山大里亚学派。

一个学派的产生与发展,必然寄生于一个繁荣的时代。亚历山大学派活跃于希腊化时期,这一时期的文化环境为学术昌盛开拓了浩瀚的空间。这归功于希腊化时代的创始者亚历山大大帝。这位享年33岁,《史海钩沉》世界帝王排名前三名的古希腊马其顿国王,建立了一个西起古希腊,东到恒河,南临尼罗河流域,北至两河流域的以巴比伦为首都的横跨欧、亚、非三洲的大帝国。亚历山大大帝及其继承者,广泛传播作为西方文明起源的希腊文化。希腊文化迅速传入中东地区和埃及,进而传播到以前从未到达过的印度和中亚地区。文化的传播和影响向来是双向的,在希腊文化传播的同时,东方思想也传入了希腊世界,使希腊文化不断吸收新鲜血液。以希腊文化为基础,西亚、波斯、埃及等多种文化互相融合,形成了一种新文化,后世称这种新文化为"希腊化文化"。文化交流促进了科学的发展,如当希腊人征服美索不达米亚之后，巴比伦的天文学和数学就传入了希腊。因此，正是希腊化文化促进了学术繁荣，培养了科学人才，孕育出了亚历山大学派。埃及被罗马占领后，希腊化文化不仅没有衰败，正如满族统治中国后其民族文化融入基础雄厚的中华文明一样，还"俘虏了她的凶猛征服者"，"罗马确保了作为西方遗产的希腊遗产"，也确保了亚历山大学派的进一步大发展。

学术和学派的发展必须要有科学研究基地。亚历山大在其征战期间，建立了包括阿富汗的赫拉特和坎大哈等在内的二十多座城市，其中最著名的是公元前 332 年在尼罗河口建设的亚历山大城。在亚历山大帝国之后，亚历山大城一跃而成为当时世界上最大的都市之一和著名港口——"通向全世界的十字路口"。在中西交通史上，该城是丝绸之路西端的终点站之一，由中国运来的丝绸到此经海路转运罗马和欧洲各地。拥有长达近千年历史的埃及首都，成了希腊化文化和亚历山大学派赖以发展的温床。

公元前 280 年左右，在亚历山大城建立了著名的博物馆，设有四个部门——文学部、数学部、天文学部和医学部。这四个部门不但是学校，而且是研究院，所以学术界又称之为缪赛昂学院，持续了 600 年之久。继而于公元前 259 年又建成了古亚历山大图书馆。亚历山大之子——托勒密国王的雄伟设想是把人类的全部知识都集中在这里，实现"世界知识总汇"，实质上是创立了世界上第一所无所不包的大学。极盛时据说馆藏各类手稿逾 50 万卷（纸草卷）。托勒密国王邀请各领域最杰出的学者，有数学家、天文学家、医学家、哲学家、工程师、诗人、地理学家、历史学家、音乐家、艺术家等在图书馆从事研究，请他们住在亚历山大城，付给他们可观的生活和研究经费。就这样，这些具有专门学问的学者得以熟悉大量文献，这是开展学术研究必不可少的和取之不尽的源泉。因此，古亚历山大图书馆作为当时的世界学术中心，代表了这一时期高度发达的科学和文化水平。著名的《剑桥插图古希腊史》认为，亚历山大大帝最伟大的功绩在于他留给人类两大文化遗产：第一，"希腊化是亚历山大留给后人的恒久遗产"；第二，"亚历山大的另外一件重要的也是间接的遗产，是保存了公元前 4 世纪以及在此之前的希腊文献……这件事的实现，有赖于托勒密一世建立的亚历山大里亚图书馆"。亚历山大城取代了雅典成为世界历史上"希腊化世界"的领袖城市和文明的中心，成了一座名副其实的"文化之都"。

亚历山大帝国开创了世界历史上空前的东西方文化交流，亚历山大城经济繁荣、文化昌盛、名人荟萃，为学术和学派的发展提供了前所未有的契机，创造了绝佳的天时地利大环境。到公元前4世纪末或公元前3世纪初，世界的学术中心已经从雅典转移到了亚历山大城，集中于亚历山大图书馆。"在公元前最后三个世纪，托勒密王朝统治下的亚历山大城奠定了西方学术研究的所有主要分支学科的基础——从文学到天文学，从医学到史学。"在此基础上，在亚历山大图书馆形成了世界学术史上极为重要的亚历山大学派。

广义上的亚历山大学派有两个历史时期：第一个时期是希腊化时期，始自托勒密王朝的建立，终于罗马人对其的征服，即公元前323年到公元前30年；第二个时期是希腊化时期，从公元前30年到公元642年阿拉伯人占领亚历山大城。

在哲学方面，希腊化时代曾经出现了四个主要的哲学流派，即理性主义的伊壁鸠鲁学派、斯多葛学派、怀疑派和犬儒主义派。

在科学方面，亚历山大科学学派是一个广泛而松散的团体，它包括了这一时期的各类科学家。他们最大的特征是一专多能，专精之深，涉猎之广，令人叹服。所以恩格斯说："精确的自然研究只是在亚历山大里亚时期的希腊人那里才开始。"这一时期，出现了许多光芒四射的科学人物，可以说是群星璀璨。数学和物理学创造了辉煌，出现了两位巨人——"几何学之父"欧几里得以及数学、物理学和天文学大师阿基米德；天文学产生了两颗耀眼的巨星，即著有古典天文学百科全书《天文大全》、"地心说"的集大成者托勒密和西方最早提出日心说理论、享有"希腊化时代哥白尼"之美誉的阿里斯塔克；"地理学之父"埃拉托斯特尼，他是第一个创用"地理学"名词、在当时仅次于亚里士多德的百科全书式的学者；在这个时代，医学上的进步是所有学科中最大的，"解剖学之父"赫罗菲拉斯是世界上第一个进行人体解剖的医生，埃拉西斯特拉图斯创立了生理学，盖仑则首次提出了一整套医学学说，是仅次于"医学之父"古希腊名医希波克拉底的第二位医学权威。

文学方面有诗人拉奥孔等。拉奥孔大理石群雕，高约184厘米，是希腊化时期的雕塑名作。

亚历山大学派在宗教方面包含了两种意涵：既指一种神学派别，亦指一所教理学院。用希腊文写成的《圣经·新约全书》是最普及的希腊文化遗产；72位学者在古亚历山大图书馆将《圣经》翻译成的希腊文版本，流传至今，亦称为"七十子译本"。

在希腊化时代，亚历山大学派在自然科学方面的发展攀登到了古代的顶峰，取得的进步超过了17世纪以前的任何时期。可见，希腊化时代对人类的科学与文化发展做出了杰出的贡献。正如研究古希腊科学的专家本杰明·法林顿所说："希腊化时代的科学发展已步入近代世界之开端，近代科学从16世纪开始发展，是以那时的基础为起点的。"可见，假如没有亚历山大城以及叙拉古、帕迦马和希腊化世界其他大城市中科学家的发明与发现，现在的许多科学成就也许是不可能的。鉴于此，亚历山大城又被称之为"智慧之都"。

一个学派的产生和存在首先需要有大环境，前面分析了亚历山大学派有利的时（希腊化时代）空（亚历山大城）环境，但是仅有大环境还不够，还必须拥有具体而实际的其他条件。陈恒的研究论文《论亚历山大里亚科学学派》专门探讨了这个问题，下面摘要引用之。

"一般来说，一个学派应具备以下几个条件。

1. 要有德高望重的领袖……希腊化时期在科学的各个领域内都产生了德高望重的领袖人物……其中阿基米德堪称典范，他既具有高尚的品德、渊博的才识，又有对科学事业的献身精神。

2. 学派内部要有充分的学术民主和互相激荡的思想火花，以及发展的内在环境。

3. 研究人员要有畅通的后备人才补充渠道。希腊化时代的亚历山大里亚成了希腊化世界的文化大都市，整个地中海世界的学者、艺人纷至沓来，竞芳斗艳，各显才华。希腊化时期的文化巨人、文化成就多从这里诞生。

4. 在当时历史条件下，要有一个先进的实验、研究基地。专门兴建的博物馆和图书馆可以说是一个学者的社群，是一个具备一系列研究或实验设施，可供学者自由自在钻研学术、追求高深知识与创作艺术的地方，也是历史上最早的科研机关。那个时代最卓越的学者，几乎全部都集中到这里来，于是在亚历山大里亚出现了人类古代学术史上最繁荣的时代。

5. 要有足够的经费支持，亚历山大里亚科学学派兴起与托勒密王朝诸王的贤明政策是分不开的。亚历山大大帝受其恩师亚里士多德的启发，积极支持科学事业，他本人曾给科学研究以财政支持。托勒密诸王继承了亚历山大的文化政策，都深谙希腊古典文化，所以他们把当时的著名学者请到亚历山大里亚，用国家经费兴建设施、供养学者。

6. 学派中的成员不仅在形式上，而且在思想上领悟和继承学派领袖特有的学术思想体系，以保持学派的传统。亚里士多德在《形而上学》一书中说，哲学和科学的诞生有三个条件：一是惊异；二是闲暇；三是自由。学术环境之交流、开放、自由、宽容是思想活跃的土壤，是创新、创造的源泉。得益于这种自由、开放、崇贤、重教环境，因而孕育出了一群天才的科学家。"

除上述6点，需要再补充一点是：一个学派的产生和发展必须要有前人的基础，亚历山大学派就是建立在古希腊时代的学术基础之上。在古希腊雅典，人才辈出，最有名的是"古希腊三贤"——苏格拉底、柏拉图和亚里士多德，他们是西方文化界的老子和孔子，至今影响着世界。古希腊学派林立，如米都利学派、毕达哥拉斯学派、埃利亚学派、亚里士多德学派等。这些学者或学派纷纷创建学园——研究机构和学校，如以柏拉图的名字命名的柏拉图学园、亚里士多德的吕克昂学园等。在众多的学派和学园中，人们进行研究、交流、学习，同时培养人才，造就新的学者。欧几里得十几岁时，就迫不及待地进入柏拉图学园学习。古希腊雄厚的学术基础成就了后世亚历山大学派的辉煌。

2013年5月7日

七、读《经典中的信仰独白》

——推荐一位年轻的书评家

在图书馆书架上查找图书的过程中，不经意间看到了一本书——《经典中的信仰独白》，作者齐宏伟。我第一次见到这个名字，只是因为对书名感兴趣，抱着随意看看的想法，将书借回了家。但是，回家后急忙读的是原来计划借的书，齐宏伟的书被冷落了个把月，快到还书期了，才想起来读这本书。

但是，乍一读书中的一篇，我就大吃一惊。之所以有这样不一般的感觉，因为读的这一篇几乎推翻了我曾经写过的同一本书读后感的主要观点。原来，《经典中的信仰独白》是齐宏伟写的一部书评集，其中评论的有我近年读过且喜爱的几部世界经典。令我大吃一惊的那篇，评论的是卡夫卡的《变形记》。翻开阅读笔记，我于2011年3至4月曾经读过《变形记》，并写了洋洋万言的读后感，主要观点用两个字来表达就是"异化"。而齐宏伟对《变形记》的评论，也用两个字来表达，但我万万没有想到的是，这两个字却是"绝望"。虽然评论的差别是这样之大，但我几乎是刚读完齐宏伟的评论，就被他说服了，啊，不是说服，应该是征服。

写到此需要说明，为了加深对《经典中的信仰独白》的理解和对作者的了解，不能不用较多篇幅，以齐宏伟对《变形记》的评论为例，以丰富和深化全文。

"异化"和"绝望"是非常大的差异。最初和表面的差异体现在由人变成了甲虫的主人公格里高尔是否被"异化"了，进而表现在对现代社会中人与人之间关系的看法，深层次和根本性的差异则是关系到人性和人的灵魂问题。

我的读后感是根据马克思对"异化"的定义："物对人的统治，死的劳动对活的劳动的统治，产品对生产者的统治。"现代社会已经被"物化"了，社会中的人则被"异化"为非人，而被"异化"的代表人物就是变成了甲虫的主人公格里高尔，当然被"异化"的也包括他的亲人和同事。我的这个看法不是我个人的，是受到国内评论《变形记》主流观点的影响而形成的。

齐宏伟的评论则认为，卡夫卡用他"对现代人和现代社会的巨大的洞察力"，独具匠心，设计了一个"文学实验"。他塑造的主人公格里高尔由人变成了甲虫，但仍然具有人的灵魂，他并没有被"异化"。卡夫卡以此来试探世界对之的反应，检验现代社会人与人之间的关系。

为什么说变成了甲虫的格里高尔没有被"异化"？齐宏伟无可辩驳地说明了这个问题：（1）《变形记》开篇的第一句话就写："一天早晨，格里高尔·萨姆莎从不安的睡梦中醒来，发现自己躺在床上变成了一只巨大的甲虫。"小说中既没有交代为什么变，更没有写怎么变的。而后全篇都是写格里高尔变成甲虫之后家庭和社会的反应。（2）在《变形记》中，卡夫卡一直用"他"来称呼变成了甲虫的格里高尔，为什么呢？因为格里高尔形变而人未变，他并不是真正的甲虫，而是具有人的灵魂的甲虫，格里高尔＝甲虫的躯体＋人的灵魂。书中写变成了甲虫后的格里高尔，仍然具有人的思想感情：他为不能按时上班而焦急，他为妹妹明年能上音乐学院而高兴，他为今后一家人的生计而忧心……这是一个善良、勤劳、有责任心，仍然保留着人的美好灵魂的甲虫。"格里高尔顽强地保持着自己灵魂感知直到生命最后一刻而没被异化，真正被异化的是这个世界。"

在这次"文学实验"的拷问面前，格里高尔的亲人们和他所在的公司失败了。他的亲人们为现代社会"物化"的生活所迫，格里高尔作为赚钱的机器废了，当然就赚不了钱，亲人们对他由爱到疏远，由疏远到厌恶，由厌恶到用苹果砸他，更欲将其驱除。格里高尔所在的公司，不仅对他没有一点点关怀，而且干脆将其开除，弃之如粪土。是的，格里高尔失去了工作能力，不能奉养父母，而且成了家庭的累赘。但是，他的父母和妹妹不能够因此就不再爱他了。真爱是没有条件的，为了功利的爱，那是有条件的，有条件的爱绝不是真爱。在真爱的考验面前，格里高尔的家庭和公司失败了。"爱"从表面上看是人与人之间的关系问题，实质上是人性和人的灵魂问题。对此齐宏伟写道："爱的标志是什么？是人的灵魂。当我们谈论爱的时候，其实是在谈论灵魂。"格里高尔的亲人和同事们的灵魂被彻底"异化"了。"与其说是一个家庭的失败，不如说是千千万万个家庭的失败，也是人性的失败。这时候，绝望岂不正是最为正常不过的感知？"这是齐宏伟评论的话。我认为，这个评论是准确的，符合卡夫卡的身份和写作风格。

卡夫卡被公认为是"西方现代派文学鼻祖",世界现代文学的奠基者和开拓者之一。他是旷世奇才,其创作具有独辟蹊径的特点,常采用寓言体。"他那对人类苦难的战栗的眺望,他那对人生崩溃的现场目击,都使他的作品成为一部现代启示录,构成现代人文景观的一个重要组成部分。"卡夫卡的"文学实验"证明,现代社会人们的灵魂被"异化"了,这个世界被"异化"了,真善美爱已不复存在,人类生存的意义没有了。因此,卡夫卡感到了"绝望"。

齐宏伟对《变形记》的评论,仅用了五千字,而且一下子就抓住了全书的要害——绝望。相比之下,我的读后感又臭又长,不得要领,这使我不由得脸红。对这位第一次心灵交往的书友,不由得赞不绝口,并急切地想了解他是何许人也。

齐宏伟,1972年生于沂蒙山区,1998年毕业于南京大学比较文学专业,现为南京师范大学文学院副教授,研究领域为中西文学与基督教。他教学的同时,创作不辍。出版专著有:2006年出版的《心有灵犀:欧美文学与信仰传统》,2008年出版的《一生必读的关于信仰与人生的30部经典:从忏悔录到复活》和《文学·苦难·精神资源:百年中国文学与基督教生存观》,2010年出版的《鲁迅:幽暗意识与光明追求》和《经典中的信仰独白》,以及2012年出版的《信与思》等。刚刚进入"不惑"之年,就有这样丰硕的成果,不能不令人赞叹。

我很少读到像齐宏伟这样的书评,其所评论的书,开门见山就让你深深领悟到了书中所展现出来的人的信仰和人的灵魂。请看,下面是我近年读过且喜爱的几部世界经典,《经典中的信仰独白》中都是用两个字就概括出了这几部经典的核心内容:《悲惨世界》——良心、《复活》——自省、《变形记》——绝望、《堂·吉诃德》——理想、《卡拉马佐夫兄弟》——自由、《双城记》——牺牲。难道不是吗?雨果的《悲惨世界》最感动读者的就是主人公冉·阿让和警察沙威的"良心";托尔斯泰的《复活》写的是主人公聂赫留朵夫人性的"自省"和心灵的复活;堂·吉诃德是一位为"理想"而献身的典型;《卡拉马佐夫兄弟》是俄罗斯伟大作家陀思妥耶夫斯基的代表作,书的主题是讲,信仰才能带来"自由",这是人类生存的根基;而《双城记》是英国文豪狄更斯的代表作之一,书中尤其描写到一位恋爱中的男士卡登,为了他所爱的女人,心甘情愿地代替其情敌走上了断头台——"牺牲",这是一颗多么伟大而高尚的灵魂。

齐宏伟的书评给我最大的启迪是:(1)掌握全局,高屋建瓴,从总体上,从宏观上，把握全文，即所谓提纲挈领；（2）从精神层面，从作品的深层次，掌握作者的思想感情和作品的灵魂，即所谓击中要害。在评述格里高尔家人对他的爱时，齐宏伟写道："爱不是因为美丽而可爱，而是因着可爱而美丽。"不足20个字就告诉了我们，什么是无条件的、长久的、发自内心的、触及灵魂的爱。这是放之四海而皆准的对爱的诠释，多么深刻、多么简洁的评论啊！

书名《经典中的信仰独白》中的"独白"是什么意思？我查出的解释是：独白是文学作品中人物语言的表现形式之一，通过人物自己的内心表白来揭示其隐秘的心理世界。由此不难理解，书名《经典中的信仰独白》的意思是，通过本书的解读，昭示经典著作中内在的和隐含着的精神世界——信仰。信仰是人类的精神支柱和人生路上的"指向灯"。因之，不能够论及人类信仰的作品，不能够触及人类灵魂的创作，就不能够称之为经典著作。如齐宏伟在《变形记》的评论中所说："我从莎士比亚那里得知文学是什么，而我从卡夫卡这里得知什么是文学。"这话里应该包含有深意，但我几经努力，至今却还没有完全理解。

齐宏伟为《经典中的信仰独白》写的序，用了这样一个题目"经典＝语言（惊艳）×精神（颤栗）"。乍一看，很是费解；但读完序言，又感受到作者对经典的深悟。一书在手，即可领略人类精神险峰上那无限风光。真正的文学，一方面贴近苦难深渊，另一方面仰望灿烂星空，是人类生存暗夜中的超越之思，给人带来灵魂的惊艳和颤栗。

2013年12月16日

八、读"世界三大短篇小说之王"

对于读小说，国内外文学界名人众口一词：一定要读经典。我深感这个论断之无比正确，循此必将指引读者走上阅读的康庄大道。但是，经典作品以大部头居多，如雨果的《悲惨世界》或托尔斯泰的《战争与和平》，篇幅极长，短时间内焉能读完？因此，对于忙于工作的人们来讲，以读中短篇为好，长篇则待有空闲，如假期，甚至退休后再读，也不为迟。而对于特别忙碌的人，尤以读短篇小说为最佳，几十分钟，甚或几分钟就可以读一篇。

有一次我无意中做过一个试验。2012年1月16日，在去新西兰旅游的飞机起飞前，那是最无聊的等待时间。我手中正拿着《欧·亨利短篇小说选》，就请太太读《最后一片叶子》一文，全篇读完用了不到10分钟；刚完成初中一年级课程的小孙子用了7分钟就读完了《麦琪的礼物》，平均1分钟1页。在发动机的轰鸣声中，我看着他们读，用的是平常的阅读速度，读完后都能够复述故事。

人类历史上经过千锤百炼的短篇小说经典名著有许多，从哪儿读起？我想，有一个简单的办法是"随众"。对于没有一定阅读经历和经验的人来讲，首先阅读热门一点，即读者多、评论多的经典短篇小说为佳。这种读法的好处不用多讲，是显而易见的。

那么，具体又是从哪些短篇小说作家和作品读起为好呢？对于国外的短篇小说作家，有著名的"世界三大短篇小说之王"。这三位"王"是指俄罗斯的契诃夫、法国的莫泊桑和美国的欧·亨利。他们都生活在19世纪后半叶，且都仅享年四十多岁，寿命也是"短篇"，实在令人惋惜。这个时期，那可是泰斗、大师级人物云集，世界文学天空群星璀璨，现实主义小说在世界结出丰硕成果的时代。

2010年元旦，华文出版社出版了一本书，名为《欧·亨利短篇小说、莫泊桑短篇小说、契诃夫短篇小说大全集》，属于《世界文学经典名著文库》的一种。译者是著名翻译家张经浩、柳鸣九和沈念驹。对于这三位世界短篇小说名家的介绍，与其用我的拙笔，不如用经典名著文库编者们的妙笔，这样对读者更有参考价值。因此，下面用较多点的篇幅引用之：

世界三大短篇小说之王的经典名作是最受读者喜爱的短篇小说精品。

欧·亨利是美国最杰出的短篇小说家，被誉为"美国现代短篇小说之父"……他的小说构思独特、情节曲折、语言诙谐，"欧·亨利式的结尾"往往出人意料。本书精选了他的49篇精彩短篇小说作品……内容以描写美国社会尤其是纽约百姓生活著称，被评论家誉为"美国生活的幽默百科全书"。

莫泊桑是19世纪末法国伟大的批判现实主义作家和短篇小说家，自然主义文学流派的杰出代表……莫泊桑的小说以其精湛的艺术技巧和行云流水般的自然文笔，以及纯粹的语言，成为展现法语魅力的典范之作，在法国乃至世界文学史上占据着重要的地位。

契诃夫是19世纪末俄国伟大的剧作家和短篇小说家，俄国现实主义文学流派的杰出代表……契诃夫的短篇小说以其高度凝练的抒情艺术和文短气长的幽默笔法，在俄国文学史乃至世界文学史上占据着无可替代的地位。列夫托尔斯泰曾称赞契诃夫是一个"无与伦比的艺术家"。"我撇开一切虚伪的客套肯定地说，从技巧上讲，他，契诃夫，远比我更为高明！"

对于三位"王"的作品，我在大学时期读过契诃夫，近两年才接触莫泊桑，而对欧·亨利，实在抱歉，闻所未闻。

我是2011年开始读莫泊桑的，那时还不知道他是"世界短篇小说之王"中的"三王"之一。不知道为什么，我是在读了几乎所有的法国经典作家之后才想到读莫泊桑的，也许他没有惊人的"巨著"，没有显赫的知名度，其实是我自己孤陋寡闻了。我读小说的做法全是凭兴趣，喜爱的就读下去，兴趣就是阅读的指路明灯。过去我对其一点也不了解的莫泊桑作品，一经接触就引起了我极大的阅读欲望。一口气读下来，回头一数，竟达43篇，连自己也惊讶。

我喜爱莫泊桑，他就是在写当时法国的平头百姓，朴实、亲切。他的《羊脂球》，深切同情和赞扬下层社会被压迫的人们，深刻揭露上层社会人们的丑态和腐朽。羊脂球是个妓女，也许她的职业并不光彩，可是她的精神远远比那些伯爵、夫人等表面上光彩的人们高尚！《项链》描述了一位漂亮动人的女子，"她没有陪嫁的资产，没有希望，没有任何方法使得一个既有钱又有地位的人认识她，了解她，爱她，娶她；到末了，她将将就就和教育部的一个小科员结了婚"。她自惭形秽，她虚荣，她崇尚名牌，为参加一个难得的舞会而借了假的名贵项链，因丢失而几乎倾家荡产还了真项链。《我的叔叔于勒》，那是一个多么令人心酸的故事，真正是：叔叔暴富，远在万里去投亲；叔叔赤贫，近在咫尺不相认。多么残酷和悲惨的金钱世道啊！读莫泊桑的作品，可以冷眼观世界：社会腐败不堪，一切都受金钱、权位、名誉的支配；但这个社会却折射出了人物的真、善、美和假、恶、丑，给人一种莫大的精神启迪。

令人惊异的是莫泊桑对古今中外小说中司空见惯的爱情主题的描写。《月光》的主人公是位长老，他认为女人是亵渎宗教的祸水。然而，一天他突然得知最喜爱的外甥女有了情人，他暴怒了。晚上10点，他想出去看个究竟。月光如水，弥漫田野，是那样的空灵深邃，美轮美奂，冰清玉洁，"这铺天盖地的诗境"，是上天表达的爱的情境。长老惊呆了，震撼了，当外甥女和情人出现在远处月光下，"那幅罩着他们如同为他们而设的仙境般的景物本来是静止的，现在突然由于他们而充满生气"，"领着天意来享受这个静悄悄的夜景的生命"。长老心跳，彷徨，继之退却：既然上帝用如此良夜去保护爱情，难道他还能够不容许爱情吗？小说揭示了人类爱情的本质，爱情是圣洁的，那是大自然的天人感应、天人合一。

我对欧·亨利的作品，是在知道他是世界短篇小说"三王"之一以后，慕名而读的。乍一读起来，就喜欢上了。我佩服他对社会观察和描写之细微，真可谓"见微知著"。《麦琪的礼物》讲述了夫妻之间互赠圣诞礼物的小故事，他们阴差阳错地使礼物都失去了使用价值，但他们从中获得了比礼物更重要的东西——无价的爱。《最后一片叶子》描写了几位使人肃然起敬的"小人物"。在金钱万能、唯利是图的生存环境中，人性在异化和畸变。但是，在最后一片叶子为什么没有落的真相大白之际，人们对故事感慨万千，真正领略到了人性的魅力。《警察与赞美诗》描写一个穷困失业、无家可归的流浪汉，为进监狱得以安身而故意犯罪，几次惹是生非但都没有达到目的，后来想改邪归正，警察却逮捕了他。这是一个极具"黑色幽默"性质的故事，一种在思想感情上黑色的东西与幽默的东西的结合：它是幽默的，但包含着阴沉的东西；它是绝望的，但又会令人发笑。

看了"世界三大短篇小说之王"的介绍，最近又重读契诃夫。可以讲，越读越感到有新意。我敬重契诃夫，他以敏锐的目光，看清了沙皇专制制度下的社会，并用犀利的笔触，对之进行了体无完肤的揭露和批判。《变色龙》描写了一位警官能够在几分钟时间内，因为小狗是不是将军家的而五变面孔，五种处置，辛辣地讽刺了专横跋扈、看风使舵的小官吏，借以讽刺一切崇拜官位的社会。变色龙本是一种蜥蜴类的四脚爬行动物，能根据四周物体的颜色改变自己的肤色，以防身。作者在这里是只取其"变色"的特性，用以概括社会上的一种人。真正是：专制社会将人退化似动物。"变色龙"成了见风使舵、善于变相、投机钻营者的代名词。《小公务员之死》从另一个角度描写了专制体制下小官吏的可怜相。一位小文官在剧院里因为一个小的"不慎"，将喷嚏溅到了坐在前排的将军级文官身上。小文官唯恐自己的不慎被将军视为粗野冒犯，便一而再再而三地道歉，弄得那位大官由哭笑不得到真的大发雷霆。而执着地申诉自己毫无冒犯之心实属清白无过的小文官，在遭遇大官的呵斥之后，他"感到肚子里什么东西碎了。什么也看不见，什么也听不着……他来到街上，步履艰难地走着……他懵懵懂懂地回到家里，没脱制服，就倒在长沙发上，后来就……死了"。一个人竟丧命于自己的喷嚏？其实是丧命于恐惧，丧命于一种等级森严的官僚制度。看来，恐怖与荒诞结合在一起也是另一种黑色幽默。《装在套子里的人》用讽刺手法塑造了一个保守、反动、扼杀一切新思想的"套中人"的典型形象。作品问世以来，"套中人"已经成为那些害怕新事物，维护旧事物，反对改革、阻碍社会发展的人的代名词。

以上零零散散谈了三位"王"的10篇著作——即莫泊桑的《羊脂球》《项链》《我的叔叔于勒》和《月光》，欧·亨利的《麦琪的礼物》《最后一片叶子》和《警察与赞美诗》，契诃夫的《变色龙》《小公务员之死》和《套中人》。其实，这10篇不就是一部微型的世界级经典短篇小说选吗！

关于三位"王"的排序，这实在是个难题，尤其是对我这样文学界的外行，但又必须面对，不能够回避，因为总有个先后。我感觉《世界文学经典名著文库》对三位的排序失之偏颇，根据我读过的一些评论和我个人的感觉，尤其是被誉为"西方传统中最有天赋、最有原创性和最有煽动性的一位文学批评家"、《西方正典》的著者、直言不讳的美国著名文学教授哈罗德·布鲁姆的看法，三位的排序应该是契诃夫、莫泊桑和欧·亨利。原因不可能在本篇赘述，但我相信，读者在阅读过程中是会逐步有所体会的。

除这10篇，国外还有许多短篇小说也令我深为感动和非常喜爱。如法国小仲马的《茶花女》、美国海明威的《老人与海》、法国梅里美的《卡门》、美国杰克·伦敦的《热爱生命》和美国马克·吐温的《败坏了哈德莱堡的人》等。有的篇幅略长，可能属于中篇，但只要兴趣所至，谁还在乎篇幅长了一点呢。

还应该说明，所谓世界短篇小说之王中的"世界"一词，一般多指西方，"东方"是没有被包括在内的。例如我国从古至今有许多优秀的短篇小说，仅举两例：一是明代的五部著名传奇短篇小说集及拟话本集——合称"三言二拍"（冯梦龙的《喻世明言》《警世通言》《醒世恒言》和凌濛初的《初刻拍案惊奇》《二刻拍案惊奇》），二是清代蒲松龄的《聊斋志异》。我相信，这六部奇书是不会逊色于三位"王"的作品的。

短篇小说不同于长篇小说，因为篇幅极短，所以字里行间寓意很深。我读这些作品的时候，非常注意三点：第一，密切注意和重视首次阅读，这犹如第一次同某个人会面，第一个印象非常重要。这是自己个人的思想与陌生作品的内容的第一次碰撞，从碰撞产生的火花中能够清晰地看到二者的差异，从而进一步认识自己的心灵与情感，很可能发现以前自己没有意识到的东西。第二，随读随记，记心得，记感想，记一切自己认为是新的东西。第三，写读后感，胡适先生讲，只有写下自己的真实感想，即经过咀嚼、消化和吸收，书中的东西才能够变成为你自己的。记得2011年我读莫泊桑时，由于喜爱而将所读的43篇，随读随记，整理笔记，又分五个题材（普法战争、小公务员、爱情、小市民生活和诺曼底风情）写读后感，虽然粗浅，但收获颇丰。

了解了"世界短篇小说之王"，又反反复复读了10篇，兴之所至，写了读后感，只为共享经典。

2013年10月3日

九、读《世界三大随笔集》

写完了《读"世界三大短篇小说之王"》，我开始读《蒙田散文精选》和《蒙田论人生》两本书。令我没有想到的是，一位只有初中文化的年轻朋友，拿起了其中的一本翻着翻着就读了起来，并且干脆借走了我正在读的《蒙田散文精选》。对此我先是惊愕，继而高兴。惊愕的是他竟对其中的《论良心》《论后悔》等篇章极感兴趣，我当时不仅是高兴，简直是喜出望外。

此后我在深思，为什么对他借蒙田的作品感到"惊愕"？说白了，就是没有想到，一位仅有初中文化的深圳打工者，能够对蒙田的著作感兴趣。在我的心目中，提起蒙田，那可是高雅文化的代表，就连许多白领也涉猎不多的西方大思想家啊。此事给我一个启迪：这些论及人生的世界级伟大经典，对于一般人，不是不读，也不是不能读，而是不知道、不了解啊；进一步再想想，是不是我们图书馆人认为这些著作太高深，一般读者难于接受和阅读，从而忽略了对这些经典的宣传和推广呢？结论似乎是可以肯定的。

蒙田的作品不仅涉及良心、后悔，而且论述到友谊、亲情、财富和爱情等等人们生活的方方面面。不仅如此，蒙田的文笔随意，想到哪儿就写到哪儿，很少有高深难懂的地方，译文通畅，一般读者都能够读得懂。对蒙田所论及的这些主题，所有的人，不管是公务员、经理和打工者，都是他们人生时时会碰到的大问题。在人生路上能够有经典作家提供指引，在我们彷徨、犹豫的时候能够及时获得教益，使我们走上人生的康庄大道，那可真正是一种福祉。

我感到也有责任，应该就自己所知所读，对这些论述人生的大师的散文做宣传和介绍，以使更多的人受益。刚好，不久前我在网上看到了一部大书《世界三大随笔集》：培根随笔集＋爱默生随笔集＋蒙田随笔集（一套共3册）。此前我也读过培根随笔和爱默生随笔的一些篇章，尤其关于他们对"读书"或"书籍"的论述，那更是读了又读。思来想去，我决定写"读《世界三大随笔集》"，但又一直在犹豫：这个"读"字太沉重。之所以沉重，是因为我对每位大师的作品，仅读了少数的几篇，这样就动笔写"读"文章，那不是误人吗？想改用"推荐""介绍"等题名，似乎更名不副实。就用"读"吧，可以用两种办法减轻"沉重"的程度：一是尽量再多读一些篇章，二是读后感和介绍性的文字并重。只要能够起到推广作用，就达到了写本文的目的。

三大随笔集同《世界最美的散文》和《中国最美的散文》等五部书，被誉为"世界最美的散文和随笔"，可见三大随笔集在世界散文和随笔中所占的地位极为重要。这些作品，文字精美，文思流畅，有极强的文学性和可读性。这些文章或是震撼人心的美文，让你的心里充满激动和暖意；或是闪烁哲理的思考，点燃你的心灯，吹响驱赶黑暗的芦笛；或是浓缩生命真谛的感悟，洗涤你的心灵，使得目光中没有了迷茫；或是描绘生活色彩的文笔，使得遭遇风暴的情感重新升腾起对生命的憧憬……这是一些最具魅力的散文，最具力量的文字，最具价值的哲理，最具影响的思想。其文博大精深，令人百读不厌，常读常新，受益一生。

谈论西方三大文化巨匠，以其生年顺序为佳。

米歇尔·蒙田（1533—1592），是法国文艺复兴后期的人文主义思想家。他的散文主要是哲学随笔，因其丰富的思想内涵而被誉为"思想的宝库"。蒙田37岁继承了父亲在乡下的领地，一头扎进藏书室，过着隐居生活，直到逝世。蒙田以博学著称，在随笔中，日常生活、传统习俗、人生哲理等无所不谈，特别是旁征博引了许多古希腊罗马作家的论述。《蒙田随笔集》于1580—1588年分三卷在法国先后出版。它是16世纪各种思潮和各种知识经过分析的总汇，有"生活的哲学"之美称。全书语言平易通畅，妙趣横生，充满了作者对人类感情的冷静观察。从来没有一个人思想这样丰富，从来没有一本书写得这样自然。这一切正符合当代读者的审美情趣，很少有人能像蒙田那样受到现代人的尊敬和接受。他的作品出版以后，就再也没有绝版过。经过四百余年的考验，历史证明了蒙田与莎士比亚一样是一位不朽的人物，培根和爱默生也深受蒙田的影响。

对于蒙田，此前我还极其生疏，但在阅读世界经典的历程中，他的大名不时在许多书中被引用，"逼"着我去读他的著作。8月初借了《蒙田散文精选》和《蒙田论人生》，前者作为旅游的必需品还被带到了异国他乡。9月份在医院亲人的病床旁读《论良心》，感到此文写得无味，读后印象不深。似乎对这次出行万里之遥，仅带了两本书，对选中《蒙田散文精选》而遗憾；但是，当10月份亲人病情稳定后再读此文，一切又都变了，我在紧张地记笔记，唯恐漏掉了重要的名言。为什么读同一篇作品前后有此天壤之别？仔细一想，第一次读，亲人刚刚病倒，心情沮丧，文章虽好但不入脑。其实，这是一篇论述良心的经典之作，请看文摘："良心竟有如此强大而奇妙的力量！使我们改变初衷、莫衷一是的可能是良心，使我们坚定不移、始终如一的也可能是良心。良心可以使我们忘却恩怨情仇，也可以使我们浴血奋战；当我们违背人类真善美的终极目标时，即使没有外在律法的审判，我们的良知也会鞭笞我们、追逐我们、对我们的罪恶进行惩罚：它用一根无形的鞭子抽打我们，充当我们的法官。"讲得多么好啊，这是些我们深有体会想讲而总结不出来的话呀！良心是人类心灵的准则和规矩，它比法律和制度具有更强大更深邃的作用和力量。

蒙田给我印象最深的也是他作品的最大特点，不，是独有的特点，是以自己本人作为描述对象。他不避嫌疑大谈自己，开卷即说："吾书之素材无他，即吾人也。"他的随笔如他自己所说的那样，是"世上同类体裁中绝无仅有的"。他的思维和写作风格属于天马行空型，"闲话家常，抒写情怀"。在《论后悔》中，他更清楚地讲出了自己的写作态度："作家们往往向公众展示自己特有的奇异之处，我是第一个向公众展示包罗万象的自我全貌的人"。"我的作品的构思则是兴之所至"。"为了使作品臻于完善，我只需赋予它忠实；而它的确是忠实的，忠实得真诚而纯粹。书中都是真话，虽然这些远非我想说的一切，却是我敢说的一切"。"我的书正如我的人，风格和气质一以贯之"。读了一些蒙田的作品，感到确实如他所说，这也是蒙田最令人佩服的地方。

蒙田告诉我们要热爱生活，指导我们如何度过一生："糊涂人的一生枯燥无味，躁动不安，却将全部希望寄托于来世"。"生活形式并不重要，关键是灵魂开心才最重要"。"我想凭时间的有效利用去弥补匆匆流逝的光阴。剩下的生命愈是短暂，我却愈要使之过得丰盈充实"。

后人对蒙田的作品给予了极高的评价。爱默生在日记中提到蒙田的《尝试集》："剖开这些字，会有血流出来；那是有血管的活体。"法国启蒙思想家、西方法学理论的奠基人孟德斯鸠说:"在大多数作品中,我看到了写书的人;而在这一本书中,我却看到了一个思想者。"法国启蒙运动的旗手、思想家伏尔泰高声赞美:"蒙田像他所做的那样朴实描述自己,这是多么可爱的设想!因为他描绘的是人性……"

弗朗西斯·培根(1561—1626)是英国文艺复兴后期最重要的散文作家,也是唯物主义哲学家、思想家和科学家,被马克思称为"英国唯物主义和整个现代实验科学的真正始祖"。培根生于贵族家庭,几经波折后成了国家重臣,曾任大法官。晚年脱离政治,专门从事科学和哲学研究。复杂多变的生活经历丰富了他的阅历,使他思想成熟,言论深邃,富含哲理。

《培根随笔集》收录了培根长达28年创作的作品。该书1597年初版只有10篇文章,1612年版增至38篇,1625年版增至58篇,培根逝世31年后的1657年,Rawely将培根未完成的随笔《论谣言》作为第59篇收入,最终构成了今天流行的版本。全书涉及生活、工作、学习、审美等各个方面,内容广博,言简意赅,包含许多明察秋毫的经验之谈和名言警句,极富哲理性和启发性。《培根随笔集》在整个西方世界是一部与《论语》相媲美的近代哲理散文经典,自问世以来,历四百年而不衰,处处体现了培根对人生世态的通透理解。全书语言优美凝练,充满哲学的思辨,堪称世界散文和思想史上的瑰宝。"知识就是力量"这句我们从学生时代就了解的鼓舞全世界求学者的名言,就是出自培根的随笔。培根同蒙田的写作风格截然不同,蒙田是闲话家常,娓娓道来,培根则是庄重论说,逻辑推理。

从《培根随笔集》的《论真理》《论死亡》《论人的天性》等篇章中,可以看到一个热爱哲学的培根;从《论高官》《论王权》《论野心》等篇章中,可以看到一个热衷于政治,深谙官场运作的培根;从《论爱情》《论友情》《论婚姻与独身》等篇章中,可以看到一个富有生活情趣的培根;从《论逆境》《论幸运》《论残疾》等篇章中,可以看到一个自强不息的培根。

读培根,令我最感兴趣的是他的名篇《论读书》。首先,他对读书的意义、作用作了透彻的论述:"读书足以怡情,足以博彩,足以长才。其怡情也,最见于独处幽居之时;其博彩也,最见于高谈阔论之中;其长才也,最见于处世判事之际"。"读史使人明智,读诗使人灵秀,数学使人周密……凡有所学,皆成性格"。其次,培根注重理论与实践相结合、注意抓重点:"读书补天然之不足,经验又补读书之不足"。"一个没有目标、没有重点、盲目读书的人,最终只能成为书的奴隶"。最后,在读书方法上，培根的主张也是非常具有指导意义的："有的书只要读其中一部分，有的书只需知其中梗概，而对于少数好书，则要通读、细读，反复读。"

德国哲学家黑格尔评价培根："培根的著作虽然充满了最美妙、最聪明的言论，但是要理解其中的智慧，通常只需要付出很少的理性努力。因此他的话常常被人拿来当作格言。"这些格言在培根的著作中比比皆是，仅举两例："真理是时间之产物，而不是权威之产物"。"金钱是品德的行李，是走向美德的一大障碍；因财富之于品德，正如军队与辎重一样，没有它不行，有了它又妨碍前进，有时甚至因为照顾它反而丧失了胜利"。

拉尔夫·爱默生（1803—1882）是美国思想家、文学家，是确立美国文化精神的代表人物。美国前总统林肯称他为"美国的孔子""美国文明之父"。《爱默生随笔集》集中反映了爱默生思想的精髓，这些思想推动了美国民族精神的确立。爱默生的作品让我们了解到，在现代化的美国，还有着自然、沉静的一面。

爱默生于1836年出版处女作《论自然》。1840年爱默生任超验主义刊物《日晷》的主编，其《论文集》第一辑于1841年发表，包括《论自助》《论友谊》等12篇论文，三年后《论文集》第二辑出版。这部著作为爱默生赢得了巨大的声誉，他的思想被称为超验主义的核心，他本人成为超验主义的代表人物，被冠以"美国的文艺复兴领袖"之美誉。

爱默生早年拜读法国散文家蒙田的作品，受到很大影响。《爱默生随笔集》独具特色，注重思想内容而没有过分注重辞藻的华丽，行文犹如格言，哲理深入浅出，说服力强，且有典型的"爱默生风格"。有人这样评价他的文字"爱默生似乎只写警句"，他的文字所透出的气质难以形容：既充满专制式的不容置疑，又具有开放式的民主精神；既有贵族式的傲慢，更具有平民式的直接。一个人能够写出那么多的警句，实在是了不起，岁月不仅没有为其蒙上灰尘，而是映衬得他熠熠生辉。爱默生的确是位思想宗师，他写的每一警句，都足以让人的大脑活跃很长时间。看过他写的东西，你思想会成长许多。这是一种能力，更是一种魅力。爱默生最迷人的地方，就是回归自然，回归简单，回归纯朴的美。在浮躁的社会里，我们需要真正的声音；在卑琐的生活里，我们需要警醒。

我非常欣赏爱默生重要的代表作——《论自助》，文中包含了其毕生的思想精髓。"相信你自己"这句爱默生的名言，成了超验主义者和爱默生信奉者的座右铭。

爱默生在文章中对自知与自爱作了较为详细的论述："相信你自己的思想……一个人应该学会发现和观察自己内心深处闪烁的微弱的光亮，而不仅仅是注意诗人和圣贤者辉耀天空的光彩"。"坚信这样一个道理：妒忌是无知；模仿无异于自杀；人必须能屈能伸，这才是命运；尽管广阔的宇宙不乏善举，但是只有从自己耕耘的那一片土地里，通过辛勤劳动收获的谷物才富有营养"。是啊，多么重要的告诫，自信、自立、自强，这才是人的立世之本。文中爱默生也论述了自己的人生哲学："我是为生活而生活，绝不是为了某种辉煌。我更为期许的是一种低调的生活，因为这样才平淡而真实，我不愿意去追求光彩和动荡。"由此感知大师内心的激情与深邃，重塑平凡人生的意义和价值。

在《论书籍》一文中，爱默生论述了书籍的产生："第一代学者吸收了周围的世界进行思考，用自己的心灵重新进行安排，再把它表现出来。进去时是生活，出来时是真理；进去时是瞬息的行为，出来时是永恒的思想。"进而，他论证一种书是否能够成为经典，"都跟产生它们的心灵准确地成正比"。在此文中，爱默生对阅读和读者也有精辟的论述。他认为，一个善于阅读的人必定是个发明家："就像写作要有创造性一样，阅读也要有创造性。当心灵得到劳动与创造的支持时，我们所读的书籍的书页都会在丰富的提示中变得熠熠生辉；每一个句子都将意义倍增，作者的见解也会变得像世界一样宽广。"爱默生为读者提供了三条阅读的实用准则："第一，决不阅读任何写出来不到一年的书；第二，不是名著不读；第三，只读你喜欢的书。"

《世界三大随笔集》是世界散文史中的三颗瑰宝，被译成多种文字，从未绝版，畅销不衰。无论国籍肤色，无论年龄层次，无论教育背景，无论文化差异，读者遍布全球。滋润亿万读者的心灵，是世界上读者人数最多的散文经典，被世界权威机构评选为"深刻影响人类思想史的著作"和"一生要读的散文经典"。

2013 年 10 月 27 日

十、阅读趣谈——世界文学宝库中的"三"字

在多年的阅读过程中,有一个字不时地在刺激着我的神经,不断在加深着我的记忆,逐步形成了一个印象。我感觉,这个字魅力无穷,威力巨大。这个字不是别的,就是一个普普通通的"三"字。

我国的科举制度,金榜题名的是前三名;奥林匹克运动会,登台领奖的是前三名。似乎在这个"三"字上面,东西方文化汇合到了一起,共识齐用。所以,从中国到世界,从世界到中国,"三"字被广泛用于褒奖。这一点,在文学方面的表现尤甚。

在世界文学宝库中,"三"字是价值不菲的,也可以说是价值连城。如"世界三大短篇小说之王"、世界三部伟大的《忏悔录》、世界三部名人传记等等。下面就我所知,简短道来。

"世界三大短篇小说之王"是法国的莫泊桑、美国的欧·亨利和俄罗斯的契诃夫。他们的代表作,如果仅举一个,那分别是《羊脂球》《麦琪的礼物》和《变色龙》。世界三部伟大的《忏悔录》是:法国卢梭的《忏悔录》、古罗马奥古斯丁的《忏悔录》和俄罗斯列夫·托尔斯泰的《忏悔录》。我试读过奥古斯丁的《忏悔录》。奥古斯丁在罗马天主教系统,被封为圣人和圣师。其《忏悔录》全书十三卷,奥氏在书中以真挚的情感,记述他思想斗争和转变的过程,而且对自己的行动和心灵作了非常深刻的剖析,文笔细腻生动,是古代西方文学名著之一。可惜由于我自己对基督教知之甚少,读一读就读不下去了,只好半路作罢。

世界三部名人传记是《贝多芬传》《米开朗琪罗传》和《托尔斯泰传》,统称《巨人三传》,早在二十世纪三四十年代,由我国著名翻译家傅雷先生译成中文。我曾经读过《贝多芬传》,最令人感动的是,贝多芬于45岁时耳朵完全失聪,这对于一

个音乐家来说，无疑是一个致命的打击，足以使他整个事业毁灭。但是，倔强的贝多芬没有屈服于命运的安排，他扼住了"命运的咽喉"。就在他 54 岁的时候，贝多芬成功地指挥了他在双耳失聪后创作的不朽作品——《第九（合唱）交响曲》。当台下响起雷鸣般的掌声时，作曲家却全然不知，直到有人牵着他的手，使他面对观众时，他才看到这激动人心的场面。他终于以顽强的意志和信心战胜了命运，赢得了全世界的敬仰和"乐圣"的称呼。贝多芬一生 57 个春秋创作了 256 部作品，《第九交响曲》是贝多芬音乐创作的登峰造极之作。《巨人三传》是法国著名批判现实主义作家和社会活动家罗曼·罗兰于 20 世纪初所著。我读过罗曼·罗兰的世界名著——10 卷巨著的长篇小说《约翰·克利斯朵夫》，主人公克利斯朵夫以贝多芬为背景，是个人奋斗的典范，是 20 世纪 50 至 60 年代我国莘莘学子的崇拜对象。

融《富兰克林传》《林肯传》和《洛克菲勒自传》为一书的《美国史上三大传记》，再现了美国建国 230 年间杰出的三大人物的一生。作者是美国独立战争伟大领袖之一的富兰克林、西方现代人际关系教育奠基人卡耐基和美国石油大亨洛克菲勒。另外，在《书痴的爱情事件》一书中，作者特别提到三部最伟大的举世闻名的传记，即包斯威尔的《约翰逊传》、洛克哈特的《司各特传》和戈登夫人关于他父亲约翰·威尔逊的《回忆录》。作者认为三部传记都出自苏格兰人之手，是一个耐人寻味的事。不过，作者将其说成是"三部最伟大的举世闻名的传记"，有些夸张和牵强附会。

我国古代的三大经典——《易经》、《道德经》和《论语》，被学术界一致认为是中华文化和东方文化的奠基之作。而著名的古希腊思想家、哲学家苏格拉底，他和他的学生柏拉图，以及柏拉图的学生亚里士多德，并称为"古希腊三贤"，更被后人广泛认为是西方哲学的奠基者。巧合的是，老子、孔子、苏格拉底、柏拉图和亚里士多德，都生活在公元前 5 世纪到公元前 4 世纪。中华文化是东方文明之源，古希腊文化是西方文明之源。这也就是说，东西方文明几乎是在差不多的时间在这个世界上诞生。更早期的埃及文明和两河流域文明，非常可惜，被历史的洪流泯灭了。

欧洲文艺复兴时期的"文学三杰"——但丁、彼特拉克和薄伽丘，同一个时期的"美术三杰"——达·芬奇、拉斐尔和米开朗琪罗，他们都是影响全世界的文学和美术大师。

世界文学史上著名的勃朗特三姐妹是一个奇特的现象。她们既作为璀璨的星座而闪耀，又作为单独的巨星而发光。经过一百多年时间的考验，夏洛特·勃朗特的《简·爱》和艾米莉·勃朗特的《呼啸山庄》已经在世界文学宝库中占据了不可动摇的地位，而小妹妹安妮·勃朗特的《艾格尼丝格雷》，作为三星有机体的一员，也被带进了不朽者的行列。我同许多人一样，读过《简·爱》和《呼啸山庄》，也欣赏过相应的电影，遗憾的是没有读过《艾格尼丝格雷》。

无独有偶，在我国也有类似的情况。杜甫草堂公园大门外有许多我国著名文学家的雕像。其中，有两座是三个人的共同雕像：一座是三国的"三曹"——父亲曹操和两个儿子曹丕、曹植；另一座是北宋的"三苏"——父亲苏洵和两个儿子苏轼、苏辙。同为父子三人，都是著名的文学家、诗人，这恐怕在世界文学史上都是罕见的现象。

国内外成套的文学著作常常被称之为"三部曲"，那可是太多太多啦。"三部曲"源于古希腊"悲剧之父"——埃斯库罗斯创作的悲剧三部曲，原指情节连贯的三部悲剧，又称三联剧；现指三部内容各自独立又互相联系的作品。

国外著名的三部曲作品有：

俄国大作家列夫·托尔斯泰最负盛名的"三大部"长篇小说——《战争与和平》《安娜·卡列尼娜》《复活》；

法国作家巴尔扎克的《幻灭》三部曲——《两个诗人》《外省大人物在巴黎》《发明家的苦难》；

法国作家凡尔纳的科幻小说三部曲——《格兰特船长的女儿》《海底两万里》《神秘岛》；

法国作家大仲马达达尼昂三部曲——《三个火枪手》《二十年后》《布拉热洛纳子爵》；

法国作家萨特《自由之路》三部曲——《不惑之年》《缓期执行》《心灵之死》；

苏联作家高尔基《人生》（自传体）三部曲——《童年》《在人间》《我的大学》；

德国剧作家、诗人席勒剧本三部曲——《强盗》《阴谋与爱情》《华伦斯坦》；

新西兰专家费希尔《寰宇》丛书三部曲——《语言的历史》《写作的历史》《阅读的历史》；

……

我国著名的三部曲作品有：

茅盾农村小说三部曲——《春蚕》《秋收》《残冬》；

巴金《激流三部曲》——《家》《春》《秋》；

曹禺的悲剧三部曲——《雷雨》《日出》《原野》；

郭小川将军三部曲——《月下》《雾中》《风前》；

金庸射雕三部曲——《射雕英雄传》《神雕侠侣》《倚天屠龙记》；

梁斌农民三部曲——《红旗谱》《播火记》《抗日图》；

染晓声《知青小说》三部曲——《这是一片神奇的土地》《今夜有暴风雨》《雪城》；

王小波时代三部曲——《黄金时代》《白银时代》《黑铁时代》；

……

"三"，一个多么神奇的数字，具有如此巨大的威力。我和朋友怀着一种不可抑制的欲望，做了一点探讨。啊，原来这个"三"字有着多方面深厚的渊源。

（1）学术上的"三字原理"：哲学方面，《老子》的"道生一，一生二，二生三，三生万物"。"三"字反映了大自然周而复始、神秘莫测的客观现象。正如《三字经》所说，"三才者，天地人"，茫茫宇宙是由天、地、人这"三才"组成的，连整个宇宙都让"三"给概括了。数学方面，形成一个基本面，至少要有三个点，第一个几何图形三角形，就是由三点组成的，且直角、锐角、钝角多变化的三角形意味着表达的多元化方式。物理学方面，"三足鼎立"，古代烹煮食物的鼎，有三足而能直立，引申到政治方面，则如三国，"三分天下，鼎足而居"。红黄蓝是构成色彩世界的"三元色"或称"三基色"，大自然的万千色彩基于伟大的"三"字。美学方面，"三"汇聚了社会上和自然界最好的和最令人讨厌的事物，即"真、善、美"和"假、恶、丑"。

（2）宗教上的神圣性：中国文化史上有儒道释（佛）三教，它们形成了中国传统文化的主体，三教的分合是贯穿近两千年中国思想文化史中一股重要的流，对中国文化乃至中国社会的变迁产生了巨大影响。在我国古代以"三"为尊，大雄宝殿中的"三佛"：中央为释迦牟尼佛，东方为药师佛，西方为阿弥陀佛。释迦牟尼佛和他两位胁侍，"大智"文殊菩萨和"大行"普贤菩萨，号称"华严三圣"。西方国家将"三"视为神性、尊贵和吉祥的象征，基督教有"三位一体"之说，即圣父、圣子、圣灵，三位一体是基督教信仰的基础。

（3）数字上的"三人成众"和"立于三"："三"，拉开了数字世界"多数、多次"

的舞台大幕。自古有"三人成众"之说，经商有"货比三家"之道，政府常常"三令五申"，做事不可"三番五次"……"三"就是不多不少的意思。少于"三"太少了，多于"三"又太多了。数字"三"，正好是"多"与"少"的一个分界，一个临界点。一日不见如隔三秋、夏练三伏、冬练三九、三顾茅庐、事不过三、约法三章、冰冻三尺，举一反三等等。

我国古典《三五历记》中有"数起于一，立于三"的说法，认为万事万物都"开始于一，建立于三"，"三"有相应的"成立""立得住"的意义。我国的婚礼都是三拜成礼，重大案件要三堂会审，一季为三月，一月为三旬，三人成虎，三人行必有我师，三岁看老和"三个臭皮匠，胜过一个诸葛亮"等。

（4）神奇、玄妙的数字：人类离不开数字，数字离不开"三"。"三"是吉祥和成功的数字，它富有特有的生命、生机和活力，从而充满了灵性、灵气和灵光。

"三"，概括了万事万物的发展规律："产生、发展、消亡"之三段；

"三"，浓缩了浩瀚宇宙的无垠时空："昨天、今天、明天"之三天；

"三"，区分了古往今来、古今中外千差万别的层次、规模、分类和排列："上、中、下"三层次，"大、中、小"三规模，"好、中、差"三分类，"左、中、右"三排列；

封建社会道德关系之君臣、父子、夫妇为"三纲"；

"三个步骤"不多不少，不会少到好像没有一样，也不会多到让人觉得太多而产生畏惧心理，这就是"三"这个数字的美妙；

"三"在中国人眼里也是一个吉祥数字，一个人遇到喜事，便说"这是我三生有幸"，"三生"是指前生、今生、来生。"三"这个数字，冥冥中似乎真的具有某种魔力！

2012年12月6日

十一、一部新的科学经典——《寂静的春天》

一本书——《寂静的春天》，引发了全球范围的环境保护运动。

20世纪40至60年代，那还是我们高喊"向大自然宣战""人定胜天"的时代，还找不到"环境保护"这个词。1962年，一位美国身患癌症的女海洋生物学家蕾切尔·卡逊，出版了一本名为《寂静的春天》的书，提出了惊世骇俗的观点：人类可能将面临一个没有鸟、蜜蜂和蝴蝶的世界。这一喊声唤起了人们的环境意识，引起了全世界的重视，从而促使联合国于1972年6月12日在斯德哥尔摩召开了"人类环境大会"，签署了《联合国人类环境会议的宣言》，开创了环境保护事业。蕾切尔·卡逊亦被称为"环保圣母"。

蕾切尔·卡逊（1907—1964），美国海洋生物学家，曾经出版《在海风下》《我们周围的海洋》《海之边缘》等科学著作。她在许多著名的生物学家、化学家、病理学家和昆虫学家的帮助下，进行农药危害的研究。她掌握了许多由于杀虫剂、除草剂的过量使用，造成野生生物大量死亡的证据。她深深地感觉到了事情的严重性，对此必须加大宣传，造成影响。但是她没有采用科学著作的写法，而是以文学化的、更生动的、广大群众能够看得懂的方式，写出了《寂静的春天》。写这本书她用了4年时间，其间患了乳腺癌。

《寂静的春天》向人们展示了一个没有声息的春天的真实情景：这儿的清晨曾经荡漾着乌鸦、鸫鸟、鸽子、橙鸟、鹩鹩的合唱以及其他鸟鸣的音浪，而现在一切声音都没有了，只有一片寂静覆盖着田野、树林和沼地；农场里的母鸡在孵窝，但却没有小鸡破壳而出；农夫们抱怨着他们无法再养猪了，新生的猪仔很小，小猪病后也只能活几天；苹果树花要开了，但在花丛中没有蜜蜂嗡嗡飞来，所以苹果花没有得到授粉；甚至小溪也失去了生命，钓鱼的人不再来访问它，因为鱼已死亡……

在人们的忽视中，一个狰狞的幽灵已向我们袭来，这个想象中的悲剧可能会很容易地变成一个我们大家都将必须面对的活生生的现实。

是什么东西使春天之音沉寂下来了呢？作者指出，化学药品是导致这一致命污染的元凶之一。作者站在生命历史的高度上作出的深刻洞察和高瞻远瞩，充满了震撼人心的思想力量。环境污染"不仅存在于生物赖以生存的世界"，更为严重的是已经侵入生物组织之中，甚至进入生殖细胞里，以至于破坏或者改变了决定未来形态的遗传物质，改变了"生物的根本性质"。它与核爆炸产生的放射性尘埃一样凶恶，实质上化学药品的污染与核辐射的污染是以同样途径悄悄地侵入人体之中的，与人类被核战争所毁灭的可能性同时存在。蕾切尔·卡逊以深刻的洞察力和非凡的勇气，敢于冒天下之大不韪，将化学药品这个人类自己创造却认不出来的"魔鬼"，与核辐射一同放在破坏环境、危害自然万物及人类生存的被告席上。《寂静的春天》为现代环保运动吹响了进军的号角。

这本书尚未出版，卡逊就受到了以杀虫剂等化工产品生产商及美国农业部支持的各种媒体的攻击，骂她是"一个歇斯底里的妇女"。1962年《寂静的春天》正式出版后，许多大公司施压要求禁止这本书的发行，她承受了巨大的压力和攻击，她被说成是"杞人忧天者"。杀虫剂生产贸易组织全国农业化学品联合会不惜耗巨资来宣传卡逊的"错误"，保护自己的经济利益。

1962年该书销售了50万册。蕾切尔·卡逊的观点得到了科技界、政界和工业界的许多人的支持，都认为卡逊所提出的重要问题和书的矛头直指科技道德、科技成果人性和社会的导向性。卡逊向人们揭示了人对自然的冷漠，大胆地将滥用滴滴涕的行为暴露在光天化日之下。《寂静的春天》在社会上也引起了更大的反响，卡逊收到了几百封要求她去演讲的请柬。杀虫剂开始引起全社会的广泛关注，1963年，在哥伦比亚广播公司的电视节目中，卡逊和化学公司的发言人进行了一场辩论。这时她的病情已经很重，但面对攻击甚至是人身攻击的巨大压力，她一直坚持自己的观点，大声疾呼人类要爱护自己的生存环境，要对自己的智能活动负责，要与自然和睦相处。她不屈不挠的斗争引起了美国观众的认同，并引起了美国总统尼克松的关注。经过总统顾问委员会调查，1963年，美国政府认同了书中的观点。同年，她被邀请参加美国总统的听证会并作证，这是她最后一次在公众露面。在会议上，卡逊要求政府制定保护人类健康和环境的新政策，从而导致1972年在美国全面禁止滴滴涕的生产和使用，美国厂家向国外转移，世界各国也纷纷效法。

1963年底她被选为美国艺术和科学学院院士并获得许多奖项。蕾切尔·卡逊因乳腺癌不治于一年后逝世，享年56岁。在她去世后，1980年美国政府追授她普通公民的最高荣誉——"总统自由奖章"。美国著名刊物《时代》将蕾切尔·卡逊评选为20世纪最有影响的100个人物之一，赞扬她对现代环境保护思想和观点的开创性贡献，认为她是现代环境运动之母——"环保圣母"。她向公众和政府加强对环境的关注和爱护的呼吁，最终导致了美国国家环境保护局的建立和"世界地球日"的设立。

克林顿的副总统艾尔·戈尔，受卡逊女士的启迪而投身环保事业，为《寂静的春天》写序："《寂静的春天》犹如旷野中的一声呐喊，用它深切的感受、全面的研究和雄辩的论点改变了历史的进程。……《寂静的春天》的出版应该恰当地被看成是现代环境运动的肇始。"他甚至说："《寂静的春天》的影响可以与《汤姆叔叔的小屋》媲美。两本珍贵的书都改变了我们的社会。"

《寂静的春天》今天已经成为现代环保运动的经典，多年来畅销不衰。马里纳和霍顿·米夫林自1987年出版该书25周年纪念版以来，仅平装版便销售了150万册。

《寂静的春天》于1972年被译为中文，开首的几章曾在中国科学院地球化学研究所的学术刊物《环境地质与健康》刊登，全书于1979年由科学出版社正式出版。20世纪90年代，《寂静的春天》得以纳入《绿色经典文库》再版。

蕾切尔·卡逊——这位为科学不懈地战斗、为真理而献身的科学家，值得我们永远怀念与崇敬。

2016年5月25日

十二、一本令我惊喜的哲学书——《不疯魔,不哲学》

(一)一次偶然的发现

近一个月住在女儿家,女婿爱买书,估计有好几千册藏书,尤其以历史、哲学、社会科学、科学史类居多,这对我可是个难得的好机会。在书架边翻检书的过程中,无意间发现了两本同名却装帧不同的书,细一看书名都是《不疯魔,不哲学》,作者都是哲不解,只是版本不同,一本是2013年中国华侨出版社出版的,一本是2018年人民出版社出版的。作者哲不解是清华大学的一位哲学女博士张明明。2018年版还印有副书名"最最欢乐版西方哲学",副书名之下印有"俞敏洪推荐 风靡豆瓣 畅销两岸 走红韩国"字样。没有广泛的读者基础,人民出版社岂能再次出版?此书引起了我的极大兴趣,书名怪,作者笔名奇,我又正在读哲学诠释学方面的书,于是读了起来。

(二)别具一格的编排方式

读书最先接触的是书的外在编排方式,本书采用的是一种纪传体编排方式。《不疯魔,不哲学》的作者张明明,一定是位红楼迷,她别有见地地借用了《红楼梦》之十二钗和正副册,这是我国老百姓喜闻乐见的和非常熟悉的形式。

具体如何编排她所要写的西方哲学家,作者在2018年版的"致读者"中有说明:"'哲学十二钗'正副册的划分也是依据各钗的思想魅力与影响力。所谓正册,也就是十二冠首哲学家之册了。当然,在排名顺序上免不了作者本人的主观喜好,难免有不客观之处,加之作者水平有限。恳请各位读者朋友们见谅并批评指正。"作者讲的确实是真话而不是客气话，如"正册四：美女、才女、痴情女：汉娜·阿伦特"就非常明显是因为作者性别"主观喜好"的选择，否则阿伦特从哪个方面讲，都登不上正册更排不到第四位。作者也真够性别偏见了。

按规定，正副册各十二钗应该选择24位哲学家，但实际上却是26位哲学家和一个"犬儒学派"。至于为什么形成这个结果，有兴趣翻看一下书的目录就一目了然了。由于正副册的编排方式打乱了编年顺序，作者又特别安排了编年体的排版，即增加一个按照时间顺序排列的目录。

除编排方式的别具一格，作者可能为了增强书的趣味性，还采取了中国古典小说的成功做法，别出心裁地为各位西方哲学家起了非常形象的绰号。如哲学十二钗正册中的老宅男康德、处女座的黑格尔、磨镜片的斯宾诺莎、居家好男人弗洛伊德、毒舌男叔本华、雌雄大侠波伏娃与萨特、胆小鬼笛卡尔等；十二钗副册中的两颗启蒙星：卢梭与伏尔泰，天才矮帅富维特根斯坦，落跑新郎克尔凯郭尔，贪污犯培根，古希腊三贤之逍遥派掌门亚里士多德，基督教哲学双台柱：奥古斯丁与托马斯·阿奎那，恶之花福柯等。

（三）不乏生活气息的哲学理论书

正册的首位是德国古典主义哲学的开创者康德，作者重点介绍有名的"三大批判"——《纯粹理性批判》、《实践理性批判》和《判断力批判》；而在生活上，身高157厘米的康德，是一位终生未婚的老宅男，其日常起居比钟表还钟表。当地流传一个笑话：柯尼斯堡的邻居们都以康德下午4时准点外出散步来调整家里的时钟。

黑格尔与作者张明明同为处女座，作者写道："我们这个悲催的星座，在世间已遭到千夫所指万夫埋汰，能出黑格尔这样一个哲学界大家，对于我这样削尖了脑袋拼了老命也要跻身于哲学大家行列的女青年来说，这无疑是黑暗中的灯塔。"在这段话中作者毫不隐讳地亮出了自己的理想，"跻身于哲学大家行列"，读到此，我心中一震，不由自主地翻看作者张明明的照片，她可能吗？翻开中国历史看看，有多少年没有出世界级的哲学家啦！我高兴，这样有志气、有理想的哲学女青年，我预祝她成功！随后，作者介绍和论述了黑格尔著名的"辩证法"和"绝对精神"。

马克思是作者在 26 位哲学家中着墨最多的一位，因为马克思是她最推崇的哲学家。从辩证唯物主义到马克思主义，其最伟大之处就在于"改变世界"，只有，也仅有马克思一个人"将哲学的思路延伸到哲学之外"，认为"哲学家们只是用不同的方式解释世界，而问题在于改变世界"。而后，作者介绍了马克思的著作，并用更多的笔墨描述了共产主义。最后，作者不惜用较多篇幅描写了马克思和恩格斯的伟大友谊，并借用我国历史上的著名典故"管鲍之交"来比喻。春秋时期齐国两位政治家管仲和鲍叔牙的友谊，共同成就了"春秋五霸"之首齐桓公的伟业。实际上马、恩二人的友谊超过人类历史上关于友谊的一切传说。

2001 年英国广播公司举办千年思想家评选活动，在国际互联网上经过反复评选，最后的结果是：马克思排在第一位。

（四）大胆揭示哲学家的多面人生

我非常佩服和赞同作者张明明对哲学家人生的全面揭示。我在此用"揭示"一词而没有用"揭露"，因为在哲学上讲，除掉"遮蔽"真理会自然显现。凡是人都脱离不了人性，哲学家也是人，他们也摆脱不了人性的优点和缺陷，也都有光明与阴暗、伟大与渺小的多面性。不过我们都习惯于一边倒，好者一切都好，好到没有肚脐眼了，坏者一切都坏，连天大的功劳都可以被抹杀。悲哉！

大名鼎鼎的尼采，作者称他为"一半天才，一半疯子"。他创作出了美学价值独一无二的《悲剧的诞生》和巅峰之作《查拉图斯特拉如是说》。他提出了著名的"上帝死了"和"强力意志"；但就在书中作者借老妇之嘴说出了尼采的另一句名言："是去找女人吗？别忘了带上你的鞭子。"多么疯魔啊！

再看看被作者戏称磨镜片的斯宾诺莎。犹太人斯宾诺莎，又是一位犹太人，生前出版了两本书《神学政治论》和代表作《伦理学》。斯宾诺莎一生未婚，是个老处男，以磨镜片为生；穷得土豆都快买不起了，但法国国王路易十四许诺只要他在著作上写下"献给法王路易十四"就送他一大包金子，可斯宾诺莎毅然拒绝了金子而选择了喝西北风；斯宾诺莎吃着寒酸的食物穿着简朴的衣服，对真理的追求才是他真正的快乐。斯宾诺莎用自己的哲学实践证明自己的哲学理想，他是一个真正的哲学家！惯于埋汰人的哲学家罗素在其《西方哲学史》中对斯宾诺莎的评价十分恭敬:"斯宾诺莎是伟大哲学家中人格最高尚性情最可亲的。"作者张明明对这位伟大的哲学家大发感慨:"不错,哲学家大多是怪咖,斯宾诺莎是哲学家中的哲学家,怪咖中的战斗机!"

唯意志论大师悲观主义者叔本华,因为一辈子持续不断地厌恶憎恨女人和好骂人而被作者赠予绰号"毒舌男"。叔本华30岁就写出了大作《作为意志和表象的世界》,认为:"世界的本质就是意志,人生就是斗争,就是一部悲剧的苦难史!"作者哲不解认为,叔本华在学术上为世界做出了贡献,是幸福的一生;但在生活上,是不幸福的一生:没老婆,没孩子,没家庭,没朋友,有妈等于没妈,舅舅不疼姥姥不爱,人缘极差。

作者在正册之七写了两位哲学家:雌雄大侠波伏娃与萨特。波伏娃的著作是《第二性》,萨特是存在主义哲学大师,曾因"我拒绝一切来自官方的荣誉"而拒收诺贝尔文学奖。雌雄大侠之疯魔生活于20世纪20年代,就公然树起了"契约爱情"大旗,山盟海誓惊世骇俗:"我们之间永不说谎永远挚爱对方,但我们永不结婚永不干涉对方同其他人的其他爱情!"从此后,他俩同居了50年,契约爱情了一辈子。

海德格尔是我比较熟悉的一位哲学家,了解他的旷世名著《存在与时间》的一些内容,更知道他是哲学诠释学创始人伽达默尔的老师。作为哲学人,海德格尔的哲学是黑格尔以来德国哲学最重要的转折点,他到老年还在研读我国老子的《道德经》,他一生的每个阶段都散发着思者的智慧。但是,令我万万想不到的是他为人的阴暗面是那样的卑鄙:在政治上,他投靠了纳粹,当上了大学校长,助纣为虐;在道德上,于危难中抛弃和背叛了自己的老师胡塞尔、恋人阿伦特、朋友雅斯贝尔斯,这方面的的确确是个小人!海德格尔的一生,令我感慨,光明与阴暗、伟大与渺小,集于一身,人性啊!

啊,对啦,还忘写了一位让我非常震惊的哲学家、科学家,他是世界上第一个提出唯物主义经验论的学者,他的伟大论断"知识就是力量"影响了全人类,他的远见卓识使世界上产生了第一个学术组织——英国皇家学会。前两年我还下功夫读了他的随笔集,他就是名声显赫的培根。但是,就是他,在他权高位重的时候却成了查证属实的贪污犯,还好,英王看他的贡献而赦免了他。

（五）堂堂正正地表述个人观点

读了这本书，我深深感到，作者张明明，这位哲学女博士，不仅在书中全面介绍了西方哲学家们的理论和人生的方方面面，而且在许多地方都堂堂正正地表明了自己的观点。这是多么难能可贵啊，作者写道："我最喜欢的两个哲学家其实就是马克思和弗洛伊德。"

书中对马克思出场，作者预先作了铺垫，将其提前到正册二"处女座的黑格尔"结尾处。作者描述：黑格尔逝世后受到了无情的诋毁，在一派谩骂攻击声中，一位青年很厚道地站了出来，在公开场合不止一次声明："本人是黑格尔的学生！"这个青年的出现改变了世界的格局，改变了东方社会——中国的历史走向，更改变了一位普通女青年的人生选择。"那个普通女青年正是我，那个男青年的名字叫作：卡尔·亨利希·马克思。"

在正册三"马克思的灵魂"，作者开门见山，正正式式表明自己对马克思和马克思主义虔诚的崇敬和崇拜，她写道："多少次，有人问我：'你为什么如此推崇马克思？'我反问：'为什么不呢？'我知道，在他们先验地看来热爱马克思主义的女生要不就是戴着厚厚眼镜，穿着古板，不苟言笑，拿着教科书照本宣科的马列老太，要不就是一副没啥理论深度偏又信誓旦旦，爱共产主义爱人类解放的无知少女。可惜，我两者都不是。在这里我一并回答大家的提问：我爱马克思的理论，且爱得深沉！"

写到这儿，作者动了真情："于所有形形色色的理论中，我选择了他，并虔诚地皈依于他的门下，于沽名钓誉无关，于意识形态无关。不为升官发财，只因为，他的理论，让我充！满！力！量！一种喷薄欲出的力量！他的理论此时此刻，他是我的英雄，我愿意单膝跪地亲吻他的手背：啊，请让我追随你，做你的门徒吧！"这两段文字，不能不令我肃然起敬。这里没有一丝一毫的造作和喊口号式的虚假，有的只是发自内心的虔诚。我沉思了许久，这若是在20世纪50到60年代，看到这些文字不会感到奇怪，那时这些会是中国人普遍的看法和意识；但是在今天，人们的信任和信仰陷入危机，包括我们分别于1956年和1980年入党的老两口，同样迷雾重重。感谢作者，感谢博学且有见地、信仰坚定的青年女博士张明明！

写到正册九"居家好男人弗洛伊德"，作者以感激的心情写出："因为马克思，我看清了社会和历史；因为弗洛伊德，我看清了人的意识。"作者赞叹弗洛伊德的代表作《梦的解析》和他创立的精神分析法。认为精神分析法虽然不是玄之又玄的读心术，但掌握了它，无论本质藏得再深扭曲得再厉害，你都能轻松把握。于是你知道了：那些高傲的家伙内心其实是自卑的；那些打着开玩笑的旗子说出来的话里，其实都是有真实的成分的；那些看似不经意的口误，其实你内心深处是希望这样的。

（六）与芸芸众"书"不同的笔法和语言

　　由于作者张明明阅读面广，知识功底扎实，因此本书的笔法和语言太有特点了，就我的笔力难以描写出来，特引用出版者生动、概括的"内容介绍"代之：这位清华大学哲学女博士本是无心插柳，没想到一夜蹿红。她以清新健雅的笔法写了历史上最著名的二十余位哲学家的生平传记和代表哲学思想，把一个个遥远生疏的面孔拉到读者面前，鲜活，生动，触手可及。本书写法独特，戏谑，解构，颠覆，又充满了情怀，令普通读者和哲学爱好者们或大呼过瘾，酣畅淋漓；或莞尔一笑，点头称是。绝对是哲学爱好者必读，茶余饭后谈资必备之良品！

2018 年 7 月 25 日

附 录

我的阅读小史

第一部分　读书的启蒙期——学前与小学时期

　　至今已满 84 年的人生岁月中，我有幸与书本结下了不解之缘。我生在一个书香家庭，三四岁就开始听故事。奶奶给我讲民间故事，讲活佛济公的嬉笑怒骂。三位姑姑都是读过书的，家中常常放有一些线装书：《杨家将》《隋唐演义》《封神演义》《七侠五义》《包公案》《施公案》《小八义》《十粒金丹》等。在我不识字的时候也常常翻书看昨晚听到的侠客长什么样？有一件事历久弥新。日本投降前，在我刚刚五六岁的时候，父亲给我们沈氏一大家 20 多人讲钱彩的《说岳全传》，一大家人每天晚饭后早早盼望开讲。岳飞的故事令我着迷，我人生读的第一部小说就是听父亲讲过的《说岳全传》。那是一种抑制不住的激情。大概在小学三四年级，许多字还不认得，刚能读懂意思的时候，我就迫不及待地啃上了《说岳全传》，后来出了不少念白字的笑话。这是我读的第一部书，后来父亲见我如此迷恋岳飞，还将我的名字由"风"改为"飞"，因阅读形成了我终生的"岳飞情结"。尝到了读书的甜头，我又迫不及待、囫囵吞枣地读了《水浒传》《西游记》。记得五年级寒假，我带着三弟到沈阳外祖母家过年。那不多的压岁钱，连三弟的一起，都被我哄来租读小人书，那真是如饥似渴。再后来，就越来越胆壮地读起了《济公传》《封神演义》《隋唐演义》《杨家将》《包公案》《七侠五义》等。

　　回想起来，我深深感到，人之初的启蒙时期，教育和读书是多么重要啊。那真正是一张白纸，可以打上任何底色，那底色可是影响一生的啊！真所谓"近朱者赤，近墨者黑"。听故事和读书的启蒙时期，对我人生观、性格、爱好的形成，浓墨重彩地打上了美好品质的底色，这是一种相当大的奠基作用，是一生都抹不去的。回想和归结起来至少有四点：

（1）崇敬英雄——以岳飞、周武王伐纣之群英、杨家将、瓦岗寨起义豪杰为代表的历代英雄人物，他们热爱祖国、除暴安良、积极进取、敢于担当等形象，深深植根于我幼小的心灵，是那样的牢固，那样的坚不可摧，那样的"强"。一个男儿的立身之本，就在不知不觉中培植起来了。（2）追求公平、正义——嬉笑怒骂中惩恶扬善、劫富济贫的济公，刚正不阿、斩奸除恶的包公，疾恶如仇、路见不平拔刀相助的侠义之士，这一切，在一张白纸上，忠奸善恶，泾渭分明，让我从小就确立了处世的根本标准。几十年待人处世中，我特别反感趋炎附势、媚上欺下的"小人"。我从小到老一直顽固难改的"和下疏上"的性情，就是在儿时打下的根基。（3）崇尚气节——岳武穆的精忠报国、慷慨就义，杨家将誓死保家卫国、代代相传，包公的不畏权势、仗义执言、为民除害，侠士们为了义字两肋插刀、舍生忘死；大丈夫讲信用、敢作敢为；硬汉男儿们一身正气、有骨气、绝不奴颜婢膝……这些高尚气节，令纯洁的童心崇拜而神往，长大做人就要这个样。（4）培养了爱好和兴趣——这些小说，培养了我对历史、文学和地理的极大兴趣，在中学时代如醉如痴地学习这些课程。

如今，奶奶、父亲和三位姑姑均已经到了另一个世界。儿时的记忆犹在，还是那么亲切，但人世沧桑，"无可奈何花落去"，在世的人，只能回味，回忆也是一种很好的慰藉。

第二部分　退休前的阅读小史

（一）我的第一个读书丰收季节——中学时期

我初中就读的盖县一中有一座图书馆，那是日伪时留下的具有相当规模的图书馆。在20世纪50年代初，这对一般的中学来讲，是相当了不起了。馆内一架架庄重肃穆的藏书，至今我记忆犹新。有一件没有忘怀的小事情：我曾在图书馆里看到了一本书名是《高老头》，书怎么能用"老头"这个名字？何曾想到，尘封了近60年后的2009年，我才仔细阅读了19世纪法国伟大的批判现实主义作家巴尔扎克最优秀的作品之一《高老头》。初中时期，兴趣的浓厚、条件的方便和时间的充裕，使我利用一切可以挤出的时间拼命读书。

我读的第一本我国现代小说是《新儿女英雄传》，牛大水和杨小梅的抗日英雄形象给人以战斗的鼓舞，二人的革命恋情给年轻的心一种美好的感受。而后，又读《吕梁英雄传》《暴风骤雨》和赵树理的乡土小说《李有才板话》。之后，读了大作家巴金的代表作"激流三部曲"《家》《春》《秋》，要说感受，可以用一句话来形容：感触良深，读的过程中不时就想起来了我们沈氏家族和母亲娘家陈氏家族。那时最有吸引力的还是古典小说，读《三国演义》、吴晗先生的《朱元璋传》和冯梦龙的《东周列国志》，春秋战国的英雄们令我着迷。

我接触的第一部外国小说，是初中时读的《钢铁是怎样炼成的》。这可是第一部对我产生巨大影响的外国励志小说，简单讲就是不怕艰苦、承受磨炼、勇于奋斗。初中三年级时，我"奉命"在班级介绍读书心得，是关于另一部外国励志小说：爱尔兰作家伏尼契的《牛虻》，那样的毅然叛逆，那样的卓绝斗争，那样的壮烈牺牲，那样的动人心魄，我被震撼了。我的感情也感动了全班同学，那是《牛虻》的功劳。当然，我也读了《卓娅和舒拉的故事》。

我人生第一个读书丰收季节是在初中。从此，我感觉自己好像被一条无形的绳索紧紧地捆绑在阅读这根柱子上，时松时紧地拽着，一丝一毫也没有松绑之意，到现今足足捆绑了我70多年。这使我第一次产生了"阅读之惑"：阅读为什么能有这么大的力量，使10岁的孩子能拿压岁钱不买平时难以吃到的糖果而去租读"小人书"？为什么能够使人与书一辈子结缘？

1954年我就读于新建的辽宁熊岳高中，它后来成为全省很有名气的高级中学。但是，可能是图书馆很小，藏书少，功课重。在我的记忆中，小说仅仅读过鲁迅的《狂人日记》《孔乙己》和古典的《儒林外史》。因为对"逻辑"一词很感兴趣，还啃读了《形式逻辑》。

高中时期，虽然小说读得非常少，但语文课的学习却使我的文学水平有了相当大的提高，尤其在古诗词方面。从《诗经》、《楚辞》、乐府诗以及唐诗、宋词、元曲等等，无不引我入迷，对其中的许多篇章，由热爱到背诵，记忆至今。如屈原

《涉江》开头:"余幼好此奇服兮,年既老而不衰。带长铗之陆离兮,冠切云之崔嵬。被明月兮佩宝璐……驾青虬兮骖白螭,吾与重华游兮瑶之圃。登昆仑兮食玉英,与天地兮同寿,与日月兮同光。"试看,蔚蓝的天空中飞翔着白龙、青龙驾着的车子,屈原头戴着高高的切云帽,身着珍珠佩美玉的奇服,腰挂长剑,同重华遨游仙宫,那浪漫的遐想,美轮美奂的画面,悲壮而婉约的歌声。这就是大诗人屈原,我想,诗仙李白的浪漫诗歌就是继承了屈原的传统吧。

(二)我的第二个读书丰收季节——大学时期

我读书的第二个丰收季节,应该是在大学期间。

大学期间,即 1957 年到 1962 年,那是读红书的年代。我同大多数同学一样,相继读了《青春之歌》《红旗谱》《红日》《红岩》《林海雪原》等,可谓全是描写革命英雄主义的红色经典。同时也读了《毛泽东的青年时代》。由于对红军和解放军的革命战争历史感兴趣,继而大量阅读了革命回忆录《星火燎原》和《红旗飘飘》的有关篇章,了解了革命年代的许多英雄人物。如果说中学时读的大都是励志小说,在大学时随年龄和知识的增长,读的多是反映社会问题的经典名著。假期很少回家,对小说的热爱填补了空闲;再加之当时正逢"三年困难时期",功课减少,北大图书馆藏书丰富,这就更加为我狂热地读小说创造了条件。且当时受苏联文化影响较大,尤其我这个东北人,因此读的书多属于 19 世纪的俄罗斯文学。

当时最爱的和读得最多的是世界文学史上最杰出的作家之一列夫·托尔斯泰的作品,精读的有《战争与和平》《复活》,边读边记笔记,一般读的有《安娜·卡列尼娜》。最令我感动的是他晚年写的《复活》,描写了人的内心、道德、灵魂的复活。这种感动不同于励志小说,它是对人的心灵的震颤,是对扭曲的人的本性的复正,是激励美好人性的再生。

我读得较多的是另一位伟大作家高尔基的作品,高尔基是苏联伟大的无产阶级作家、社会活动家。他出身贫苦,亲身受过残酷的剥削与压迫,他的作品塑造了一系列工人和无产阶级革命者的英雄形象。其代表作《海燕之歌》,自传体三部曲《童年》《在人间》和《我的大学》等,我都读过了。《海燕之歌》用暴风雨中的海燕来歌颂革命者的勇敢坚强,令人百读不厌。自传体三部曲描写主人公阿廖沙在外祖父家中度过的艰苦的"童年"岁月；而后走上社会，独立谋生的"人间"生活；再后到喀山住"大杂院"，卖苦力，同流浪汉、形形色色小市民、知识分子交往，进了一所天地广阔的"社会大学"，并最后走上革命道路。

我印象较为深刻的还有两位作家，一位是果戈理，一位是契诃夫。果戈理是俄国批判现实主义文学的奠基人之一、讽刺文学的开拓者，其讽刺喜剧《钦差大臣》已经被拍成电影。《死魂灵》是他后期的作品，描写了一个投机钻营的骗子——六等文官乞乞科夫买卖死魂灵的故事。在作者锋利的笔下，形形色色贪婪愚昧的地主，腐化堕落的官吏以及广大农奴的悲惨处境等可怕的现实，被揭露得淋漓尽致，描绘出了一幅丑恶、腐朽的专制农奴制画卷。作品是俄国文学，也是世界文学中讽刺作品的典范。记得有一位同学，因爱讲《死魂灵》，而获得"乞乞科夫"的绰号。契诃夫是俄国短篇小说巨匠，是情趣隽永、文笔犀利的幽默讽刺大师，他的两部代表作《变色龙》和《装在套子里的人》（又称《套中人》），成为风靡俄罗斯社会的两个流行词："变色龙"是见风使舵、善于变卦、投机钻营者的代名词；"套中人"是因循守旧、畏首畏尾、害怕变革者的符号象征。

其间，我还读了俄罗斯文学的许多其他作品。如，俄国文学史上第一部反映普加乔夫起义的作品、普希金的代表作《上尉的女儿》，冈察洛夫的代表作《奥波洛莫夫》，以及描写苏联革命战争的小说《铁流》《夏伯阳》等。因为没有分清"小"和"老"托尔斯泰，而先读了小托尔斯泰的《苦难的历程》三部曲，而后才阅读老托尔斯泰的作品。读世界诺贝尔文学奖获奖作品《静静的顿河》，那以格里高利为代表的顿河哥萨克人令人惊叹。

现在回忆起来，当时虽然读了不少俄罗斯文学作品，但有两个不足之处：一是不系统，没有先读俄罗斯文学史；二是漏掉了不该遗漏的大作家——陀思妥耶夫斯基和屠格涅夫，他们是与列夫·托尔斯泰齐名的三大俄罗斯文学家。陀思妥耶夫斯基是19世纪群星灿烂的俄国文坛上一颗耀眼的明星，是俄国文学的卓越代表，专家说："托尔斯泰代表了俄罗斯文学的广度，陀思妥耶夫斯基则代表了俄罗斯文学的深度。"

这个时期，我对古典小说的兴趣有增无减，读了《红楼梦》和孔尚任的《桃花扇》，选读了《三言二拍》等。《红楼梦》虽读过了，但体会却没有《复活》那样深刻。这可能同我的年龄、经历有关，对《红楼梦》的理解是在后来的几十年中逐步深入的。

（三）我的第三个读书丰收季节——三十七年工作时期阅读科技图书

工作期间，因诸多因素，主要是围绕工作实际的阅读。

1. 工作期间第一个小阶段（1962—1966 年）

我大学毕业后的工作单位是中国科学院图书馆自然科学部，位于被称为科学城的中关村。其中一色的科技藏书，我无法接触到小说，但读书不能真空，环境将我的读书兴趣引到了另一个方向，那就是科学图书。这对我的读书生涯不能不说是另辟蹊径，也不能不说是一种新的开拓。

最先接触的是科学家传记。中学学到的数理化天地生基础知识和大学学习的科学技术概论使我知道不少国内外尤其是国外的大科学家，如牛顿、富兰克林、爱迪生、爱因斯坦、达尔文、米丘林、居里夫人等等。自然科学部的中文藏书中，有许多他们的传记和讲述他们奇闻逸事的书，我已经记不清楚具体书名了，统称作"科学家故事"吧。记得，我曾经看过有关牛顿的故事，不仅有大家熟知的看到苹果落地而引发他发现万有引力定律的科学佳话，还有他潜心科学研究而废寝忘食的故事。大概记得事情是这样：一天，正在研究中的牛顿，家中来了一位非常熟悉的客人，牛顿告诉客人，先自己招待自己，等他忙完一起吃饭。然而，一等再等，客人知道他短时间内不可能出来，就不客气地自行吃了饭，将鸡骨头等垃圾留在饭桌上就离开了。牛顿忙完出来，见到客人不在，饭桌上有吃过的鸡骨头，拍拍脑袋，似乎想起来了什么，就自言自语，"啊，我忘记已经吃过饭了"，就又开始了研究工作。科学家的这类故事，因为我同数学所的"科学怪人"陈景润较熟悉，牛顿的故事就不足为奇了，真实性完全可信。

在我所读的科学家传记中，最令我难以忘怀的是由玛丽·居里女儿写的《居里夫人》。现在回忆，让我印象如此深刻的原因可能至少有如下几点。一是先入为主地受到电影《居里夫人》的影响。二是她是一位国际女科学家，迄今为止，世界级的女科学家是少之又少的，而她又是那么杰出。三是她一生两度获得诺贝尔奖，这种世界科学的最高奖项，一次得奖就能名扬天下，何况两次，且是在物理和化学两个不同学科领域获得。我查了一下，自 1901 年 12 月 10 日首次颁发诺贝尔奖以来，仅有四人两度获得诺贝尔奖，两人是在同一个学科，另一人的另一个奖项是和平奖，那么只有居里夫人获得的是真正两个学科的诺贝尔奖，这在世界科学史上是独一无二的！不能不称为一个奇迹。四是她的令人不能不敬重的人品。居里夫人同她的丈夫毕其一生之心血从事放射科学方面的研究，科学界称她为"镭的母亲"，她一生创造、发展了放射科学，长期无畏地研究和亲自提取强烈的放射性物质，直至最后死于恶性贫血症，把生命贡献给了科学。她39岁时丈夫因车祸去世，她忍受巨大悲痛，继续坚持研究。她淡泊名利、俭朴生活、慷慨馈赠等等，都异常令人感动。

我读的第一本科学书是伽利略写的《关于两个世界体系的对话》。伽利略是16—17世纪意大利著名的数学家、天文学家、物理学家、哲学家，其《对话》的主要内容是介绍哥白尼的太阳中心说，驳斥地球中心说，通俗而生动，但这却给他带来了灾难，使他受到了罗马教廷的迫害。这本书使我进一步一脉相承地了解了哥白尼的天体运行论学说，以及科学殉道士——布鲁诺为科学而献身的英勇事迹。我过去接触的都是社会方面的斗争和牺牲，从来没有想到在科学的殿堂，斗争也是那样的残酷，也会有牺牲。

科普书中，最令我记忆深刻的是法布尔的名著《昆虫记》。要说读科普书爱不释手，许多人可能不相信，但我确实亲身感受到了。法布尔是法国享誉世界的著名动物学家、科普作家，他在《昆虫记》中对许多昆虫生活和习性的细微观察与描写，令我激动不已。40多年后，我还给仅几岁的小孙子讲《昆虫记》中蜣螂的故事，并鼓励他读《昆虫记》。

对外国科学著作，我下功夫最多、感触最深的是达尔文有关进化论的开山之作《物种起源》。他五年时间几乎周游全球，又用多年心血，写成了这一科学巨著。他以科学的视角，描绘了生物的多样性、复杂性，揭示了它们之间的联系、依存、发展和进化，书中充满了自然界的光怪陆离和辩证法。我又找到了一部介绍进化论最有名的译著，由著名思想家、学者、曾任北京大学校长严复翻译的《天演论》。该书是英国生物学家、达尔文的朋友、进化论斗士赫胥黎的作品，其基本观点是：自然界的生物是不断进化的，原因在于"物竞天择"，这一原理同样适用于人类。严复的《天演论》不是纯粹直译，而是有选择地意译，甚或借题发挥。该书在中日甲午战争硝烟尚存的1897年出版，他在阐述进化论的同时，面对当时中国的民族危机，尖锐指出《天演论》告诉人们亡国灭种的威胁，向国人发出了图强保种的呐喊！维新派领袖康有为见此译稿后，发出"眼中未见有此等人"的赞叹，称《天演论》为"中国西学第一者也"。读了《物种起源》和《天演论》，"生存竞争、物竞天择"的进化论学说，对当时还是二十多岁的我来讲，有很大的启发，引起了我对自然哲学的兴趣。我选看了恩格斯的《自然辩证法》和《反杜林论》有关辩证法的章节，其认识的广化和理论的深化，一定程度上提高了我的辩证思维水平。有此进展，我又想读牛顿的《自然哲学的数学原理》，却只能望洋兴叹。

从 1962 年参加工作到 1966 年爆发"文化大革命"之间的这几年，科普和科学著作的阅读是我业余时间读书的主要内容；加之，身处全国科学圣地中关村这样的科学大环境中，整天做的、听的、接触的全是同科学技术有关的人和事，目睹了许多知名的大科学家到图书馆借书和读书。这一切，无疑在我的头脑中开启了一扇科学技术大门，激励着我一定要自学在科技中必用的英文，吸引着我要为这个事业奋斗。这与我 20 世纪 70 年代开始学习计算机知识和技术，并此后全身心投入计算机在图书情报工作中应用的试验和研究，应该有相当大的关系。

2. 工作期间第二和第三个小阶段（1966—1988 年）

此期间，时间很长，读书却很少。20 世纪 60 年代后半期，我同绝大多数人一样，也全心全意投入"文化大革命"中去了；但到后来越来越感到"斗来斗去"令人厌烦，还不如多读书。我消极参加"运动"，却积极阅读情报检索和国外图书馆自动化方面的书籍和刊物，听有关计算机和通信方面的基础知识课，甚至应用学到的有限英文直接啃读《信息检索》(*Information Retrieval*) 原著。这个时候我这个"小说迷"就连阅读小说的想法也没有了。这为我 1975 年后全身心投入计算机在图书情报工作应用的试验和科研中，做了必要的知识准备，并创造了前提条件。

1986 年因病住院，在病床上读了病友带来的《射雕英雄传》。那种如饥似渴、分秒必争的读书状态让病友都感到奇怪。好多年没有接触武侠小说了，看到新武侠，引发旧日兴趣，加之金庸先生"大气磅礴"的创作、引人入胜的文笔，让我饿虎扑食一般，怎么能够放过。

3. 工作期间第四个小阶段（1988—1998 年）

1988 年，我被调到了深圳，担任文化部科研项目图书馆自动化集成系统（ILAS）总工程师。当时，科研任务非常紧张，哪还有时间看小说？但是读书并没有完全搁置，深圳那时风行读卡耐基"成功之路丛书"，我也买了两本看，如《人性的优点·人性的弱点》和《积极的人生·智慧的锦囊》。卡耐基很善于总结和思考，过去没有读过这种启迪人生的书，这次读了点，还是很有启发的。ILAS 研制成功并向全国推广，我这个总工程师又被任命为深圳图书馆馆长。之后，我也并没有忘记读书，先后读有十几部小说和其他书籍。首先急不可耐地读了金庸的《鹿鼎记》和《书剑恩仇录》，接着又读了梁羽生、古龙的各一两部代表作品。而后受同名电影的吸引，我读了反映黑手党内部斗争的美国小说《教父》。在二月河历史小说热的时候，我相继读了《康熙大帝》和《雍正皇帝》，读到第三部《乾隆皇帝》时，就不想再读了，因为我对这个风花雪月、"培养"了中国历史上最大贪官的皇帝特别反感。

这时的读书，既没有什么目的，更没有计划，其实就是工作之余的消遣吧。如，想了解清末的开疆之臣左宗棠，就读了《左宗棠》；第四届茅盾文学奖公布了，就读了获奖作品陈忠实的《白鹿原》；报纸讨论得多了，我也就随波逐流读了贾平凹的《废都》。这些书中，印象最深的是《白鹿原》，这部小说是新中国成立以来真正反映我国农村的巨著，它描绘了关中大地风土人情和人们的生活和斗争，可以同获得诺贝尔奖的小说《静静的顿河》相媲美。在全开架的深圳图书馆借书太方便了，从中国的公案小说，又发展到喜欢推理小说，借来《福尔摩斯探案集》，对其狠究犯罪动机、重视犯罪现场细节、合乎逻辑的推理，深感钦佩。

1991年ILAS研制成功并向全国推广，我作为总工程师兼馆长，责任使我对"现代化"特别关注。看到《现代化的陷阱：当代中国的经济社会问题》的书名我很吃惊，就急着买来读；继之从"中国现代化丛书"、"中国共产党与中国现代化丛书"、《西化—现代化丛书：评中西文化观》中挑选一些有关的部分阅读，这些书启发思想又非常实用。给我最大的一个警示是：现代化的实现并非完全靠技术，技术是现代化的先导，但现代化的成败却往往在于其所处的环境。收获的心得都点点滴滴地渗入了当时受文化部图书馆司委托主编的《图书馆技术》和工作实践中。

至1998年底退休，我阅读的时长已达半个世纪，读有中外的近百部书，其中不乏经典名著。经不断地细细回味和深入思考，我怀着感恩的心情和崇高的敬意，认为对我人生有深远影响的几部书是：启蒙时期的《说岳全传》，中学时期的《钢铁是怎样炼成的》和《牛虻》，大学时期的《复活》，工作时期的《物种起源》。总共5部书。回想起来，阅读在我的人生中至少有六项大的作用：励志、塑人、增知、明理、指路和愉悦。

第三部分　退休后踏上阅读世界文学经典的"万里长征"

（一）我的退休观

退休了，我将彻底离开为之奋斗的原单位、我所热爱的集体和共同奋斗的同事们；对此没有任何办法，"春去也"，这是规律。我们许多同志，多患"退休恐惧症"，说实在的，我没得此症。

我刚一退休就急忙考虑自己的退休生活，我原来就有的人生三阶段想法：学习人生、奉献人生和享受人生，现在已经进入享受人生阶段。我感觉，常言讲，青少年是人生的黄金时期，我却感觉，退休后的老年才是人生真正的黄金时期。试想，所有的时间、所有的退休金都归自己支配，一身轻松，想干什么，想吃什么，任自由，青少年时期有这些吗？我给自己的退休生活，想出来了两句话："寄情志于山水之间，化人生入诗书胜境。"具体讲就是两件事，旅游和读书；高尚点讲就是"读万卷书，行万里路"。80多岁的今天，回忆起来，自己退休生活的安排真是太"英明"了。请看，同儿子一家，同女儿外孙一起，遨游了亚欧非美澳五大洲几十个国家，走遍了全国省、自治区、直辖市，确确实实地"行万里路"，饱览了大自然的神奇、造物主对人类的馈赠和人世间的光怪陆离，此生足矣。本文想写的是如何"读万卷书"。

（二）退休初年的无计划阅读——1999至2006年

我于1998年底退休。退休后的1999年到2007年，先后受聘在证券和图书情报系统工作，读书不多且比较滥，没有计划。

由于我将近30年从事计算机应用工作，涉及现代化概念、实践、进程、道路和理论等等，我的头脑中一直在思考、探索这一切，因为这直接关系到我们所从事的切身工作，如果我们计算机应用的大方向和路子走错了，那就会全盘皆输。在工作期间，我就时时密切关注这个问题，了解国家政策，阅读有关现代化理论和实践方面的文献，也写一些自己对我国图书情报工作现代化方向和道路的思考文章。退休后时间充裕了，可以深入学习和思考这个问题，就到图书馆查文献，到书库找相关图书。我还真找到了一些有关资料，尤其是赵紫阳任总书记时的秘书班子，专门有一批人在研究中国和世界的现代化问题。我挑选一些有关的内容细读，做笔记，我收获的心得，都点点滴滴地渗入了当时受文化部图书馆司委托主编的《图书馆技术》一书中，也体现在而后所写图书馆数字化、现代化的文章之中。

由于受聘承担工作，读书少了。1998年12月，我国大学者之一的钱锺书老先生逝世。我还藏有他的著作，就从如雷贯耳的《围城》读起，继而选看了《谈艺录》，了解他的力作、获第一届国家图书奖的巨著《管锥编》，又读了点其夫人杨绛的散文。

我觉得对我国古典小说还有补课的必要，就读了刘鹗的《老残游记》。刘鹗描写的是清朝末年山东的事情，那是我们沈氏的祖居地，读起来别有一种亲切感。但书的内容却是那样的凄惨。常人多恨贪官，刘鹗却深刻地揭露了所谓的"清官"，那是一些"急于要做大官"而不惜杀民邀功，用人血染红顶子的刽子手，真是"冤埋城阙暗，血染顶珠红"。

朋友借给我一本埃德加·斯诺的《西行漫记》，对这本书我很感兴趣，对埃德加·斯诺的为人很敬重，越读越佩服他在那个时候就能以大无畏的精神写出这样反潮流的著作。

其间，由于不时读读唐诗宋词，也随手翻翻王国维的《人间词话》，深感这位国学大师对词的体会之深和评点之绝，对其用三首词概括出的"人生三境界"，敬佩不已，并不断背诵。由于对婉约词的爱好，特别买了本王力教授的《诗词格律概要》，但水平有限读不太懂。

。

（三）2007年踏上读世界文学经典的"万里长征"

1. 读英国的世界文学经典

对读世界经典，我决定从最早发生产业革命的先进国家英国的文学读起，2008年起我进入了另一个世界——16至19世纪的欧洲，我漫游在英伦三岛。

（1）世界大戏剧家莎士比亚

提起英国，很自然使人想到世界大戏剧家莎士比亚。20世纪80年代，我还读了莎士比亚的四大悲剧：《哈姆雷特》《奥赛罗》《李尔王》和《麦克白》，以及四大喜剧：《仲夏夜之梦》《皆大欢喜》《第十二夜》和《威尼斯商人》。现在记起来，似乎莎士比亚的悲剧更加吸引我，其主人公形象，特别是奥赛罗为自己的轻信而痛彻心扉的悔恨情景、为自己所爱的人而自杀殉情的壮烈场面，令人久久难以释怀。

（2）"勃朗特三姐妹"的著作

阅读英国文学不能不特别关注世界文坛绝无仅有的奇迹："同年出版、同时出名和同年龄逝世的勃朗特三姐妹。""勃朗特三姐妹"指大姐夏洛蒂，其小说《简·爱》；二姐艾米莉，其小说《呼啸山庄》；三妹安妮，其小说《艾格妮斯·格雷》，三部小说几乎同时出版，引起英国读书界的极大轰动和评论界的热情关注，人们被作品中那爱憎分明的女性意识、狂放不羁的人物激情、不同凡响的旷野风骨所感奋。三部小说问世的第二年，三姐妹的真实身份才被迫暴露。一个牧师家庭竟一下子出现了三位作家，且都是女性，一家三姐妹占据了英语文学名人榜的三个席位，且不到40岁都谢世了。这个近乎神话的真实，无疑为作品和作者都增添了无尽的奥秘和神圣的光辉。为了深入了解三姐妹，我还读了她们传记中较好的一部，即简·奥尼尔的《勃朗特姐妹的世界》。该书以全方位的角度，别具一格、图文并茂地展现了三位传奇女性的人生之旅。

三部著作我读了前两部。简·爱对罗切斯特的爱情，生动地展现了那火一样的热情和赤诚的心灵。小说的最后部分异常感人，简·爱大胆地爱自己所爱，然而当她发现自己所爱之人已有妻子的时候，又毅然离开她所留恋的人和地方；但在所爱的人罗切斯特穷困潦倒、伤残孤独的时候，简·爱又带着获得的遗产，回到所爱的人身边。这个场景，催人泪下，多么感人！《呼啸山庄》可以说是一部"奥秘莫测"的"怪书"，英国文学史上一部"最奇特的小说"。

（3）狄更斯的代表作《大卫·科波菲尔》《双城记》

继而我读了英国的世界文坛巨子——狄更斯的著作，其代表作《大卫·科波菲尔》是作者最重要且耗费心血最多、篇幅最长的一部自传体小说，融进了他本人许多生活经历，是作者"心中最宠爱的孩子""召唤人们回到欢笑和仁爱中来的明灯"。列夫·托尔斯泰赞誉该书为"一切英国小说中最好的一部"。这部经典作品的特点是朴实无华，好似大作家在同读者唠家常，共同在生活的"溪流"中体验人生，观察各式各样的事件和人物，遍尝生活中的酸甜苦辣和喜怒哀乐，在不自觉中作家让读者知道了应该爱什么，恨什么，使读者与小说中的人物"同呼吸共命运",从而在无声无息中使读者能够正确地看待人和事,培养高尚的道德情操,塑造美好的人格。

一部早已闻名的经典《双城记》,本欲割爱,但在选书时读了其第一章"时代",我一下子被抓住了。我个人的一孔之见,狄更斯应该是英国仅次于莎士比亚的第二位大作家,他对社会的深刻观察和描写入木三分,他对各个层次人物的描写栩栩如生。我对《双城记》爱不释手,书中人物不多,但各个活灵活现。我最深切的感受是"最崇高的爱——为所爱人的幸福牺牲了自己的生命"。

我也读了现实主义作家哈代的《德伯家的苔丝》,哈代是十九世纪英国杰出的现实主义作家,《德伯家的苔丝》是哈代的一部力作。

2. 读法国的世界文学经典

(1) 读《法国文学简史》

2008年9月开始阅读盼望已久的如群星璀璨的法国经典作家的小说。为了了解概貌,先翻阅《法国文学简史》,现在回想,这是非常"聪明"的做法,它使读者能系统地了解法国文学的发展脉络。法国是产生世界级大文豪最多的国度,尤其是17世纪之后,18—19世纪是法兰西文学发展的鼎盛时期,这个时期的法国文学几乎统治了世界文坛。一个比一个伟大的文化巨擘,如雨后春笋般突现在法兰西的大地上,令世人目不暇接,使后人拍案惊叹!

法国文学发展的第一个高潮是文艺复兴。即13世纪末在意大利各城市兴起,以后扩展到西欧各国,于16世纪在欧洲盛行的一场思想文化运动,带来了一段科学与艺术繁荣时期,揭开了近代欧洲历史的序幕。恩格斯在《自然辩证法》中写道:文艺复兴"是一个需要巨人而且产生了巨人——在思维能力、热情和性格方面、在多才多艺和学识渊博方面的巨人的时代"。该运动中产生的人文主义文学,在英国,代表人物有莎士比亚。在意大利,有一生写下了许多诗歌的但丁,代表作《神曲》。人文主义文学是16世纪法国文学的主流。拉伯雷是继薄伽丘之后杰出的人文主义作家。他用20年时间创作的《巨人传》是一部现实与幻想交织的现实主义作品,在欧洲文学史和教育史上占有重要地位。

震撼人心的18世纪后期,是法国资产阶级大革命时期,在政治上是最动荡的年代,在文学史上是最辉煌的年代。动荡不安的社会生活正是产生各种文学思潮的温床,也为作家们批判社会现实提供了丰富的题材,这一切造就了十九世纪法国文学，浪漫主义、批判现实主义、自然主义等文学流派相互交错，大放光彩，为人类的文化宝库留下了许多不朽名著和精彩篇章，也使雨果、巴尔扎克和左拉等的光辉名字传遍了世界。

（2）阅读法国浪漫主义流派的文学

① "法兰西的莎士比亚"雨果：雨果是19世纪前期积极浪漫主义文学的代表作家，人道主义的代表人物，法国文学史上卓越的资产阶级民主作家。以雨果为首的浪漫派推翻了长达两个世纪的古典主义的统治，形成了汹涌澎湃的浪漫主义文学潮流，一直延续到19世纪末。19世纪理所当然地被称为"浪漫主义世纪"。

作为中国人，我一直非常敬佩雨果，早年在圆明园看过介绍，是他对1860年英法联军火烧圆明园的罪恶行径——面对给他写信、向他表功的侵略者，当即就发出了义正辞严的声讨："两个强盗闯进了圆明园。一个强盗洗劫，另一个强盗放火。"多么伟大的国际主义者！我读了雨果的四部长篇《悲惨世界》《巴黎圣母院》《九三年》《海上劳工》。《悲惨世界》的主人公穷苦劳动人民的代表冉·阿让的个人命运，让我看到了拿破仑战争前后的法国历史，革命、战争、道德哲学、法律、正义和宗教信仰等等，一部伟大的经典小说具有多么巨大的作用啊！

② 法国19世纪浪漫主义作家大仲马：《基督山伯爵》《三个火枪手》《黑郁金香》和《铁面人》是他的代表作品。《基督山伯爵》被誉为通俗文学的经典之作，而大仲马则成为世界首屈一指的通俗小说大师。他的骑士小说《三个火枪手》，是其历史浪漫小说的优秀代表，全书突出了法国的骑士群像。我感到故事生动、情节曲折、引人入胜；但达达尼安等骑士的武术却不突出，几乎都是一剑见高下，这一点要比中国的武侠小说逊色很多。

③ 法国历史上第一位女作家乔治·桑：我没有读过她的著作，只是当了解到她和19世纪波兰作曲家、世界级钢琴家肖邦的爱情才感兴趣。1836年冬天肖邦结识了比他大6岁的法国女作家乔治·桑。肖邦是个纤弱、儒雅而又温柔的男子，随着时间的推移，乔治·桑越来越引起肖邦的注意，并且肖邦发现和她在一起时，他可以尽情倾诉内心深处的情感。后来，肖邦和乔治·桑生活在了一起，他们保持了长达9年的爱情关系。乔治·桑给予肖邦的细心照料，有助于焕发肖邦的才华，他们生活在一起的后来几年，肖邦的作曲生涯达到了他个人生命的最高点，是肖邦鸣唱"天鹅之歌"的岁月。乔治·桑这位文采出众、多才多艺的浪漫主义作家接待了

一大批文学艺术史上名留青史的人物：诗人缪塞，作曲家兼钢琴家李斯特，文学家福楼拜、梅里美、屠格涅夫、小仲马和巴尔扎克，画家德拉克洛瓦，等等；终日高朋满座，这个"艺术家之家"，真正是"谈笑有鸿儒，往来无白丁"。

乔治·桑是一位多产作家，雨果曾称颂她"在我们这个时代具有独一无二的地位。其他伟人都是男子，唯独她是伟大的女性"。马克思亦把《哲学的贫困》题献给她。

④ 法国科幻小说奠基人凡尔纳：《气球上的五星期》《地心游记》《格兰特船长的女儿》《海底两万里》和《神秘岛》等。我仅仅读过他的《海底两万里》。

（3）阅读法国批判现实主义流派的文学

批判现实主义是19世纪法国第二大文学流派，巴尔扎克是这一流派的卓越代表。其他作家有司汤达、小仲马、梅里美、福楼拜、莫泊桑和罗曼·罗兰等。

① 读巴尔扎克的《人间喜剧》：巴尔扎克被誉为19世纪欧洲批判现实主义文学的奠基人。1841年他在但丁《神曲》的启示下，正式把自己作品的总名定为《人间喜剧》，并宣称要做社会历史的"书记"，要以"透视力"和"想象力"来确切地描写法国社会和人物百态。《人间喜剧》共包含91部长篇、中篇、短篇小说和随笔等作品，全面反映了19世纪法国的社会生活，揭露了人性中的种种丑陋，写出了一部法国社会风俗史。他的独具个性的幻想与写作，为世界文学史建立了一座丰碑。

《高老头》发表于1834年，是巴尔扎克最优秀的作品之一。故事主人公高老头是粮食承包商，发了大财。他疼爱两个女儿，以价值数万的陪嫁把她们嫁给了贵族子弟，使女儿们成了贵夫人；然而两个女儿挥金如土，像吸血鬼似的榨取父亲的钱财，他为了讨好两个女儿，卖了店铺，把钱分给了她们，但她们得到了钱后，竟把高老头从家里赶了出去；老人破产后，心狠手辣的女儿们又来向高老头要钱，可怜的高老头被逼付出了最后一文钱；当老人一贫如洗时，两个女儿再也不许父亲登门，使之穷困地死在一间破烂的小阁楼上，临死前，高老头想见女儿们最后一面，被拒绝了，女儿们连葬礼也不参加。《高老头》描绘了一幅幅巴黎社会物欲横流，以及在金钱势力支配下人与人之间冷酷无情和道德沦丧的场面。

小说《欧也妮·葛朗台》令我印象最为深刻的是巴尔扎克笔下的人物形象。葛朗台是小说着力刻画的人物，极为生动，成为世界文学史上"四大吝啬鬼"形象之一。我查了一下，四个以吝啬著称的经典人物形象是：莎士比亚《威尼斯商人》

中的夏洛克、法国剧作家莫里哀的喜剧《悭吝人》中的阿巴贡、俄国作家果戈理《死魂灵》中的泼留希金和葛朗台。这四位吝啬鬼，年龄相仿、脾气相似，有共性，又有各自鲜活的个性特征，将吝啬、贪婪发挥到了极致。对利益的追逐使他们丧失理智、人性，并将愚蠢、下作、卑鄙无耻等人性的黑暗面表现得淋漓尽致。另外，顺便提一下，中国文学中也塑造有四大吝啬鬼形象——钱锺书《围城》中的李梅亭、徐复祚《一文钱》中的卢至、庄子寓言故事《外物》篇中的监河侯和《儒林外史》中的严监生。

② 读司汤达长篇小说《红与黑》：《红与黑》是法国第一部批判现实主义杰作。这是一部很难读的小说，也可以说是我有生以来碰到的最难读的小说，难就难在其中有异常大量的心理、心灵和意识上的描写，一本书读了两个月。《红与黑》是一部灵魂的哲学诗。其名字是寓意深刻的，反映了人物的内心世界。《红与黑》有三个含义：服装、性格、命运。在服装上于连为了自己的前途，不得不放弃穿拿破仑军队红军装的理想，而改穿了教士的黑道袍；在性格上"红"是于连性格中善良真诚的一面，"黑"是于连性格中伪善愤恨的那一方面；在命运上"红"是于连表面上表现出很虔诚的笃信基督的样子，"黑"是于连平静的外表往往在一转瞬间目光里显出一种仇恨的表情，以及他悲剧性的命运。《红与黑》是描写爱情观的"创举"。小说中描写了两种爱情观，即于连与德·雷纳尔夫人"心灵的爱情"，是内心情感的表达；而于连同玛蒂尔德小姐的爱情则是"头脑中的爱情"，是纯属政治上的角逐，他认为同玛蒂尔德小姐结婚可以青云直上、爬上高位，就去骗取她的爱情。

③ 读小仲马的《茶花女》：小仲马是法国戏剧由浪漫主义向现实主义过渡期间的重要作家。读了小仲马《茶花女》，我荡气回肠，越来越难以抑制自己的情感，为了对照中西爱情故事的不同，我还查看了《梁山伯与祝英台》和《罗密欧与朱丽叶》，参考阅读了冯梦龙的《杜十娘怒沉百宝箱》，最后得出来的感觉是：《茶花女》的爱情描写，深入到了主人公的骨髓和灵魂，而并非如许多爱情小说的描写仅仅是就事论事。

④ 读梅里美的中短篇小说：我读了《卡门》《马特奥·法尔戈纳》《塔曼戈》和《伊尔的爱神》等。梅里美在小说中将瑰丽的异域风光、引人入胜的故事情节和性格不循常规的人物结合起来，形成鲜明的画面，是法国现实主义文学中难得一见的手笔，所以他仅以十几个短篇就奠定了在法国文学史上颇高的地位。

⑤读莫泊桑：读本不想读的莫泊桑，出乎意料地却把我迷住了，且一发不可收，总共读了43篇。但还是放不下，就又下功夫，分为羊脂球、小公务员、普法战争、诺曼底风情和爱情等5个部分写读后感，汇总大概有10万字。

⑥读罗曼·罗兰：19世纪末20世纪初法国著名的批判现实主义作家。我大学时期就想读他的《约翰·克利斯朵夫》。罗兰因这部小说一举成名，并获得1915年度的诺贝尔文学奖。1957年，我刚入大学就听过约翰·克利斯朵夫的个人奋斗精神。历史捉弄人，没有想到，50年后的2007年初，我才开始读这部盼望已久的世界名著。小说分为十卷，讲述了主人公约翰·克利斯朵夫在充满庸俗、倾轧的社会里的奋斗历程。罗兰把自己对人生、死亡、爱情等这些命题的理解整个地贯穿在书中，整部作品细腻而出色的心理描写读来情真意切，让人充分体会到一种心灵的共鸣，读者会感觉胸中激荡着一股由于共鸣而产生的惊喜，以及被一种更高层次、更高境界、更为丰富神奇的精神世界所牵引所召唤的陶醉。中国翻译家、作家、教育家傅雷说："《约翰·克利斯朵夫》是人类在精神方面所经历的艰险，不是征服外界而是征服内界的战迹。"《名人传》是罗曼·罗兰为三位伟大艺术家写的传记，它包括《贝多芬传》《米开朗琪罗传》《托尔斯泰传》，被称为"三大英雄传记"，也称"巨人三传"。

（4）阅读法国自然主义流派的文学

19世纪法国第三个文学流派是自然主义小说，其特点是力求真实，理论基础是实证主义，领军人物是左拉，他是自然主义小说大师，有理论有实践。

①读《左拉短篇小说选》：其中的篇目有《沐浴》《一个疯子的故事》《一桩爱情婚事》《自杀》《莉莉》《三次战争》《小村庄》《爱我的女子》《失业》《舞簿》等。读后感到：第一，初步领略了自然主义小说特点，既不批判现实，也不浪漫，而是尊重事实，顺其自然。第二，比较真实地刻画了人的内心世界，如：左拉从现实生活中选许多震撼人心的婚姻故事。《一桩爱情婚事》讲述两个人因为通奸而害死女子的丈夫，虽然按密谋一切都成功了，但由于人性使然，通奸的二人却产生了心理障碍：先是不敢看和吻害人者的伤疤；后来是总感觉二人中间死者的阴魂不散；爱情没有了，开始争吵、打架，进而互相怀恨；到最后怕对方揭发自己。一天，二人均发现对方在自己的水杯中下了毒，相抱大哭，双双服毒而死，真正是"罪犯在他没受惩罚的罪恶中发现了可怕的惩罚"。第三，左拉反对战争，《小村庄》极其深

刻地描写了战争的残酷,"滑铁卢只是一个农村……在前一天还是纯净的名称便沾上了如此强烈的血腥味,使人类一提起它们就毛骨悚然"。这比直接描写战争还要令人印象深刻。第四,《爱我的女子》《失业》几篇,白描社会最底层人民的悲惨、屈辱、困苦的生活。正如雨果所写"男人因穷困而道德败坏,女人因饥饿而生活堕落,儿童因黑暗而身体孱弱"。描写妓女、埋葬尸体的人、失业工人和挨饿的家庭。继而,我带着兴奋和怀念之情,读了左拉的长篇小说代表作《娜娜》。

② 读福楼拜的《包法利夫人》:《包法利夫人》是法国作家福楼拜创作的长篇小说,被自然主义者尊为典范,尽管福楼拜本人在更大程度上是一个现实主义作家。福楼拜的成就主要表现在对 19 世纪法国社会风俗人情进行真实细致描写的同时,超时代、超意识地对现代小说审美趋向进行探索。法国作家左拉说:"以《包法利夫人》为典型的自然主义小说的首要特征,是准确复制生活,排除任何故事性成分。作品的结构仅在于选择场景以及某种和谐的展开秩序……"

3. 读美国世界文学经典

阅读美国小说,从海明威、马克·吐温、杰克·伦敦等代表性作家到斯托夫人的反奴隶制小说、薇拉·凯塞的"回归自然"小说、欧·亨利短篇小说和理查德·耶茨的作品等。

(1) 海明威:让我不能不激动的是海明威的死,他活着就是为了创作;当他的创作因身体而只能终止的时候,对他来讲,生命的意义就完结了。当我了解到"硬汉"海明威 61 岁自杀的情景,当我知道在总统死了都不会举国哀痛的美国而海明威却令全国上下"沉浸在哀痛之中",我为他以身殉道的精神所震撼。我读了他的诺贝尔文学奖作品《老人与海》以及《太阳照样升起》《永别了,武器》《乞力马扎罗的雪》。

(2) 斯托夫人:她创作的反奴隶制小说《汤姆叔叔的小屋》受到了美国总统亚伯拉罕·林肯的称赞。1862 年与作者斯托夫人见面时,林肯曾评论道:"你就是那位引发了一场大战的小妇人。"这使我深深地体会到了文学在历史上的伟大作用。

(3) 马克·吐温:是美国的幽默大师、作家,被誉为"文学史上的林肯"。《百万英镑》是中篇小说,作者用漫画笔法勾勒出了不同人物在"百万英镑"面前的种种丑态,幽默滑稽,就如同一幅世态讽刺画,令人忍俊不禁。小说一个很明显的主题即对拜金主义的批判,作品不过两万来字,但作者将上至王公贵族、下至平民百姓在金钱面前的丑态刻画得惟妙惟肖,把金钱对社会的污染乃至人性的歪曲勾勒得入木三分。《败坏了哈德莱堡的人》是马克·吐温著名的中短篇小说之一。故事讲述了一天一个陌生人在爱德华·理查兹家丢下价值4万美元的黄金,以答谢给他出主意使他致富的恩人。后来全城竟冒出许多人自称是那个"恩人",而且他们都是城里的知名人士,结果一个个成了被嘲弄的对象,从而也败坏了该城的名声。

(4)杰克·伦敦:杰克·伦敦来自"占全国人口十分之一的贫困不堪的底层阶级",人们称他为"美国无产阶级文学之父"。我读了报刊推荐的其短篇小说《热爱生命》。小说描写阿拉斯加的一个孤零零的淘金者,在广袤的荒野上独自生存的六天六夜中,仅吃了一两条水塘中银白色的小鲦鱼和四只刚出壳的小松鸡,他不是靠两脚走路,而是用手脚在地上爬,在他奄奄一息时,有一条病狼却时刻尾随着他,舔食着他留下的血迹,最后淘金者用智慧和毅力咬开了病狼的咽喉,吮吸了其血,并坚持着爬到了大河边被救起。他在与大自然的拼搏中,在与饥饿、寒冷、恐怖和死亡的斗争中活了下来。困难-奋斗-前进,这就是淘金者前进的交响曲。小说中写道:"到后来他一小时大概只能爬五六米,然而他还是不停地摇晃,不停地向前扭动。"读了这篇小说,我为淘金者的拼搏精神所感动,这是一种多么可贵的生命精神啊!杰克·伦敦用作品和自己的人生经历也揭示了这样一种人类悲剧式的"规律",即一个人在困境的时候,可以靠梦想坚持下去,而一旦走出困顿获得成功,生命的意义便成为一个问题。苦难可以使人的内心强大,而成功却能够毁灭一切。我还在旅游中同小孙子共读过杰克·伦敦的《野性的呼唤》。读后,感慨所至,还以一部典型的极地小说、一部经典性的动物小说、生死之交的人狗情和强者生存的赞歌为内容,写了一篇读后感。

4. 读其他国家世界文学经典

(1)读世界文学巨著《荷马史诗》和《神曲》

用10天左右时间阅读古希腊文学、世界文学巨著《荷马史诗》。收获是一方面了解了《荷马史诗》在历史、文化、文学、道德、人文和精神世界等方面对欧洲和世界的巨大价值、意义和贡献。另一方面将过去一知半解的有关的事件和人物,通过《荷马史诗》联系起来了,如:特洛伊战争、木马计、英雄奥德修斯、女神雅典娜、《伊利亚特》和《奥德赛》、"荷马时代"以及著作者荷马的来龙去脉。

《神曲》是著名意大利诗人但丁于1307—1321年创作的长诗。全诗为地狱、炼狱和天堂三个部分，各有33章，通过与其中各种著名人物的对话，反映出中古文化领域的成就和一些重大的问题，带有"百科全书"性质，从中也可隐约窥见文艺复兴时期人文主义思想的光辉。

（2）阅读欧洲其他国家文学

① 读德国文学：读了歌德名著《少年维特之烦恼》《亲和力》和席勒的世界经典名剧《阴谋与爱情》，对德国文学有了一定程度的了解。但读的过程中，感到就像是在读小说形式的哲学，德国人深沉的逻辑思维扎根到文学中了。

② 读西班牙文学《堂·吉诃德》：文艺复兴时期西班牙文学家塞万提斯的《堂·吉诃德》是世界经典之经典，出于对大经典的崇拜，我还特别珍藏了一部，是著名翻译家杨绛译的。但奇怪的是我就是读不下去，2011年读了一点就放下了，2013年又下决心重读，读了第一部分就烦了，遵循"随兴而读"的原则就半途终止了。不知再读会如何？

③ 读世界儿童文学经典《海蒂》：小孙子介绍了一部世界文学经典《海蒂》，我却没有读过，也不了解该书。但阅读后，小海蒂总是在我的脑海中萦绕，那纯真、可爱的形象，不时出现在我的眼前。我抑制不住自己的激情，写了一篇读后感："洒向人间都是爱——读图书《海蒂》"，并以此参加孩子们暑期的阅读活动。

④ 补读俄罗斯陀思妥耶夫斯基的《卡拉马佐夫兄弟》和《罪与罚》：前已提及我没有读过他的任何作品，这次下功夫读了两部经典，深感太值得了，评论家们对陀思妥耶夫斯基的评论所言非虚。

（3）阅读日本文学

日本紫式部著的《源氏物语》和清少纳言著的《枕草子》，一个是物语文学的代表作，一个是随笔文学的代表作，一起被誉为日本古典文学史上的双璧，可惜时间关系，只好浏览而留待日后细读。《源氏物语》被誉为日本的《红楼梦》，是日本女作家紫式部的长篇小说，也是世界上最早的长篇小说，应该属于世界经典作品之列。我简单做了浏览。

对小说《挪威的森林》，我根本不知道，但作者是大名鼎鼎的村上春树，我为此而读。但是，读后不能不承认，确实有代沟，有名的现代作家作品，我就是读不下去。

（4）读阿根廷博尔赫斯的作品：阿根廷诗人、小说家、散文家兼国家图书馆馆长博尔赫斯，其作品类型和数量均多，因为对图书馆感兴趣，读了《巴别图书馆》《博尔赫斯口述》。

5. 接触了西方现代文学

西方现代主义文学是20世纪上半期西方诸多具有反传统特征的文学流派的总称：（1）在思想方面，主题是描写现代人生活在荒诞世界中的异化；（2）在文化的视点上，具有强烈的批判精神；（3）在艺术方面，表现为三点：象征、意识流手法、荒诞性。

西方现代主义文学包括表现主义、象征主义、意识流、黑色幽默、魔幻现实主义、存在主义等，它涵盖很广，是在当时的哲学与政治的基础上形成的。有卡夫卡的作品、普鲁斯特《追忆似水年华》、乔伊斯《尤利西斯》、马尔克斯《百年孤独》等。

（1）美国小说家理查德·耶茨

可能是常读小说，所以我对报纸上有关文学栏目很喜欢看，并往往由此引出新的阅读兴趣。2月3日是美国小说家理查德·耶茨诞辰纪念日。他被评论界认为："被文学史长期不公正对待的大师。"耶茨作为20世纪中叶美国主流生活的忠实记录者，被批评家们与俄罗斯大作家契诃夫相提并论，被称为"焦虑时代的伟大作家"。其最出名的代表作是1961年出版的《革命之路》，满怀激烈的耶茨对极具美国特色的中产阶级生活做了无情的嘲讽。他笔下都是普通人的平凡生活，他们的孤独、失落与绝望。耶茨行文简朴直白，但直指人心。

（2）现代主义大师阿尔贝·加缪及其《局外人》

2010年1月4日是法国小说家、哲学家、戏剧家、评论家阿尔贝·加缪逝世50周年纪念日。报刊上长篇累牍地介绍和评论加缪，称其为现代主义大师，"正是加缪等人的作品进入中国，从而引发了西方现代文学在中国的启蒙浪潮"，等等。

加缪最为出名的作品是"荒诞三部曲"——小说《局外人》、戏剧《卡利古拉》和散文随笔《西西弗的神话》。1957年因"热情而冷静地阐明了当代向人类良知提出的种种问题"，而获得诺贝尔文学奖，这是有史以来最年轻的（44岁）诺奖获奖作家。我仔细拜读了他的代表作、"荒诞三部曲"之一、最有名的短篇小说《局外人》。

（3）读奥地利德语小说家卡夫卡

我常常听到奥地利小说家卡夫卡的名字，如雷贯耳，他被称为"西方现代派文学鼻祖"、世界现代文学的奠基者和开拓者之一。实在抑制不住自己的欲望，选读了其四部作品：《变形记》《判决》《中国长城建造时》《城堡》。

《变形记》写小职员清晨醒来突然变成一只甲虫及死去的故事，充分表现和揭露了现实社会的"物化"和生存在其中的人的"异化"：人性和人的情感被无情地异化，人的命运多舛与无奈，对未来毫无信心。阅读沉思后我写了读后感。卡夫卡的作品有长篇、中篇、短篇小说及日记、游记、寓言等很多。卡夫卡的终身好友布罗德，毅然违背卡夫卡遗愿，没有将他所有手稿焚毁，而是整理出版，公之于世。此外，另有《谈话录》《他》《杂感》等以对话、陈述形式写成的作品也被保留下来，既有他本人主观感情的宣泄，也有他以极深邃的哲学语言对世界的客观描述。

卡夫卡的作品是"向阅读的挑战和对阅读的考验"。其作品具有独特的艺术魅力和震撼人心的感染力，从而形成"卡夫卡热""卡夫卡学"。什么是作家？真正的写者是用心来观看世界和消化世界，还要用心来表达世界。在这之中，卡夫卡应该算是高手中的高手。加缪讲得好："卡夫卡的全部艺术在于使读者不得不一读再读。它的结局，甚至没有结局，都容许有多种解释。"

（4）读马尔克斯的《百年孤独》

马尔克斯的《百年孤独》，那真正是"再现拉丁美洲历史社会图景的鸿篇巨制"。马尔克斯是哥伦比亚作家，大学攻读法律，1955年开始发表作品，1967年出版《百年孤独》。这是一部极其丰富的、多层次的小说，它是一部关于布恩狄亚几代子孙的家庭编年史；它描写了一个象征着马尔克斯故乡阿拉卡塔卡的小镇马孔多的时代变迁，同时也是哥伦比亚、拉丁美洲和现代世界上一个世纪以来风云变幻的神话般的历史。从更深远的意义上说，它是西方文明的一个总结，从它的源头古希腊神话、荷马史诗、《创世记》中的创世神话开始，带着对蒙昧状态的伊甸园的净土世界那种质朴和纯洁的深深的怀念。这是一个充满神奇与狂欢的故事，是这个世界和它的困境、迷信的一面镜子。同时它也是一个充满虚构的世界，吸引每一个读者步入令人浮想联翩的幻境。作品反映和评价了哥伦比亚和拉丁美洲被西班牙征服以来的社会历史事件。其代表作品还有《家长的没落》等。他的作品主要的特色是用幻想与现实巧妙结合来反映社会与现实生活。1982年加西亚·马尔克斯获诺贝尔文学奖。

第四部分　退休后阅读非文学体裁的世界经典

（一）阅读世界哲学经典

细细想起来，2008—2009 年是我阅读历史上不平凡的一年——大转变的一年。我从对小说的阅读发展到对人生哲理著作的阅读，且有着一种难以抑制的冲动和欲望。从阅读发展到对阅读心得的书写，深深感到，读书已经成为我生命中不可分割的一部分。

1. 读《道德经》

享誉世界的近现代伟大德语作家、1946 年诺贝尔文学奖获得者赫尔曼·黑塞，由于迷恋《道德经》，其八十五年的人生，有五十多年与中国文化结缘。他在《读书随感》中说："我绝未料想，竟有如此奇妙的中国文学、如此特殊的中国人和中国精神，使我从三十岁以后不仅热爱和尊重，而且还远远超过这一点，变成了我精神上的避难所和第二故乡。"这简直难以令人置信：德国是哲学的摇篮，一位伟大的德国作家将中国的古典哲学奉为精神上的第二故乡！我作为《道德经》故乡的人，没有读过，在黑塞面前简直无颜以对。

《道德经》又称《道德真经》《老子》《五千言》，《道德经》博大精深，第一次阅读，仅略知皮毛，但对我的世界观、辩证思维和个人修养都有相当大的教益。我阅读《道德经》时，同时参考任法融道长的《道德经释义》。读《老子》颇有相知恨晚之感，读起来兴趣盎然。我的具体的阅读方法是：细而精读——逐章读，先读原文，后看注释和释义；弄通全章含义，写出主题；摘取警句，分类归并；记录体会。

老子是我国古代最伟大的哲学家和思想家之一、道家学派创始人，因其深邃的哲学思想而被尊为"中国哲学之父"。老子的思想被庄子所传承，并与儒家和后来的佛家思想一起构成了中国传统思想文化的内核。老子对我国 2000 多年来思想文化的发展产生了深远的影响。英国科学家李约瑟一生研究中国，著有多卷本《中国科技史》专著，他讲：中国文化就像一棵参天大树，而这棵参天大树的根在道家。道教出现后，老子被尊为教祖，被唐皇武后封为"太上老君"，从《列仙传》开始，老子就被尊为神仙。

老子是世界文化名人，世界百位历史名人之一。老子哲学与古希腊哲学一起构成了人类哲学的两大源头。托尔斯泰翻译《老子》，根据阅读印象，将所读过的书分为强烈、非常深、很深三种程度，《老子》被列入"强烈"之中，列入者仅10本。托尔斯泰讲："做人应该像老子所说的如水一般。"尼采语："老子思想的集大成——《道德经》，像一个永不枯竭的井泉，满载宝藏，放下汲桶，唾手可得。"从16世纪开始，《道德经》就被翻译成拉丁文、法文、德文、英文、日文等，已有一千多种译本。20世纪80年代，据联合国教科文组织统计，在世界文化名著中，被译成外国文字出版发行量最大的是《圣经》，其次就是《道德经》。所以我讲，对老子有"相知恨晚"的感觉，这确实是读后才能有的切身感受。

2. 启蒙运动的哲理小说——伏尔泰的《老实人》

启蒙运动发生在17—18世纪，是欧洲的一场反封建、反教会的思想文化革命运动，为资产阶级革命作了思想准备和舆论宣传。启蒙运动中心在巴黎，领袖则是伏尔泰，他的思想影响到18世纪整个欧洲。当时法国有四大启蒙作家：伏尔泰、孟德斯鸠、狄德罗和卢梭，人称18世纪是法国的"哲人世纪"。英国哲学家洛克，科学家牛顿，德国哲学家康德、海德格尔，荷兰哲学家斯宾诺莎等，也属于启蒙思想家之列。

启蒙运动的法国文学中影响较大的是哲理小说，如伏尔泰的《老实人》，孟德斯鸠的《波斯人信札》，狄德罗的《拉摩的侄儿》，卢梭的《爱弥儿》《忏悔录》等。

3. 启蒙运动时期的哲理小说——孟德斯鸠的《波斯人信札》

孟德斯鸠的哲理小说《波斯人信札》是一本故事性不强但哲理深厚的作品，我读得非常认真，仔细思考，还真有些收获。我这样讲是因为，一般读小说的人绝不会选这本小说来读，它基本上没有连贯的故事和跌宕起伏的情节，很难引人入胜。孟德斯鸠最重要的也是影响最大的著作是1748年发表的《论法的精神》。这部集大成的著作，奠定了近代西方政治与法律理论基础。在读以上两本书的基础上，我又浏览了卢梭的《爱弥儿》。

4. 读罗马皇帝马可·奥勒留的《沉思录》

2009年读的第一本书是《沉思录》。这是因为看到温家宝同志的话："这本书天天放在我的床头，我可能读了有100遍，天天都在读。"又有人介绍：这是一部"与中国《论语》地位相当的伦理学性质的哲学经典"。我知道，这样的书借了只能看一时，那是绝对不够的,我特别跑了几个书店,才在一个小店买到。《沉思录》是罗马皇帝马可·奥勒留(121—180)在征战中的战马上写成的,是有史以来最伟大的作品之一。有人评论:"《沉思录》有一种不可思议的魅力,它甜美、忧郁而高贵。这部黄金之书以庄严不屈的精神负起做人的重荷,直接帮助人们去过更加美好的生活。"

5. 读奥古斯丁的《忏悔录》

世界有三大忏悔录,按先后分别是奥古斯丁《忏悔录》、卢梭《忏悔录》和托尔斯泰《忏悔录》。我仅仅浏览了奥古斯丁《忏悔录》,读起来老是有一种沉重感和压抑感。奥古斯丁是一位非常虔诚的基督教信奉者,他对一丁点小错,甚至对事物两面性的任何一个不利的方面都要忏悔,全书都是"忏悔"。忏悔本身就是沉重的,加上不间断地悔罪,那就一直是压抑着的。我在舍与不舍之间斗争,放下了又拿起来,读了一半,有恋恋不舍之感。

(二)阅读世界宗教经典

宗教是最重要的社会现象之一。宗教是世界有史以来的第一件大事,或者讲,有史以来宗教对世界的影响是第一位的。有两件事情可以佐证上述论点。一件是世人熟知的"公历纪元",以耶稣生年为纪元元年,现在已经成为国际通行的纪年,这是全世界认定的,我们国家也采用了。第二件是宗教决定性地影响世界帝王排名。《史海钩沉》曾列出了"影响全世界的100位帝王排行榜"。排行榜的前8名是:君士坦丁大帝、秦始皇、马其顿亚历山大大帝、成吉思汗、欧麦尔一世、阿育王、拿破仑、彼得大帝。罗马皇帝君士坦丁大帝名列第一的主要原因,是其将基督教传播到全世界,他于313年颁布《米兰诏书》,承认基督教合法且可以自由传播,规定星期天为礼拜日,建设了全世界最著名的耶路撒冷圣墓教堂和圣索菲亚大教堂等。没有他对基督教的贡献,就绝不可能排为世界第一。排在第五和第六位的欧麦尔一世(阿拉伯哈里发)和印度孔雀王朝阿育王,他们原本没有什么名气,却排在拿破仑和彼得大帝之前,原因就在于,他们分别对伊斯兰教和佛教有着与君士坦丁大帝对基督教相类似的贡献。可见,宗教对世界历史的影响是多么巨大啊!

出国旅游,大多数人文景点都同宗教有关,可是我们多数国人却对宗教一无所知。关于宗教问题我一直有一个疑问,为什么我们从中学到大学都没有开设最基础的宗教知识课程？当然，现在也许已开而我孤陋寡闻。

1. 阅读《插图本圣经》

读宗教书，首先最想读的当然是世界上最大的宗教——基督教的经典，也是世界上发行量最大的书籍——《圣经》。可是，那一部部厚本小字的《圣经》，又分为《旧约》和《新约》，让人望而生畏。找来找去，发现了一本法国著名艺术家多雷绘的《插图本圣经》，其内容提纲挈领，作为入门书对我很实在。我仔细阅读，详细笔记。此书对我后来阅读其他西方著作，包括小说、政论、随笔等都有极大帮助。看来，读书也是这样，不懂就是不懂，不能装懂，应该老老实实从基础的 ABC 读起，那样学到的知识才能够扎扎实实。接着，我继续阅读发行量仅次于《圣经》的宗教小说、17 世纪英国作家班扬所著的《天路历程》，了解基督徒们是如何历经千难万险，前往天堂朝圣。同时配合阅读世界三大忏悔录之一的奥古斯丁《忏悔录》，他那一丝不苟的忏悔精神令人难以想象。我真心想了解西方宗教，但读起来总有一些难于接受。思来想去，我感到原因在于，我的阅读偏向于内容要有道理，但《圣经》和《天路历程》中常常出现不太符合理性的描写。

2. 读佛书

我捧起了陆续收藏的佛书：《佛教创始人释迦牟尼传》《认识佛教》《佛教怎么看世界》和《悲欣交集——弘一大师李叔同的前世今生》等，读时都作了详细的笔记。但对于佛经，我读不下去，不懂也没有兴趣。对弘一法师李叔同是佩服得五体投地，我曾经在杭州虎跑寺参观过李叔同出家受戒的地方，也在泉州开元寺亲眼看到过弘一法师居住和逝世的小屋，目睹了他临终前写的四个字——"悲欣交集"。一个人在名誉、地位极盛和家庭美满的时候，能够舍弃人世间一切美好而毅然投身空门，这是什么样的一种人生观啊！

我之所以读佛书，一不是因为信佛，二不是为将来入教，只是为了解佛、了解佛法、了解佛教。说来话长，几十年来，看到、听到或从媒体上了解到，数千年来人类世界普遍存在宗教，各种宗教是那样多（似乎每个民族都有自己的宗教），时间是那样长，信奉者是那么多，信徒们又是那样虔诚、那样顶礼膜拜（尤其是看到藏人的五体投地、一步三叩首），我确实长时间地迷惑不解。大学毕业了，但连世界上这样普遍存在的人文现象却没学习过专门课程，对之头脑中一片空白。我不甘心就这样糊糊涂涂地去见先人。所以，我要了解宗教，就从接触最多的佛教入手吧。

这就是我学习和读佛书的初衷。

读了上述四本佛书，对什么是佛教、佛法、众生都是佛、佛教怎样看世界、三界、三千大千世界等，有了初步了解。如佛书常讲的"涅槃"，原来"涅槃是佛教修行所要达到的最高理想境界，是指今世色身的暂时灭度。熄灭生死轮回，获得清净、解脱、幸福的境界。芸芸众生无不处于生和死的境界，无不被诸多烦恼和欲望纠缠。而涅槃，是对生死、诸苦和烦恼的彻底断灭"。对佛书的阅读，我还总结出阅读后的七点体会。

《悲欣交集：弘一大师李叔同的前世今生》一书约有300页，原名《弘一大师传》，陈慧剑著，丰子恺插图。基于此前对他的了解，我以一种难以抑制的激情，仅仅用了几天时间读完，掩卷的感受是八个字："高山仰止，感慨万千。"为此，我写了读后感《高山仰止——读弘一大师》，同时耳边常常响起大师的歌曲《送别》。

3. 读《佛教创始人释迦牟尼传》

全书348页，包括所附的《白话金刚经》和《白话坛经》。相对于我对宗教的崇敬、迷惘和无知来讲，宗教对世界的影响又是其他任何事情无法相比的。我内心对宗教的崇敬、信仰上对宗教的迷惘、知识上对宗教的无知，也敦促我：一定要学习宗教及其相关知识。

释迦牟尼姓乔达摩，名悉达多，释迦牟尼是尊称，意思是释迦族圣人，成道后人们称他为佛陀，意为"觉悟者"。佛陀名副其实的应该是伟大的哲学家和教育家。他出生于公元前565年中国阴历四月初八，这一天称为"佛诞节"。其生年相当于我国的春秋时期，是孔子同时代人。29岁离家出走，35岁成佛，募缘说法49年，讲经380余次。公元前485年，80岁的佛陀于娑罗双树下进入不生不灭的涅槃境界。佛陀生于王侯之家，本应继承王位，35岁于菩提树下大彻大悟，成佛，为全人类开辟出一个崭新的精神境界。农历十二月八日为"成道节"，吃"腊八粥"。菩提树，原来有多名，"菩提"是觉悟、智慧之意，因佛陀在树下"证得菩提，觉悟真理"而得名。其他不论，仅悉达多成佛和创立佛教的经历，不能不令人崇敬。

（三）阅读世界随笔经典

过去曾读过几篇随笔，引发了我对世界三大随笔作家蒙田、培根和爱默生的兴趣。

1. 读法国蒙田的作品

法国文艺复兴后期的人文主义思想家蒙田的代表作品有《蒙田散文精选》《蒙田论人生》。蒙田的为人令我倾倒,他讲"为了使作品臻于完善,我只需赋予它忠实","生活形式并不重要,关键是灵魂开心才最重要"。

2. 读英国培根的作品

培根是英国文艺复兴后期最重要的散文作家。我阅读了其作品《培根随笔集》中的《论真理》《论死亡》《论爱情》《论读书》等。

3. 读美国爱默生的作品

我阅读了美国思想家爱默生的《爱默生论文集》中的《论自助》《论书籍》《论友谊》等。

4. 读其他随笔作家的作品

读美国著名随笔作家爱泼斯坦的作品《势利》《懒惰》《嫉妒》。读美国作家梭罗的《瓦尔登湖》,并因受感动而写了读后感。

第五部分　寻找阅读机理的阅读

(一) 思考阅读现象——读世界"书话"作品

所谓"书话"就是论及书籍和阅读的书。至今我读"书话"超过百册,并形成了兴趣。

据不完全记录,我阅读过的国内书话作品有:《学境》《读来读往:关于书人书话的读书笔记》《为乐趣而读书》《大教育家朱熹》《学问之趣味》《读书的艺术》《书生活》《书读完了》《闲书闲话》《书虫小扎》《阴性阅读　阳性写作》《读家秘籍》《读品》《读书随记》《旧书重温忆华年》《书色斑斓》《越读者》《北大学者谈读书》《读书的"风景"》《书话史随札》《读书记》《赏书记》《买书记》《藏书记》《经典中的信仰独白》《阅读的故事》《季羡林读书与做人》《指名道书》《杠杆阅读术》《阅读力——收集、解读、思考、判断能力的源头》《纸年轮》《巴金读书与做人》《星云大师谈读书》《胡适谈读书》《阅读经典》和曾洪伟的《哈罗德·布鲁姆：文学理论研究》等50多部。

阅读的国外书话作品有：赫尔曼·黑塞的《读书随感》、毛姆的《书与你》、弗吉尼亚·伍尔夫的《如何阅读》《伍尔夫读书心得》和《普通读者》、乔纳森·斯威夫特的《书的战争》、曼古埃尔的《阅读史》、博尔赫斯的《读书随想》、叔本华的《读书与书籍》、莫提默·J.艾德勒的《如何阅读一本书》、哈罗德·布鲁姆的《如何读，为什么读》和《西方正典》、卡尔维诺的《为什么读经典》、东尼·博赞的《快速阅读》和尼古拉斯·巴斯贝恩的"书话三部曲"（《为了书籍的人》《永恒的图书馆》和《文雅的疯狂》）以及《哈佛蓝星双语名著导读》《夜晚的书斋》《恋爱中的博尔赫斯》《书痴的爱情事件》《偷书贼》《坐拥书城》《书趣：一个普通读者的自由》《疯雅书中事》《读者有其书》《嗜书瘾君子》《别想摆脱书》等近50部。

上述列出的这百册书话作品，林林总总，体现了读书和爱书人的情怀、感想和心血，令人爱不释手。我所读过的书话方面的书，虽然国内的书远比国外的多，但我承认，从内容的丰富、哲理的深刻、研究的透彻来说，国内的水平都远不如国外，而且相差的幅度相当大。可以坦白地讲，我所受到的影响主要来自国外。像尼古拉斯·巴斯贝恩能够写出三部曲这样的书话大家，像写出《如何读，为什么读》和《西方正典》而被公认的敢于直言的大评论家哈罗德·布鲁姆……在国内我还没有发现类似的书或相应的专家。这并非崇洋媚外，恰恰相反，应该正视现实、埋头苦干，下功夫赶上去，这样才能与厚重的中华文化相匹配。

（二）进一步阅读有关阅读的学术著作

阅读法国科学院院士迪昂的《脑的阅读：破解人类阅读之谜》，这是一部阅读生理学作品。虽然国内在20年前就出版有许多种"阅读学"字样的专著，而2011年出版的《脑的阅读：破解人类阅读之谜》作者迪昂却告诉我们："真正的阅读科学正在形成"。

在美国儿童发展心理学教授玛丽安娜·沃尔夫的著作《普鲁斯特与乌贼：阅读如何改变我们的思维》中，作者将法国20世纪伟大的"意识流"小说大师、创作了长篇小说《追忆似水年华》的普鲁斯特与低等小动物乌贼的大脑作类比，从两个截然不同的层面探索阅读与大脑的关系，其实阅读这一看似简单的行为，包含了无比精密复杂的大脑活动。

我阅读的加拿大曼古埃尔的《阅读史》、法国罗杰·夏蒂埃的《书籍的秩序》、新西兰史蒂文·罗杰·费希尔《阅读的历史》以及美国罗伯特·达恩顿的《阅读的未来》，这些均属于世界性的阅读史专著。读《书籍的秩序》，序言就把我"震"了；更令我没有想到的是，夏蒂埃在介绍18世纪法兰西科学院院士孔多塞的《人类精神进步史表纲要》一书时，引用了该书直接谈论亚洲大帝国——中国的一段话："用约定俗成的符号表意的文字，这也是中国人至今所掌握的唯一文字……科学发展止步不前；前世所获得的部分科技成果甚至彻底丢失；人类精神沦于愚昧和偏见，万马齐喑，死气沉沉；那几个让亚洲长期蒙羞的历史悠久无中断的大帝国，就是如此。"之所以如此，是因为那种文字难于普及，形成知识垄断，利于少数人倡导出"最荒诞的信仰，最癫狂的崇拜，最野蛮或最可耻的行为"。这些话当然不完全正确，但就国外专家对我国千年之多的封建社会的统治和象形文字的影响所研究的深度，就值得我们国内同行们深思再深思。

（三）一本书扭转了我的阅读方向

《读书毁了我》作者是美国琳达·施瓦茨。"否定"阅读的书名和霸道的口气使我迫不及待地读了起来。这一读不要紧，读和做笔记往返了四遍，一口气写了三篇读后感。这是我有生以来对阅读最下功夫的一次。反观书名《读书毁了我》，其"绵绵无绝期"的人书情、那阅读时"沉醉书中""身处异处"的切身感受以及对阅读真谛的深刻阐述，是我在读百部书话作品中没有读到也没有体会到的，那种澄明、那种愉悦，一下子就扭转了我的阅读方向，为了深入认知阅读，寻找阅读机理，我读起了诠释学著作。

（四）我终于找到了指导阅读的理论——诠释学

2016年3月3日《深圳特区报》的文章"读者是文本的生产者"引起了我的特别关注。文中谈到的伊泽尔《阅读活动：审美反应理论》和赫施《解释的有效性》两本书，使我产生了兴趣。这是首次接触诠释学，也是我阅读路上一个值得纪念的日子。

从2016年至今，我阅读的国外诠释学著作有：美国赫施《解释的有效性》、法国利科《诠释学与人文科学》、德国耶辛《文学学导论》、德国耀斯《审美经验与文学解释学》、德国伽达默尔《科学时代的理性》、加拿大让·格朗丹《诠释学真理？：论伽达默尔的真理概念》、意大利艾柯《误读》《诠释与过度诠释》和《别想摆脱书》、哈佛大学戴联斌《从书籍史到阅读史》以及洪汉鼎译编的《理解和解释：诠释学经典文选》等十多部。

阅读的国内诠释学著作有：潘德荣的《诠释学导论》和《西方诠释学史》、何卫平的《解释学之维——问题与研究》、殷鼎的《理解的命运》、张鼎国的《诠释与实践》、洪汉鼎编著的《当代西方哲学两大思潮》《诠释学——它的历史和当代发展》《现象学十四讲》以及和《中国诠释学》丛书中的有关文章等。我没有想到，这些书基本上解决了我多年萦绕在头脑中的"阅读理论之惑"。这些书令人信服地阐释了读者理论、文本理论、视域融合理论、诠释取向理论以及阅读创造性理论等。

诠释学是有关理解和解释的学问。从某种意义上可以认为诠释学源起于阅读，《圣经》是比较早的西方人必读的典籍，信仰基督教必须了解和进一步理解《圣经》，为此传教士就应该向教徒广泛解释《圣经》，但如何解释、如何能够一致地解释，其中就大有学问。主教们需要研究并得出相对统一的《圣经》解释。在这样广泛的需求下，诠释学应运而生。

由于人活在世上就必须理解，理解是人的生命特征，因此诠释学从阅读源起并超越阅读而成为一种理解哲学。从书籍到人文，从人文到自然，从自然到人类生活的方方面面，都需要理解和解释，因此诠释学发展成为哲学，有人认为是第一哲学，有人认为是第二哲学。从18世纪至今，历经施莱尔马赫、狄尔泰、海德格尔、利科和伽达默尔等泰斗级大师的推动，从浪漫主义诠释学发展到以伽达默尔为代表的哲学诠释学。

七十年阅读路上的探寻，总算有了答案：终于找到了指导阅读的理论。应该大声疾呼：指导我们阅读的理论基础是哲学诠释学。如果承认了这一命题，那么哲学诠释学就应该是承担阅读推广职责的图书馆员的必修课，并应该进一步应用哲学诠释学指导全民阅读的实践，在全民阅读中向广大读者普及哲学诠释学。

后记　阅读指导我的人生

本文是我对自己一生"人书情"的总结，整个写作我遵照法国随笔作家蒙田的写作态度："我只需赋予它忠实。"回忆一生的读书情况，回忆，那是一种五味俱全的感受；一生的阅读资料，从近百页压缩到30多页，再压缩到20多页，那是多么费神又费力啊，用了半个月时间，总算将它完成了！写《我的阅读小史》，是给自己看的，不为发表，那就不讲文学修饰，主要是对自己人生的一个交代，当然也欢迎他人阅看。我一生与阅读结缘，阅读也时时在指导我的人生。下面就用几个主要例子作为我一生"人书情未了"的结尾吧。

（一）阅读挽救了我人生的一次最大危机

大学期间发生了我人生的一次危机，即1958年夏我患了严重的肺结核病，已出现空洞，校医忠告我，两年的休学期很难治愈和复学。我很害怕，在实在无奈之际，借看了两本肺结核病治疗和休养的书，我增强了信心，尤其是读了恢复健康的肺结核病人的经验介绍，啊！有空洞的病人也可以治和疗养好。阅读给了我信心，回老家后积极配合医生治疗，安心休养，不到两个月，病的进展期就终止了。刚好，县里新办的农业专科学校缺语文老师，我代课近一年，得到300多元的收入。感谢阅读，帮助我化解了人生的一次最大危机。

（二）阅读指引我选择和走上了人生的康庄大道

令我没有想到的是，我在二十世纪六七十年代对科技和辩证法书刊的阅读和思考，为我后来迷上计算机并终身从事图书馆自动化事业打下了认识基础。六七十年代初，我这个"小说迷"因为条件所限，没有读小说，却趁方便之机，在科技书库借读了许多科学技术经典。当看到六七十年代世界计算机技术的迅猛发展，美国国会图书馆已研制成功机读目录 MARC 的时候，我情绪亢奋，心随之躁动。当计算所邀我们图书馆参加情报检索研究试验时，我这个最不愿意见上级的人，却急不可耐地找馆领导，进行解释说服并主动请缨承担这一合作项目，一次不行就两次，这位领导没有答应，就找另一位领导，真是三番五次、不厌其烦，终于如愿以偿。1975 年那是我人生最大的转折之年，37 岁的我从此踏上了陌生的图书馆自动化之路，1988 年又因之受聘到深圳图书馆研制图书馆自动化集成系统（ILAS）。而且科技知识的学习和对辩证法的探讨，对 ILAS 从研制、试用到成为实用产品，跨越了我国软件研制的"死亡之谷"，起到了实实在在的指导作用。我走上了人生的一条康庄大道，尽管荆棘丛生创业艰苦，但这正是我人生奋发的绝无仅有的一次机遇。回首往事，我深深地感谢阅读，没有阅读我将是满眼漆黑，哪能够找到自己未来的发展之路？阅读决定了我的人生！

（三）阅读指导我如何工作

1. 教我如何编写"科学数据库建设工程可行性研究报告"

多年的阅读，已经使我养成了习惯，有困难有问题没关系，找相应的书。1983 年，因为科学院六五计划的五大科研攻关项目之一"科学数据库建设工程"，我被调到科学院院部，负责"科学数据库建设工程可行性研究报告"的编写工作。什么是"科学数据库"？我和同行们仅知道数据库及其建设，但对"科学数据库"却一无所知；什么是"可行性研究报告"？也是不甚了解，更没有人从事过。怎么办？我决定：一是查找资料，二是找从事过各学科数据库建设的研究所人员介绍情况；然后将所得的两种内容的资料，选择适合的编辑成内部刊物《科学数据库参考资料》，逐期出版，供从事科学数据库工作的院部和各学科研究所人员学习和参考。此内部刊物在可行性研究报告编写过程中和在而后的各学科科学数据库建设过程中，都起到了不可或缺的参考和指导作用，三年时间顺利建成了 22 个科学数据库。

2. 阅读指导我攻破 ILAS 研制过程中的关键环节

20 世纪 80 年代，我国计算机界流传着实践中总结出来的一句话：软件的鉴定会就是这个软件的追悼会。意思是，软件鉴定后通过的软件成果，但还不是可以在实践中应用的产品，一旦进行实际使用，就死机了。由此，软件成果的鉴定变成了对软件成果的追悼。

ILAS 也是一个我们正在研制的软件应用系统，也必然会碰到上述问题。怎么办？我查找有关资料，当看到北京大学王选教授领导研制的"激光照排系统"的文章后，我如获至宝，因为文章中介绍了如何克服软件研制中出现的"死亡之谷"，也就是指在软件研制过程中如何从软件成果跨越"死亡之谷"而成为软件产品。当时在新闻出版系统广泛应用的"激光照排系统"的实践，说明了文章的可信性。在王选"激光照排系统"的成功实践和文章的指导下，我满怀信心，力排众议，并坚定地提出，ILAS 系统不达到产品水平就不鉴定。具体措施是：第一，研制者深知图书馆自己必须实际用上 ILAS 系统；第二，至少推广到 10 个以上的各地图书馆实际使用 ILAS 系统。ILAS 软件研制成功后，又经过一年多时间的软件试用、软件修改，实用图书馆的数量达到 17 个之后，才召开"ILAS 系统产品鉴定会"，真正跨越了"死亡之谷"，一举成功。1991 年 11 月底鉴定，到年末的一个月时间，ILAS 用户数就达到了 40 个。

2022 年 5 月 12 日